全国海岛县(区)产业发展报告(2012)

许长新　张　浩　编著

海洋出版社
2013年·北京

图书在版编目(CIP)数据

全国海岛县(区)产业发展报告. 2012 / 许长新，张浩编著. —北京：海洋出版社，2013.12
ISBN 978-7-5027-8743-1

Ⅰ. ①全… Ⅱ. ①许… ②张… Ⅲ. ①岛-产业发展-研究报告-中国-2012 Ⅳ. ①F127

中国版本图书馆 CIP 数据核字(2013)第 273583 号

全国海岛县(区)产业发展报告(2012)
QUANGUO HAIDAOXIAN(QU) CHANYE FAZHAN BAOGAO(2012)

责任编辑：钱晓彬
责任印制：赵麟苏

海洋出版社 出版发行
http://www.oceanpress.com.cn
北京市海淀区大慧寺路 8 号 邮编：100081
北京旺都印务有限公司印刷 新华书店经销
2013 年 12 月第 1 版 2013 年 12 月北京第 1 次印刷
开本：787 mm × 1092 mm 1/16 印张：26
字数：503 千字 定价：118.00 元
发行部：62132549 邮购部：68038093 总编室：62114335

前　　言

海洋经济是我国国民经济的重要增长点。国家海洋局发布的《中国海洋发展报告(2013)》显示，2012 年我国海洋生产总值突破 5 万亿元，达到 50 087 亿元，增长 7.9%，海洋生产总值占国内生产总值的 9.6%。报告预计，海洋经济对国民经济的贡献率稳步上升，到 2020 年海洋生产总值占国内生产总值比重超过 12%，2030 年超过 15%。海洋经济已经高度渗透国民经济体系，涉及 20 多个门类。我国经济已是高度依赖海洋的开放型经济，从经济社会长远发展看，这种经济形态将长期保持，并不断深化。正是由于海洋经济对国民经济的突出贡献以及启动海洋战略的重要性，国家“十二五”规划中专门以“发展海洋经济”为题，部署海洋工作，提出制定和实施海洋发展战略。党的十八大报告中提出的“建设海洋强国”战略目标，为我国在 21 世纪从海洋大国转变为海洋强国指明了前进的方向。

我国陆域资源正在走向日益枯竭的边缘，日前公布的《全国资源型城市可持续发展规划(2013—2020 年)》中被列为衰退型城市的个数已达 67 个。部分地区开发强度过大，资源综合利用水平低。生态环境破坏严重，高耗能、高污染、高排放项目低水平重复建设，接续替代产业发展滞后。资源开发与经济社会发展、生态环境保护之间不平衡、不协调的矛盾突出，经济可持续发展压力较大。而海洋资源的开发强度却远不及陆地，海洋将为经济和社会发展提供丰富的资源和广阔的空间，大大缓解陆域资源的短缺，发展海洋经济有助于缓解我国资源瓶颈，保障国民经济安全，海洋经济大有作为。

海岛，是国土的重要组成部分，同时又具有特殊的地位，因为它不仅具有特有的开发利用价值和巨大潜力，而且还是海洋开发的基地和向海洋进军的桥头堡。当前，海岛建设与开发已引起国内外的普遍关注。中国是世界上海岛最多的国家之一，根据国家“908 专项”海岛调查成果，我国共有海岛 10 100 多个，其中大约 9 600 个为无居民海岛。海岛具有丰富的资源和特殊的功能区位，海岛与其周围的海域组成的海岛生态系统，是生产力最高的海洋生态系统之一，蕴藏着丰富的生物资源、矿物资源、港口资源、旅游资源等。海洋经济作为新的国民经济增长点以来，海岛产业发展前景更加广阔。

产业结构的升级与变迁是一个国家和地区经济发展的主旋律，通常作为区域经济发展的价值判断。我国海岛的产业结构呈现出不同的发展演进模式，经济取得了长足的进步。但在取得成绩的同时，也存在缺乏科学规划与管理、生态破坏严重、产业布局不尽合理、产业结构雷同等诸多问题。进行海岛产业布局研究，思考产业的选择和空间的延伸，形成环境与经济发展的良性循环，对推动海岛的全面、可持续发展，优化升级现有产业，指导无居民海岛的开发利用都具有现实意义。

本书系统回顾了全国除台湾省金门县和澎湖县外的12个海岛县(区)近十年来产业发展情况，并针对目前产业情况提出相应发展对策、建议。全书一共分为三个部分：第1篇理论篇，第2篇行业篇和第3篇区域篇。“理论篇”阐述了产业布局理论、产业演进理论、产业结构优化理论及产业周期理论等相关理论。通过历史数据的统计分析，将海岛县(区)产业演进模式分为三类：平稳演进模式、维持演进模式和跳跃演进模式。同时借鉴国际成熟海岛产业结构模式的经验，梳理海岛产业发展的理念。“行业篇”研究海岛包括捕捞、养殖、旅游、临港工业等特色行业的发展现状，分析当前行业发展存在的问题，结合行业未来发展的趋势与方向，给出了相应的政策建议。“区域篇”分别针对黄渤海区域、东海区域与南海区域各个海岛县(区)的产业发展状况及区位特点，探讨了产业发展规划。

受国家海洋局海岛管理司委托，河海大学基础设施投融资研究中心承担了“全国海岛产业布局研究”的课题，本书是该项研究成果的总结。课题组在本书编写与出版过程中，得到了海岛管理司领导的关心与支持；在调研中，得到了国家海洋局第二海洋研究所、辽宁省海洋与渔业厅、山东省海洋与渔业厅、浙江省海洋与渔业局、福建省海洋与渔业厅、广东省海洋与渔业局等相关部门的支持与帮助；在专家咨询会上得到了相关专家的指导与建议；在成书过程中，国家海洋信息中心副主任何广顺对本书部分章节提出了宝贵修改意见。在此均致以谢意。

河海大学基础设施投融资研究中心杨芳、戴铄隐、于小洋、陈名、谢蕾、孙兴波、卢小同、黄一萌等同学参与了本书的资料收集及整理工作。在本书的编辑出版过程中，海洋出版社钱晓彬女士做了大量工作，在此一并表示感谢。

由于海岛产业发展研究尚处于起步阶段，许多理论和实践问题仍在探索之中，加以作者水平有限，如有不当之处，请读者给予批评指正。

目　次

第1篇　理论篇

第2篇 行业篇

第3篇　区域篇

第 1 篇　理论篇

第1章 海岛产业理论

1.1 海岛概述

1.1.1 海岛的概念界定

随着陆地资源的日渐枯竭，全球都面临着人口、资源、环境与发展的巨大压力。沿海各国越来越清醒地认识到，海洋是一个国家和民族生存与发展的新空间。从国家权益来讲，海岛是划分内水、领海及其他管辖海域的重要标志，并与毗邻海域共同构成国家领土的重要组成部分；从国家发展来讲，海岛是对外开放的门户，是建设深水良港、开发海上油气、从事海上渔业、发展海上旅游等的重要基地；从国家安全来讲，海岛地处国防前哨，是建设强大海军、建造各类军事设施的重要场所，是保卫国防安全的屏障。海岛因其巨大的经济、政治、外交、军事、科学和生态等价值，使它的未来及其发展，成为当今拥有岛屿和领海的国家十分关注的问题。

海岛是海洋生态系统的重要组成部分，关系到沿海国家甚至是全球未来的可持续发展。1994年1月，《联合国海洋法公约》的正式生效，标志着世界海洋新秩序的诞生。“岛屿制度”是《联合国海洋法公约》中一项重要制度。它明确地规定了岛屿的定义及在海域划界中的法律地位与作用，并在国际实践中得到广泛的运用。

根据《联合国海洋法公约》第121条规定：岛屿是四面环水并在高潮时高于水面的自然形成的陆地区域；除第3款另有规定外，岛屿的领海、毗连区、专属经济区和大陆架应按照本公约适用于其他陆地领土的规定加以确定；不能维持人类居住或其本身的经济生活的岩礁，不应有专属经济区或大陆架。由此可以得出，海岛可以同陆地领土一样拥有自己的领海、毗连区、专属经济区和大陆架，它是划分国家内水、领海和200海里专属经济区等管辖海域的重要标记。

1.1.2 海岛分类

海岛拥有很高的资源、生态、经济和军事价值。海岛具有独立、封闭、生态系统脆弱、土地资源有限等特点，且其分布范围广，地区跨度大，海岛利用的要求因岛而异，因此，海岛根据不同方面的属性有多种分类方法。

（1）按照地质构造、地理位置状况分类

按海岛成因，可分为大陆岛、海洋岛和冲积岛；按形态不同，可分为群岛、列岛和岛；按物质组成，可分为基岩岛、沙泥岛和珊瑚岛；按离岸距离，可分为陆连岛、沿岸岛、近岸岛和远岸岛；按面积大小，可分为特大岛、大岛、中岛和小岛；按所处位置，可分为河口岛、湾内岛、海内岛和海外岛。

（2）按照经济因素分类

海岛按照其主导产业类型进行分类，主要可以分为旅游娱乐用岛、科研用岛、港口工业用岛、交通运输用岛、仓储用岛、自然资源开发用岛等。

（3）按照开发状况分类

按照所在海岛是否作为常住户口居住地进行分类，可将海岛分为有居民岛和无居民岛。根据《中华人民共和国海岛保护法》有关规定，无居民海岛是指不属于居民户籍管理的住址登记地的海岛。在我国，有居民海岛主要集中在14个海岛县所辖区域，如辽宁长岛、浙江舟山群岛；而无居民海岛则主要是尚未开发且位置较偏远之地，如《第一批开发利用无居民海岛名录》中的山东牛岛、江苏秦山岛。我国面积大于500 m^2的海岛有6 500余个，常住居民岛有455个，面积在500 m^2以下的岛屿和岩礁上万个。这些海岛蕴藏着丰富的资源，对我国海洋经济发展起着重要的作用。因此，开发无居民海岛在我国显得尤为重要。

1.1.3 我国海岛简介

海岛作为海上的陆地，是开发海洋的重要基地，也是对外开放的窗口和国防的前沿。海岛及其周围海洋中蕴藏着人类所需要的丰富资源，开发利用海岛是解决我国面临资源短缺问题的一个重要途径。海洋是生物界诞生的摇篮，是一切生物的母亲，海洋拥有的资源，就近海而言，海面资源相当于耕地的1/2。我国岛屿众多，海域辽阔，全面开发利用海岛资源有着特别重大的现实意义和战略意义。

我国海岛滩涂和近岸海域广阔，有丰富的水产资源。临近海岛海域处，鱼的种类较多且组成复杂。我国海岛旅游资源种类多，地域组合良好，开发潜力大。海岛旅游业作为新兴产业，已成为海洋旅游业的重要组成部分。

我国海岛多是基岩岛，有近300 km的深水岸线，100多处优良港址。多数港口分布在大陆附近，终年不冻，利于开发港口资源和对外贸易。我国海岛矿产资源也非常丰富，较有优势的矿产资源有石油、天然气、煤、铁矿、黏土和建筑砂等。海岛生物资源包括植物资源和动物资源，植物资源包括药用植物、纤维植物、杀虫植物、油料植物、可食用植物等。我国海岛植物中，已被列入国家级保护的珍稀濒危植物有29种。这些资源都是海岛开发的前提条件，是海岛经济和社会发展的基础。

- 中国海岛经济区
  - Ⅰ北方海岛经济区（渤、黄海海域）
    - $Ⅰ_1$长海经济区
    - $Ⅰ_2$长岛经济区
  - Ⅱ东部海岛经济区（东海海域）
    - $Ⅱ_1$崇明经济区
    - $Ⅱ_2$嵊泗、岱山经济区
    - $Ⅱ_3$定海、普陀经济区
    - $Ⅱ_4$玉环、洞头经济区
  - Ⅲ东南部海岛经济区（台湾海峡海域）
    - $Ⅲ_1$玉平潭经济区
    - $Ⅲ_2$(金门、马祖)
    - $Ⅲ_3$东山经济区
    - $Ⅲ_4$(澎湖经济区)
  - Ⅳ南部海岛经济区（南海海域）
    - $Ⅳ_1$南澳经济区
    - $Ⅳ_2$珠江口外岛经济区
    - $Ⅳ_3$西沙、南沙经济区

图1－1　中国海岛经济区分类

（1）我国海岛的区域分布

我国沿海岛屿众多，分布很广，海岛总面积约80 000 km^2，岸线14 000 km^2，约为大陆海岸线的77.8%，据初步统计，500 m^{2}以上的岛屿就有6 500多个。按行政区划分：台湾和海南是省级海岛，香港和澳门为两个特别行政区，14个县（区）级海岛。横跨38个纬度，地处热带、亚热带和温带三个气候带。海岛及其周围海域蕴藏着丰富的渔业资源、旅游资源、港口资源、矿产资源、能源资源、土地资源、海洋化工资源和淡水资源等。

我国海岛的分布，其疏密程度相差很大。从沿海省、市、区看，浙江省岛屿最多，占全国海岛总数的43%。其次是福建省、广东省和广西壮族自治区。海岛最少的省、市是天津市、上海市和江苏省，三省市海岛不足全国海岛总数的0.5%。从海区来看，东海海岛最多，占全国海岛总数的67%；其次是南海，占23%；黄海和渤海海岛最少，不足10%。

我国海岛的分布具有4个特征：①大部分海岛分布在大陆沿岸海域，距离大陆不足10 km的海岛约占海岛总数的70%；②基岩岛的数量最多，约占93%；冲积岛（泥沙岛）数量少，约占6%；海洋岛（包括珊瑚岛和火山岛）数量最少，不足1%，主要分布在台湾海峡以南海区；③海岛呈明显的链状或群状分布，大多数都以列岛或群岛的形式出现；④大面积的海岛少，绝大多数是面积小于5 km^2的小岛，约占海岛总数的98%。

1）已开发的海岛分布状况

我国幅员辽阔，岛礁众多，随着我国经济发展水平的不断提高，海岛这一重要资源正在快速开发。截至目前我国已开发的海岛主要隶属于14个海岛县。

海岛县是把我国沿海的群岛、列岛或独立海岛，以有人岛群为主体，并包括了邻近分散的无人岛，按县级行政单元的要求组成的一个整体。其共有大小岛屿1 738个，占全国海岛的26.7%，其中有人居住的海岛176个，占全国有人居住海岛的42%。海岛县陆域土地面积为3 800 km^2，约占全国海岛面积80 000 km^2的5%左右。海岸线总长4 411 km，占全国海岸线的31.5%。

我国14个海岛县从北到南依次为辽宁长海县（长山群岛）、山东长岛县（庙岛群岛）、上海崇明县（崇明岛，2006年把原属上海市宝山县的长兴岛、横沙岛并入）、浙江舟山群岛分属嵊泗县、岱山县、普陀区和定海区，玉环县（玉环岛和楚门半岛）、洞头县（洞头列岛）、福建平潭县（海坛岛等）、东山县（东山岛）、台湾金门县、澎湖县和广东南澳县（南澳岛）（图1－2）。这些海岛县分布在渤海、黄海、东海和南海4个海域。14个海岛县自北向南分布在渤海、黄海、东海和南海海域中，最北的是长海县石城岛北端（39°34′37″N），最南到

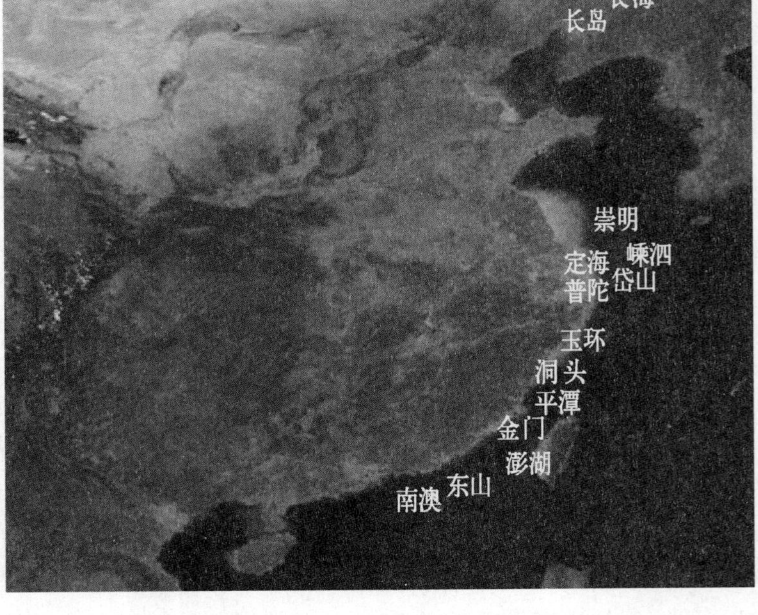

图1－2　中国14个已开发的海岛县分布图

南澳县的南澎列岛的南端（23°11′15″N），共跨16个纬度，跨温带、亚热带、热带三个气候带（南澳主岛正好是北回归线通过处），形成了自然环境、自然资源水平上的南北差异。多数海岛分布在离大陆数千米或数十千米，是大陆向海的延伸，成组团分布在大陆外围。由于大陆和海岛基底相连，有利于连岛、连陆的跨海通道工程（跨海大桥和海底隧道）的建设。

2）未开发的海岛分布状况

海岛是重要的经济资源，但我国因岛礁众多且由于历史原因和观念等因素影响，海岛资源的开发利用起步较晚。虽然近年来开发迅速，有大批量的岛礁在相关政策、资金的支持下迅速被开发利用，但截至目前仍有大量的海岛尚未开发，处于原始状态，这部分岛礁现今主要还是无居民海岛，位置相对偏僻，交通闭塞。

无居民海岛是指在中国管辖海域内不作为常住户口居住地的岛屿、岩礁和低潮高地等。2011年4月12日，中国公布首批无居民海岛开发名录（见表1－1），这些无居民海岛最长开发使用年限为50年。首批公布的可以开发利用的无居民海岛名录，涉及辽宁、山东、江苏、浙江、福建、广东、广西、海南8个省区，共计176个无居民海岛。其中，辽宁11个、山东5个、江苏2个、浙江31个、福建50个、广东60个、广西11个、海南6个。依据相关政策法规，上述无居民海岛最长开发使用年限为50年，外籍人士和外资企业也可以按照相关规定申请开发。

表1－1　我国第一批开发利用无居民海岛名录

序号	省份	此次开发的海岛数	主导用途及个数
1	辽宁省	11	旅游娱乐用岛（10）
			渔业用岛（3）
2	山东省	5	旅游娱乐用岛（5）
			科研用岛（2）
3	江苏省	2	旅游娱乐用岛（2）
4	浙江省	31	公共服务用岛（2）
			旅游娱乐用岛（12）
			渔业用岛（5）
			工业用岛（8）
			交通运输用岛（3）
			仓储用岛（1）

续表

序号	省份	此次开发的海岛数	主导用途及个数
5	福建省	50	工业用岛（9）
			交通运输用岛（14）
			旅游娱乐用岛（25）
			城乡建设用岛（2）
6	广东省	60	交通与工业用岛（19）
			旅游娱乐用岛（32）
			公共服务用岛（4）
			农林渔业用岛（3）
			旅游与交通用岛（2）
7	广西区	11	城乡建设用岛（1）
			旅游娱乐与交通运输用岛（10）
8	海南省	6	旅游娱乐用岛（6）

无居民海岛开发主导用途涉及旅游娱乐、交通运输、工业、仓储、渔业、农林牧业、可再生能源、城乡建设 、公共服务等多个领域。我国 300×10^4 km^2 海域中，面积超过 500 m^2 的海岛近 7 000 个，小于 500 m^2 的海岛有上万个。与陆地相比，海岛面积狭小，生态群落相对独立而脆弱。

（2）我国海岛的经济作用

世界海岛众多，地理位置特殊，各类海洋资源丰富，具有能源基地、港口枢纽的重要职能。同时，海岛经济的快速发展，海岛产业的有效升级，产业结构的日趋合理，对提高当地人民的收入水平具有十分重要的经济作用。

我国海岛上重要的海洋资源主要有：①近岛海域是多种洄游性经济鱼类的产卵场、索饵场、越冬场、幼体育肥区和过路渔场。如舟山渔场、海洋岛渔场、南澳岛又靠近台湾浅海渔场。在我国已记录的海洋鱼种类 3 023 种中，在海岛县所在的海域都有数百种不同种的分布。近岛县海域还是诸多海珍品（鲍鱼、海参、扇贝、江珧等）繁殖的优良场所。②海岛港湾众多，基岩岸线长，具备建设深水大港的良好条件，尤其舟山群岛是沿海中部深水港址集中分布区，可建大型石油、矿石、煤炭以及第四代、第五代集装箱码头。③海岛拥有丰富的旅游资源，不但景点众多而且特色鲜明。在浩瀚无垠的大海上，海岛由于能拥有一个相对狭小的陆域空间，将阳光、沙滩、大海汇集在一起，成为大陆人们向往的场所。尤其素有“海天佛国”之称的舟山普陀山佛教圣地、金庸笔下的桃花岛、平潭县花岗岩风化后在海中的奇形怪石所形成的特色景点更令人神往；北回归线通过南澳主岛，既有旅游意义还有科学意义。④海洋能资源丰富，可开发温差能、盐度差能。海岛海域潮差大，潮流急，可开发潮汐能、潮流能，对就近解决海岛能源起到重要作用。尤其海岛所处地理位置具有风速大，有效风能密度高，具备发展风能发电的优势，据中外专家考察，南澳岛是当今世界最佳的三大风场之一。此外海岛海域丰富的海水资源及海洋空间资源等亦可供开发使用（图 1 –3）。

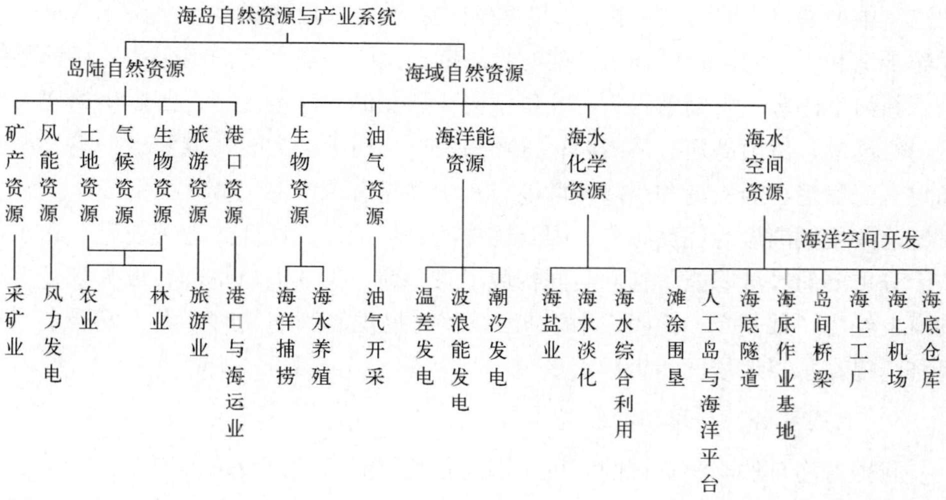

图 1 –3　海岛自然资源分类图

1）我国渔业、养殖业用岛的经济作用

我国海岛大部分紧靠大陆，适宜增养殖的浅海滩涂面积广阔，可供开发利用的大约有 900 km^2。这些浅海滩涂极适宜不同种类的鱼、虾、蟹、贝、藻和海珍品的增养殖。

我国海岛浅海滩集中分布在浙江、福建和广东三省，其中以舟山岛群、玉环岛群、洞头岛群、东山岛群、海坛岛群、东海岛群、棋澳岛群、海陵岛群等的滩涂较多，发展岛群海水养殖的条件良好。例如，福建省的闽江口至东山岛海域潮间带生物多达 614 种，其中最多的是南日岛，多达 307 种，有经济价值的种类为 150 多种。目前，在海岛周围的浅海滩涂进行大规模养殖的种类主要有牡蛎、泥蚶、蛤子、竹蛏、贝类和海带、紫菜以及中国对虾、长毛对虾、日本对虾、石斑鱼、鲈鱼、鲷鱼等。发展海水养殖业的先决条件是繁育苗种。广东、浙江、山东、辽宁等省人工育苗技术发展很快。一些海岛已经形成了大面积自然海域苗种采集场，辽宁省的海洋岛、大长山岛和獐子岛周围海域建成了扇贝、牡蛎、魁蚶等自然海区采苗场，每年的经济收入十分可观。

2）我国港口工业用岛的经济作用

我国海岛港口资源非常丰富，是沿海港口的重要组成部分。海岛多数为基岩岛，港口终年不冻，避风条件良好。海岛港口是沿岸大型港口的必经之地，构成了东西南北交叉的海上交通网络。

我国海岛岸线上有100多处优良港址，现已建成的大型港口主要有：舟山群岛上的舟山港和老唐山港，厦门岛上的厦门港，海南岛上的八所港、海口港、三亚港。中型港口主要有：大长山岛上的四块石港、蚧巴砣子港、菜园子湾港、鸳鸯砣子港和于家沟港；南长山岛建有长岛港；崇明岛建有南门港码头、堡镇港码头、新河港码头、牛棚港码头、北堡镇码头和北鸽龙港码头等；泗礁山岛建有嵊泗中心渔港；岱山岛建有岱山港；玉环岛建有坎门港、大麦屿港和璇门港；洞头岛建有三盘港、洞头港和东沙滩湾港；东山岛建有东山港等。

这些用做港口的优良海岛，因其优越的自然条件，便捷的地理位置，正承担着十分重要的经济职能。它们共同构成了我国新一代的港口集群，成为日益重要的海上经济“要塞”，在为我国的进出口贸易提供便利的同时，大力发展了当地经济，提高了当地居民的生活水平。

3）我国旅游娱乐用岛的经济作用

我国海岛自然旅游资源的特色是海岛景色风光秀丽，海湾沙滩水碧沙洁。重点旅游景点有大鹿岛、长山列岛、蛇岛、菊花岛、曹妃甸诸岛、长岛列岛、烟台和威海市诸岛、青岛诸岛、海州湾诸岛、长江口诸海岛、金山三岛、嵊泗列岛、岱山岛、普陀山、桃花岛、台州湾诸岛、洞头列岛、南麂列岛、海坛岛、湄洲岛、厦门市诸岛、东山岛、南澳岛、珠江口海岛、湛江海岛、北部湾海岛、海南省沿岸诸岛和南沙群岛，仅海南岛就有风景名胜资源点241个。从旅游景观特色分类，有生物景观岛、自然风光岛和人文景观岛三大类型。

生物景观岛　因岛屿特殊的地理条件在漫长的自然演化中形成适于动植物繁衍的生态环境，从而形成了以动植物景观为特色具有较高旅游开发价值的海岛资源。例如，辽宁的蛇岛、菊花岛，山东长岛诸岛中的车由岛、长门岩，海南的南湾猴岛等。

自然风光岛　这是一种在地质构造作用影响下，经风浪长期侵蚀以及其他外营力的长期作用，形成以自然风光为旅游景观主体，或者附有一定人文景观的岛屿类型。例如，辽宁的长山列岛中的大长山岛和海王九岛，山东的庙岛群岛、芝罘岛、大管岛、竹岔岛和灵山岛，浙江的朱家尖岛、嵊泗列岛、大鹿岛、南麂岛，福建的海坛岛、东山岛，广东的妈屿岛、硇洲岛、海陵岛，海南的放鸡岛、燕窝岛、上川岛等。

人文景观岛　在数千年的历史发展中，经历代的开发建设和各种形式的社会实践，在岛上留下了丰富多彩的历史文化遗迹，从而形成了以人文景观为主的，兼有优美自然风光的岛屿类型。例如，山东的养马岛、刘公岛、田横岛，浙江的普陀山、岱山，福建的湄洲岛、鼓浪屿等。

我国海岛地处热带、亚热带和温带，大部分岛屿冬无严寒，夏无酷暑，四季分明，这种气候对开展游览、海洋游泳、垂钓和其他海上活动十分有利。我国海岛气候宜人，沙滩洁净，山石奇特，还有天然的生物乐园，这些都是发展海岛旅游业得天独厚的条件。

近十几年来，海岛旅游业日益被各级政府所重视而纷纷投资开发，改建并扩建了大批旅游景点和设施，吸引了大量国内外游客参观游览。带动了当地经济产业升级，以服务业为主的第三产业快速发展，产业结构日趋合理，经济实力显著增强。

4）我国矿产、能源、生物资源开发用岛的经济作用

我国海岛金属矿产资源比较贫乏，非金属矿产资源相对丰富，特别是建筑材料矿产资源分布广、储量大，其特点是分布相对集中，开发条件相对较好。现已探明储量的矿产资源有 32 种，矿床 46 个，其中大型矿床 10 个，中型矿床6 个，小型矿床 30 个。在上海、江苏、山东、天津和辽宁等省（市）的海岛上尚未发现有工业价值的矿产资源；矿产资源分布主要是在广西、广东、海南、福建、浙江和河北等省（区）的海岛，其中海南岛、福建省的海坛岛和东山岛、河北省的曹妃甸诸岛等矿产资源占有重要地位，其优势矿种是型砂、标准砂、玻璃砂、建筑砂、钛铁矿、石油、天然气、煤炭、花岗岩、黏土等。这些矿产的储量多，组合条件好，为开采和加工提供了良好的条件，有些矿种已经形成较大的开采规模。

海岛能源包括太阳能、风能和海洋能。我国海岛能源非常丰富，开发潜力很大。但是，我国海岛对太阳能和海洋能的开发利用都比较薄弱，只对海岛风能进行了开发利用。目前，我国除了拥有 12 万台户用微型风电机外，有些海岛还建设了较大的风电场，如辽宁长兴岛、山东荣成、浙江嵊泗和下大陈、福建海坛、广东南澳等岛。这些风电场的单机容量一般为 1 ~ 100 kW，有的达到 200 kW。

岛陆经济生物资源包括经济植物和经济动物两种。其中经济植物主要包括红树林、药用植物及珍稀濒危和保护植物；经济动物主要包括珊瑚类、两栖类与爬行类、海鸟类、哺乳类、珍稀濒危和保护动物。我国海岛共有红树和半红树植物 27 种，占地面积约 2 440 hm^2，分布在海南、广西、广东、福建、浙江和台湾等省（区）。海岛药用植物共有 1 000 多种，其中数量较多，并被普遍应用的有 200 种左右，广泛分布于海岛上。在我国海岛植物中，已被列入国家级保护的珍稀濒危植物共有 29 种，其中属国家一级保护的植物有 2 种，即桫椤树和金花茶，

均分布在广西；属国家二级保护的植物有 9 种，其中有浙江普陀山的普陀鹅耳枥，目前仅存一株；属国家三级保护的植物至少有 18 种。海岛上的动物以鸟类最多，估计约有 400 种，个体数量也较多，其中 80% 以上为候鸟和旅鸟，留鸟较少。此外，海岛的两栖、爬行动物和哺乳动物都较少。我国海岛森林总面积超过 $39.4\times10^4\ hm^2$，海岛森林基本上是以防护林为主，这也比较适应海岛这种特殊的生态环境。许多海岛先后建立了一批国有林场或集体林场，引种了木麻黄、桉树、台湾相思等树种，为海岛植物树林积累了丰富的经验。

这些海岛丰富的各类资源为我国经济持续稳定健康发展提供了必要保证，土石、油气等矿产资源的开发在一定程度上可以缓解我国资源供应紧张的局面，而充裕的风能、太阳能、潮汐能等新兴资源又满足了我国经济可持续发展的需要。

1.2 产业理论基础

1.2.1 产业布局理论

产业布局理论的形成是在 19 世纪初到 20 世纪中叶。1826 年，法国经济学家杜能撰写了著名的《孤立国同农业和国民经济的关系》，提出了著名的孤立国同农业圈层理论。他认为：在农业布局上，并不是哪个地方适合种什么就种什么，在这方面起决定作用的是级差地租，首先是特定农场（或地域）距离城市（农产品消费市场）的远近，亦即集中化程度与到中心城市的距离成反比，为此，他设计了孤立国六层农业圈。尽管杜能的理论忽视了农业生产的自然条件，也没有研究其他产业的布局，但他的农业区位理论给西方许多工业区位理论的研究者以深刻的启发，杜能也因第一个研究区位问题，被誉为产业布局学的鼻祖。随后阿尔弗雷德·韦伯（Alfred Weber）提出自己的产业布局理论，他认为，运输费用对工业布局起决定作用，工业的最优区位通常应选择运费最低点上。

（1）产业布局的含义

产业布局是指产业在一国或一地区范围内的空间分布和组合的经济现象。产业布局在静态上看是指形成产业的各部门、各要素、各链环在空间上的分布态势和地域上的组合。在动态上，产业布局则表现为各种资源、各生产要素，甚至各产业和各企业为选择最佳区位而形成的在空间地域上的流动、转移或重新组合的配置与再配置过程。

（2）产业布局理论发展

1）成本学派理论

核心是以生产成本最低为准则来确定产业的最优区位，主要代表人物是阿尔弗雷德·韦伯（Alfred Weber），之后是德加·M. 胡佛。胡佛提出运输成本由两部分构成：线路运营费用是距离的函数；站场费用则不一定。在此基础上他对阿尔弗雷德·韦伯的理论作了修改：①若企业用一种原料生产一种产品，在一个市场出售，在原料与市场之间有直达运输，则企业布局在交通线的起点最佳。因为在中间设厂将增加站场费用。②如果原料地和市场之间无法直达运输线，原料又是地方失重原料，则港口或其他转运点是最小运输成本区位。

2）市场学派理论

成本最低并不是全意味着利润最大化，市场因素对产品价格影响越来越大，产业布局必须充分考虑市场因素，尽量将企业布局在利润最大区位。瓦尔特·克里斯塔勒（Walter Christaller）创立了“中心地理论”，他认为高效的组织物质生产和流通的空间结构，必然是以城市这一大市场为中心，并由相应的多数市场构成相应的网络体系。

3）成本-市场学派理论

随着研究的深入，在前两种理论的基础上形成了以下两种理论。

俄林的一般区位理论　该理论认为：运输方便的区域经济能够吸引到大量的资本和劳动力，并能成为重要市场，因此可专门生产面向市场、规模经济优势明显和难以运输的产品。而运输不方便的地方则应专门生产易于运输、小规模生产可以获利的产品。

弗农的产品生命周期理论　①处于创新期的产业属于技术密集型产业，一般趋向于科研信息与市场信息集中，人才较多，配套设施齐全，销售渠道畅通的发达城市。②处于成熟期的产业会出现波浪扩展效应，开始向周边地区扩散。这是由于生产定型化使技术普及化，同时大城市的成本费用一般比较高。③衰退期的产业沦为劳动密集型产业，技术完全定型化，产品需求已趋于饱和，生产发展潜力不大，于是从发达地区向落后地区转移。

4）增长极理论

在一国经济增长过程中，由于某些主导部门或者有创新力的企业在特定区域或者城市聚集，从而形成一种资本和技术高度集中，增长迅速并且有显著经济效益的经济发展机制。由于其对临近地区经济发展同时有着强大的辐射作用，因此被称为“增长极”。根据增长极理论，后起国家在进行产业布局时，首先可通过政府计划和重点吸引投资的形式，有选择地在特定地区和城市形成增长极，然后凭借市场机制的引导，使增长极的经济辐射作用得以充分发挥，并从其临近地区开始逐步带动增长极以外地区经济的共同发展。

5）点轴理论——增长极理论的延伸

从区域经济发展的空间过程看，产业特别是工业等集中于少数点，即增长极。随着经济的发展，工业的增多，点与点之间由于经济联系的加强，必然会建设各种形成的交通线路使之相联系，这一线路即为轴。轴线一经形成，对人口和产业就具有极大的吸引力，吸引企业和人口向轴线两侧聚集，并产生新的增长点。从而由点到轴，由轴带面，最终促进整个区域经济的发展。

（3）产业布局的模式

产业布局是在一定的地域内展开的，地域的具体条件是决定布局的依据。同一时期不同地域和同一地域不同发展阶段的具体情况各不相同，相应地必须采取不同的产业布局模式。根据产业空间发展不同阶段的不同特点，产业布局的理论模式可以分为增长极布局模式、点轴布局模式、网络布局模式、地域产业综合体模式及梯度开发模式。其中前三种开发模式从产业分布结构角度出发，处理在时间上依次继起的区域经济发展不同阶段的产业布局问题，它们之间有着密切的内在联系，一起组成一个完整系统的布局过程。

1）增长极布局模式

增长极理论是法国经济学家佩鲁提出的，其思想是：一国经济增长过程中，不同产业的增长速度不同，其中增长较快的是主导产业和创新企业，这些产业和企业一般都是在某些特定区域或城市集聚，优先发展，然后对其周围地区进行扩散，形成强大的辐射作用，带动周边地区的发展。这种集聚了主导产业和创新企业的区域和城市被称之为“增长极”。

2）点轴布局模式

点轴布局模式是增长极布局模式的延伸。从产业发展的空间过程来看，产业特别是工业，总是首先集中在少数条件较好的城市发展，呈点状分布。这种产业（工业）点，就是区域增长极，也就是点轴开发模式中的点。随着经济的发展，产业（工业）点逐渐增多，点和点之间，由于生产要素流动，需要建立各种流动管道将点和点相互连接起来。因此各种管道，包括各种交通道路，动力供应线、水源供应线等就发展起来，这就是轴。这种轴线，虽然其主要目的是为产业（工业）点服务的，但是轴线一经形成，其两侧地区的生产和生活条件就会得到改善，从而吸引其周边地区的人口、产业向轴线两侧集聚，并产生出新的产业（工业）点。点轴贯通，就形成了点轴系统。实际上，中心城市与其吸引范围内的次级城市之间相互影响、相互作用，已经形成了一个有机的城市系统，这一系统已经有效地带动着区域经济的发展。

3）网络（或块状）布局模式

网络布局是点轴布局模式的延伸。一个现代化的经济区域，其空间结构必须同时具备三大要素：①“节点”，即各级各类城镇；②“域面”，即节点的吸引范围；③“网络”，即商品、资金、技术、信息、劳动力等各种生产要素的流动网。网络式开发，就是强化并延伸已有的点轴系统。通过增强和深化本区域的网络系统，提高区域内各节点间、各域面间，特别是节点与域面之间生产要素交流的广度和密度，使“点”、“线”、“面”组成一个有机的整体，从而使整个区域得到有效的开发，使本区域经济向一体化方向发展。同时通过网络的向外延伸，加强与区域外其他区域经济网络的联系，并将本区域的经济技术优势向四周区域扩散，从而在更大的空间范围内调动更多的生产要素进行优化组合。这是一种比较完备的区域开发模式，它标志着区域经济开始走向成熟阶段。

4）地域生产综合体开发模式

地域生产综合体开发模式是苏联广泛采用的一种产业布局模式。从 20 世纪 50 年代中期以来到苏联解体，苏联在西伯利亚地区通过对水利、煤炭、油漆、铁矿、木材等资源的开发，建立了 10 多个大型的工业地域生产综合体。受苏联的影响，我国也曾经广泛采用过这种布局模式。我国国土规划纲要中提出的 19 个重点开发区中有很大一部分就属于这种开发模式。地域生产综合体开发模式的理论基础是苏联学者科洛索夫斯基的生产循环理论。该理论认为：生产都是在某种原料和燃料动力资源相互结合的基础上发展起来的；每个循环都包括过程的全部综合，即从原料的采选到获得某种成品的全过程；某个产品之所以能在某个地域生产，是因为拥有原料和燃料动力来源并能够对它们进行合理利用。也就是说，该理论认为生产是按照生产工艺的“链”所组成的稳定的、反复进行的生产体系进行的。科洛索夫斯基将地域生产综合体定义为：在一个工业点或一个完整的地区内，根据地区的自然条件、运输和经济地理位置，恰当地安置各个企业，从而获得特定的经济效果的这样一种各企业间的经济结合体。

5）区域梯度开发与转移模式

该布局模式的理论基础是梯度推移理论。梯度推移理论认为，由于经济技术的发展是不平衡的，不同地区客观上存在着经济技术发展水平的差异，即经济技术梯度，而产业的空间发展规律是从高梯度地区向低梯度地区推移。第二次世界大战后加速发展的国际产业转移就是从发达的欧美国家向新型工业国或地区再向发展中国家进行梯度转移的。根据梯度推移理论，在进行产业开发时，要从各区域的现实梯度布局出发，优先发展高梯度地区，让有条件的高梯度地区优先发展新技术、新产品和新产业，然后再逐步从高梯度地区向中梯度和低梯度地区推移，从而逐步实现经济发展的相对均衡。我国在改革开放初期就曾按照经济技术发展水平把全国划分为高梯度的东部沿海地带、中梯度的中部地带和低梯度的西部地带，以此作为产业空间发展的依据。

1.2.2 产业演进理论

随着经济的发展，产业结构在产业高度方面不断地由低级向高级演进，在产业结构的横向联系方面不断地由简单向复杂转化，这两个方面的不断变化推动着产业结构向合理化方向发展。随着科技进步和生产社会化程度的提高，社会分工的深化和市场深度及广度的扩展，产业结构的演进也会表现出一定的规律性。决定和引起产业结构变迁有许多经济和非经济因素，其演进过程因地因时而异，但仍存在着共同的发展趋势，综观许多国家的产业结构演进的历史，人们认识并总结了产业结构变迁的一些规律。只有正确地把握产业结构变迁的规律，才能科学地制定产业政策，促进经济发展。

（1）三次产业比重变动规律——“配第－克拉克定理”

英国古典经济学创始人威廉·配第（William Petty）在其1690年出版的名著《政治算术》中，研究了英国、法国、荷兰的经济结构及其形成的原因和政策，指出“工业的收益比农业多得多，而商业的收益又比工业多得多”，不同产业间相对收入差异，会促使劳动力向高收入的产业转移，这种转移对经济发展有利。威廉·配第初步揭示了工业和商业的比重会扩大的趋势，由于当时还没有三次产业的划分，自然不可能明确提出三次产业比重变动规律。英国经济学家和统计学家科林·克拉克（Colin Clark）继承了费希尔关于产业划分的研究成果，并在搜集和整理若干国家经济资料的基础上，进一步总结了产业结构变迁的规律。克拉克认为，他的发现只不过是印证了配第的观点，因此把它命名为“配第定理”，后人则把配第和克拉克并列起来，称为“配第－克拉克定理”。

配第－克拉克定理有三个重要的前提。①克拉克对产业结构演变规律的探讨，是以若干国家在时间的推移中发生的变化为依据的。这种时间系列意味着经济发展。也就是说，这种时间系列是和不断提高着的人均国民收入水平相对应的。②克拉克在分析产业结构演变时，首先使用了劳动力这一指标，考察了伴随经济发展，劳动力在各产业中的分布状况所发生的变化。后来，克拉克、库兹涅茨和其他人又以国民收入在各产业的实现状况，对产业结构作了进一步研究，发现了一些新的规律。③克拉克对产业结构的研究是以三次产业分类法，将全部经济活动分为第一产业、第二产业和第三产业为基本框架。

根据以上三点，克拉克搜集和整理了若干国家按照年代的推移，劳动力在第一次、第二次、第三次产业之间移动的统计资料，得出了如下结论：随着经济的发展，人均国民收入的提高，劳动力首先由第一次产业向第二次产业移动；当人均国民收入水平进一步提高时，劳动力便向第三次产业移动。劳动力在产业间的分布状况为：第一次产业将减少，第二次、第三次产业将增加。劳动力转移的原因是由经济发展中各产业间出现收入（附加价值）的相对差异造成的。人们总是由低收入的产业向高收入的产业移动。这不仅可以从一个国家经济发展的时间序列分析中得到印证，而且还可以从处于不同发展水平上的国家在同一时点的横断面比较中得到类似的结论。人均国民收入水平越高的国家，农业劳动力在全部劳动力中所占的比重相对来说就越小，而第二次、第三次产业中劳动力所占的比重相对来说就越大；反之，人均国民收入水平越低的国家，农业劳动力所占比重相对越大，而第二次、第三次产业劳动力所占比重相对越小。

简而言之，三次产业比重变动规律包括三次产业的就业结构和产出结构的变化规律，即随着人均国民收入的提高，就业人口首先会由第一产业向第二产业转移，第二产业在国民经济中的比重增大，产业结构由以第一产业为主的金字塔形结构向以第二产业为主的鼓型结构转变；当人均国民收入进一步提高时，劳动力便大量向第三产业转移，第三产业在国民经济中的比重也会增大，产业结构由以第二产业为主的鼓形结构向以第三产业为主的倒金字塔形结构转变。

配第－克拉克定理是对产业结构演化规律的经验性总结，三次产业比重变动存在客观必然性，其结构变化背后的诱因，一般认为是：第一次产业主要是向人们提供生活必需品，而生活必需品的需求特性是当人们的生活水平、收入水平达到一定程度后，个人收入中用于支付必需生活品的比例相对减少，而对其他产业产品的需求相对增加，恩格尔系数变化规律性揭示了这一点。从供给的角度看，第一次产业的技术进步相对较慢，由其本身的产业特性决定的生产周期较长、土地规模的有限性及受自然因素制约严重，其产出在短期内很难实现快速增长。

供给与需求共同作用的结果，必然使第一产业实现的国民收入比重下降，消费结构变化、土地的有限性、劳动生产率的提高等相结合，导致农业劳动力相对比重下降。一些发达国家农业的产值和就业比重持续下降，当下降至3%～4%时才逐步稳定下来。在第一产业比重下降的同时，整个国民收入的支出结构的演变都支持着工业的高收入弹性，从而导致第二次产业所实现的国民收入在全部国民收入中的比重上升和就业的增加。不过当工业化达到一定水平后，一方面工业部门的扩张会吸纳更多的劳动力，另一方面工业技术的快速进步及工业部门资本有机构成不断提高，又会减少工业部门本身的劳动力吸纳量，当这两个方面达到均衡时，第二产业的劳动力就业比重就会趋于稳定。随着经济的发展，收入水平的提高，人们对“服务”这种商品的需求将越来越大，出现消费需求的“超物质化”，引致第三次产业占国民收入的比重上升。同时第三产业进入障碍较少，所需的资本规模不大，具有劳动密集特性，劳动力逐步向第三次产业转移，劳动力就业比重上升。由于第三产业的不同行业具有较大差别，可以包括从技术要求最为简单的劳动密集型产业——理发业、餐饮业等到技术要求最为繁杂的知识密集型产业——信息业、生物工程等，劳动力就业呈现多层次特征。

（2）库兹涅茨提出的产业结构演变规律

20世纪40年代美国经济学家库兹涅茨（Simon Kuznets）研究了各国经济增长的统计资料，归纳出了经济增长的数量特征是人口的高增长率和产量的高增长率以及生产率的高增长率；结构特征是经济结构的转变（从第一产业转向第二产业，然后又转向第三产业）；国际特征是经济增长在各国迅速扩散以及各国增长的不平稳性，并把经济增长的原因归结为技术进步、制度变化和意识形态变化等。1971年由于他在实证研究经济增长方面深化了对发展过程中的经济和社会结构方面的认识，获得诺贝尔经济学奖。库兹涅茨在继承克拉克研究成果的基础上，对产业结构的演变规律做了进一步探讨，阐明了劳动力和国民收入在产业间分布结构演变的一般趋势，从而在深化产业结构演变的诱因分析方面取得了突出成就，进一步完善了配第－克拉克定理。他从国民收入和劳动力在产业间的分布两个方面，对伴随经济发展的产业结构变化作了分析研究，收集和整理了20多个国家的庞大数据，把三次产业分别称为“农业部门”、“工业部门”和“服务部门”。根据对各产业中相对国民收入变化趋势所作的分析，他得出以下结论。

第一，第一次产业的相对国民收入在大多数国家都低于1，而第二次和第三次产业的相对国民收入则大于1。并且从时间系列分析来看，农业相对国民收入下降的趋势说明，在劳动力相对比重和国民收入相对比重下降的情况下，国民收入相对比重下降的程度超过了劳动力相对比重下降的程度。因此，在大多数国家农业劳动力减少的趋势仍没有停止。农业劳动力相对比重的减少，农业实现的国民收入相对比重的减少，是任何国家在发展的一定阶段上的普遍现象。

第二，第二次产业的情况是，国民收入相对比重的上升是普遍现象。但劳动力相对比重的变化，由于不同的国家工业化的水平不同且存在差异，综合起来看是微增或没有大的变化。在一个国家的经济发展中，在国民收入特别是人均国民收入的增长方面，第二次产业有较大贡献。

第三，第三次产业的相对国民收入（比较劳动生产率），从时间系列分析来看，一般表现为下降趋势，但劳动力的相对比重几乎在所有国家都是上升的。这说明第三次产业具有很强的吸纳劳动力的特性，但劳动生产率的提高并不快。在工业化国家中，第三次产业无论在劳动力的相对比重，还是国民收入的相对比重方面都在50%以上。

（3）工业化过程中的重工业化——霍夫曼定理

工业化是人类社会经济发展的必然阶段，工业化的过程既是农业经济时代的产业结构向工业经济时代的产业结构演进的过程，也是工业内部结构演进的过程，在这一过程中存在着重工业化的趋势。

在西方经济学家中，对工业化过程的工业结构演变规律做了开拓性研究的是德国经济学家霍夫曼（W. Hoffman）。1931年霍夫曼出版了《工业化的阶段和类型》一书，该书根据20个国家的经济资料数据，对制造业中消费资料工业和生产资料工业的比例关系进行了详细研究，发现在工业化过程中消费资料（消费品）工业的净产值和资本资料（资本品）工业的净产值之比（后人称其为霍夫曼比例）是不断下降的。在工业化过程中，霍夫曼比例不断下降，被人们称为"霍夫曼定理"。参照工业化过程中消费资料（消费品）工业的净产值和资本资料（资本品）工业的净产值之比的变化趋势，霍夫曼把工业化的过程分解为四个阶段：第一阶段，消费资料工业的生产在制造业中占有统治地位，资本资料工业的生产是不发达的，霍夫曼比例为5(±1)，为工业化的起步阶段；第二阶段，与消费资料工业相比，资本资料工业获得了较快的发展，但消费资料工业的规模仍然比资本资料工业的规模大，霍夫曼比例为2.5（±1），工业化进入了相当发展的阶段；第三阶段，消费资料工业和资本资料工业的规模达到了大致相当的程度，霍夫曼比例为1，表明资本资料工业开始处于主体地位，是实现重工业化的重要标志；第四阶段，资本资料工业的规模大于消费资料工业的规模，霍夫曼比例小于1。霍夫曼关于工业化过程中工业结构演变的规律及其工业化阶段的理论，在其问世后的半个多世纪里，保持了较广泛的影响。

重工业化是工业结构演进中的一个阶段，无论是重工业还是轻工业，都会由以原材料为中心的结构向以加工、组装为中心的结构演进，即进入工业结构的"高加工度化"，它表明工业体系以生产初级产品为主，向生产高级复杂、高附加值产品为主的阶段过渡，意味着工业结构日趋高级化。通过提高加工程度，人们能够更充分有效地利用劳动对象，生产出种类更多、功能更全、质量更好的产品，满足人们更高层次的、更为多元化的消费需求；随着经济发展和科技创新，工业结构进一步表现出"技术和知识集约化"趋势，它不仅体现在工业部门采用越来越先进的生产技术和工艺，传统产业高技术化，而且体现在以技术和知识密集为特征的尖端工业的兴起，如新材料工业、计算机工业和软件产业等。工业化以来，工业结构呈现出了"重工业化"—"高加工度化"—"技术和知识集约化"的变迁轨迹。

（4）主导产业转换规律

主导产业是在产业结构中处于主体地位，发挥引导和支撑作用的产业，即一个国家在一定时期内经济发展所依托的重点产业，这些产业在此发展阶段形成国民经济的"龙头"，并在产业结构中占有较大比重，对整个经济发展和其他产业发展具有强烈的前向拉动或后向推动作用。由若干个主导产业组成的产业体系，就称做"主导产业群"。主导产业具有以下特征：引入技术创新成果，生产率持续、迅速增长，生产成本不断下降；市场扩张能力强，需求弹性高，拥有巨大的市场潜力，发展快于其他行业，大规模产出，在国内生产总值（GDP）中占较大比重；产业关联度高，具有显著的关联带动和扩散效应（前向效应、后向效应和旁侧效应），对其他产业的发展具有极大的引导和带动作用；扩大就业；节约能源和资源。

经济发展的阶段性也决定了主导产业群的序列更替性，不同的经济发展阶段其主导产业也不同，特定时期的主导产业是在具体条件下选择的结果。一旦条件发生变化，原有的主导产业群对经济的带动作用就会弱化、消失，进而被新的主导产业群所替代。从主导产业更替的序列性角度出发，可以把产业划分为新兴产业、成熟产业和衰退产业。罗斯托（Walt Whitman Rostow）曾把纺织工业称为“起飞”阶段的古典式的主导产业，钢铁、电力、煤炭、通用机械、化肥工业是成熟阶段的主导产业，汽车制造业是高额消费阶段的主导产业。从产业结构变迁的历史看，主导产业转换引致产业结构演进，存在着从以农业为主的结构开始，按顺序依次向以轻工业为主的结构、以基础工业作为重心的重工业为主的结构、以高加工度工业为重心的结构、以信息产业和知识产业为主的结构演进的规律性。不同发展阶段的主导产业群，既存在替代关系，又存在相互作用。不同阶段的主导产业群的选择不是随机的，前一主导产业群为后一主导产业群奠定发展的基础。

研究主导产业转换规律性，是为了更好地选择主导产业，扶植主导产业的发展，从而实现产业结构的合理化和高级化，促进经济发展。选择主导产业的过程，实质上是一个根据本国经济发展的具体国情，对不同角度和不同层次需要解决的经济问题，分轻重缓急的顺序作出取舍的过程。因而，主导产业的选择基准也就是如何确定倾斜式的产业发展战略。根据已有的研究成果，主导产业的选择基准主要有：赫希曼基准（关联度基准）、罗斯托基准、筱原基准（收入弹性基准和生产率上升率基准）、动态比较优势基准、短缺替代弹性基准、瓶颈效应基准等。

除上述内容外，产业结构变迁的规律还体现在产业按比例协调发展规律、生产要素密集型产业地位变动规律（产业结构由以劳动密集型产业为主向以资本密集型产业为主演进，再转向以技术和知识密集型产业为主，促进产业结构的高度化）等方面。产业结构由低级向高级的演进，是由三次产业比重变动规律、主导产业转换规律、产业结构高加工度化和技术集约化规律、生产要素密集型产业地位变动规律等共同作用的结果。

1.2.3 产业结构优化理论

产业结构优化具有特定的含义和丰富的内容，它是政府制定产业结构政策的目标导向。

（1）产业结构优化的含义

产业结构优化是指通过产业调整，使各产业实现协调发展，并满足社会不断增长的需求的过程。产业结构优化是一个相对的概念，它不是指产业结构水平的绝对高低，而是在国民经济效益最优的目标下，根据本国的地理环境、资源条件、经济发展阶段、科学技术水平、人口规模、国际经济关系等特点，通过对产业结构的调整，使之达到与上述条件相适应的各产业协调发展的状况。

产业结构优化是一个动态的概念，它在不同的发展阶段和时点上有不同的优化内容，但这不能说它是一个无从描述的虚幻概念。

（2）产业结构优化的主要内容

1）产业结构的合理化

所谓产业结构合理化，是指产业结构由不合理向合理发展的过程。即要求在一定的经济发展阶段上，根据消费需求和资源条件，对初始不理想的产业结构进行有关变量的调整，理顺结构，使资源在产业间合理配置和有效利用。产业结构是否合理的关键在于产业之间内在的相互作用而产生的一种不同于各产业能力之和的整体能力。产业之间的相互作用关系越是协调，结构的整体运行质量越高，产业结构就越合理；反之，产业结构就越不合理。

2）产业结构的高度化

要求资源利用水平随着经济技术的进步不断突破原有界限，从而不断推进产业结构中朝阳产业的成长。其标志是代表产业技术水平的高效率产业部门比重不断增长，经济系统内部显示出巨大的持续创新能力。

产业结构的合理化与高度化有着密切的联系。产业结构的合理化为产业结构的高度化提供了基础，而高度化则推动产业结构在高层次上实现合理化。结构的合理化首先着眼于经济发展的近期利益，而高度化则更多地关注结构成长的未来，着眼于经济发展的长远利益。因此，在产业结构优化的全过程中，应把合理化与高度化问题有机结合起来，以产业结构合理化促进产业结构高度化；以产业结构高度化带动产业结构合理化。在产业结构合理化过程中实现产业结构高度化的发展；在产业结构高度化进程中实现产业结构合理化的调整。只有这样，才能实现产业结构优化。

3）产业结构的均衡发展

一方面是产业部门间的均衡发展，另一方面是产业发展的稳定性，即从时间序列的产业波动性评价产业的均衡。产业的协调发展，是指产业部门、产业要素在产业发展中要协调一致。合理的产业结构是一种比例协调的结构，意味着不存在明显的短缺、剩余产业，也不存在瓶颈产业，各产业均能合理、有序地发展。

4）产业发展的效率

产业结构的优化的根本目的在于产业发展，即国民经济中各个产业通过优化相互之间的关系，实现各产业的高效发展。可以从速度、质量和效率三个维度来考察产业发展的状况。产业发展速度表示某一产业总体规模扩张快慢，一般用产业增加值增长率、固定资产投资增长率、就业人数增长率等指标来衡量；产业发展的质量从更长远和更深层次来揭示产业发展的可持续性和内核动力，常用技术进步率、产品的技术层次分布、单位资产的产出额等指标来衡量；产业发展的效率是表征某一产业的发展的综合性指标，可以从资源配置效率、资源利用率、技术进步与扩散度及其对其他产业的带动效应来考察。国内外的实践表明，产业结构优化程度与处于结构之中的各个产业的发展速度、发展质量息息相关，是提高产业发展效率的基本保证，显然也是推动整个国民经济快速、健康、稳定发展的基本前提。

（3）产业结构合理化

1）产业结构合理化的含义

理论界对产业结构合理化的表述众说纷纭，到目前还没有统一的定义，比较有代表性的说法有以下几种。

第一种观点认为，产业结构合理化应反映产业结构变动的全部情形与内容。这是一种比较宽泛的理解，不利于对产业结构变动规律的深入探索。

第二种观点认为，产业结构合理化是对总供给与总需求的状况而言，即总量平衡问题。按照这种认识，则容易掩盖产业各种要素的不合理的状态。因为，这种认识有个假设前提，那就是需求结构变动是正常的，即真正反映经济的实际情况，排除了需求结构的扭曲和虚假状况。否则，供给结构就无法而且也不应当去适应不真实的需求结构。

第三种观点认为，产业结构合理化是反映产业间的数量比例关系，即产业间要按一定比例发展。这种认识的缺陷在于：一方面，容易陷入绝对均衡化，而与现实经济发展的非均衡相背离；另一方面，这种认识仅从产业间比例关系分析，是一种传统分析比例关系的观点，能够从静态上看出各产业部门的相对地位，各自的比例。但是，它缺乏衡量这个相对地位及各自所占比例合理与否的标准尺度。而没有尺度很难说其地位和比例是合理的。

第四种观点认为，一国产业结构的合理化要符合产业结构变动规律的一般国际标准结构。国际标准结构是由美国经济学家钱纳里（Hollis B. Chenery）通过“世界发展模型”计算出来的、反映人均国民收入在 100 ~ 1 000 美元发展区段变化规律的一个图表，钱纳里将其称为世界发展模式的“标准结构”表。主要结论是：需求和生产结构的改变在人均收入 300 美元时已初见端倪，超过人均 300

美元这一临界点后，产业结构变化最快，总的结构变化值75%～80%发生在人均300～1 000美元这个区段。对照这个表可以大致看出人均收入多少美元时，产业结构处在什么阶段上，各产业部门在其总构成中应占多大的比重，由此确定产业结构合理与否。

由于以上各种观点各有其科学合理的成分，但又都有不足之处。作为理论上的高度概括，我们认为产业结构合理化，是指产业结构由不合理向合理发展的过程。

2）产业结构合理化的基准

一个国家的国民经济能否协调发展，从而形成经济的良性循环，取决于这个国家能否建立合理的产业结构。综观经济学家们的理论研究和实证分析，合理的产业结构应符合以下几个主要判别基准。

充分有效地利用国内外两个市场和两种资源　一个国家在一定时期和一定条件下，其各种资源总是有限的，为了实现资源的优化配备，必须建立有利于充分发挥本国资源优势的产业结构。同时，各国的生产力发展水平和空间分布从来都是不均衡的，因此，国际间的取长补短，充分利用国内外两种市场和两种资源，成为各国生产力发展的客观要求，通过对外经济交往，克服本国国内需求与其资源不足的矛盾，因此，合理的产业结构应当是开放型结构。

国民经济各部门协调发展，社会再生产顺畅进行　国民经济各个部门之间客观上存在着相互消耗产品的关系。在市场经济条件下，只有各部门按照社会必要的劳动消耗标准生产产品，将社会劳动总量按社会必要的比例分配在各个生产部门，才能保证全部产品价值的充分实现。因此，使国民经济各部门协调发展就成为产业结构合理化的重要基准。

产业结构与需求结构相适应　随着经济的发展和人民生活水平的提高，人们的需求结构会不断提升和变化，而供给结构很难及时完全适应需求结构的变化。为了满足需求结构不断变化的要求，必须通过调整供给结构的办法来实现两者的均衡，两者适应程度越高，则产业结构越合理，否则，产业结构就不合理。

有利于科技进步和产业结构向高度化、现代化推进　在经济发展的不同阶段，由于受生产力发展水平、科技推动、需求拉动和竞争开发等因素的作用，产业结构的变化总是向着更高一级的结构演进。产业结构的合理化是产业结构高度化和现代化的基础，产业结构的合理化是一个不断调整产业间比例关系和提高产业间关联作用程度的过程，这一过程也就是产业结构的成长过程。当今的国际竞争实质是以经济科技为基础的综合国力的较量，为了提高一国的国际竞争力，必须使其产业结构逐步利用技术创新向高一级演进。

具有良好的经济效益，实现人口、资源和环境的可持续发展　前述的各部门的协调发展，只反映了生产过程的要求，并不反映生产的目的和效益。人类生产的目的是为了满足人民日益增长的物质文化需要。因此，合理的产业结构就是要建立资源节约和综合利用型的产业结构，充分考虑生态系统、社会系统和经济系统的内在联系和协调发展，以使经济系统耗用尽量少的自然生态资源和社会经济资源，对其进行综合而又合理的利用，生产出尽量多的对人类有用的经济产品，产生尽量少的废物，以对生态环境产生最小的损害，实现产业结构的可持续发展。

(4) 产业结构的高度化

1）产业结构高度化的含义

产业结构的高度化是指产业结构随着需求结构的变化向更高一级演进的过程。实际上是指随着产业结构的知识集约化和经济服务化，使得产业具有更高的附加价值。产业结构高度化，是一个相对概念，它是产业结构在需求拉动、科技推动、竞争促发等动因作用下的演进过程中，在一定的经济发展阶段，针对现有的社会生产力水平，尤其是科学技术发展水平而言的。

产业结构高度化是一个永不停息的过程，它使产业结构作为资源转换器，在现有资源和技术条件下，通过自身不断高度化的构造，最充分地发挥其转换效力，使资源得到最有效的利用，达到满足需求的最高潜能。显然，产业结构高度化的实质就是随着科技发展和分工深化，产业结构不断向深加工度化、高附加价值化发展，从而更充分有效地利用资源，更好地满足社会发展需求的一种趋势。

2）产业结构高度化的阶段

产业结构的高度化经历了三个阶段。第一阶段是产业结构的重化工业化，是指在经济发展和工业化过程中，重化工业比重在轻重工业结构中不断增高的过程；第二阶段是高加工度化阶段，高加工度化一方面意味着加工组装工业的发展大大快于原材料工业发展的不断深化；另一方面意味着工业体系以生产初级产品为主阶段向生产高级复杂产品为主阶段过渡；第三阶段是知识技术高度密集化阶段，即在高加工率化过程中，各工业部门愈来愈多地采用高级技术，导致以知识技术密集为特征的尖端工业的兴起。这个阶段是国民经济发展的产业结构的成长开始突破工业社会的框架，实现向“后工业社会”的产业结构转变。

产业结构的高度化表现在以下几个方面：①高加工度化；②高附加价值化；③技术集约；④工业结构软性化。

一个国家要获得较快的经济增长和较好的经济发展，使产业结构高度化，关键是要具有适宜的产业结构转换能力。一般而言，一个国家的产业结构转换能力，一方面取决于资源禀赋程度和现有的经济条件适宜与否；另一方面取决于适宜的产业政策，包括产业结构政策、产业规模政策、产业组织政策、产业技术政策、产业结构高级化政策等。此外，也取决于采用何种推动产业结构高度化的模式。

1.2.4 产业周期理论

产业生命周期理论是产业演进理论中有关整个产业从出生到成熟过程中，产业内厂商数目、市场结构、产品创新动态变化的理论。根据西方学者的研究，当一个产业刚出现时，进入的企业数量多，进而达到顶峰，再又降到一个较低的水平；在产出形成初期，市场份额变化迅速，尽管市场持续增长，但随后进入者减少，退出压倒进入，生产者数量上有淘汰；产品创新、产品竞争性观念的多元化下降，企业的努力放在生产工艺上，市场份额趋于稳定。上述有关演进的模型被称为产业生命周期（The product life cycle，PLC）。

PLC 中所传达的对产业演进的刻画是以案例研究和新产业演进的数量分析为基础的。史蒂文·克莱派（Steven Klepper）总结了企业如何进入、退出、市场结构、技术进步产业从出现到成熟过程中技术变迁如何变化的 6 个规律。这些规律提供了一幅技术发展产业演进的混合画面（图 1－4）。

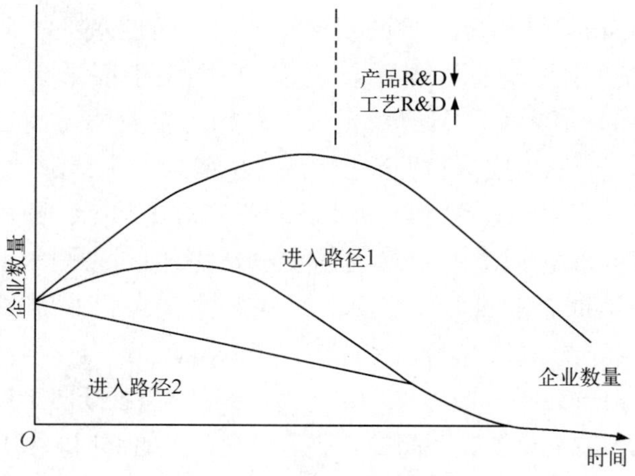

图 1－4 产业周期理论图

克莱派所归纳的 6 条规律是：在产业出现之初，进入者的数量可能不断增加，或是在一开始就达到顶峰，尔后进入者减少。无论是哪种情况，进入者的数量最终会变得很少。生产者数量初始增长，尔后达到一个顶峰，以后尽管产业的总产出持续增长，但生产者的数目却稳定下降。最大企业的市场份额的变化率下降，产业领导者趋于稳定。在生产者数目增加的同时，产品创新的数目和产品的多元化增大并达到一个顶峰，而后下降。随着时间的推移，生产者更加愿意进行生产过程创新（process innovation），而不是产品创新（product innovation）。在生产数目不断扩大的期间，最新的进入者应具有更多的产品创新优势。克莱派通过在分析模型中引入随机成长过程，提出淘汰机制（shake out）对上述6条规律进行了解释和分析。

威廉姆·J. 阿伯拉瑟等（William J. Abernathy，James M. Utterback）以汽车产业作为主要案例，他们描述了由新技术演进所驱动的PLC。他们强调当一个产品被引进时，使用者的偏好和满足他们的技术手段具有不确定性，因此，许多生产不同种类产品的厂商进入市场并且竞争集中在产品创新上。随着使用者尝试可供选择的各种产品和生产者学会了如何改进产品，改进产品的机会就减少，标准的主导设计产品将会出现，不能有效地生产主导产品的公司将退出，导致生产者数量减少。

关于PLC，伊万诺维奇等（Jovanovic，Mac. Donald）认为，早期的进入者采取一般技术，随后出现了新技术，新技术带来了规模经济。这一新旧技术替换的过程会使第一代企业招致淘汰，存活下来的企业就会大规模地使用新技术。

埃里克森（Richard Ericson）等建立了一个模型，指出在产业演进过程中，每个企业会根据自己产品的现有质量、要素价格和市场份额以及整个行业的质量分布情况，而选择一个最优的R&D费用，高质量水平的企业会停止R&D的投入而进行哄骗（coasting），中等水平的则保持不变，而低水平的企业可能退出行业。随着行业的衰退，企业的数目会下降，市场集中度则会上升。吉马沃特（Pankaj Ghemawat）等考察了具有特定成本结构的企业情况（它们生产同质产品，单位成本不变，固定成本和生产能力成比例增减），指出随着需求量的下降，最大的企业会降低产出，直到和其最接近的竞争对手相同。随后，两个企业一起降低产出，直到和它们下一个最大的竞争对手相同。这种过程一直持续下去。他们对美国纯碱企业进行了考察，结果证实，大企业确实先关闭一部分工厂。

利伯曼（Marvin Lieberman）发现规模大的多厂企业倾向于比它们的对手先关闭个别工厂。但有人认为先关闭的并非是盈利最少的部门。相反，那些多样化经营和融资能力强的企业往往会先关掉一些工厂。

1.3 海岛产业演进的影响因素

前文就我国12个海岛县（我国14个海岛县中有两个位于台湾省，出于数据资料的可获得性考虑，本文只研究位于中国大陆的12个海岛县，下文同）的产业现状和产业演进理论作了阐述，下面本文就海岛产业发展的因素作出具体的分析。我国海岛产业的产生和发展是由多种因素影响形成的，涉及地理、政策、资本等多方面的因素，主要的因素有自然禀赋、政策导向、金融支撑、岛陆一体化效应。下面就这四个主要因素进一步进行分析。

1.3.1 自然禀赋

(1) 区位因素

由于海岛四面环海水，比较难于到达，空间距离的远近决定了开发海岛原材料供给、工作人员登岛及补给等的难易程度。因此，与大陆的空间距离是影响海岛开发的最直观的因子。在根据海岛空间特性，沿岸岛距离大陆最近，近岸岛次之，远岸岛最远，相应的，沿岸岛开发比较容易，近岸岛和远岸岛开发相对困难，且开发的成本相对于沿岸岛会高很多。

海岛的地理位置对于其开发价值非常重要，一个没有大陆依托的海岛的开发不仅困难而且价值也比较小。同时，海岛的位置对于管理的难度也是有影响的，距离大陆远的海岛管理的难度较大，这一点虽然不能成为阻碍海岛开放的因素，却是一个不容忽视的问题。从这个意义上说，海岛相对于所依托的大陆的地理位置，也是其开放的重要制约因素。

在我国12个海岛县的产业发展中，很多海岛县的发展都得自于其地理区位的优势。例如，舟山市定海区身居我国东海，位于长江口与杭州湾的交汇处，北靠富庶发达的长江三角洲，与沿海发达城市上海、南京、杭州、宁波抵背相依，又与最具潜力的上海浦东开发区和宁波北仑开发区一衣带水，属我国南北海运和远东国际航线之要冲，是长江流域对外开放的海上门户和通道，它的地理区位给了它成为舟山市政治、经济、文化中心奠定了基础。又譬如南澳县，东距台湾高雄160 n mile，北距厦门97 n mile，西南距香港180 n mile，处在这三大港口城市的中心点，濒临西太平洋国际主航线。地理位置十分优越。自古以来，南澳是东南沿海一带通商的必经泊点和中转站，早在明朝就已有“海上互市”的称号。这一优越的地理位置为南澳县发展港口和航运业提供了绝佳的机会。

(2) 资源因素

无论是远岸岛、近岸岛，还是沿岸岛的发展，均需要依赖海岛自然资源。海岛自然资源是一切海岛产业发展的前提条件，离开海岛自然资源就谈不上对海岛的开发活动，更谈不上海岛的产业发展。由于我国绝大多数海岛存在面积小、淡水资源短缺等问题，为海岛产业发展战略的实施带来诸多困难。当一些制约因素达到一定的制约程度的时候，海岛的产业发展就会成为空谈。具体而言，这些制约因素主要包括以下几个方面。

1) 海岛面积

通常面积在1 km^2 以下的海岛，由于无法建造相应的基础设施，生产生活条件恶劣，没有太多开发的价值，而采砂、炸礁等破坏性开发活动也应该严格禁止。所以，目前条件下这类海岛应以保护为主，而不应作为发展海岛产业的主体。

2）淡水资源

据统计，我国面积在 500 m^2 以上的海岛中，具有天然淡水的仅有 9% 左右。在没有天然淡水或天然淡水不足的情况下，海岛的开发活动会极大地受制于天然降水、交通状况等条件。天然降水受季节变化影响较大，部分海岛会出现季节性缺水问题。因此，那些淡水资源缺乏而又远离大陆的海岛，在产业发展方面就会受到限制。但这一影响同时也会与其他因素产生连带关系，具体而言，就是依赖于其他方式解决淡水缺乏问题的可行性与成本问题，如距离大陆的远近、交通状况等因素都是相关的。

3）人口因素

按照定义，无居民海岛为没有固定户籍居民的海岛，反之，则为有居民海岛。但在影响海岛产业发展的问题上，却不能用这样的两分法来加以区分。例如，在一些人口密集的海岛县或海岛镇所在的海岛，通常情况下，人口愈多，其经济实力愈强，产业结构愈复杂。同时，在管理上，比较大的经济相对发达的有居民海岛，也比较容易移植大陆上的相关法律法规。换言之，人口越多的岛屿，更有利于发展海岛产业。

4）农林渔牧等其他自然资源

中国海岛资源丰富，拥有丰富的水产资源、生物资源、森林资源、矿产资源、海盐及海化资源等，但开发利用不多。无人居住的海岛基本上没有开发利用。海岛所拥有的自然资源很大程度上影响了其产业发展和产业演进。水产资源丰富的岛屿适合发展渔业；矿产资源丰富的岛屿适合发展采矿业、冶炼业；拥有丰富自然景观的海岛可以发展旅游业等。

我国海岛的开发很大程度上由其自身自然资源所决定。例如，由于东山岛位于东海与南海交汇处，闽南渔场的中心，海产资源富饶，海洋生物极为丰富，近海渔场 2.63×10^4 km^2，海洋生物量大质优，这对东山岛发展养殖业提供了良好的基础。又有长岛海域辽阔，条件优越，四面环海，八面来风，全年有效风能时间高达 2 300 h，是全国著名的三大风场之一，所以风电产业是长岛县的主要产业之一。

（3）生态因素

海岛产业发展活动会对海岛生态系统造成一定的影响。由于沿岸岛离大陆近，与近岸岛和远岸岛相比，其海岛生态系统与人类的关系更为密切。沿岸岛也是我国生态安全保障的重要组成部分。因此，开发沿岸岛对生态保护的要求比近岸岛和远岸岛更为严格。

根据吸取国内外的一些经验教训，对于海岛生态环境的保护可以采取不同等级和不同形式。自然保护区可以说是生态环境保护的最高形式，可以起到保护生物物种，促进再生资源的繁殖、恢复和发展，消除或减少人为不良影响等作用。为此，宋健同志在1990年全国自然保护区工作会议上曾经强调指出："典型自然生态系统区域，野生生物，特别是珍稀濒危动植物的集中分布区，具有重要科学价值的海域、海岸、岛屿、湿地……凡能划出来的都应坚决地划出来，列入自然保护区，依法加以认真保护。"

目前我国已经建立了一些海岛自然保护区，包括1963年建立的蛇岛自然保护区，1990年建立的大洲岛生态、三亚珊瑚礁等自然保护区。此外，沿海各省市区有关部门还建立了一些地方级海岛自然保护区。与之相适应，各种海岛自然保护区的立法工作也陆续展开，管理工作逐步得到了加强。当然，海岛自然保护区的建立并不意味着海岛的"封闭"，而只是便于立法和加强管理的一种需要。值得一提的是，海岛自然保护区的建立，其目的不仅仅在于防止海岛遭受人为开发活动的破坏，同时还要防止外来物种的侵害，这样的案例在我国的一些海岛已经发生过，其教训值得反思和警惕。

此外，海岛的产业发展也受到自然灾害的严重影响。自然灾害是一个涉及范围十分广泛的概念。尤其是海岛，大多处于自然灾害频发的位置。在我国的海岛自然灾害中，以台风造成的损失为最大。例如，2003年夏天在广西登陆的2次台风，给涠洲岛造成损失近1亿元，人均损失达7 000元，是涠洲岛2002年人均收入的2倍多。此外，地震、滑坡等自然灾害也会"光顾"一些海岛，给海岛的开发开放活动和当地人民群众的生产生活造成威胁。对于海岛可能遇到的自然灾害，不仅是政府管理部门关心的问题，同时也是海岛投资人关心的问题。对海岛自然灾害进行正确的评估，无论从管理者的角度还是从投资人的角度来讲都具有非常重要的意义。进而，海岛的产业发展也很大程度上间接地受到自然灾害的影响。

1.3.2 政策导向

（1）战略导向

随着海岛产业的不断发展，国家不断重视起海岛的开发与发展。国家海洋局海岛管理办公室印发了《关于征求海岛政策与法制建设有关意见的函》（海岛字〔2008〕1号），向沿海省、自治区、直辖市海洋厅（局），海岛县（区）人民政府征求对《国务院关于促进海岛地区经济社会发展、加强海岛保护管理的若干意见（征求意见稿）》和《海岛保护与利用管理办法（征求意见稿）》等5个管理办法的意见。国家海洋局在北京召开会议，邀请发展改革委、教育部、财政部、交通部、水利部、农业部、卫生部、税务总局、环保部、国务院研究室等部委有关同志，对《国务院关于促进海岛地区经济社会发展、加强海岛保护管理的若干意见（代拟稿）》进行了审议，并得到与会部门的一致赞同。国家海岛调研规划和政策研究工作领导小组印发《关于征求海岛若干意见和规划纲要意见的函》（国土资函［2008］684号），向国家海岛调研规划和政策研究工作领导小组成员单位征求对《国务院关于促进海岛地区经济社会发展、加强海岛保护管理的若干意见（征求意见稿）》和《全国海岛保护与开发规划纲要（征求意见稿）》的意见。为加快推进海岛规划体系建设，选取浙江、广东、广西3省（区）开展了海岛规划试点工作。

随着海岛产业发展的相关学法律法规的逐渐出台和完善，政府在产业格局、环境保护、国土安全等方面对海岛产业的发展提出了诸多要求和约束。为了适应法规的需要，海岛产业发展的规划和完善都会受到一定程度的影响。例如，随着浙江省海洋经济发展示范区建设上升为国家战略，《浙江省海洋经济示范区规划》把玉环本岛列入综合开发岛，鸡山列入现代渔业岛，披山列入生态岛后，玉环致力于开发港、渔、涂、油、景等特色资源，地方政府的政策和发展战略无疑是一块导向牌。

（2）经济导向

我国民间的海岛发展行为具有悠久的历史，具体时间虽然无法考证，但在大长山岛、小长山岛等地发现的古文化遗址表明，我国的海岛开发历史至少可以追溯到距今大约六七千年前。尽管历史上各个时期的海岛开发政策有所差别，在一些历史时期还采取过“禁海”的政策，但海岛开发在对沿海地区的经济发展的推动作用却是不可磨灭的。

海岛四面环海、资源有限，能源、淡水缺乏；进、出岛交通不便，而且岛与陆、岛与岛分隔，各自独立，基础设施不能共享，发展经济有特殊的不利条件。然而海岛及其周围海域又有着丰富的资源，有些海岛不仅有与内陆几乎同等的资源种类，又有内陆一般地区所没有的特殊的资源优势，如我国的香港、台湾。海岛的港口资源，因沿海岛屿岸线曲折，基岩临海，港阔水深，且临近国际航线，具有得天独厚的区位优势，良好的港口条件可带动海岛外向型经济和高技术产业发展，使其成为继海岸带发展后的第二海洋经济带龙头，因此海岛又有很高的经济价值。

新中国成立以来，特别是改革开放以来，我国经济进入快速发展时期。由此产生的资源与能源、环境等一系列问题也日显突出，客观上要求开发新的经济发展区域。作为一个复杂的系统，海岛产业发展涉及多种产业内容，如渔业、林业、农业、旅游业等，发展潜力巨大，前景乐观。从这个意义上说，“海岛发展”和“西部大开发”、“振兴东北”对我国整体经济发展具有类似的战略意义。

在海岛产业布局发展之后，海岛的经济水平得到了很大的提高。2010 年长海县实现地区生产总值46 亿元，同比增长 16.5%；财政一般预算收入 2.5 亿元，增长 21.7%；固定资产投资 50 亿元，增长 54.8%；实际利用域外资金 10 亿元，增长 23%；外贸出口创汇 8 400 万美元，增长 10.1%；社会消费品零售额 7.4 亿元，增长 18.1%；渔农村人均纯收入 2 万元，城镇居民人均可支配收入 1.6 万元，分别增长 7.3% 和 11.4%。2010 年，崇明岛全县实现增加值 194.4 亿元，比上年增长 13.9%。其中，第一产业增加值 18.9 亿元，增长 5.7%；第二产业增加值 108.3 亿元，增长 15.1%；第三产业增加值 67.2 亿元，增长 14.5%。2010 年定海区地区生产总值 250.56 亿元，同比增长 12.6%。第一产业产值 8.37 亿元，同比增长 0.1%；第二产业产值 107.27 亿元，同比增长 15.6%；第三产业产值 134.93 亿元，同比增长 10.8%。

1.3.3 金融支撑

金融支持作用的主要表现就是为经济发展增加投资和储蓄，提高资本配置效率，促进投资效率的提高。海岛产业结构形成和发展的基本前提是投资，社会资源在各海岛产业间的配置是通过产业投资来实现的，海岛产业投资结构直接决定了海岛产业结构的发展方向和发展过程。投资分为固定资产投资和流动资产投资，这里我们所研究的是固定资产投资。增量资本的配置会直接影响海岛产业投资结构，海岛产业投资结构的变动又会影响海岛产业的产出结构（即产业结构）。因此，要研究金融支持促进海岛产业结构优化的内部机制，海岛产业投资结构就成为两者之间的关键联系，可以依此传导机制分析金融发展对于海岛产业结构的间接影响机制。

产业投资结构是指社会投资在国民经济各产业部门之间配置后形成的数量比例关系。产业结构是由投资结构塑造出来，并由投资结构决定。固定资产投资是投资中最重要的组成部分，不仅在总量上与经济增长密切相关，直接影响和决定经济增长的速度，而且在结构上直接影响和决定产业结构的形成和发展变化。由此可见，对于海岛新增固定资产的投资将影响海岛产业投资结构，而产业投资结构的变化又将影响海岛产业结构。海岛产业投资结构对海岛产业结构的影响主要表现在如下几个方面。

（1）海岛投资结构通过市场需求结构影响海岛产业结构

投资总量增长加快时，对投资品的需求就多，从而拉动生产投资品的产业发展；反之，如果投资总量下降，生产投资品的产业就会萎缩。另外，海岛产业投资结构还会影响生产投资品的海岛各产业的构成。不同海岛产业的投资，其投资品需求具有较大差异，对生产投资品的海岛各产业的拉动作用也不同。

（2）海岛产业投资结构通过形成固定资产决定海岛各产业的产出能力

现存的海岛各产业的固定资产和产出能力是过去海岛产业投资分配的结果，而现在和未来的海岛投资结构又决定着未来海岛各产业的产出能力。固定资产在生产和使用过程中会逐渐消耗而最后丧失效用，必须通过产业投资形成新的固定资产来补偿、替换被消耗掉的固定资产，即实现固定资产的再生产，才能保证原有的产出能力或进一步扩大产出能力。

通过分析，我们可以发现金融支持通过对海岛产业投资结构的影响而最终对海岛产业结构本身产生影响，因此，金融支持对于投资结构的优化可以促进海岛产业结构优化，资本被更多配置到高新技术行业，还能够促进投资结构向高技术方向倾斜，这样不仅能使投资结构发生量上的变化，还能使这些产业基于资本优势加快技术进步，最终促使产业结构升级。另外，资本被更多配置到支柱产业和主导产业，还能由于这些产业与其他产业存在较大的关联而带动其他产业投资，从而引起整个经济体中投资结构优化（见图1-5）。

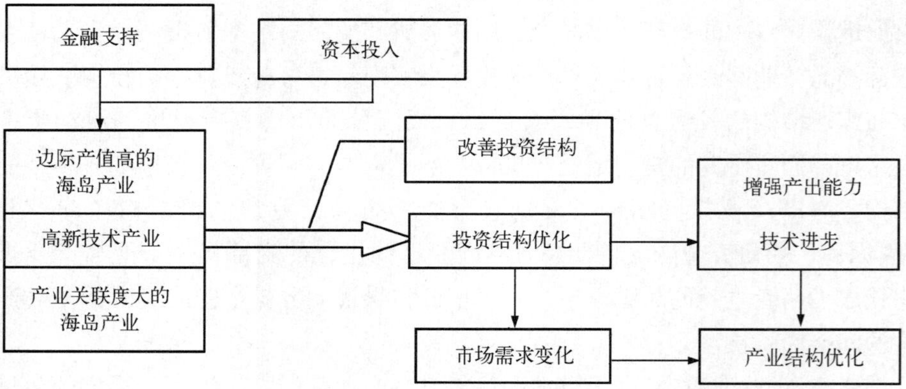

图1-5　金融支持对海岛产业结构优化的影响

通过以上的分析，可以得出金融发展首先促进投资结构的优化，而优化了的投资结构引起产业结构的优化，投资结构的优化是金融发展促进产业结构优化的中间环节。

在海洋经济运行中，在资源等生产要素一定的情况下，要素在各个产业中分配量不同，会造成各个产业产出量不同，即海岛产业结构不同。要素配置的不同也同样会因为各个产业技术水平差异而影响整个海洋经济体的总产出水平。今天的海岛产业结构现状是由过去的海岛产业投资结构形成的，而未来海岛产业结构的变化主要取决于这一段时间的海岛投资结构，所以海岛投资结构的动态发展是实现海岛产业结构演进的最基本动因和手段，而投资结构的动态发展是由金融发展状况决定的。

加大对海岛的投资力度，不仅是开发海岛的后勤保障，更是通过金融支持优化海岛产业的投资结构，是促进海岛产业结构优化的强有力举措。玉环县得益于浙江省政府积极构建集疏运网络、金融和信息支撑系统“三位一体”的港航物流服务体系的建设，培育加快发展以港航物流和滨海旅游为支柱的海洋服务业，优化延伸现代渔业产业链；扶持培育以海洋机械装备及零部件、海洋生物、海洋资源利用为重点的海洋新兴产业，统筹海陆联动发展，构筑海洋经济新体系，玉环的整体产业层次得到提升。

1.3.4 岛陆一体化

岛陆一体化是沿海国家和地区统筹岛陆关系的一种战略思维，同时也是依靠岛陆优势实现区域经济发展的有效途径。广义的岛陆一体化指如何发挥岛陆优势，加强岛陆联系和统一规划，促进海岛地区经济、社会的全面发展，它不但涉及岛陆经济的协调发展，还包括海岛意识的培育、岛陆文化的融合、岛陆交通的衔接、岛陆管理的统一与协调等。狭义的岛陆一体化主要是岛陆经济的一体化发展，即根据岛、陆两个地理单元的内在联系，运用系统论和协同论的思想，通过统一规划、联动开发、产业链的组接和综合管理，把本来相对孤立的岛陆系统整合为一个新的统一整体，实现岛陆资源的更有效配置。岛陆经济一体化过程的原动力是岛陆之间相互提供产品和服务，即立足自身优势实现区域间的功能互补。其主要考虑以下三个方面。

（1）海岛产业与周边海域环境质量的关系

如果周边海域环境质量较差，海岛开发将加剧对周边海域环境质量的恶化，因此周边海域环境质量现状是海岛开发的限制因子。污染物在海洋中存在一定浓度，这个浓度被称之为污染物在海水中的“本底浓度”，环境因子的“本底浓度”直接反映出海洋环境质量现状水平。据《2008 年中国海洋环境质量公报》，我国近岸海域总体污染程度较高，近海大部分海域为清洁海域，远海海域水质保持良好。沿岸岛周边海域污染物本底浓度大，环境质量差，沿岸岛开发的环境要求相对较高。近岸岛和远岸岛周边海域污染物本底浓度小，环境质量好，海岛开发的环境要求相对较低。换言之，相对于沿岸岛，周边海域环境质量有利于近岸岛和远岸岛的开发。

（2）海岛产业与周边海域资源开发密度的关系

一般而言，海岛开发受限于利益相关者影响，利益相关者越少，协调难度相对小，反之，如果利益相关者多，协调难度就会相对增大。由于目前海洋开发活动主要集中在近岸海域，沿岸岛周边海域开发密度较大，开发强度较高，开发沿岸岛需要协调的利益相关者多，协调难度大；近岸岛和远岸岛周边海域资源开发活动较少，开发密度小，海岛开发需要协调的利益相关者少，协调难度小。

（3）周边海域资源开发是否需要海岛开发作为基础

沿岸岛离岸较近，周边海域开发以大陆为基地，沿岸岛不是周边海域开发的必需基础。相反，由于海域开发密度较大，沿岸岛的开发对今后开发周边海域存在潜在的阻碍。远岸岛周边海域广阔，渔业资源丰富，油气资源储量也非常可观。远岸岛周边海域的开发须以远岸岛作为开发基地，因此，开发远岸岛对进军远海海域具有战略意义。同样，近岸岛的开发不仅可为周边海域开发提供基础，同时也可作为远岸岛开发的基地。从区域经济发展角度看，岛陆一体化包含两个层面：①海岛地区在发展经济的过程中，如何更好地发挥资源优势，通过合理选择主导产业和优化岛陆产业布局，实现岛陆产业联动发展，实现经济的增长；②海岛地区与内陆地区如何通过点、轴、面等空间要素的有效组合，将海岛地区的产业优势特别是海洋经济优势向内陆地区扩散和转移，从而实现优势互补和区域共同发展。这两个方面不是孤立的，而是相互联系、逐层推进的。海岛地区的发展和海洋经济的壮大是岛陆一体化的初级阶段，依靠资源、技术、区位等优势，发展海洋经济和海岸带区域经济，使海岛综合经济优势得到发挥，还可以促进技术密集型产业和高新技术海洋产业的发展，实现产业结构的升级，成为海岛经济的增长极。在岛陆一体化的高级阶段通过市场机制的作用，要素和产品在海岛与内陆之间流动，逐步实现经济技术的梯度转移，带动整个区域经济的增长。

从涉及的具体环节来说，岛陆一体化包含的内容很多，诸如岛陆资源开发一体化、岛陆产业发展一体化、岛陆环境治理一体化和岛陆开发管理体制一体化等。从资源开发角度，岛陆一体化是对岛陆资源的系统集成，把海洋资源优势由海岛向陆域转移和扩展；从产业发展角度，岛陆一体化是陆域产业向海岛转移和延伸，具体体现为临海产业的发展；从环境保护角度，海陆一体化是实现陆海污染联动治理，严格控制和治理陆源污染，加强海洋环境保护和生态建设；从更广阔的社会经济视角看，其内涵可以拓展到岛陆区域的一体化整合，不仅包括岛陆资源、空间和经济之间的整合，也包括岛陆文化、社会和管理之间的协调与整合。岛陆产业发展一体化是岛陆一体化的核心，岛陆资源开发一体化和岛陆环境的一体化调控是岛陆经济一体化顺利实施的前提，岛陆区域的统一规划、一体化整合和海岸带综合管理是实现岛陆一体化的重要保障。

嵊泗列岛就是最好的证明。嵊泗背靠沪、杭、甬等大中城市群和长三角辽阔腹地，距上海芦潮港31 n mile、宁波75 n mile和舟山74 n mile，随着东海大桥的建成，嵊泗已融入上海、杭州两小时经济圈，更有利于接受长三角周边经济发达地区的辐射，对长三角地区经济的发展影响更大，作用也更明显，同时，其也是宁波、上海及长三角地区鲜活水产品供应基地。

此外，由于海岛系统所涉及要素的复杂性，在处理海岛产业发展的一些具体问题的时候，还可能遇到其他的问题，对这些问题应该采取因地制宜、具体问题具体处理的灵活态度加以对待。例如，海岛的产业发展会受到诸如电力资源等基础设施方面的限制，但与自然环境条件不同，一些自然环境优越而基础设施薄弱的海岛正是我们发展海岛产业的重点。

综上所述，海岛的产业发展是一个涉及多方面因素的系统问题，其中的很多因素将直接关系到海岛是否可以开发和产业如何发展的问题。而海岛产业发展除了要考虑一般开发所会遇到的问题以外，还要考虑会遇到涉外管理的问题。为此，在确定海岛的产业发展及其相关政策之前，综合分析海岛产业发展的影响因素，划分开放等级，借鉴国外的相关法律法规和成功经验，制定行之有效的管理措施是完全必要的。

第 2 章　我国海岛县（区）产业演进研究

2.1　我国 12 个海岛县（区）的产业演进

2.1.1　海岛县（区）产业演进模式的研究意义

海岛县（区）产业结构作为以往经济增长的结果和未来经济增长的基础，代表一定时期相对稳定的经济格局，可以反映经济发展阶段、发展水平、发展方向的本质特征。每一个海岛县现有的产业结构都是随着经济的发展逐步演进而来的，研究海岛县（区）的产业演进过程有利于分析出海岛县（区）经济发展过程存在的问题及问题出现的原因，为解决问题提供思路和方法。

探讨海岛产业演进模式，促进海岛经济增长是实现和谐社会的一个组成部分。构建和谐社会是全社会各个领域的共同目标，海洋经济发展要与其他部门经济发展相和谐，海岛经济发展要与海洋经济发展相和谐。然而，海岛是中国海洋经济发展的一个最薄弱的环节，其发展态势如何将会影响到整个社会的和谐问题。研究海岛产业演进模式，目的是为了实现海岛经济的健康、持续发展，因此具有重要的实际应用价值。

探讨海岛产业演进模式，促进海岛经济增长是解决制约中国海岛经济发展"瓶颈"的重要途径。目前，中国海岛经济结构仍带有传统经济的特征，经济发展过程中出现的资源衰退、环境污染、科技水平较低等问题已越来越成为制约中国海岛经济下一步持续快速发展的主要矛盾和问题。因此，如何发挥中国海岛的独特区位资源优势，实现海岛经济快速增长，是我们必须研究的重要经济工作任务。

探讨海岛产业演进模式，促进海岛经济增长是中国农业产业结构调整的必然要求。传统的海岛经济发展依靠的是单一的渔业经济。随着海岛工业、海岛旅游业的蓬勃发展，目前海岛经济结构有了很大的改变。在这种情况下，海岛经济发展变得更加复杂，如何实现资源的合理配置、产业结构的优化，是中国海岛今后经济工作的重要目标。

2.1.2 海岛县（区）的产业演进历程

中国是个历史悠久的文明古国，海岛开发的历史可追溯到久远而陌生的石器时代。许多专家、学者认为，源远流长的中国海岛开发史大致可划分为四个阶段，即新中国成立前早期的海岛发展阶段；新中国成立后到改革开放前的发展阶段；改革开放后到市场经济之前的发展阶段；市场经济以后至今的发展阶段。

（1）早期的海岛开发及其发展

中国海岛开发的第一阶段是在 1949 年以前，这一阶段海岛的优势产业是海洋渔业。因此，海岛开发活动，自古以来大都以海洋渔业资源的开发利用为主导。据记载，中国早期的海岛开发，有贝类采拾和鱼类捕捞等主要活动。贝类采拾在先，鱼类捕捞居后。换言之，鱼类捕捞活动是在新石器时代的贝类采拾的实践中萌芽与发展起来的。

1）新石器时代的贝类采拾，为中国早期的海岛开发活动拉开了帷幕

据记载，距今遥远的新石器时代，人类的生产能力极低，食物稀少。居住于沿海地区尤其是海岛上的原始人，他们主要采拾丰富的贝类，通常指人们喜欢食用的海产品为主，如牡蛎、鲍鱼、海螺等。在中国北起辽宁、南抵广东（含今海南）的沿海地带，均有这个时期的原始人留下的、在考古学上称为贝丘遗址的很多贝壳堆。这些遗迹不仅足以说明当时人类采拾贝类的范围之广、规模之大，而且许多考古学家和历史学家还认为，新石器时代的原始人，一代又一代的简单而频繁的采贝活动，在中国海洋开发史上是一大创举，那些不计其数的贝丘人是开发海洋的先驱，他们周而复始的贝类采拾活动，可谓中国海岛开发的序幕。

2）鱼类的捕捞取代了贝类采拾，成为现代海洋渔业发展的雏形

鱼类捕捞也是新石器时代的产物。这个时期，随着年代的更迭和人类的需求，鱼类捕捞活动在新石器时代已开始萌芽，到贝丘时代结束时，终究取代了贝类采拾，成为当时人类主要的渔业生产活动……纵观中国海洋渔业的发展历史，从新石器时代的鱼类捕捞开始，发展到今天的现代海洋渔业，曾经历了漫长而坎坷的历程。

鱼类捕捞伊始，由于各种条件的限制，其活动范围仅局限于滩涂和近海，使用的渔具大都是十分简陋的箭头、网坠、鱼叉、鱼钩等。后来，由于渔船的问世，并且犹如雨后春笋般迅速发展起来，到春秋时代鱼类捕捞已广泛使用渔船，可以向较深的海域发展，从而结束了鱼类捕捞活动局限于滩涂和近海的历史。从夏、商开始，日益丰富的各种名贵的海产品，已成为沿海地区向中原王朝进贡的物品。到了周代，海产品既是贡品又是重要的商品之一。从西周到战国时期的沿海诸侯国，把大力发展海洋渔业作为主要的经济活动。凡是致力于开发海岛、发

展渔业的海岛渔村，大都成了富庶的鱼米之乡。与此相反，中国从秦代起，因为封建王朝轻渔重农，顾此失彼而导致其渔业面临厄运，每况愈下走向低谷。这个时期，尽管国家不重视发展海洋渔业，但广大渔民则“靠海吃海”，不断地探索与开发渔场。据当年英军侵华时的有关资料记载，截至清代，中国已有河口与近海渔场达60处。除这些沿海岸和近海渔场外，还有西沙群岛和南沙群岛等外海渔场。对此，新中国成立后有关部门曾作过比较详细的调查，认为中国的现代渔场绝大部分为清代之前所开发。

19世纪中叶，发达的资本主义国家已进入机轮时代，而中国的鱼类捕捞仍然以旧式木帆船为主，直至新中国成立。中国的机轮渔业起步晚，发展也极为缓慢。据记载，到清朝末年，国内才从德国购置一艘轮驳，用于拖网捕捞，可谓渔轮动力化的转折点。抗日战争前，是中国机轮渔业发展的高峰期，但渔轮数量并不多，充其量也不过几万艘。尔后，由于兵祸连年，渔轮的损失之大，令人目瞪口呆。据估计，经过抗日战争和解放战争的严重破坏，旧中国剩下的渔轮寥若晨星，仅有又破又旧的几十艘。

（2）新中国成立后军民开发海岛的格局及其形成与变化

中国海岛开发的第二阶段从1949年至20世纪70年代末。从新中国成立初期到20世纪70年代末，中国为了保卫万里海疆的安全，防御海上的入侵之敌，这二三十年来，海岛开发与建设主要是以军事利用为主，其基本模式是封闭或半封闭式。

1）为加强战备、准备打仗，把海岛建成海上长城

新中国成立之初，中国正处于帝国主义、各国反动派的包围、封锁之中，盘踞在台湾的国民党当局也遥相呼应，叫嚣反攻大陆，形势十分严峻。为了保卫祖国，巩固人民民主专政，沿海地区的广大军民肩负起共同开发海岛、建设海防的历史任务。至今，已经把具有重要军事价值的许许多多的海岛，开发建设成为以岛、岸为依托，能够消灭从海上入侵之敌，克敌制胜的海上第一道防线。在军事上，把这些海岛称做“不沉的航空母舰”。如长山群岛、庙岛群岛、舟山群岛、万山群岛、南海诸岛以及其他一些岛屿，如今已是各种不同级别的陆军要塞、海军地、水警区、巡防区、观通站、导航台站、指挥哨所等。从而结束了自鸦片战争以来，中国有岛无守，有海难防的耻辱历史。在保卫海防的斗争中，星罗棋布的海岛发挥着前所未有的重要作用，成为保卫国防的真正的海上铜墙铁壁。

2）为重建家园，海岛人民扬起了开发海岛的风帆

新中国成立之初，海岛与全国相比更是贫穷落后，广大的海岛人民经过土地改革和民主改革运动之后，在经济上摆脱了几千年来的压迫与剥削，在政治上彻底翻了身，成为国家的主人，生产热情空前高涨，开发海岛，建设海岛，迅速改变海岛的落后面貌，成为海岛人民的共同心声。然而，由于种种原因，特别是“文革”时期，海岛与全国其他地区一样，受到政治、经济状况的束缚，生产建设未能得到发展，海岛经济几乎处于崩溃的边缘。

（3）改革开放以来海岛朝着全方位开发方向发展

中国海岛开发的第三阶段从1978年的改革开放起至1992年。从20世纪70年代起，中国海岛开发在改革开放方针的指引下，逐步地开始脱离故辙，赢得了勃发的契机，迅速地向着全方位发展。举国上下，为进一步开发海岛献计献策。自改革开放以来，党中央、国务院十分关心中国海岛开发与建设。

1986年2月，胡耀邦同志首先作了重要批示“中国沿海岛屿很多，有待进一步开发。国家经委和农牧渔业部要作几次系统的调查研究，提出切实可行的开发方案才好。我们的国家很大，问题很多，没有弄清楚的事比比皆是。因此中央各部都要有计划、有目的地搞些专题的调查研究，减少盲目性和一般化的领导。”接着彭真委员长视察了山东长岛县的开发建设，并题词“祝贺长岛从捕捞阶段进入到养殖为主的新的历史阶段。”1990年中共中央政治局常委宋平同志，也视察了长岛，充分肯定了长岛县耕海牧渔、开发海珍品增养殖生产的方向。

1991年10月，时任中共中央总书记、中央军委主席的江泽民同志乘船跨海，深入海岛，视察了千岛新城——舟山市，挥笔题词“开发海洋，振兴舟山”。舟山市委、市政府按照江泽民同志的指示精神，确定了“围绕海字做文章，依靠科技兴舟山”的战略方针，充分发挥地域、人缘、海洋资源等优势，把战略目光投向海洋，积极开发海洋渔业、海港运输，海岛旅游等事业，使素有“祖国渔都”之称的舟山群岛，加速了开发建设的步伐，促进了海岛经济的大发展。由于开放、搞活的政策给海岛开发注入了新的动力和活力，加上中央领导的高度重视，使全国上下既转变了观念又增强了海岛意识。

首先是中央有关部门通力协作，出谋划策，抓住机遇，规划与组织进一步开发建设海岛。1986年国务院转发了国家经委“关于进一步开发建设海岛的意见”，并明确指出要根据各地实际情况，在调查研究的基础上，制定开发建设海岛的总体规划和相应的政策措施。为此，同年5月，国家经委、国家科委、农牧渔业部、国家海洋局联合召开了“全国海岛工作座谈会”。会议认为，海岛开发建设，要认真做好调查研究，尽快摸清情况，确定海岛开发的方针、原则和总体规划，并且要针对海岛的特殊性，制定出切合实际的海岛开发政策法规。

1987年10月，国家科委、国家计委、国家海洋局、农牧渔业部和总参谋部，根据全国海岛工作座谈会的精神，向国务院呈报了“关于开展全国海岛资源综合调查和开发试验的请示”，对“新中国成立以来，中央、地方有关单位根据各自任务需要，先后作了一些海岛调查工作，取得了一定成果”作出了正确的评估，同时又指出当时“对海岛资源还缺乏全面的了解和认识，不能适应进一步开发建设海岛的需要”，开展海岛调查势在必行。经国务院1988年1月批准后，各部委联合发出了“关于全国海岛资源进行综合调查和开发试验的通知”，对开展海岛调查进行了具体部署，要求各沿海省、自治区、直辖市及计划单列市人民政府，加强领导，组织力量，认真实施，按计划完成各项调查任务。

(4) 市场经济时期的快速发展阶段

中国海岛开发的第四阶段从中国从计划经济向市场经济转变开始，即从1993年开始至今，具体又可以划分成两个阶段。

1）以海岛旅游为特色的第三产业快速发展阶段（1993—1999年）

1993年以后，国家和沿海市县对以海岛旅游业、海景房地产业为代表的海岛景观资源的开发力度持续加大，海岛旅游总收入在1993—1999年间的年平均增长率均在30%以上，在这一时期，海岛经济增长趋于相对稳定，总量规模提高较快，第三产业跃升为区域产业结构中的主导行业。与此同时，第二产业份额快速减少，降至第一产业之后；而第一产业则保持与区域总体经济几乎同样的增长速度，其份额亦微弱减少。

2）工业化起步阶段（1999年至今）

自1999年以来，中国海岛的第二产业发展显著加快，其年均增长速度一直高于同期的第一、第三产业和国内生产总值增长速度，成为海岛经济的主要增长源，至2003年已首次超过第三产业居于海岛产业结构的主导地位。同时，第一产业份额急速缩减，至2003年已首次减少至20%以下；第三产业在海岛国内生产总值中所占的份额仍维持前一时期的上升势头，但幅度已明显减弱。

2.1.3 海岛县（区）的产业演进模式

(1) 海岛县（区）产业演进模式的对比分析

从总体趋势看，我国海岛县（区）的产业演进模式可分为三类，平稳演进模式、维持演进模式和跳跃演进模式。平稳演进模式，是指某一海岛县的产业结构按照左旋方式或者右旋方式稳步演进；维持演进模式，是指某一海岛县的三产产业结构多年维持在某一状态，没有明显的演进；跳跃演进模式，是指多个观测年份里某一海岛县的产业结构在下文所述的6种产业结构间跳跃，没有明确的演进路径。

某一地区最初的产业结构是第一产业的产值占总产值的比重大于第二产业的产值比重，大于第三产业的产值比重。经过经济不断的发展和产业结构的调整，实现理想的产业结构，即第三产业的产值比重大于第二产业的产值比重，大于第一产业的产值比重。分别用 $X1$、$X2$、$X3$ 表示某一地区第一产业、第二产业、第三产业各自的产值占该地区总产值的比重，则产业结构演进的起点为 $X3 < X2 < X1$，终点为 $X1 < X2 < X3$，在起点和终点之间有另外四种产业结构，分别为 $X3 < X1 < X2$，$X1 < X3 < X2$，$X2 < X3 < X1$ 和 $X2 < X1 < X3$，即有 6 种产业结构（图 2－1 所示）。

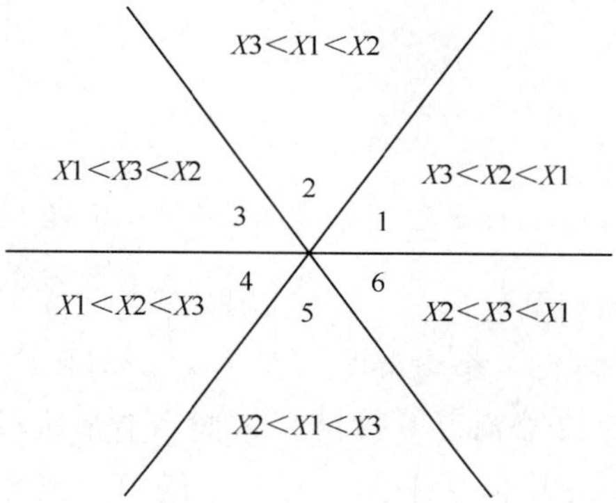

图 2－1　产业结构重心落在相对应的区域

根据结构三角形重心位置的变化，可以断定产业结构是否发生了质的变化。当各年产业结构的重心位置在同一区域内变化时，三次产业的顺序不发生变化，表明产业结构未发生变化，即是维持演进模式。而当重心位置有跨区域的变化时，就表明三次产业的大小顺序发生了改变，意味着产业结构发生了质的变化。如果这种变化有规律地依次在连续区域内移动，即为平稳演进模式；如果这种变化没有规律可循，在任意不连续的区域内变动，即为跳跃演进模式。而在平稳演进模式中，产业结构从起点到终点的演进路径可分为两种，即左旋方式和右旋方式。

左旋方式是指产业结构演进过程中三次产业的产值比重按如下途径变化：

$X3 < X2 < X1 \Rightarrow X3 < X1 < X2 \Rightarrow X1 < X3 < X2 \Rightarrow X1 < X2 < X3$。

右旋方式的三次产业的产业比重变化途径与左旋方式相反，如下：

$X3 < X2 < X1 \Rightarrow X2 < X3 < X1 \Rightarrow X2 < X1 < X3 \Rightarrow X1 < X2 < X3$。

上述两种方式都是产业结构高级化的过程，即三次产业结构的重心落在第 4 区域，达到了 $X1 < X2 < X3$，所谓第三产业化。右旋模式进入第 4 区域，是由 1 区经 2 区、3 区到达 4 区；左旋模式进入第 4 区域，是由 1 区经 6 区、5 区到达 4 区。多数情况下是按右旋模式发展，由第一产业占统治地位到第二产业占统治地位时，国民经济工业化。当国民经济出现了“第三产业化”，则进入产业结构高级化阶段。左旋模式首先也是发展第一产业，由于各地区条件不同，第三产业在一定时期内超过第二产业先发展起来，则同样可以达到产业结构高级化阶段。

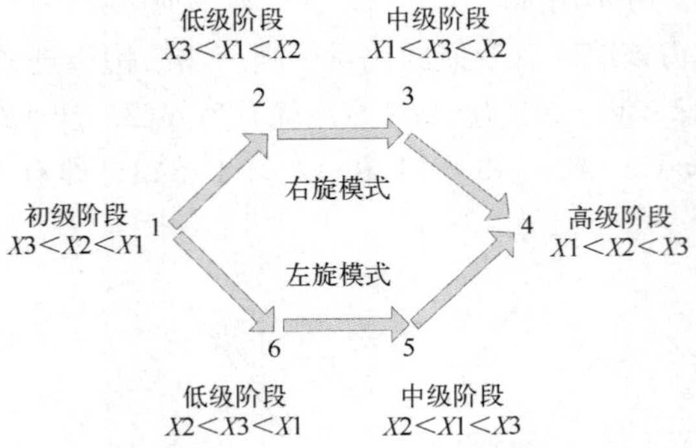

图 2－2　右旋模式与左旋模式产业结构演进图

通过对我国 12 个海岛县（区）1985—2011 年之间 6 个固定年份的三产产值比重数据的统计分析，将每一个海岛县（区）在所有固定年份的产业结构绘制成表 2－1，可以将我国 12 个海岛县（区）依照产业演进模式分为三类。属于平稳演进模式的海岛县（区）包括平潭、嵊泗、岱山、玉环、普陀、崇明、定海和洞头。其中平潭、嵊泗和岱山的产业结构是按照左旋方式平稳演进的，玉环、普陀、崇明、定海和洞头的产业结构是按照右旋方式平稳演进的。属于维持演进模式的有长岛、长海和南澳，它们的产业结构在 15 年左右的时间里始终保持着 $X2 < X3 < X1$。东山县的产业结构是跳跃演进模式。

表 2－1　中国 12 个海岛县（区）的产业结构演进情况

三次产业结构顺序	$X3 < X2 < X1$	$X3 < X1 < X2$	$X1 < X3 < X2$	$X1 < X2 < X3$	$X2 < X1 < X3$	$X2 < X3 < X1$
产业结构类型所在区域	1	2	3	4	5	6
1985 年	长海 长岛 嵊泗 岱山 普陀 东山 南澳	玉环 洞头 崇明	定海			平潭
1993 年	东山	普陀 洞头	定海 崇明 玉环			长海 长岛 平潭 嵊泗 岱山 南澳
2000 年			崇明 玉环 东山	普陀 定海	平潭 嵊泗 洞头	长海 长岛 南澳 岱山

续表

三次产业结构顺序	$X3<X2<X1$	$X3<X1<X2$	$X1<X3<X2$	$X1<X2<X3$	$X2<X1<X3$	$X2<X3<X1$
2003 年			崇明 嵊泗 普陀 定海 玉环	洞头 东山	平潭 岱山	长海 长岛 南澳
2006 年	东山		崇明 嵊泗 玉环	普陀 定海 岱山 洞头	平潭	长海 长岛 南澳
2011 年	长海	南澳	崇明 普陀 岱山 嵊泗 玉环 东山	定海 洞头	平潭	长岛

（2）影响海岛县（区）产业结构演进模式的有利条件

海岛地域经济系统的形成具有自组织性和相对稳定性，但受市场机制、陆域经济辐射、技术及产业转移、连岛工程等因素的影响显著，加上产业竞争能力有限，海岛县（区）产业结构演进具有特殊性。经济活动在海岛这一特定的空间内进行，不可能脱离海岛生态环境而独立存在，产业结构调整必须在生态环境的承载能力许可的范围内进行；产业结构调整引起的劳动分工受到海岛县（区）市场范围的限制，劳动分工所依托的经济系统的特征时空尺度是规模经济产生的原因和根源，海岛资源及区位的特殊性、经济特征尺度的拓展和累积，会使产业结构进一步的演进出现更大的差异。

1）海岛开放程度的深化

消费需求对产业结构演变起着最终的决定作用。海岛本身的消费需求有限，能否把产品卖到岛外地区以扩展自身的特征尺度意义重大。海岛的开放，不管是对外开放还是区际开放，都是控制地区累积过程的主导因素，会通过资本形成、人力资本增加、基础设施完善、竞争力提升、制度创新等产生累积效应，导致某项经济活动或初始优势在该区域的积聚和锁定。部分海岛长期不开放，吸引利用外部资金基本处于停滞状态，严重制约了产业结构的升级。

2）产业转移和基础设施的建设

随着海岛产业转移和基础设施建设的加快，陆域经济体向海岛辐射的加强和空间成本的下降都可促进海岛产业结构升级，二者存在正相关关系。岛陆、岛岛桥隧连通工程和港口建设，可以改善海岛的交通与投资环境，一些大的产业部门如造船、石油等制造业和原油储备项目的安排已向海岛延伸。

3）地方政府的政策影响

地方政府在主导产业培育和产业结构调整中正在发挥重要作用。海岛县（区）经济总量小，地方政府参与经济发展的程度较深，利益相关者关系协调相对简单，制度创新的空间大、阻力小，有利于资源整合和主导产业的培育发展，经济发展的路径依赖性弱，只要在某一产业部门发展一个较大的企业，就可能改变产业结构状况。比如，由政府主导或主办的海岛旅游业正在成为第三产业发展的龙头和新的主导产业。

2.2 我国海岛产业演进的主要问题

海岛县（区）现有的各种物质、技术、人力资源不足以支持可持续发展的需要，人力资本结构、经济结构不完整，劳动分工层次较低，经济基础薄弱。海岛基础设施落后，配套性要求高而共享性差，投入资金量大而产出比例小。大部分海岛居民传统意识强，文化层次低，重渔轻商，自然经济色彩浓，仍以资源开发及初级原材料加工输出的生产性结构为主，延续劳动密集型的、低技术含量的、粗放式的发展模式，表现为以传统自然村落为基础的分散的产业组织方式和块状经济格局，分工链条短，还没有围绕资源开发加工形成专业化分工与综合性发展相结合的产业，渔民转产转业困难，产业单调，结构简单，对外依赖强，缺乏竞争能力。海岛作为特殊的自然综合体，空间成本较高。

自然资源的数量及种类有限，海域广阔而陆地狭小，土地使用的竞争性强，淡水资源紧缺，人口密度大，空间的阻隔使得其无法充分享受周边大城市的资金、技术、信息等溢出效应。对海岛国防、权益、资源保护、生态景观等多重功能的强调往往与海岛经济发展、居民生活质量提高的要求相冲突，海岛居民往往要为国家或远距离的人民所获得的利益付出代价，包括失去或减少他们的经济发展机会。

海岛生态环境既是限制经济发展的因素，又极易受到经济发展的破坏。影响生态、产生污染的人类活动的利益通常在空间和时间上与成本完全无关，产业发展对生态环境的影响难以准确度量和控制，这些进一步加剧了海岛生态环境的脆弱性。比如，工业污水和生活废水的随意排放造成严重污染，甚至出现“海底沙漠”；由于科学规划的缺乏和认识的错位，不能按照海岛的自然资源、环境状况和地理位置进行开发功能或方向的定位，开发随意性、盲目性大，整体效益低下，填海连岛工程也使得海岛数量急剧减少。部分海岛县（区）现有的饮水、卫生、交通、环境等已逼近极限，而达到极限的危险特别大，因为在排放的污染物质从进入环境和生态系统到显示其消极结果有滞后性，从开始控制到有害影响最终减少也有一个滞后过程。这既对产业发展形成限制，也与可持续发展相违背。

2.2.1 基础设施建设薄弱

（1）海岛交通不便

交通自然地理阻隔导致海岛交通不便是妨碍海岛经济发展的重要限制性因素。海岛四面环水，与大陆隔海相望，与外界的主要交通工具就是船舶。但是，随着社会经济的发展，物流量大小成为衡量一个地区经济发展规模的重要指标，而单靠船舶这一单一的交通模式，不能支撑现代经济的发展。因此，对于海岛，交通不便已经成为海岛经济发展的“瓶颈”问题之一。例如，通过修建跨海大桥和连陆大坝而与大陆相连的浙江省玉环岛、福建省东山岛，由于基本解决了困扰海岛发展的交通和饮水两大问题，经济发展明显优于其他海岛地区，特别是近年来依靠海岛特殊区位和资源优势，经济发展有赶上和超过临近大陆地区的趋势。

（2）海岛淡水资源缺乏

淡水资源缺乏，淡水资源开发利用程度低、设备能力低及不配套是中国海岛目前普遍存在的问题。中国海岛的淡水来源主要靠天然降水，少部分靠地下水，由于南北降水量差异大，在淡水补给方面，北方海岛的缺水程度比南方的海岛更为严重。在中国500 m^2 以上的海岛中，具有天然淡水的仅有9%左右，并且受降雨量大小的影响很大，季节性缺水明显。例如，20世纪80年代，浙江省海岛供水情况最好的舟山群岛，仍有19%的人口饮用水供应困难，全省乡级以上海岛有72.6%严重或者较严重缺水，仅有15.6%的海岛能满足淡水需要。

同一地区，远陆岛比近陆岛、小岛比大岛缺水严重。前者是因为近陆岛可以依靠陆地引水和供水，远陆岛离陆地比较远，无法依靠大陆供水，所以更容易缺水，严重制约这些海岛的发展；后者是因为，即使是在单位面积降水量相同的情况下，小岛由于拦蓄和保存淡水的能力较低，淡水储水情况没有大岛好，再加上大岛一般开发程度高，引水蓄水工程好，使得小岛没有大岛的供水条件好。

（3）海岛电力供应不足

到目前为止，海岛的淡水供应问题和电力供应问题是中国海岛经济发展的主要限制因素。中国海岛电力供应仅能初步满足居民生活用电需要，工业用电紧缺。从目前海岛的电网和发电设施情况看，存在的主要问题是事故多，浪费大，许多设施和设备无法使用。

在中国近岸海岛，主要通过铺设海底电缆，由大陆向海岛供电，用电情况有明显改善，远岸海岛主要以火力发电为主，浪费的现象比较严重。一些有条件的海岛已经开始利用风力发电，但是由于缺乏维修和养护，很多设备现已无法使用。在利用再生能源发电方面，如太阳能、海洋能等，相对来说比较匮乏。

2.2.2 海岛资源开发利用不当

（1）海岛生物多样性的丧失

中国海岛生态系统具有丰富的生物多样性。近年来人类对海岛生物资源掠夺式的开发利用以及外来种的引入等原因，海岛生物资源正面临着比以往任何时期都严重的威胁。例如，广东南澳岛东半岛东西两个迎风口的原生群落被砍伐后，形成了退化的草坡，植物种类以阳性和旱生性种类为主，生物多样性大大降低。由于海岛旅游业的发展和捕鱼方式的增多，破坏了珊瑚礁生态系统，导致生物多样性的减少。海岛围海造地、建港等开发活动使海洋生物最为丰富的潮间带不断萎缩，也导致大量物种消失。

（2）海岛的传统捕捞业已失去发展空间

由于长期的过度捕捞，海洋渔业资源已基本枯竭。传统的优质渔业经济种类基本形不成鱼汛，经济鱼类趋向低质化和低龄化。同时，由于中韩、中日渔业协定的正式生效，我国渔民目前已无法在邻近韩国、日本的我国传统渔场作业，使得数万艘船只被迫转产转业。

（3）开发利用秩序混乱，资源破坏严重

与陆地相比，海岛地理环境独特，生态系统脆弱，淡水资源短缺，基础设施落后。一些地方随意在海岛上开采石料，砍伐植被，破坏了海洋自然景观和海上天然屏障，甚至使一些海岛生态资源不复存在。无序开发海岛损害了国家权益，威胁国防安全。一个时期以来，炸岛、炸礁、采石、砍伐、挖砂等严重改变海岛地貌和地形的事件时有发生，极有可能改变我国一些领海的基点位置，从而损害我国的国家主权和领海安全。

（4）过度开发与开发程度不足现象并存

海岛开发利用缺乏统筹规划，各地在发展海洋经济过程中，往往一拥而上，只重眼前利益，而对长远发展考虑不足，缺乏科学性，导致生态环境的破坏，受到客观规律的惩罚。例如，在20世纪90年代初，由于经济利益的驱动，长海县大规模发展近海海水养殖，导致90年代中期近岸水体污染物含量大幅度攀升，病毒肆虐，给养殖业造成了巨大的损失。与此同时，开发程度不足现象也普遍存在，例如，浙江海岛已开发和正在开发的深水岸线只占总深水岸线长的1.4%。这表明海岛资源开发很不充分，开发利用结构不尽合理。

（5）海岛自然灾害加剧

海岛地区大规模的开发建设，使得地质灾害日渐突出。很多工程开挖坡脚、采石、爆破等活动改变坡体原始平衡状态，会导致崩塌等自然灾害的突然发生，挖掘后废弃的采石场等未经治理可能导致水土流失加剧，易形成风沙灾害。过度开采地下水也将引起海水倒灌等灾害的发生。例如，四面环海的湛江硇洲岛近年香蕉种植和对虾养殖产业迅速发展，由于过度地开采地下水资源，导致一些地方海水倒灌，全岛近万人出现饮水困难。

（6）海岛数量急剧减少

近年来，炸岛、采石、砍伐、挖砂等严重改变海岛地形、地貌的事件时有发生，致使海岛数量不断减少。根据海岛调查数据，20 世纪 90 年代初期，东南一个省份海岛数量为 1 546 个，到 2005 年，因炸岛和围海造田等原因就消失了 83 个；北方的一个省份海岛数量为 132 个，到 2005 年仅存 72 个，减少数量占原海岛总量的 46%。南海的许多珊瑚岛，受挖掘和自然侵蚀的影响，已面临灭失的严重威胁。

2.2.3 海岛生态环境恶化

（1）海岛及周边水域环境日益恶化

近年来，沿海地区排放入海的污染物激增，大江大河携带的陆源污染物最终流入海洋，海上油田开发和船只携带石油等污染物泄漏，使海洋和海岛环境遭到严重污染。2005 年，陆源排海污水总量（含部分入海排污河径流）约317×10^8t，270 个排污口设置在海水增养殖区邻近海域，70 个排污口设置在风景旅游区邻近海域，多数功能区的水质劣于国家标准，处于极差和差的等级比例分别为 36% 和 22%。邻近排污口的增养殖区环境退化，适于养殖的水域面积急剧缩减，养殖生物体内粪大肠菌群及镉、石油类等污染物含量普遍超标，海产品的食用安全风险增加；邻近排污口的旅游风景区水体透明度普遍降低，海水浴场环境受到影响；港口航运区环境恶化趋势加重。

（2）海岛工程破坏了海岛的自然环境

新中国成立后为改善海岛的交通状况，中国修建了一些海堤式的岛陆通道工程。最早兴建的是厦门集美海堤。福建东山岛、广东海陵岛、三灶岛、高栏岛等地也相继修建了海堤工程。海堤隔断海峡，改变原有的海流体系和水动力条件，造成了当地生态环境的不良变化。如集美海堤建成后，造成文昌鱼资源的衰退，污染物不能充分扩散，两侧淤积加剧。有些海岛修建的围海工程对海岛及其周围海域生态环境产生了负面影响。例如，浙江省玉环县漩门港的筑坝工程和围海蓄淡工程，引起乐清海域沉积环境的变化，导致乐清湾的纳潮量减少，加剧了该海域生态环境恶化的趋势。

（3）海岛生态破坏严重

从当前已经开发利用的无居民海岛看，普遍缺少规划。一些地方随意在海岛上开采石料，破坏植被，损害了海洋自然景观和海上天然屏障；某些海岛珍稀生物资源滥捕和滥采情况十分严重；一些单位任意在海岛上倾倒垃圾和有毒有害废物，把海岛变成了垃圾场；一些地方滥捕、滥采海岛上的珍稀生物资源，致使资源量急剧下降，甚至濒临枯竭。

2.2.4 海岛经济发展相对滞后

（1）海岛经济与沿海经济差距逐渐拉大

我国海岛都地处海防前线，大部分海岛至今尚未对外开放，导致我国海岛区县发展相对比较落后，与隔海相望的我国陆地沿海地区相比，可以说是我国“东部的西部”。海岛与周边陆地县市区在发展环境、区位、政策等方面不在一条起跑线上，经济发展差距越拉越大。

以海岛大省浙江省为例，2011 年，舟山市（海岛市）实现地区生产总值 765.30 亿元，仅为临近地区宁波市国内生产总值 6 010.5 亿元的 12.73%，而离大陆较远的海岛县，如嵊泗县、岱山县、洞头县国内生产总值仅为临近大陆市县的 1/22～1/7。

（2）自然灾害频繁阻碍了海岛经济的发展

我国沿海地区海洋自然灾害严重，尤其是每年台风及台风风暴潮灾害频繁，造成损失巨大。例如，1997 年 8 月，我国沿海先后有 4 次台风登陆，其中 9711 号和 9713 号台风给福建、浙江、上海、江苏、山东、河北、天津、辽宁和广东 9 个省（市）造成严重的风暴潮灾害。浙江省在 9711 号台风风暴潮和台风浪期间，淹死 169 人，损坏堤防 776 km，堤防决口 1 3894 处，海水倒灌受淹农田超过 55 000 hm^2（83 万亩①），受灾人口 1 141 万，227 万群众被洪水和海水围困，直接经济损失约 193 亿元。海岛位于大陆前沿，是台风及风暴潮最早必经之地，遭受海洋灾害破坏程度最大。2003 年夏天在广西登陆的 2 次台风，就造成涠洲岛损失近 1 亿元，人均损失达 7 000 元，而 2002 年涠洲岛人均年收入才 3 000 多元。

（3）海防历史造成海岛经济基础薄弱

从 17 世纪中叶开始，随着西班牙、英国等西方列强海军舰队的迅猛发展，国防及抵御外族入侵方式由单一的陆地防卫过渡到海陆防御，海洋不再是国防的天然屏障，反而成为入侵的重要途径。从此，海岛也就成为海防的前哨，不沉的

① 1 hm^2 = 15 亩。

航空母舰。在这种背景条件下，世界各国都比较重视海岛防务建设，我国也不例外，许多海岛成为军事基地，由于时时面临战争的威胁，海岛社会经济的发展相对于国防来说，已经变得不重要了。由于国防的需要，海岛的基础设施建设相对滞后，尤其是交通、运输、水、电等基本经济建设成为目前各个海岛地区经济发展的“瓶颈”因素。

（4）国家限制性的投资政策削弱了海岛经济发展的动力

在中国20世纪80年代以前的计划经济时期，由于“备战”思维的影响，国家对海岛基础设施建设投入很少，海岛经济产业类型也高度单一，基本上是以渔业捕捞为核心的农业型经济。改革开放以后，国家逐步从计划经济过渡到市场经济，招商引资成为刺激各地社会经济迅猛发展的润滑剂。然而，在其他地方纷纷出台吸引投资，特别是外资投入的优惠政策的同时，由于出于国防安全等方面的考虑，国家规定，外商不得进入无人岛开发经营，利用外资对岛屿进行开发经营的，一律报国务院审批，从而极大地限制了海岛的招商引资活动，同时，由于海岛基础设施建设落后，投资环境差，难以获得资金的投入，使得我国许多海岛地区在改革开放带来经济飞速发展的时期，成为无可奈何的旁观者，进一步加剧了海岛经济与临近大陆地区的差距。

2.2.5 海岛法律、法规、管理制度不健全

2011年，国家海洋局以《海岛保护法》为依据，结合当前海岛管理重点和难点，以促进海岛生态保护和助推海岛经济发展为目标，进一步加强海岛政策法规体系建设，取得了丰硕成果。出台了《无居民海岛使用申请审批试行办法》，进一步明确了无居民海岛使用权的确权、登记、发证、流转和变更等内容。印发了《无居民海岛保护和利用指导意见》、《无居民海岛使用测量规范》等规定和技术规范。沿海各省、自治区、直辖市海洋主管部门积极推动省级海岛保护法律制度建设。山东省出台了《山东省无居民海岛使用金征收使用管理办法》、《山东省海域海岛使用权抵押贷款实施意见》，浙江省制定了《浙江省无居民海岛使用金征收使用管理办法》，细化和落实了无居民海岛有偿使用制度，为全面开展海岛开发利用活动提供了制度保障。

（1）确定《海岛保护法》为海岛管理和保护的基本法

在《海岛保护法》出台之前，立法者总体有两种思路：①从我国实际出发制定一部关于海岛的综合性法律，该法既区别于日本、韩国等国家主要致力于对落后岛屿的开发促进，目标和内容比较单一，与我国情况不符，也不能满足我国实际需要的海岛单行法，也不同于欧洲等发达国家主要倾向于海岛环境保护的理念进行分散立法，因为这种立法同样也不符合我国对海岛管理和保护的需要。

②制定《海岛法》、《海岛管理法》还是《海岛保护法》，既有立法背景上的需要，也充分考虑立法技术的因素。国家的立法资源很宝贵，公众对立法的质量期望值又很高，因此不能为了增加法律的数量而制定法律。国家只能制定那些紧缺的而且能够保证质量和实施效果的法律，《海岛保护法》的制定也是如此。

（2）形成了相应的海岛管理和保护的法律支持体系

制定一部全面调整海岛保护、开发和利用关系的综合性法律，是我国进行海岛立法的模式选择。除《海岛保护法》外，我国法律法规体系中全面调整海岛保护、开发和利用关系的各单行法律和法规在目前已经基本形成。如《环境影响评价法》适用于海岛的开发行为，《水法》、《水污染防治法》适用于海岛内部的淡水资源保护行为，《海洋环境保护法》适用于海岛周围海域的生态保护行为，《水土保持法》和《矿产资源法》适用于海岛的水土保持和矿产开发行为，《固体废物污染环境防治法》适用于在海岛上倾倒垃圾和有毒有害废物进行管理的行为。

为配合海岛保护法的出台，同时解决海岛保护法出台后配套制度等问题，国家海洋局开展了《海岛保护与利用管理办法》、《特殊用途海岛保护管理办法》、《无居民海岛使用权管理办法》、《无居民海岛有偿使用管理办法》和《对外开放海岛名录管理办法》等制度的起草工作。这些管理法规规章将直接弥补我国《海岛保护法》以生态保护为主要理念的单一性法律特点，对海岛管理具有很大的实践价值。

（3）确立了海岛管理和保护的执法体系

《海岛保护法》的实施标志着我国依法管海进入到一个全新的历史时期，具有里程碑的意义。法律对执法主体的确立和管理范围都进一步做了明确，初步形成了海岛管理和保护的执法体系。

《海岛保护法》规定了无居民海岛属国家所有。它是我国各级政府及海洋管理部门今后制定所有有关海管理法规、政策、制度和规定的基石，是对我国现行法律的补充和完善。《海岛保护法》规定了各级海洋主管部门负责无民海岛保护和开发利用的管理及有关工作。这一规定解决了无居民海岛的集中统一管理问题，极大地提高了居民海岛保护和开发利用管理工作的效率和效能。《海岛保护法》规定了海洋主管部门及其海监机关依法对海岛周边海域生态系统保护情况进行监督检查，从而依法确立了中国海监机构的执法地位和作用。

（4）执行及协调工作有待完善

我国海岛管理及保护的基本法律框架已基本形成，但是海岛法律体系与执法机制之间的协调工作有待进一步加强，这与我国多年来的立法习惯和立法技术不足有关，更多的原因在于立法的权限分散。因此，在对海岛进行开发保护等具体活动时要克服现行法律法规对海岛保护的条块性缺陷，在专门性制度和机制的基础上，建立综合性的保护体制、制度和机制。如建立海岛保护的综合性规划机制，综合性执法体制、综合性执法机制等。为此，我国海岛立法应当超越现有的法律制度和机制，建立更加适用于海岛的综合性调整机制。特别需要完善我国海岛管理体制，较为理想的海岛管理体制是统一的综合管理体制。海岛管理是一个系统工程，涉及众多领域，在管理体制上建立相对集中且功能专门化的管理机制是一种发展趋势。根据决策理论，管理主体越多越分散，管理责任就会趋于松弛，难以实现既定目标。因此，在我国海岛管理领域既需要适度集权，也需要分权与平衡。统一的综合管理模式是新形势下海岛管理的前提条件，即以国家海洋局为主体，其他相关部门相互配合，对海洋的空间、资源、环境和权益等进行全面地、统筹协调地管理。这种综合管理体制绝不是重新组建一个海洋综合管理部门，而是对我国现行的“统一管理与分部门、分级管理相结合”管理模式的积极改进。在统一综合管理的基础上，我国也可以考虑建立一个协调机构来执行政策协调、监测数据处理、交流与共享、海上执法任务调度以及海上救济等职能。该机构可以由相关部门代表组成，以有助于政策协调与效率提高。

2.2.6 社会发展相对落后

（1）人才资源缺乏，人口结构不合理

随着知识经济的崛起，社会对人才的需求不断增加，人才缺乏已成为社会各个地区经济发展的首要障碍。对于海岛来说，形势更加严峻。一方面，由于海岛经济发展相对滞后，各种条件和环境相对艰苦，对人才的吸引力明显小于陆地地区；另一方面，海岛地区自己培养的人才，由于工作条件、待遇以及生活等方面的原因，也出现了向大城市转移的趋势。因此，出现了招不来、留不住的两难境地。

（2）渔民“转产转业”困难

近年来，随着传统渔业资源的衰退以及中日、中韩渔业协定的生效，海洋捕捞空间正在逐步缩小，实施渔业结构战略性调整，国内海洋捕捞业减船减员、渔民转产转业是大势所趋，已成为我国海洋经济工作的重要内容。对于世世代代以渔业为生的海岛居民来说，转产转业的难度要比沿海地区的渔民大得多。其主要有以下几方面的原因：①传统观念束缚渔民的转产转业。渔民世世代代以渔为生，加之海岛的相对封闭，较少与其他待业人员接触，对外面的就业信息了解不多，缺乏必要的信息沟通。②大量渔业沉淀资产，导致渔民转业困难。海洋作业的生产技术和作业渔民技能的专用性大大缩小了渔民就业的调整空间。③渔民文化素质影响了转产转业的路子。

（3）社会保障制度不完善

社会保险作为政府对劳动者在特殊情况下提供生活保障的一种制度，属于政府管理经济的一种职能，通过立法和行政手段强制实施。但私营企业和渔民社保的难度较大，其主要原因有以下几个方面：①参加社会保险存在着观念的制约，认识上的差距，尤其是私营企业和渔民，追求利润最大化是其经营目的。对参保认识不高，使其缺乏参保积极性。②受传统就业观念的影响，渔民对养老保险认识不到位，自我保护意识不强，缺乏依法维权意识。

2.3 海岛产业演进的趋势与目标

产业结构的调整与优化，重点在于正确选择主导产业，并以此为核心协调各产业的数量和比例关系。在可持续发展的要求下，需要综合考虑海岛具体的有利条件和客观约束，在生态环境的承载许可范围内，有选择地发展生态环境友好型产业。概括而言，就是稳定发展第一产业，有限发展第二产业，优先发展第三产业。

第一产业中的渔业是海岛现在乃至将来的基础和永久性产业，必须稳定发展。需要转变粗放式的发展方式，提高集约化水平，向优势渔产品的规模化和工业化生产方向、产业化经营方向转变，但其在国民经济中的地位将下降。

第二产业的增长虽然可提供更多的附加值，但并非符合海岛可持续性要求的选择。大多数海岛县（区）不具备大规模发展第二产业的客观条件，基础薄弱，空间有限，要素短缺，配套不足，设施共享性差，产业聚集度低，难以达到规模经济。海岛有限的生态环境承载能力将成为第二产业发展的最终约束。

第三产业应当在经济体系中发挥更大的作用。海岛县（区）传统服务业面临向以海洋物流、海洋休闲旅游为主，兼顾为生活、生产配套的现代服务业转变。丰富的旅游资源、较好的发展基础和知名度，存在资源优势转变为产业优势的可能；广阔的水域和优良的港口资源也为发展原油储备、港航服务、海洋运输等提供了条件。海岛县（区）产业重心应当逐步从工业转到服务业，并成为新的主导产业，这将是海岛可持续发展得以实现的关键环节。

海岛县（区）主导产业的重新选择意味着产业结构将发生新的变化。海岛县（区）产业结构向高级化演进，并不意味着最终都会进入第4区域。具体三次产业在海岛国民经济中处于何种地位并不存在统一的结构标准，只要具备产业竞争优势，“三二一”、“三一二”、“二三一”、“一三二”等都可能成为最终目标。国际公认的产业结构现代化标准（一、二、三产业的比重分别是12%～15%、40%～43%、45%），不适合海岛县（区）可持续发展的要求。

随着经济的快速发展，沿海地区开发活动密集，资源利用过度，空间资源缺乏，迫切需要开发新的发展空间，作为临近区域的海岛，成了沿海经济拓展的重要空间。“海岛”向“半岛”转变的过程中，必须加快产业结构调整，促进临海经济发展。在延伸海洋交通运输业的产业价值链过程中，发展新兴海洋产业、临港工业、物流业、服务业和旅游业等，由此推动海岛经济的全面发展。

2.3.1　调整海岛渔业的产业结构

海岛经济是以海洋资源开发为基础发展起来的资源型经济。从发展渔业产业的条件看，海岛有优越的海洋气候条件、丰富的渔业资源以及较大的滩涂资源开发潜力等优势。因此，在渔业产业结构调整上，坚持多品种、多形式、多元化可持续发展的原则。具体而言：①养殖业要尽快培植起贝类、鱼类、虾类、类、海带、海参、海胆等重点养殖品种的规模优势；②捕捞业要在稳定现有规模的基础上，采用科学、合理、有效的捕捞方式，同时加快渔船及设备的更新制造步伐，提高捕捞效率；③水产品加工业要按照高起点、高科技含量、高附值、高出口创汇的要求进行产品结构调整。此外，政府加大扶持力度和指导，通过贴息、参股等方式，积极地、有计划地发展休闲观光渔业也是解决渔民出路的一条途径。

2.3.2　提高临港工业产业规模

发展海岛工业可以充分利用海岛工业资源，优化海岛经济产业结构，提升海岛经济功能。从产业基础、海洋资源和区位优势分析，海岛具有优越的地理位置和良好的建港条件，临港工业的产业发展方向以基地化、集约化、规模化为原则，建设临海工业带。①着力培育高新技术产业，如利用丰富的海洋资源和地理优势生产复合饲料、水产品精深加工、海洋生物制品和船舶修造业使之成为海岛新的经济增长点；②提高发展传统优势产业，依托港口优势通过吸引国内外资金，运用高新技术加速改造传统产业，加快传统产业优化升级，并重点拓展货运、加工及服务等行业；③继续扶优扶强，通过制定切实可行的优惠政策，如信贷支持、技改贴息等措施，努力培育一批规模大、效益好、产品科技含量高的企业，如汽车零部件、电子、半导体、机械等产业，同时大力发展先进制造业和出口加工工业，拉长产业链条，形成产业集群。

2.3.3　加快发展第三产业

（1）发展物流业

要以港口为依托和载体，延伸深化港口的作用，做好港口物流发展规划，加快建设临港物流基地。构筑以现代综合交通体系为主的物流运输平台，以通信及网络技术为主的物流信息平台，以引导、协调、规范、扶持为主的物流政策平台，尽快把现代物流纳入港口经济发展规划。

具体规划：①以港口运输为主导，加快发展港口物流，大力发展集装箱中转、货物配送、仓储加工等业务，完善物流基础设施条件，构建海陆空立体化、国际化、现代化的物流网络，充分发挥港口业对物流业发展的推动作用。②推进现代物流基地建设，大力发展综合物流中心、专业物流中心和配送分拨中心，着力培育连接海陆、辐射全国、融入国际的大型化、高档次的产品交易市场，促进批发交易与物流配套一体化发展。③发展大型专业化物流企业。鼓励生产、销售企业的运输服务能与主业分离，形成不同类型的物流组织形式和业态，降低物流成本。④建设公共物流信息平台，促进物流信息资源共享和物流网络互通互联，提升物流效率。⑤规范物流行业管理。制定行业标准，加强物流政策引导，促进物流业全面快速规范发展。

（2）发展旅游业

海岛旅游已成为国际旅游的热点，一些海岛国家或地区由海岛旅游业的发展而带来了社会经济的繁荣。中国海岛有得天独厚的丰富自然资源和人文景观，发展海岛旅游业的前景无限。发展海岛旅游业要以港口为依托，重点突出海洋特色，逐步使海岛的旅游从观光型向休闲度假型转变，成为海岛经济发展的又一增长点。要开展多种旅游项目。以兴建港口为契机，以海洋生态旅游为主题，重点发展海洋观光、海岛历险、海上运动、海港风情、海鲜品尝等旅游项目，形成融观光、休闲、探险、游泳、疗养、度假于一体的现代海岛旅游业。要加强海岛基础设施建设。进一步加快水、电、公路、港口、通信等基础设施建设，以满足前来旅游的观光者吃、住、行的需求；要以大城市为依托，建设各具特色的海岛旅游区，开发城市周围的海岛旅游；要协调有关企业与机构进行相关产业的集聚，主动积极地进行海外宣传工作，扩大影响力，吸引更多的国际游客。

2.3.4 以转变经济增长方式为主线

经济增长方式包括数量型增长方式和质量型增长方式两种。经济增长方式转变一般指由数量型增长方式向质量型增长方式的转变。数量型增长方式片面追求数量、产值和速度，致使经济增长质量低，效益差和结构失衡；质量型增长方式改变这些弊端，注重经济增长中质量和效益的提高以及产业结构的协调。

长期以来，以“渔”为主一直是海岛地区的基本生产格局。但是，海洋渔资源是一种公有资源，随着渔业生产力的高度发展，必然导致过度捕捞。随着专属经济区制度的试行和作业空间的缩小，以“渔”为主的经济增长方式难以为继。同时，随着陆地资源日益短缺以及全球经济的一体化，对两种资源、两个市场开发利用的需求越来越大，科学技术日新月异以及初级产品的纵深发展程度越来越高，为中国海岛经济增长带来了新的契机。

所谓转变经济增长方式是指中国海岛经济的发展应由强调数量的增长转变为以质量增长为重点。改变传统的以渔业增长为主的经济发展模式，大力发展现代工业和服务业，调整产业结构。具体来说就是要做大成长性产业、做强传统产业、做优基础性产业，集中力量发展海洋特色产业和实现规模经济。①海洋业是海岛传统优势产业，要加快渔业结构良性化调整，促进传统渔业向现代渔业转变，形成“精干的捕捞业、高效的养殖业、先进的水产加工业、活跃的流通兴旺的休闲渔业”的新格局。实施“减船减人”计划，推进渔民转产转业，保一支精干的捕捞队伍，调整和优化捕捞方式，拓宽捕捞空间，做精做强捕捞，发展高效生态养殖业，推进养殖业产业化、标准化建设。进一步发展水产品精加工，加大科技投入，提高产品附加值和资源利用率，打造水产品区域品牌。加快建成水产品交易市场，搞活水产品流通，扩大水产品贸易，把海岛建设成为主要的水产品加工、贸易和集散基地。②大力打造临港工业基地，抓好大基地、大项目、大配套，全力推进船舶修造、水产品精深加工、大宗货物加工、临港工业等临港型先进制造业基地建设；全力打造港口物流基地，加快港口一体化建设步伐。③努力打造海洋休闲旅游基地，着力打响海岛旅游品牌；以远洋项目为主要目标，着力打造现代海洋渔业基地。

2.3.5　以科技创新为动力

海洋经济是高技术、综合性经济，没有相应的技术和人才支撑，发展海洋经济就无从谈起。中国海岛要做大做强海洋经济，一个很重要的工作就是要增强海洋开发的自主创新能力。最近几年，中国海岛在海洋化工与海洋工程、船舶工业海洋能源、海洋生物、水产品精深加工、海洋文化等领域的研究均取得了重大突破，使海洋高新技术产业得到较快发展，海洋传统产业得到全面提升和优化，增强自主创新能力，做好科技资源整合是关键。在浙江省委省政府及有关部门重视支持下，舟山市正式启动了浙江省海洋开发研究院的筹建工作，依托办在舟山的浙江海洋学院和舟山良好的海洋产业基础，整合市海洋科技（人才）创业（孵化器）、市各类科技研究所、企业研究所和市外有关大学、科技研究机构的海洋科技资源，按照政府引导、企业主体、产学研结合、开放式建设、总体规划、分步实施等原则，力争早日使浙江省海洋开发研究院投入实质性运作。舟山市还准备建立全市自主创新投入的风险基金，由市财政每年安排一定资金支持海洋开发自主创新项目，获得的收益将滚动用于新项目的研发，加快创新型城市建设步伐。中国海岛依靠科技创新实现快速发展的另一个典型是玉环县。改革开放30年来，玉环县完成了由闭塞偏远的海岛小县向特色鲜明的经济强县的跨越。近

20年，全县生产总值达到221亿元，是1978年的280倍，人均生产总值54 824元，是1978年的218倍，按现行汇率折算，全县人均生产总值超过7 500美元，已达到目前中等发达国家或地区水平。此外，还先后十度跻身全国百强县行列，2008年名列全国中小城市综合实力百强第29位，相继建成了省教育强县、省体育强县和省科技强县，先后被评为全国生态示范区建设试点县、全国村民自治模范县、浙江省卫生城市和浙江省文明城市。玉环县历届党委政府始终坚持以工业化为先导，以科技创新为动力，以产业集聚为平台，全力打造先进制造业基地，努力形成现代制造业体系，走出了一条海岛特色的新型工业化道路。通过30年的快速发展，全县形成了汽摩配件、水暖阀门等六大支柱产业，阀门、汽车配件、眼镜配件分别占国内同类产品市场份额的50%、13%和70%以上，民营经济所占比高达99.8%，外贸自营出口进入浙江省“十强”行列，“中国阀门之都”、“中国汽车零部件产业基地”、“中国眼镜配件生产基地”等9个“国字号”品牌落户玉环县，苏泊尔集团和中捷控股集团先后成功上市。2007年，全县实现工业产值724亿元，是1978年的1 524倍，超过全国其余12个海岛县的总和。

2.3.6 以新兴海洋产业为突破口

随着海洋油气业的快速发展。海洋石油日益成为中国原油增量的主要来源。2011年全国海洋产业总产值45 570亿元。国家海洋局发布的《2004年中国海洋经济统计公报》显示，海洋油气、滨海旅游、海洋医药等新兴海洋产业在中国发展迅速，有力地带动了中国海洋经济的发展。

中国新兴海洋产业的迅猛发展，为中国海岛经济发展带来了新的突破，并且中国部分海岛在海洋新兴产业的发展方面已经取得了很多宝贵的经验，在海岛的产业中占有了重要的位置。发展新兴海洋产业总的思路是：传统产业支持新兴产业，新兴产业带动传统产业，提高二、三产业比重。具体措施如下。

（1）发展海岛生态旅游业

欧洲70%的岛屿以旅游业为主要经济产业，马尔代夫、泰国的普吉岛、印度尼西亚的巴厘岛以及美国的夏威夷等，都为中国寻找成功的海岛发展模式提供了范例。目前，中国十多个海岛县共同参与的全国海岛旅游合作全面启动。在中国海岛经济发展中应明确中国海岛产业发展应该以海岛生态旅游为主。

（2）适度发展生态、休闲型的“海洋牧场”式渔业

韩国发展的“海洋牧场”式渔业值得中国海岛渔业借鉴。韩国“海洋牧场”是指在一个特定海域，为有计划地培育和管理渔业资源而设置的人工渔场，包括营造适宜鱼类生存与繁殖的天然生态系统，从资源的放流到捕捞，人为地控制和管理渔业生态系统，以达到保护自然生态系统的同时，使渔业生产与经营管理实现可持续发展。目前，山东省已经在省内各海岛周边开始实施类似海洋牧场的“渔业修复计划”；山东省烟台市现已在豆卵岛、崆峒岛、长山列岛和千里岩岛建立了四大人工鱼礁场；长岛县则在海底大量种植各类海藻，形成人工“海底森林”，使得近海生态环境大大改善，海洋生物群落逐步恢复。

（3）合理发展风力发电和海水淡化等环保新兴产业

目前中国已具备了万吨级海水淡化的设计和施工能力，技术经济指标达到同等容量的世界先进水平。每吨海水淡化水成本已降至 5 元左右，具备了产业化发展的基本条件。海岛充足的风能也为风力发电提供了有利条件。海水淡化和风力发电有望成为中国海岛经济发展的重要产业。

第3章　国际海岛产业布局管理的经验借鉴

我国海岛开发起步较晚，现正处于发展增长阶段，与世界其他国家相比，还有较大差距。因此，借鉴国外海岛产业布局的成功经验，对加快我国海岛产业开发，优化我国海岛产业布局，促进我国区域经济发展具有重要意义。“他山之石，可以攻玉”，研究国外海岛开发利用方面的经验，认真学习国外一些合理、先进的制度设计，对于我国海岛科学开发利用及管理工作具有重要意义。

基于此，本章系统地分析和总结了国外海岛产业开发、布局的成功经验，并对我国海岛旅游开发提出了具体建议。

3.1　国际海岛产业开发现状

由于海岛地区在地理位置上与隶属国的本土都有一定的距离，除个别岛屿地区外，大部分海岛的经济发展水平与所属国的经济发达地区相比都有一定的差距，在本国的经济圈内，属于经济相对落后地区。随着经济的发展，海岛地区与隶属国经济之间的差距越来越大。为了解决这个问题，很多国家，包括发展中国家和发达国家，都在积极探索各种途径，如建立相应的管理机构，出台有关法规，加强规划，扩大对外开放等，这些措施均有力地推动了海岛的稳定和经济的发展。

3.2　马尔代夫岛产业布局管理经验

3.2.1　马尔代夫简介

马尔代夫群岛位于南亚，是印度洋上的一个岛国，由1 200余个小珊瑚岛屿组成，其中202个岛屿有人居住。东北与斯里兰卡相距675 km，北部与印度的米尼科伊岛相距约113 km，是世界上最大的珊瑚岛国。南部的赤道海峡和一度半海峡为海上交通要道。马尔代夫基于环境因素，境内无法建设铁路，但仍设有易卜拉欣纳西尔国际机场。马尔代夫国家虽小，建国也不久，但有很多节日，同时该国也是个伊斯兰教国家。马尔代夫亦被誉为“上帝抛洒于人间的项链”，“印度洋上人间最后的乐园”（见表3－1）。

表 3－1　马尔代夫各岛礁人口分布

人口	岛礁数	总人口
不到 100 人	5	434
100～499 人	130	39 065
500～999 人	48	34 861
1 000～1 999 人	11	15 565
2 000～4 999 人	6	17 065
5 000～9 999 人	1	6 320
10 000 人以上	1	29 522
	202	142 832

数据来源：《世界经济年鉴》。

3.2.2　马尔代夫产业布局

马尔代夫位于印度洋上，是一个由 19 组自然环礁、1 200 多个珊瑚岛组成的千岛之国（图 3－1，图 3－2），景色优美，环境宜人。这种得天独厚的地理条件对于发展旅游业无疑是一个巨大的优势，马尔代夫正是充分利用其地理环境优势，大力发展旅游业。现在马尔代夫已经成为“印度洋最佳旅游胜地”，被称做漂浮在“印度洋上的花环”。旅游业也已经与渔业、船运业一起成为马尔代夫的

图 3－1　马尔代夫风光

三大支柱产业。马尔代夫政府强调发展国民经济，提高人民生活水平，实行小规模的开放型经济政策。下文对其旅游业、渔业、建筑业、农业、工业等方面情况进行概述。

图 3－2　马尔代夫岛礁俯瞰

（1）旅游业

旅游业作为国民经济一个重要组成部分，对马尔代夫来说，对其国民经济发展更是具有超乎寻常的意义和作用。20 世纪 70 年代初期，马尔代夫开始发展旅游业，经过 30 多年的快速发展，目前旅游业已超过渔业，成为马尔代夫第一大经济产业。旅游收入对马尔代夫国内生产总值的直接贡献率从 80 年代中期起一直保持在 30% 以上，间接的贡献率更是达到 60% ~70% 。

（2）渔业

渔业也是经济中的重要支柱之一，对该国的经济发展起着举足轻重的作用。国内生产总量的 1/3、外汇收入的 2/5 来自渔业。渔业劳动力占全部劳动力的一半、加上间接投入渔业生产的人，约占全部劳动力 2/3。马尔代夫盛产金枪鱼。鱼是该国人民的主要食品之一，也是其重要的出口商品。

马尔代夫过去的经济发展主要依赖渔业，对农业产品一直未能予以足够的重视。粮食生产远远不能满足国内需要，每年都要从国外进口大量粮食。近年来，由于人口压力日益增大，农产品的需求量不断增加，进口粮食造成的经济负担日益沉重，马尔代夫才开始重视农业的发展。

（3）农业、工业、建筑业等其他产业

由于其特殊的自然地理条件，农业发展潜力相当有限，迄今未在整个经济中占有重要地位。全国可耕地面积只有 6 900 hm^2，而且分散在 162 个岛礁上，土层浅薄，土质贫瘠，含碱量高，保水性能差。另外，大部分可耕地多集中在该岛国的南北两端，分布很不平衡。因此，马尔代夫的农业发展缓慢，甚至需要向其他国家进口粮食。

马尔代夫原来没有现代工业部门，传统的手工业主要是渔船修造、果品加工、木器、服装，还生产一些建房材料、编织品和旅游纪念品。加尧姆总统执政以后，主张建立和发展基础设施，进行广泛的工业调查，开展可行性研究，制定工业发展的进度时间表。

马尔代夫的建筑业发展比较缓慢，主要是建造民宅、旅馆以及为基础设施配套的小型项目。由于政府开支紧张，自身工业生产能力较差，需要动用外汇从国外进口建筑材料的项目大大减少，该业的情况不太景气，基本上处于停滞状态。马尔代夫是印度洋上重要的海上通道，近年来，该国的航运业务量与年俱增，创汇能力大大加强。在主岛马累和周围环礁之间拥有较为良好的摆渡服务，还准备开设岛礁间的水翼艇运输服务。

3.2.3 马尔代夫产业布局成功的影响因素

（1）马尔代夫政府大力支持旅游业的发展

马尔代夫将旅游行业的计划与监督交予旅游部门，该国旅游部门的主要职责是代表国家对外出租海岛、组织审查海岛开发规划和建设布局、制定滨海旅游法规及规范以及旅游业的日常监督管理。为进一步促进发展和加强管理，马尔代夫还成立了由旅游、渔业、交通等部门组成的国家旅游委员会，及时解决海岛旅游发展中遇到的问题，并协同制定相关法律法规等。马尔代夫对海岛开发实行严格的审查批准制度，海岛上所有建筑都必须经过旅游部门批准才能建设，政府法律明确规定海岛建筑面积不能超过海岛总面积的 20%。

（2）独特的地理优势和自然环境是“马尔代夫模式”成功的基础

马尔代夫南北长约 80 km，东西宽约 130 km，地势低平，平均海拔 1.2 m。马尔代夫位于赤道附近，具有明显的热带气候特征，炎热潮湿，无四季之分，年平均气温 28℃。独特的地理优势和自然环境为马尔代夫旅游行业的开发提供了得天独厚的条件。

（3）一岛一店的开发模式使得海岛开发迅速

马尔代夫只允许开发无人居住的海岛，它的海岛开发方式很有特点，即由经济主体（投资公司）向政府租赁，租赁一般以一个海岛及周边海域为整体，通常在一座海岛只建设一个酒店，形成完整、独立、封闭式的度假村。正是这种一岛一店的“小、清、静”的开发模式使马尔代夫海岛开发取得了极大成功，滨海旅游独领世界风骚，被称为海岛开发的“马尔代夫模式”。

（4）机械化是渔业快速发展的关键

马尔代夫发展渔业的方针是，继续增加投资，加速实现渔船的机械化，合理分配船用燃料，改进捕捞技术，加强海洋管理，发展专属经济区，合理运用渔业资源，增加捕捞量和附加价位，提高冷冻和加工能力，促进产品和市场的多样化，该国还在考虑建立海洋渔业研究机构。

3.3 济州岛产业布局管理经验

3.3.1 济州岛简介

济州岛（Jeju Island 过去也写做 Cheju Island）是韩国最大的岛屿，整个济州岛就是一座山（图 3－3，图 3－4）。

图 3－3　济州岛岛礁俯瞰

济州岛是一座典型的火山岛，120 万年前开始火山活动而形成的岛屿中央，岛中央是通过火山爆发而形成的海拔 1 951 m 的韩国最高峰——汉拿山。海洋性气候的济州岛素有“韩国夏威夷”之称。

图 3－4　济州岛海景

3.3.2　济州岛产业布局

济州岛是以旅游为主要产业的一个海岛，岛上产业除了旅游业之外，还存在渔业、简单农业等其他产业，其存在的主要目的是为海岛上的原始居民提供服务。当地居民以农业和渔业为生，几乎没有任何制造业和服务业。而济州岛因与大陆隔离，且以环境保护为主，没有与韩国经济同步快速发展。自 2001 年，确定济州国际自由城市基本计划以来，济州岛大力发展会展和高新技术产业，其发展大致可以分为两个阶段。

第一阶段（1964—1998 年）环境保护与基础设施开发阶段　1964 年韩国政府制订综合计划，推动机场、公路及旅游区建设。济州国际机场拥有国内航线 13 条，国际线 9 条，平均每天有 130 个航班前往韩国国内城市，同时有班机直飞东京、大阪、北京、香港等国际性城市，加大了该岛与外界的交通与交流。该阶段，济州岛的主导产业为旅游业和农业，其中旅游业占比重为 60% ~70%，农业为 20% ~25%，韩国政府出台一系列的法律法规，限制在济州岛开设工厂。

在生态环境方面，济州颁布了《济州岛环境基本条例》，在韩国首次利用地理信息系统（GIS）的地下水保存管理系统和比韩国国家环境标准更为严格的欧盟水平的环境标准，并自觉参与了联合国的环保计划。岛内汉拿山国立公园和西归浦海岸等被联合国教科文组织属下的人类与生物圈计划（Man and Biosphere Programme，MAB）制定为联合国生物圈保护区，该岛的生态环境保护得到了充分的肯定。

第二阶段（1998年至今）济州国际自由城市发展阶段 1998年，韩国总统宣布济州国际自由城市计划，该岛具有自由港的特征，在区内实现立法、则政、行政、人事等领域的高度自治。人员、商品和资本自由流通，人员出入免签证，货物出入免关税，对经济活动不实行行政干预，将英语作为通用语言，促进岛屿的国际化发展。经济方面，济州岛遵循“将旅游资源与环境及消费者为中心的服务联系在一起”的开发战略，重点开发旅游、会展和高新技术二大产业，并着力打造尖端科学技术园区项目，建立产、学、研一体的科研基地，涉及信息通信技术、生物科学和环保科技等门类，并吸引国际研发机构在此落户。在社会方面，济州学校众多，有济州大学、济州国立教育大学、济州产业情报大学、济州观光大学、济州汉拿大学等各级学校299所，并开门办教育，引进国际著名大学前来办分校，并从海外引进人才，以满足自身发展的需要。

3.3.3 济州岛产业布局成功的影响因素

（1）观光公社大力推动济州岛旅游的发展

在济州岛以旅游为主导的开发过程中，韩国观光公社起了特殊的作用。在济州岛旅游业初创期，它就通过政府支援，公社投资与地方合作及吸引个人投资等手段，经过短短几年的努力，首先在济州岛的南海边上建成了具有特色的旅游景区，著名的新罗饭店就坐落在那里。韩国政府在20世纪60年代初制定了国土建设综合计划法，把济州岛作为特定地区纳入国土建设的总体规划中。1973年制定了济州道观光综合开发计划法，确立了对济州岛进行综合开发的发展方向，并初步规划了在该岛建设一个具有国际水平的旅游园区的蓝图。1985年济州岛特别地区综合开发法出台，这一法规确定了济州岛以旅游为主导的综合开发战略，确立了以吸引国内游客为基础，开发旅游资源、保护自然环境的方针，济州岛的发展从此加快了步伐。1991年和1994年，韩国政府又先后制定了济州岛开发特别法及其相关的开发计划。无论是中央还是地方政府，在谈到济州岛的开发时，无不如数家珍地从这些法规谈起。

（2）私人投资为济州岛旅游业的发展提供了支持

大力利用私人投资是济州岛得以迅速发展的一个重要原因。在开发观光园区时个人投资比例高达90%，其他的一些人文景观如木石苑、翰林公园等，也大都是私人园林。园林的主人往往需倾其全部精力经营，才可以创造出与大自然相协调的园林艺术供游人们观赏。除了园林，还有牧场。济州岛自古以来就以适合放牧的气候和良好的牧草而闻名，历史上古薮牧马曾是济州十景之一。如今在汉拿山中间地带到处都可以看到宽阔的草场和悠闲的牛羊。这里的牧场既从事企业性的经营又接待参观的客人，可谓一举两得。济州岛旅游业的发展带动了服务业、水产业和农业等行业的蓬勃发展。用熔岩雕刻的石人像和济州香水成了外来游客的抢手货。此外，这里出产的柑橘汁多味甜，不但能满足当地的需要，还大量外销，为岛民带来了不少收益。济州岛经过近30年的开发（特别是最近十几年的迅速发展），面貌焕然一新。

（3）济州岛旅游文化大大提升了济州岛的旅游吸引力

济州岛2002年被联合国教科文组织指定为“世界生物圈保护区”，2007年被列为“世界自然遗产”名录，2010年又获得“世界地质公园”的认证。可以看出，无论过去、现在还是将来，济州岛都在对自然环境进行不遗余力的保护。正是因此，近年来济州岛深受世界各地游客的青睐，其中中国游客的比重逐年增加。济州岛旅游在发展过程中，非常关注市场的变化，表现出很强的适应能力。济州岛上不仅旅游从业者能很快适应市场的发展需求，旅游文化也与时俱进。博物馆文化一直是济州岛的重要旅游文化之一，以前的济州岛博物馆都比较沉闷，不适合年轻人，与时代旅游需求相左，但现在建立了很多符合新时期旅游需求、具有创意的博物馆。这不仅让济州岛传统的博物馆文化继续成为主流旅游文化，而且还吸引了大批新旅游者，特别是新婚旅游者专程来此游览。济州岛受热捧得益于其在旅游建设上牢牢抓住两个原则：①绝对不破坏天然形成的自然景观，并逐步完善；②让旅游人文更符合旅游者的需求，让城市细节体现旅游精神。其根本原因是岛人对旅游的尊重度。

3.4 巴厘岛产业布局管理经验

3.4.1 巴厘岛简介

巴厘岛（Bali），行政上称为巴厘省，是印度尼西亚33个一级行政区之一，也是著名的旅游胜地。巴厘岛距该国首都雅加达逾1 000 km，与爪哇岛之间仅有3.2 km宽海峡相隔，面积约5 630 km^2，人口约315万人。巴厘省省会设于岛上南部的丹帕沙，巴厘岛是印度尼西亚唯一信奉印度教的地区。

巴厘岛是印度尼西亚13 600多个岛屿中最耀眼的一个岛，位于小巽他群岛西端，岛上东西宽140 km，南北相距80 km，大致呈菱形，主轴为东西走向。面积约5 620 km^2，人口约315万人。地势东高西低，山脉横贯，有10余座火山锥，东部的阿贡火山海拔3 142 m，是全岛最高峰。日照充足，大部分地区年降水量约1 500 mm，干季约6个月。经济发达，人口密度仅次于爪哇，居全国第二位。居民主要是巴厘人，以庙宇建筑、雕刻、绘画、音乐、纺织、歌舞和风景闻名于世，为世界旅游胜地之一（图3－5，图3－6）。

图 3－5　巴厘岛海岸景象

图 3－6　巴厘岛俯瞰

3.4.2　巴厘岛产业布局

巴厘岛的经济以农业为主，盛产稻米、玉米、椰子和咖啡。农业生产多以集体合作形式进行，旅游业是巴厘岛的支柱产业，每年创造的产值占全国旅游业的 1/4，占国内生产总值的 1% ~1.5%。2002 年 10 月巴厘岛发生大爆炸，导致 200 多人死亡，使巴厘岛旅游业遭受重创。如今的巴厘岛旅游业正在复苏，现每月平均接待外国游客约为13.1万人次，已超过2002年爆炸前的13万人次。

巴厘岛是印度尼西亚旅游业的领头羊，连续几年占印度尼西亚旅游收入的45%，巴厘岛当地80%居民都从事旅游业。据资料统计，每年来巴厘岛的外国游客总数达300多万人次，酒店的住房率平均达到90%。巴厘岛的外国游客曾经以澳大利亚、日本和欧美人为主，但自2006年起，中国游客数量已占据外国游客总数的1/4强。北京、上海等经济发达城市来巴厘岛的游客逐渐增多，每逢春节以及"五一"、"十一"黄金周，甚至有京、沪两地游客包机到巴厘岛旅游。为此，巴厘旅游业把中国作为最重要的旅游客源市场加以开发，酒店业是中国游客增多的直接受益者。

3.4.3 巴厘岛产业布局成功的影响因素

（1）高标准进行规划，突出文化特色

巴厘岛的旅游规划对巴厘岛旅游业的稳健快速发展作出了巨大贡献。自20世纪70年代旅游业发展之初，巴厘省政府就聘请欧美专家进行了长达30年的旅游发展规划，在后期的规划实施过程中亦不断根据实际进行调整和修改。由于严格地按照规划进行旅游开发，巴厘岛没有出现旅游开发一哄而上的情况，而是每10年上一个台阶，保持了当地旅游持续发展的能力。巴厘岛在编制旅游规划时引入国际因素，充分考虑国际游客的需求和岛屿旅游的发展趋势，重点打文化牌。规划着重突出了巴厘岛"天堂岛"和"宗教艺术之岛"的形象，注重保留文化历史遗迹，体现当地建筑风格，尽量保持传统的生活习俗，发展木雕、绘画、舞蹈等民族艺术。

（2）深度开发旅游产品，体现文化内涵

往往越是民族性的旅游产品就越具有国际竞争力。巴厘岛的旅游产品开发以文化内涵为中心环节，突出传统文化、民族文化和宗教文化，形成了和谐、统一、完整的传统旅游文化产品体系，吸引着世界各地的游客。如以寺庙、节日为内容的宗教之旅，以木雕、绘画等本土艺术为内容的艺术之旅，以香薰、SPA等为内容的芳香之旅，以巴厘岛传统婚礼礼仪为内容的梦幻之旅，以当地特色手工艺品为内容的购物之旅等。

（3）保持本地特色，吸收现代文化

在旅游开发的过程中一味地保留本地特色，忽视现代旅游者的特点和需求会使得旅游目的地失去吸引力，而盲目引入现代文明因素又容易侵蚀本地文化、丧失文化特色。因此，旅游开发既要保持本地特色，又要适当顾及现代旅游者的文化心理特点，将本地文化与现代文化进行有机结合。巴厘岛的旅游开发就是传统与现代、历史与现实的高度结合。在岛上既可以看到茅草屋顶的巴厘木亭掩映在热带雨林丛中，也可以看到街道上现代霓虹灯广告与古老土著图案文字相得益彰。岛上保留了被称做“文化艺术村”的乌布绘画中心、马斯木雕中心等土著村落，也引入了四季酒店、希尔顿、凯悦等国际知名饭店，并将巴厘岛的传统建筑风格和文化艺术特色融入这些高星级饭店中。

（4）借助多种手段，加大文化营销

营销活动对于旅游目的地形象的建设至关重要，因此巴厘政府把宣传促销当做旅游发展的重要手段。旅游者一到巴厘岛就会被大量的旅游信息包围，从建筑式样、装饰壁画到精美的旅游宣传册和热情洋溢的旅游咨询人员，无时无处都让人体会到浓郁的巴厘岛文化气息。同时巴厘政府通过电视、广告和网络对巴厘岛的人文和自然风光进行宣传，向人们展示巴厘岛的独特风格和迷人文化，提升巴厘岛的影响力和知名度。巴厘岛官方旅游网站的建设则为旅游者提供了全面丰富的旅游信息，从中可以获得巴厘岛的禁忌、社会风俗、文化艺术等方面的知识，并可进行各项旅游产品的预定和购买。国际会议的召开、电视剧的拍摄等公关手段也对巴厘岛的形象宣传起到了很好的作用。

3.5 塞浦路斯产业布局管理经验

3.5.1 塞浦路斯岛简介

塞浦路斯为地理上的亚洲岛国，隶属欧洲，位于地中海东部，亦为地中海地区最热门的旅游地之一，为地中海东部岛国。扼亚、非、欧三洲海上交通要冲，是地中海第三大岛，海岸线长 537 km。北部为狭长山脉，多丘陵；西南部为山脉，地势较高；中部是肥沃的美索利亚平原。岛上无常流河，只有少数间歇河。属亚热带地中海型气候，夏季炎热干燥，平均气温28～35℃，冬季温和湿润，气温4～10℃。其希腊语意为“产铜之岛”，它与希腊、土耳其、叙利亚、黎巴嫩、以色列、埃及隔海相望，自古以来就是连接中东、非洲和欧洲的交通要道，现代人把它比喻为“东地中海不沉的航空母舰”。塞浦路斯东西长 241 km，南北宽 97 km，面积9 251 km^2（1974 年塞浦路斯希腊、土耳其两族分裂后，希族和土族分别占据领土的60%和37%，另有3%属于英国的两个主权基地），塞浦路斯岛是女神维纳斯的故乡（图3－7，图3－8）。

图 3－7　塞浦路斯海岸景象

图 3－8　塞浦路斯人文景观

3.5.2 塞浦路斯产业布局

塞浦路斯自1960年独立后，从本国国情出发，结合不同时期面临的内外环境，制定相应的经济政策措施和阶段发展计划，加强基础设施建设，实行对外开放，因地制宜发展本国经济。在注重发展农业、加工制造业和建筑业的同时，重点开发以旅游业为主的第三产业，并充分利用所处的优越地理位置和地缘优势，发展对外贸易。虽然存在淡水严重缺乏，农业发展受限，工业基础薄弱，产业结构单一和对外依赖性较大等问题，但经济发展仍取得明显成效，20世纪80年代国民经济年均增长6%，90年代年均增长4%。经过40多年的发展，塞浦路斯已由70年代的一个农业国逐步发展成为以第三产业为主要经济支柱的国家。

（1）第一产业

塞浦路斯的第一产业以农业为主，2006年占国内生产总值的比重约3.13%。塞浦路斯农业尽管不再是其经济的支柱产业，但仍然在塞经济中起重要作用。塞浦路斯农业除出口，给国家增加外汇来源，还解决8.6%的就业机会和给塞浦路斯工业生产提供原材料。塞浦路斯农业的范围包括谷物、土豆、蔬菜、柑橘、葡萄等农副产品的生产和畜牧业、林业、渔业。农业的主要出口产品是：土豆、蔬菜、柑橘等。

（2）第二产业

塞浦路斯第二产业约占国内生产总值的19.27%，其中制造业生产产值占国内生产总值的8.6%，从业人员占就业人口的9.1%。由于塞浦路斯市场不大，因此工业生产的产品和农业加工产品大部分用于出口。塞浦路斯工业企业大多是私人企业，规模都不大，大多数雇用工人在30人以下。塑料、服装、鞋类和化学药品是塞浦路斯工业的重要产品，在工业中的作用已超过传统的农副产品加工工业。

（3）第三产业

以旅游业为龙头，主要包括旅游、运输、通信、贸易、银行、保险、房地产、公共的管理和服务。其第三产业产值约占国内生产总值的77.6%，从业人员占就业人口的80%，是近年来塞浦路斯经济发展最快的一个领域，因此塞浦路斯经济通常称为“服务经济”，其中旅游业是塞浦路斯经济的支柱产业之一。每年来塞浦路斯的旅客相当于岛上人口的3倍以上，40%是“回头客”，大多数是欧洲人。塞浦路斯除旅游业外，近年来，在第三产业中，金融服务业和银行业增长幅度较大，而作为支柱产业的旅游业则喜忧参半。近年来每年旅游到达人数约为240万人，旅游收入逾10亿塞镑（约合20亿美元）。塞浦路斯是一个严重依赖进口的国家，国民经济发展和国民生活保障用品，如工业产品的机械和运输设备、燃料、食品主要靠进口，大多数进口产品种类的进口额都有所上升，增长最大的是石油产品和消费品的进口。出口下滑的主要原因是由于国外的需求减少和价格缺乏竞争力。塞浦路斯的主要贸易伙伴是欧洲，50%以上的出口和60%以上的进口都是在欧洲范围内进行的，塞入盟后，这一情况更加突出。塞浦路斯经济发展战略目标是建立地区性的商业和金融中心，发展高新技术领域和高新技术产品的生产，减少经济对旅游业的过分依赖。

3.5.3 塞浦路斯产业布局成功的影响因素

（1）政府职能凸显，形成以政府为主导的开发体系

海岛旅游开发过程中，塞浦路斯依靠行政力量，将各利益主体政府、开发商、当地居民的利益统一起来，形成旅游开发合力。同时完善立法，形成以法律为准绳的开发机制，严格项目申报、立项、审查程序，使海岛旅游开发规范化、法制化、有序化，在政府监督和控制下开展各项工作。

（2）规划科学，树立了旅游开发规划先行的思想

塞浦路斯在开发海岛旅游时，对丰富的海岛资源进行统一规划和安排，避免开发建设的盲目性，防止无序发展，确保海岛旅游开发有计划、有秩序、有重点的进行，以充分合理利用海岛旅游资源。同时，加强各地区和旅游服务企业之间的联系，宏观上对交通、住宿、餐饮等各部门设施建设和开发进行协调与统一，规范市场体系，消除旅游发展“瓶颈”。

（3）实施精品战略，满足游客多元化旅游产品需求

海岛旅游个性小，共性大，因此塞浦路斯在旅游产品开发时对资源价值进行评价，在不忽视传统旅游项目的前提下，依据海岛的地方性特点，结合市场对旅游产品的需求变化，选取品位高、价值大的产品，开发具有民族性、参与性、特色性的专题旅游项目，实施海底、海洋、海岸、海天立体开发模式，满足了游客的多元化旅游需求。

（4）注重资源保护，实施可持续发展战略

塞浦路斯岛的产业规划，坚持以第三产业为主导，大力发展以旅游业为基础的服务业，但在开发的同时，塞浦路斯十分注重海岛自然环境的保护，坚持可持续发展。虽然塞浦路斯海岛旅游资源与环境较为脆弱，但其开发过程中注重保护与发展并重，走出一条和谐高效的海岛旅游开发之路。

3.6 国际海岛产业布局管理对我国的启示

3.6.1 以科学发展观指导海岛开发

海岛产业发展必须首先遵循科学发展观，保证可持续发展，采取严格的生态保护措施，严防海岛地形、岸滩、植被以及海岛周围海域生态环境的破坏。要正确处理好开发与保护的关系，妥善处理开发与传统渔民和当地居民的关系，通过海岛旅游开发带动相关行业和地区的发展。

根据海岛经济社会发展的实际情况，提出加强海岛地区交通、水资源保障、电力等基础设施建设，大力发展海岛地区教育、卫生、就业和社会保障等社会事业，加快发展海岛特色经济，进一步进行海岛产业设计以及产业优化，加强对海岛地区经济社会发展的政策支持。具体包括设立国家海岛发展基金，提高中央财政建设性资金用于海岛地区的比例，加大对海岛地区一般性财政转移支付力度，对海岛地区实行特殊的财政税收政策，加强对海岛地区的金融支持，建立海岛地区产业发展基金，完善海岛地区人才政策，深化海岛地区改革，扩大海岛对内对外开放等。

近两年，我国地方人大和政府都高度重视海岛事业的发展，不断加强海岛的规划、立法和管理。福建省人大审议通过了《厦门市无居民海岛保护与利用管理办法》，浙江省人大审议通过了《宁波市无居民海岛管理条例》，并印发了《关于进一步加强无居民海岛管理工作的通知》，通过地方法律法规，加强对无居民海岛的保护管理。

3.6.2 全面开展海岛资源调查

通过系统科学的调查准确掌握海岛及其周边海域的基础数据，包括海岛地理位置、面积、地质、地貌、气候、环流、植被及其他生物资源状况等方面的具体状况。建立完备的海岛资源信息数据库，为做好海岛开发规划打下基础。

海岛本身资料不清、技术基础薄弱，是制约海岛产业发展规划设计工作的重要因素。在掌握各个海岛县资源禀赋的基础上，进行比较分析，才能把握海岛产业发展方向。

对此，国家海洋局在收集、整理全国海岛调查档案资料的基础上，在2007年完成了全国海岛数据库及管理信息系统建设。民政部和国家海洋局联合召开了全国海岛地名管理工作座谈会，进一步明确了海岛地名管理工作的方向、任务和要求；外交部会同军队、国家海洋局开展了领海基点标志的设置工作，目前已经完成63个基点岛标志设置；国家测绘局会同军队、国家海洋局开展的海岛大地控制网建设正式启动。

3.6.3 优化产业布局，实现三大产业协调发展

在产业发展方面，我国应把握“优化巩固第一产业、积极调整第二产业，大力发展第三产业”的总体思路；在产业布局方面，要不断打造新型海洋产业体系的核心功能区，并且加强有居民海岛中心城镇的产业功能以及布局规划。下面着重从渔业、工业、特色工业以及政府职责四个方面进行分析。

（1）发展品牌、高效、生态的渔业

渔业发展方面，要积极调整和优化渔业结构，改变传统的只注重量而忽略质的开发方式，以品牌、高效、生态渔业为核心，大力提高渔业产业化、标准化、外向化水平，集中发展水产增殖业、健康养殖业、精深加工业、远洋渔业、休闲渔业五大支柱产业。借鉴日本制定的“水产基本计划”的经验，我国海岛县可以制定自己的渔业发展计划，确保渔业资源在可持续利用基础上增加生产量；确保渔业经营体的稳定性，发挥渔村多功能性，扩大水产品出口，增加渔民收入。

渔业发展目标要科学、合理、可行，因此要收集各个海岛县近年来远洋、近海、沿岸、海淡水养殖业等渔业生产状况资料，国内水产品的消费状况资料，全岛渔村、渔民状况资料，渔业经营体状况等，通过数据资料分析并对现行政策和措施的效果进行评估，同时对发展趋势及国内外形势变化情况进行分析，在此基础上确立渔业发展总体目标，进一步制定水产品生产目标、国内消费目标和出口目标等。

对我国海岛渔业发展所提供的建议如下：①加强渔业资源管理。开展资源调查，正确评估资源水平；在公海，加强双边和多边渔业合作，扩大生产领地；完善“渔业权制度”、“渔业许可制度”等。②提高渔业经营体的国际竞争力。建立高效、长效的示范经营体；完善政府扶持、民间筹资、共同运营的模式；组织渔业协同组合制定并落实生产资料的生产、流通、使用的合理化行动计划；培训技术骨干等，确保渔业从业人员的稳定性。③生产、流通、加工和消费的产业链建设。建立生产、加工、流通各环节卫生质量标准和质量可追溯制度，加强质量监督管理；加强对国际水产品市场供需信息收集、分析和与出口对象国之间的交流；实施“水产品出口战略”，通过在海外举办品尝会、

推介会，开拓水产品的海外市场。④水产技术开发和推广。例如，日本“新计划”确立的水产技术研发课题包括“良种培育和生产技术开发”、“环境友好型、节能型混养技术开发”、“养殖水产动物疾病防治技术开发”、“加工产品的包装、冷藏、冷冻等新技术开发”等。⑤渔港、渔场、渔村综合建设。对渔港、渔场及包括景观在内的生产环境进行合理规划，建设资源环境友好型藻场、滩涂和渔场；完善污水处理设施、通信设施、交通设施、医疗服务设施和教育设施。

以法兴渔，促进我国海岛县渔业又快又好地发展。美国渔业管理模式中有着健全的渔业法律体系，包括四部主要的渔业法律，并且已经形成了与上述法律相配套的完整的渔业法规体系。国内，河北省水产局于2007年，针对新时期渔业管理中出现的许多新情况、新问题，对《河北省渔业条例》进行了及时的修正，在总则、养殖业、捕捞业、渔业资源增殖和保护中都增添了新内容，此外还新增了水产品质量安全内容。我国各个海岛县在渔业法律体系建设方面应该借鉴美国以及我国河北省的经验来完善和加强岛上渔业法规条例，加强渔业管理。

（2）发展特色工业，重点发展海洋水产加工业

在特色工业发展方面，我国要积极利用海洋能源，发展各个海岛上的电力工业。海洋能包括风能、潮汐能、波浪能、温差盐差能等，利用海洋能发电大有可为，我国有些海岛县已经建有风力发电机组，丰富的风力资源为海岛提供了一定经济效益。我国曾经从瑞典、丹麦引进多台风电机，以保证岛上的用电需求，同时也创造了很好的经济效益。由于海洋能发电清洁、简便，在海岛产业开发中应该大力推广。

依靠海洋能发展海岛特色工业，对海岛日后的可持续发展具有重要意义。海岛特色工业为海岛的其他产业发展提供了必要的基础条件，如海岛上供电供水系统的完善就属于海岛特色工业。

依托海岛特有的地理优势和水资源优势，还可以发展海岛水产品加工业。水产品深加工具有高附加值、高科技含量、高市场占有率、高出口创汇率的“四高”特点。发展我国海岛县海洋水产品加工业，重点要在产业布局、产品结构、产品加工技术和设备以及对信息市场的把握等方面下工夫，近期应该以海产品深加工为发展的目标，远期的发展目标应该是海洋高新技术产业，让海岛第二产业引起足够重视。

（3）发展旅游业，提高海岛形象

第三产业是现代经济发展水平的一个十分重要的标志，旅游业也成为拉动海岛经济发展的重要产业之一。我国海岛在今后的旅游发展中可以从以下几个方面努力：①实施旅游精品战略，发展休闲渔业以及文化旅游等，提高旅游档次和品位，各个海岛应该逐步形成自己的海岛旅游特色；②改善交通条件，提高可达性；③合理规划海岛地产开发，满足市场的多元化需求等。

在旅游产品品种方面：①实施精品战略：打响中国海岛度假中心和中国海岛休闲渔业中心等旅游品牌；开发旅游纪念品市场，生产科技含量大、档次高和有艺术性、收藏性产品，组织岛民生产手工艺品等。②创新休闲渔业旅游：以协会或俱乐部的形式进一步发展休闲渔业，借鉴美国、日本等做法；以渔文化为主线，不断开发创新休闲渔业项目，建立不同层次、规模、类型，具观光、品鱼、体验、度假、教育等多种功能的渔业景区。③革新文化旅游：完善海岛民俗风情旅游，以了解海岛生产习俗为目的（船、渔具、盐文化等），开发海岛美食之旅、海岛夜生活文化之旅及策划世界海岛文化村等；借鉴夏威夷旅游开发过程中文化融合的成功经验，发展海岛文化主题旅游。各个海岛县应该深入挖掘各自原有历史文化主题的内涵，选择知名度高、吸引力强、在同类景点中具有垄断地位的龙头景点，加以扩建改造，以串联起若干个同类景点。④开发新旅游产品：发展游艇会、潜水俱乐部、风帆会、海钓协会以及水疗等国际最流行的海洋休闲运动；开展海上游乐场，具体可以搞一些滑板、水上摩托、快艇、牵引伞、水上帆船、冲浪、游艇等游玩活动，或者开展地貌科普旅游、荒岛和海洋探险旅游等参与性比较强的活动。在旅游地产开发方面：在岛上规划建设中高档次的酒店、饭店，并且要以高品质的服务为保障；尝试开发海岛房产旅游：主要是开发无人岛房产旅游业，可借鉴马尔代夫的无人岛开发经验。另外，要汲取海南海岛房产旅游开发的成功之处，对出现的问题在开发中要加以重视。

（4）发挥政府作用

分析国际上其他海岛如马尔代夫、新加坡、日本各个海岛等开发模式，可以发现政府在海岛开发前期和开发中角色发生着明确的变化。开发初期，由政府作出海岛的整体规划，并由政府提供资金启动基础设施投资，待基础设施建设成熟之后，再将其经营权移交投资者，对投资者予以适当监督。

对海岛进行产业布局，要以政府为主导制定科学规划。科学规划要具有前瞻性、民主性和严肃性，政府在海岛的开发与海岛的保护两个方面要起到一个平衡的作用。如新加坡政府在旅游资源的开发和建设方面首先考虑的是是否对环境和生态造成破坏，并以此为标准进行城市发展总体规划和分区规划，对现有资源哪怕是小到一棵树都通过严格的立法加以保护，尽最大限度保持旅游资源的独有特色。我国应该根据各个海岛县目前的实际状况，由政府监督，采取积极的保护式开发。

3.6.4 充分利用海岛特点，打造自身品牌

（1）立足长远，完善规划

海岛开发利用时可根据自身特点，发展其特有的优势产业。如进行海岛旅游开发，要强调规划先行，拥有完善的规划，将有利于海岛旅游业的快速、高效发展。例如，马尔代夫在海岛开发过程中特别重视海岛规划。马尔代夫开发的所有海岛均由欧美等发达国家的建筑规划设计师规划设计，并经严格的论证后报国家批准建设。国家在批准海岛开发前，由11个相关部门组成委员会对海岛的位置、面积、地理、地质、地貌和资源生态状况进行考察，掌握海岛的基本状况后，对海岛进行分类，经科学论证后，委员会出具建议书，交国家旅游部。旅游部门决定是否批准开发岛礁，并将有关情况包括开发或不开发的理由，知会有关部门。

（2）打造高品质的旅游产品，以特色赢得和占领市场

西班牙开发满足游客个人品位的多类文化旅游路线，如安达努西亚之旅（阳光和文化、古迹和美食）、塞法尔之旅（犹太文化）、城堡游、葡萄酒之旅、艺术之旅、民间建筑之旅、美食之旅等。夏威夷阳光明媚，海水湛蓝，沙滩柔软，椰树婆娑，但夏威夷人没有把旅游特色完全寄托在自然风光上，而是把旅游特色寄托在了“波利尼西亚”文化上，代表着南美七大岛国的波利尼西亚文化，以浓烈的岛国风情、热情四射的好客精神、炙热滚烫的民俗礼节，不知感染了多少游客。韩国济州岛以世界上寄生火山最多和“瀛洲十景”而闻名；马尔代夫以《麦兜故事》中小猪麦兜总是念叨的椰林树影、水清沙细、蓝天白云而让大家印象深刻；而巴厘岛又以丰富多彩的食物、木雕、蜡染、油画、纺织、舞蹈和音乐让游客沉醉其中。

（3）形成积极的宣传意识，制定成熟的营销战略

在夏威夷，州旅游署每年都要投入2 000万美元的促销费用，派出自己的促销员在伦敦、东京、法兰克福、香港等国际大都市全方位出击，把夏威夷的旅游小册子摆满了那里的主要公共场所。夏威夷的市场调查机构每年都要向旅游署递交本年度来本地的游客满意程度调查报告，详细分析对于游客最有吸引力的地方和活动方式，游客最喜欢购买的农产品和最喜欢阅读的公开出版物，

甚至游客来夏威夷旅游的计划和形式也是调查的内容。西班牙非常强调整体性的营销战略，同时，根据不同客源国的市场需求，制定差异化的营销策略。如针对成熟的欧洲市场，其工作目标确定为集中力量宣传西班牙旅游产品与众不同的特点；针对东欧市场，目标为加强和巩固“阳光和沙滩”产品的市场地位，重点宣传西班牙高品质旅游目的地形象；针对美国市场，目标是强化西班牙文化旅游目的地形象。

（4）加大服务周到程度，实施严格的管理制度

周到齐全的社会服务和人性化管理是国外海岛旅游开发取得成功的又一个关键因素。它们不仅在管理上井然有序，而且在服务上细致周到。如墨西哥坎昆旅游度假区的海滩上，时时变换着不同颜色的风球，黑球表示禁止入海，红球表示不易下海或需多加小心，黄球表示可以下海，这样就避免了游客由于不知道海潮的规律，盲目下海而出现的危险；在海滩上每隔一段距离还设有瞭望塔和救生员，备有救生艇，马路上停有救护车，随时准备救护；同时，度假区内各项社会服务也非常周到齐全，旅游者可以非常方便地兑换各种钱币，得到各种送货服务等。此外，度假区内还设有旅游的监督、咨询服务处，向旅游者提供各种宣传资料，接受旅游者咨询和投诉。

（5）制定优惠的政策

在济州岛，优惠的政策主要包括：对国内企业，前3年免征法人税和所得税，后2年减免50%，10年内免征财产税；对国外企业，则免征5年法人税和所得税，后2年减免50%，15年全免地方税，减免进口资本关税，减免50%的开发负担金、农地转用负担金、林地转用负担金、造林补偿费、草地补偿费、农地补偿费等租税。企业进驻高科技园区也将获得各种优惠，如5年内免征财产税和综合土地税等。对旅游业投资者，政府给予相对其他产业更为优惠的税收政策。企业在投资振兴地区内建设大型综合疗养院和旅游宾馆等旅游设施，政府将根据投资规模进一步减免税。

（6）保护环境，坚持可持续发展

马尔代夫政府在决定具体海岛是否开发时，就已充分考虑生态环境保护的要求，对海鸟生活的海岛、鱼类等生物物种丰富的海域的开发都十分慎重。宁可不开发，也不危及海岛生态环境。海岛上食物的储藏、卫生设施建设、垃圾处理等也都要符合环境保护的要求。游客不可擅自收集沙滩或海中的贝壳，私自在岛上钓鱼、采摘或践踏珊瑚，都会招致高额罚款。在普吉岛，无论在建筑还是绿化过程中，都注重风格的统一与原生植被的保留；岛上的车辆也不许上山，而是采用有轨缆车来运送客人上山，建筑之间的交通也采用步行，从而避免了在山上建车行道而破坏山体的情况发生。而在西班牙，政府则以国有方式购买古城堡，将古城堡改建为饭店。通过古城堡饭店赚来的钱又去收购更多的古城堡。这就起到了既保护文化古迹的作用，又获取了经济效益，用赚得的钱去再开发。

第 2 篇　行业篇

第4章 海岛县（区）捕捞产业

4.1 捕捞业现状描述

4.1.1 长海县

长海县位于辽东半岛东部的黄海海面上，西部和北部隔海毗邻大连市、金州区、普兰店市、庄河市，东与朝鲜半岛隔海相望，南隔海与山东半岛相望。长海县农业经济以水产为主，有“天然鱼仓”之称，尤以盛产刺参、盘鲍、扇贝、对虾等海珍品名扬海内外，是辽宁省主要渔场和海珍品生产基地，构成海洋捕捞、海水养殖、水产品加工三足鼎立之势，成为全县经济的主体。

2008 年，面对沿岸近海捕捞资源锐减、燃料价格大幅上涨等不利因素影响，长海县积极克服，采取多项举措，推动海洋捕捞业走出发展困境。该县在沿岸捕捞方面，压缩生产规模，减轻沿岸生产压力，报废沿岸捕捞船只 23 艘；同时加大渔民转产转业力度，成功实现转产转业渔民 79 人。近海捕捞方面，科学安排作业渔场，积极帮助企业拓展近海作业水域，162 艘渔船获准进入韩国专属经济区和中日暂定措施水域捕捞生产。远洋捕捞方面，加强远洋渔业项目管理，扩大外派远洋渔船规模，积极协调、争取远洋渔业项目，印度尼西亚远洋渔业项目得以重新启动，派出生产船只 6 艘，另有 46 艘已与印方签订合同。同时，积极落实国家各项扶渔政策，为该县从事渔业生产的各类渔船办理发放燃油补贴资金 1 亿余元，切实减轻了渔业生产负担。

2009 年，长海县海洋捕捞业呈现恢复性增长，为巩固发展势头，该县进一步优化近海捕捞结构、扩大远洋捕捞规模、大力发展休闲渔业，确保海洋捕捞业稳定发展：①科学调整渔船作业结构，抓好渔船赴韩国专属经济区，中韩、中日暂定措施水域和南海水域生产，进一步提高经济效益。②加强远洋渔业项目管理，鼓励支持远洋渔业企业扩大规模，增加远洋渔船数量，提高远洋渔业组织化程度和发展质量。③积极引导沿岸渔船民转产转业，大力提倡发展休闲渔业、观光渔业，逐步由单一生产型向生产型与休闲观光型渔业并举方向转变。2010 年实现海洋捕捞业产值 13.28 亿元，同比增长 13.5% 以上。

2012 年上半年，辽宁长海县海洋捕捞生产呈现产量产值双增长的良好发展态势。据全县渔业生产进度统计简况显示，1—6月份，完成产量7.7×10^4t，实现产值13.3亿元，同比分别增长16.7%和22%。全县海洋捕捞业产量、产值同步增长的主要原因：①远洋渔业实力增强，远洋渔船增加4艘，同时成功转移加纳渔场作业渔船4艘。②上半年海岛沿岸小宗水产品特别是鱼筋鱼、油滚鱼、鳀鱼等资源呈恢复性增长，且生产持续时间较往年偏长，渔民生产积极性较高。③水产品价格持续上涨，市场价格看好，沿岸海水产品综合平均价格30元/kg，同比增长10%以上。

4.1.2 长岛县

长岛，历称庙岛群岛，又称长山列岛，古称沙门岛。位于渤海、黄海交汇处，胶东半岛和辽东半岛之间。长岛海域物产丰富，盛产海参、鲍鱼、扇贝等海珍品，是我国重要的海洋养殖捕捞基地。全县有养殖海域350万亩，采取筏养、底播、圈养、围网养殖等多种养殖方式，重点进行海参、鲍鱼、海胆、虾夷扇贝、海带、栉孔扇贝、经济鱼类等海产品增养殖。

2006年农林牧渔业实现总产值23亿元，比上年增长10%。水产品总产26.1×10^4t，增长4.8%。

2009年，在远洋捕捞不景气的情况下，长岛县积极发展近海捕捞作业，广大渔民群众干劲十足，小马力渔船数量不断增加，每条船从过去一套捕捞网具发展到现在的两套到三套网具，提高了捕捞生产效益，20马力尾挂机单拖网船单船平均收入达7万元。

2010年全年水产品总产量达37.1×10^4t，同比增长11.1%，其中养殖产量25.1×10^4t，增长7.5%；捕捞产量12×10^4t，同比增长19.3%。

根据山东省委、省政府提出的“五年大变、十年巨变”和长岛县委、县政府打造国际休闲度假岛目标要求，2011年，长岛县海洋与渔业局立足部门职能，围绕新形势新任务，适时调整工作思路，确定了“三个转变，四个突破，两个目标”的新思路，即由求稳怕乱、墨守成规向开拓视野、拓宽思路、创新思维、提升境界上转变；在工作重点上，由注重抓常规性工作向解决关键性、全局性、系统性问题上转变；在工作措施上，由注重抓管理向凝心促发展，聚力搞服务上转变。力求在渔业“三化”建设、体制机制创新、支撑保障体系建设、管理与服务能力提升四个方面取得新的突破，确保实现渔业增效、渔民增收和渔业安全生产、水产质量安全两大目标。2011年全年水产品总产量达39×10^4t，同比增长5.3%，其中养殖产量28.2×10^4t，比上年增长12.6%，捕捞产量10.8×10^4t。

截至2012年9月1日，历时3个月的黄海、渤海伏季休渔圆满结束，长岛县海洋捕捞生产全面展开。从目前情况看，受近海渔业资源锐减、捕捞生产成本上涨等因素的影响，2012年全省渔船捕捞生产效益比去年同期相比明显下降，出海作业渔船产情普遍较差，部分渔船在出海作业效益不佳的情况下选择停产。造成长岛县捕捞生产效益下降的主要原因有：近海自然资源持续衰退、8 月 1 日流刺网开捕在一定程度上加重了对渔业资源的损害、部分地区增殖品种回捕效益不理想、部分水产品价格低迷（表 4 -1，图 4 -1，图 4 -2）。

表 4 -1　长岛县捕捞产量及水产品总产量

年份	2008	2009	2010	2011	2012
水产品总产量/ $\times 10^4$ t	30	33. 36	37. 1	39	38. 8
捕捞产量/ $\times 10^4$ t	9	10. 04	12	10. 8	12. 3
捕捞产量占水产品总产量的比重	0. 300	0. 300	0. 323	0. 277	0. 317

数据来源：烟台市长岛县 2008—2012 年国民经济和社会发展统计公报。

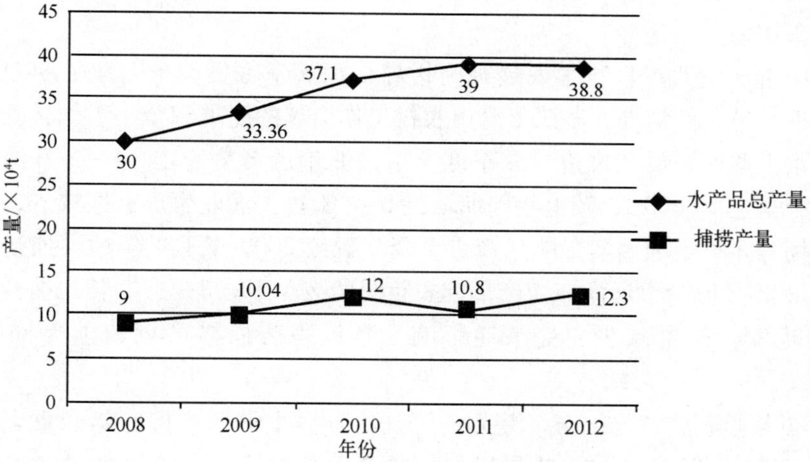

图 4 -1　长岛县水产品产量及海洋捕捞产量

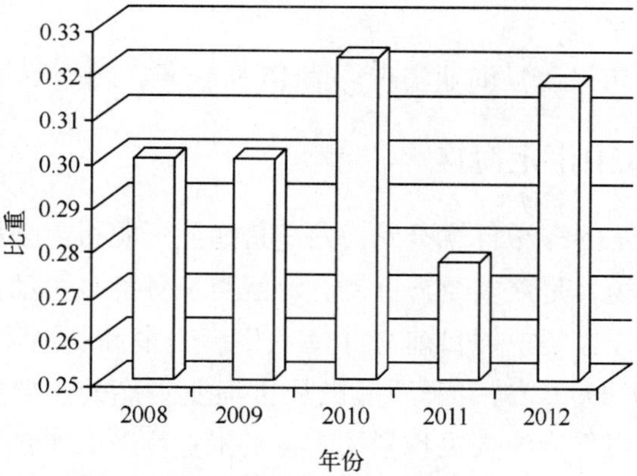

图 4 -2　长岛县捕捞产量占水产品总产量的比重

4.1.3 上海市崇明县

崇明县，现隶属上海市，位于长江入海口，全县地势平坦，由崇明、长兴、横沙三岛组成，其中崇明岛是世界上最大的河口冲积岛，也是大中华区第三大岛。岛上的长兴海洋装备产业园区于2007年成立，注册资金达2亿元，公司主要从事以现代船舶制造以及海洋钻井平台为核心产业的相关海洋装备配套企业引进，并为长兴海洋装备产业提供全面的配套产品（部件）和高效能的全方位服务的开发主体。近十几年来，崇明岛的渔业有了很大的发展，崇明县每年的捕捞产量以不同程度的幅度增长。

2006年，上海渔业按照建设“都市型水产业”发展要求全面推进，各项工作得到了认真落实，渔业主要经济指标良好，上海捕捞业呈现出稳定、健康的发展态势。水产品总产量和渔业总产值实现同步增长。渔业总产量为 7.7×10^4t，同比增2.0%。

2010年上海水产以科学发展观为指导，深入学习贯彻十七届三中、四中全会和中央一号文件精神，按照上海市农村工作会议的要求和全年工作计划，各项工作有条不紊地开展和推进。一季度全市渔业生产形势稳定，1—2月份全市水产品总产量达16 623 t，较上年同期增加0.44%。①渔业生产有序推进，远洋捕捞受渔场等多种不利因素影响，产量下降。延续2009年下半年远洋捕捞不佳的态势，1—2月份全市远洋捕捞产量较去年同期减少19.38%；②长江捕捞不现上年鳗苗旺发，产量减少。受汛期影响，当年鳗苗捕捞产量较上年同期减少约40%。

2011年是实施“十二五”规划的开局之年，上海水产按照年初重点工作计划：①远洋捕捞形势渐好，产量增加，1—2月份全市远洋捕捞产量达15 205 t，较上年同期增加86.04%；②长江捕捞受资源影响，产量减少。长江渔业资源未得到有效恢复。

2012年，上海市崇明县渔业实现产值15.9亿元，较上一年同比增长2.6%。

4.1.4 浙江省舟山市定海区

定海区拥有丰富的海洋自然资源，尤其是渔业资源得天独厚。所处的舟山渔场是全国最大的渔场，是众多经济鱼类、虾蟹类及各种水生动物的产卵繁殖和索饵育肥的最佳场所，也是中国目前海洋渔业生产力最高、渔业资源丰富的海域。其面积达 $10.6\times10^4\ km^2$，是定海区渔民从事渔业生产的主要作业区。“靠海吃海”的传统作业习惯使定海人民积累了丰富的渔业生产和水产加工知识。大陆连岛工程建成后，将更加拓宽该区发展水产加工业的空间。定海区国民经济持续快速发展，综合实力显著增强，海洋经济新体系已初步形成。

定海区是全省海洋捕捞重点渔区之一，有专业下海捕捞劳力 4 321 人。该区本着有保有弃的原则，做精海洋捕捞，引导和帮助渔民学习先进的捕捞技术，提高海洋捕捞竞争力。同时于2006 年稳步推进渔民“双转”。

海洋捕捞是定海的传统基础产业。2009 年底，全区拥有机动渔船 580 艘，57 343 总吨、96 074 kW。其中 183.75 kW（250 马力）以上钢质渔船 307 艘。海洋捕捞作业方式有 10 余种，基本形成了远洋、外海、近海、沿岸并举，机拖虾、底拖网、帆张网、流网、蟹笼、定置张网等多种作业形式并存的捕捞格局。自 2001 年开始实施结构调整和捕捞渔民转产转业以来，国内捕捞强度得到有效压缩，国内捕捞产量占渔业总产量的比重从 2002 年的 81.97% 下降到 2008 年的 62.70%。远洋渔业得到快速发展，从 2002 年的渔船 4 艘、产量 1 220 t、产值 912 万元，发展到 2008 年的远洋渔业公司 3 家、远洋渔船 38 艘，产量 2.13×10^4t、产值 1.38 亿元。

2010 年，浙江定海区海洋与渔业局把加快渔业转型升级作为 2011 年工作的重点，主要做好以下四方面工作：①认真实施渔业“十百千万”工程；②大力发展生态、高效渔业；③加强渔船节能工作；④努力发展形式多样的合作经济组织，积极探索“企业 + 捕捞渔民专业合作社 + 渔船”、“市场 + 捕捞渔民专业合作社 + 渔船”等模式，提高渔业的组织化程度和产业化水平。全年水产品总产量 8.99×10^4t，增长 6.0%，“十一五”期间年均下降 3.9%。其中远洋渔业产量 1.49×10^4t，增长 12.9%。年末全区有机动渔船 562 艘，比上年减少 18 艘。其中生产渔船 503 艘，比上年减少 22 艘；远洋渔船 44 艘，比上年增加 2 艘。渔船总吨位 5.63×10^4t，减少 1 000 t，其中生产渔船 4.67×10^4t，增加 400 t；渔船总功率 9.35×10^4 kW，减少 2 600 kW，其中生产渔船 7.89×10^4 kW，减少 1 200 kW。

2012 年全年水产品总产量 11.49×10^4t，比上年增长 8.1%。其中，远洋渔业产量 4.76×10^4t，增长 29.7%。年末全区有机动渔船 509 艘，比上年末减少 19 艘，其中，生产渔船 454 艘，减少 19 艘；辅助渔船 55 艘，与上年持平。渔船总吨位 7.95×10^4t，增加 0.95×10^4t，其中，生产渔船总吨位 7.06×10^4t，增加 0.79×10^4t。渔船总功率 10.95×10^4 kW，增加 0.77×10^4 kW，其中，生产渔船 9.37×10^4 kW，增加 0.52×10^4 kW。远洋渔业生产能力进一步扩大，年末全区拥有远洋渔船 56 艘，比上年末增加 10 艘；总吨位达到 3.70×10^4t，增加 1.05×10^4t；总功率 3.52×10^4 kW，增加 0.76×10^4 kW（表 4 - 2，图 4 - 3，图 4 - 4）。

表 4－2　定海区捕捞产量及水产品总产量

年份	2003	2004	2005	2006	2007	2008	2009	2010	2011	2012
水产品总产量/ $\times 10^4$t	10.3	10.55	10.95	10.71	10.61	9.58	8.48	8.99	10.63	11.49
海洋捕捞产量/ $\times 10^4$t	8.2	8.35	9.05	9	9.05	8.18	7.08	7.55	10.09	10.53
海洋捕捞产量占水产品总产量的比重	0.80	0.79	0.83	0.84	0.85	0.85	0.83	0.84	0.95	0.92

数据来源：舟山市定海区 2003—2012 年国民经济和社会发展统计公报。

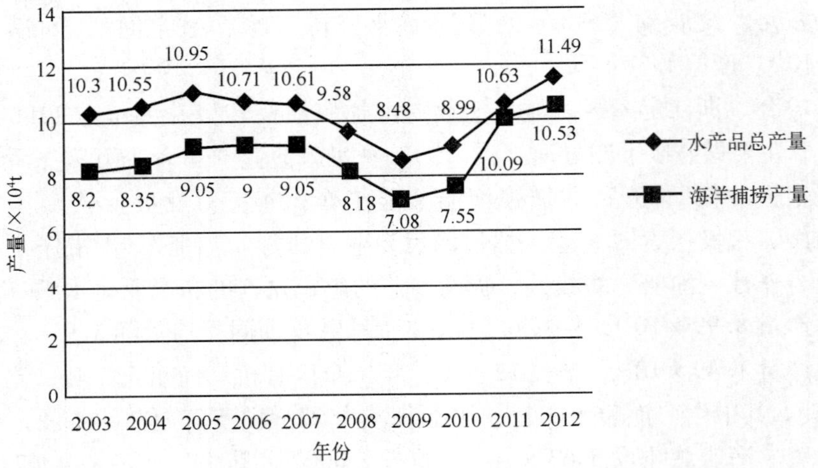

图 4－3　定海区水产品产量及海洋捕捞产量

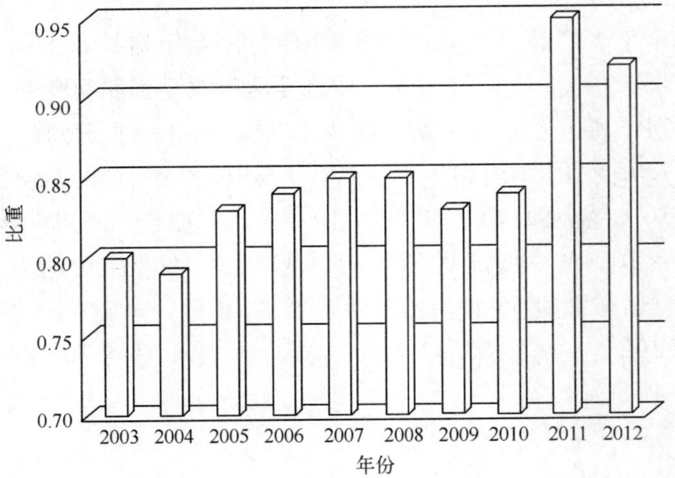

图 4－4　定海区海洋捕捞产量占水产品总产量的比重

4.1.5 普陀区

普陀地处长江三角洲经济区、全国沿海要冲、舟山渔场中心。背靠沪、杭、甬等大中城市，面临辽阔海洋，与我国台湾基隆港、日本长崎港、韩国仁川港相对。自然资源丰富，渔业发达，港口优良，风光秀丽，气候宜人，素有“东海明珠”之称。

海洋捕捞是普陀渔业的主体。造就一支具有一定文化基础、丰富经验、精湛技术且年轻力壮的专业捕捞渔民队伍，是创造普陀渔业过去辉煌史，今后渔业经济持续不衰的根本保证。在长期生产实践中，普陀区逐渐形成了一支人数众多、经验丰富、技术较高的海洋捕捞专业渔民队伍。据水产年报统计，2005 年底全区 77 个渔业村（社），共有专业和兼业捕捞渔民 21 266 人，占渔业劳力总数的 50.9%。

但是 2006 年，由于渔业资源衰退，捕捞空间缩小，结构调整，产业多元化，渔民转产转业等因素，使长期形成的普陀传统捕捞渔民队伍趋向萎缩，集中表现在：本地专业捕捞渔民大幅减少，年龄老化，素质低化，临时工化。“一减三化”现象呈加剧趋势，面对这种状况，要求重视专业捕捞渔民队伍建设的呼声日渐强烈。

自 2010 年 9 月 16 日伏季休渔结束开捕以来，普陀区海洋捕捞生产情况总体形势较好，海洋捕捞增产、增效明显。据 9 月份月报数据显示，普陀区 9 月份产量、产值分别为 74 054 t 和 54 561 万元，同比增加 18.71% 和 47.94%，其中国内捕捞产量、产值分别为 55 470 t 和 31 722 万元，同比增加 15.47% 和 43.84%。

随着 2011 年度伏季休渔的临近结束，围网作业、蟹流网作业、拖虾作业渔船陆续结束伏休投入生产，普陀区伏休开捕后国内捕捞生产形势总体良好。7—8 月份，普陀区国内捕捞月平均出海单位 654 个，产量 39 970 t，产值 22 096 万元。7—8 月份单船产量和产值分别为 30.58 t 和 16.91 万元，同比分别增加 29.19% 和 41.39%。其中灯光围网作业月平均出海单位 107 个，总产量 13 679 t，总产值 4 877 万元；深水围网作业月平均出海单位 77 个，总产量 12 531 t，总产值 4 694 万元；蟹流网月平均出海单位 87 个，总产量 2 532 t，总产值 5 008 万元；大机拖虾月出海单位 610 个，总产量和总产值分别为 10 605 t 和 7 068 万元。

2011 年，浙江省舟山市普陀区以“一更新、三改造”为主要内容，加快国内捕捞渔船更新改造。普陀区 2010 年共拆解劣质渔船 154 艘，新建渔船 62 艘，其中新增有囊深水围网渔船 8 艘，更新改造捕捞渔船 121 艘，推广节能产品渔船 258 艘，有力地促进了国内捕捞业向资源节约、环境友好、节能减排、优质高效和品牌营销方向发展。

2012年上半年，普陀区积极实施国内捕捞转型升级工程，通过典型示范和资金补助激励，引导渔民开展渔船“一更新、两调整、三改造”，逐步淘汰60马力以上木质渔船，发展高效节能新型作业和渔具渔法，改进鱼货理货和保鲜方式。1—6月，普陀区共新建渔船41艘、更新改造49艘、购置15艘、出售51艘、拆解39艘，其中首批6艘渔船转型升级示范工程项目已通过省局验收（表4－3，图4－5，图4－6）。

表4－3　普陀区捕捞产量及水产品产量

年份	2005	2006	2007	2008	2009	2010	2011	2012
水产品总产量/$\times 10^4$t	49.34	49.53	49.67	56.58	55.82	60.03	69.23	71.89
远洋捕捞产量/$\times 10^4$t	7.63	7.33	9.41	14.3	9.03	10.57	17.26	20.23
国内捕捞产量/$\times 10^4$t	41.71	38.33	36.66	38.76	43.07	45.56	48.09	48.1
捕捞业总产量/$\times 10^4$t	49.34	45.66	46.07	53.06	52.1	56.13	65.35	68.33
捕捞产量占水产品总产量的比例	1.000	0.922	0.928	0.938	0.933	0.935	0.944	0.950

数据来源：舟山市普陀区2005—2012年国民经济和社会发展统计公报。

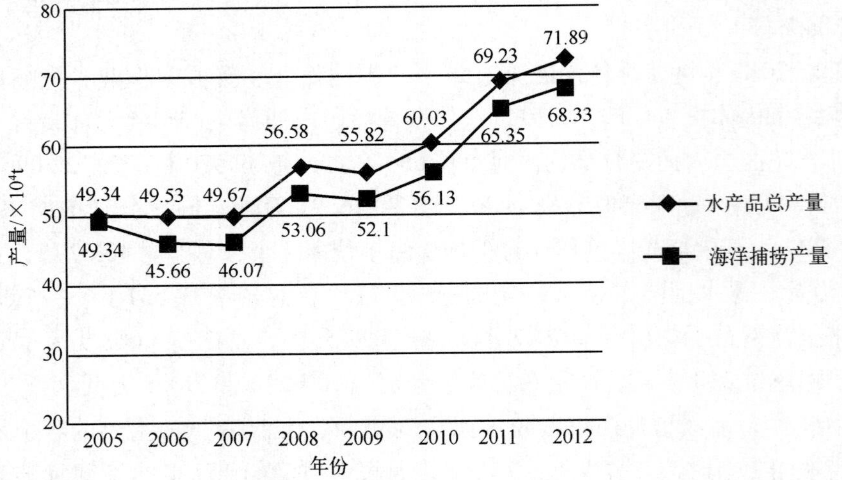

图4－5　普陀区水产品产量及海洋捕捞产量

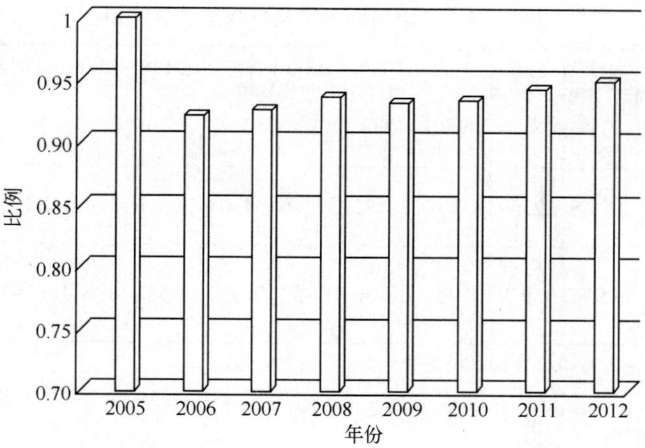

图4-6　普陀区捕捞产量占水产品总产量的比例

4.1.6　岱山县

岱山县位于浙江省舟山群岛中部，是全国12个海岛县之一，全县海域广阔，可利用深水岸线丰富，是华东地区最好的2个深水港资源和最丰富的风力资源拥有地，岱山还是全国十大重点渔业县之一，境内有岱衢洋、黄大洋、黄泽洋、灰鳖洋四大渔场，盛产各类鱼虾蟹贝，年产水产品33×10^4t左右。岱山县于1988年就开始用微电脑指挥海洋捕捞，微电脑在渔业生产中的应用，可为渔民提供鱼情、气象等信息，也能为渔业生产领导及指挥部门的决策提供科学依据。岱山县开始用微电脑指挥海洋捕捞开创了使用微电脑指挥和管理群众渔业生产生活的新时代。

2011年上半年岱山县渔业捕捞经济形势总体平稳，渔业总产量10.3×10^4t，总产值9.1亿元，同比增长1.06%和11.73%，其中国内捕捞产量增加0.8%，产值增长11.73%；劳均收入1.4万元，同比增长12%。其中，1—6月份全县主要作业产量、产值及劳均收入多数为增。帆张网产量同比减少6.6%、产值同比增长1.9%，劳均收入1.62万元左右，与去年基本持平；单拖产量、产值同比分别增长3.3%和74.3%，劳均收入1.2万元，比去年增加0.4万元；蟹笼产量、产值同比分别增长18%和10.6%，劳均收入2.4万元左右，比去年减少42%；灯光抄网产量、产值分别增长68.6%和109%，劳均收入约0.8万元，比去年增加了1倍；深围产量、产值同比分别增长66.4%和105%，其中岱山广源渔业公司3艘大型灯围船生产两个月，平均产值175万元；拖虾产量、产值同比分别增长53%和56%，劳均收入分别为1.2万元，比去年增加84%（表4-4，图4-7，图4-8）。

表 4－4　岱山县捕捞产量及水产品总产量

年份	2002	2003	2004	2005	2006	2007	2008	2009	2010	2011	2012
水产品总产量/×10^4t	35	34.7	36.15	33.3	33	32.28	31.98	30.92	35.05	33.78	35.1
捕捞业总产量/×10^4t	33.45	32.59	33.54	31.82	31.46	31.01	30.96	29.91	34.03	32.78	34.01
捕捞产量占水产品总产量的比例	0.956	0.939	0.928	0.956	0.953	0.961	0.968	0.967	0.971	0.970	0.969

数据来源：岱山县 2002—2012 年国民经济和社会发展统计公报。

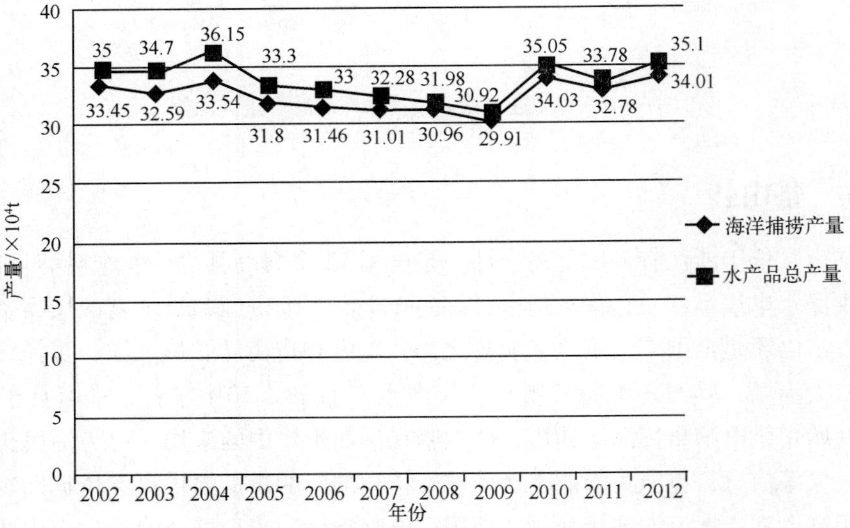

图 4－7　岱山县海洋捕捞产量及水产品总产量

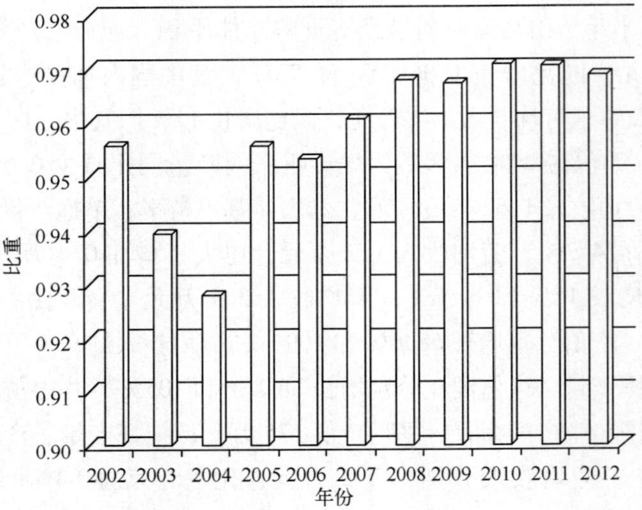

图 4－8　岱山县捕捞产量占水产品总产量的比重

为转变渔业经济发展方式，鼓励高耗能国内海洋捕捞渔船淘汰更新，提高渔业生产作业效率，2012 年，浙江省根据节约能源法等有关规定，出台了《浙江省高耗能国内海洋捕捞渔船淘汰更新补偿办法（试行）》。该办法规定凡本省籍从事国内海洋渔业捕捞生产的组织或个人，证书齐全有效，在 2012 年 1 月 1 日以后办理木质国内海洋捕捞渔船报废拆解，在拆解后拟上缴渔船功率指标或拟建造钢质或其他新型材质的国内海洋捕捞渔船的，均可申请享受经济补偿。目前，岱山县符合条件的木质渔船共计 41 艘，主机功率 2 658.54 kW，申请省级财政补偿资金共 55.83 万元。

4.1.7 嵊泗县

嵊泗县，又称嵊泗列岛，位于长江和钱塘江入海的交汇处，是浙江省最北部的一个海岛县。一直以来，嵊泗列岛以渔业资源丰富而闻名，嵊泗渔场历史上曾是我国海洋渔业生产最高的海域之一。随着海洋捕捞强度的不断增大，全省主要传统沿岸和近海渔场经济鱼类资源逐年枯竭，而嵊泗渔场的资源相对仍较为丰富，因此在全省的重要渔场地位更加突出。每年渔汛，全省各地长期在嵊泗渔场从事海洋捕捞生产的渔船有数千艘。

国内海洋捕捞是全县渔业的重要组成部分，也是嵊泗渔业的传统特色产业，海洋捕捞主要以外海生产为主。2003 年，四大主要作业的渔船数量和捕捞产量为：底拖网渔船 41 对，产量 20 070 t；帆张网渔船 433 艘，产量 116 030 t；机拖虾渔船 276 艘，产量 31 466 t；蟹笼渔船 136 艘，产量 6 817 t。通过结构调整和减船减人，全县共缩减捕捞渔船 125 艘，涉及捕捞渔民 807 人，其中捕捞渔船报废拆解 92 艘，总马力 5 754 kW，总吨位 3 137 t。2003 年以来，继续推进减船减人，到目前止，全县又已落实拆解渔船 102 艘，总马力 8 107 kW，涉及渔民 554 人，弃捕转产渔船 63 艘，涉及渔民 516 人。

2006 年 2 月，嵊泗县国内捕捞产量 8 759 t，比上年同期的 4 451 t 增长 96.79%。国内捕捞产值达 4 074 万元，比上年同期的 1 727 万元，增长 135.9%。主要由于：①出海单位增加：2 月份全县共投入出海生产渔船 840 艘，同比增加 149 艘。②生产时间长：2 月份下半水生产期间气候好于去年同期，对渔船出海生产影响比较小。③鱼发较好：2 月份下半水 1162、1163 海区梅鱼及小花雕鱼鱼发较好，单位网产高，其中单位产值最高达 21 万元，10 万元以上产值的单位占了相当一部分，取得了较高的经济效益。④拖虾生产稳中有升：虾资源相对稳定，且价格高于 2005 年同期，拖虾生产形势好于上年同期。全县拖虾生产累计产值 2 283 万元，同比增 20.85%。

2008 年第一季度，嵊泗县国内海洋捕捞生产呈现下降趋势。2008 年 1—3 月份，嵊泗县海洋捕捞产量 34 231 t，比上年同期的 42 221 t 减少 18.92%；海洋捕捞产值18 762万元，比上年同期的21 392万元减少12.29%。渔业产量、产值均出现较大幅度下降的主要原因：①海况差，经济鱼类鱼发不佳。②帆张网作业单位减少，生产时间缩短。③柴油价格持续上升，渔业生产成本过大。

2010年8月，嵊泗县6艘新型深水围网渔船开赴渔场进行试捕捞，该渔船上除了安装普通的卫星导航、雷达等设备外，还安装了鱼群跟踪声呐设备、船艏侧推装置、大型海水冷却保鲜和吸鱼设备。该批新型深水围网船队为嵊泗县做精做强海洋捕捞业，打造水平较高的现代化海洋捕捞队伍奠定了基础，为鼓励发展现代化优质高效新型渔业起到重要作用。

2012年全年水产品总产量29.83 $\times 10^4$t，比上年增长5.4%，其中海洋捕捞产量22.82 $\times 10^4$t，比上年减少2.9%；实现捕捞产值25.08亿元，比上年增长11.8%。分品种看，蟹类、虾类产量为1.21 $\times 10^4$t、2.02 $\times 10^4$t，分别增长22.2%和7.9%；而鱼类和头足类产量为18.66 $\times 10^4$t、0.88 $\times 10^4$t，分别下降4.3%和15.4%。年末共有远洋渔船4艘，全年远洋渔业产量600 t，比上年减产52.0%；实现远洋渔业产值510万元，比上年减少68.8%（表4－5，图4－9至图4－12）。

表4－5　嵊泗县捕捞产值、产量及所占比重

年份	2003	2004	2005	2006	2007	2008	2009	2010	2011	2012
渔业总产值/亿元	10.30	11.76	12.33	13.29	14.23	14.52	16.05	19.48	23.81	26.35
捕捞产值/亿元	9.59	11.30	12.30	12.15	13.05	13.24	14.73	17.99	22.43	25.08
捕捞产值占渔业总产值比重	0.93	0.96	1.00	0.91	0.92	0.91	0.92	0.92	0.94	0.95
水产品总产量/$\times 10^4$t	24.97	25.80	25.90	25.90	26.60	27.40	28.57	30.10	28.31	29.83
海洋捕捞产量/$\times 10^4$t	20.93	21.17	20.20	20.20	20.50	21.10	21.11	22.14	23.49	22.82
捕捞产量占水产品总产量比重	0.84	0.82	0.78	0.78	0.77	0.77	0.74	0.74	0.83	0.77

数据来源：舟山市嵊泗县2003—2012年国民经济和社会发展统计公报。

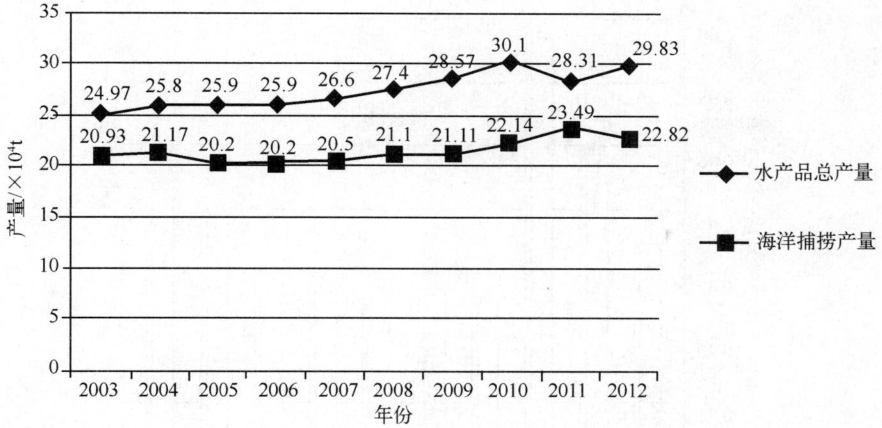

图4－9　嵊泗县海洋捕捞产量及水产品总产量

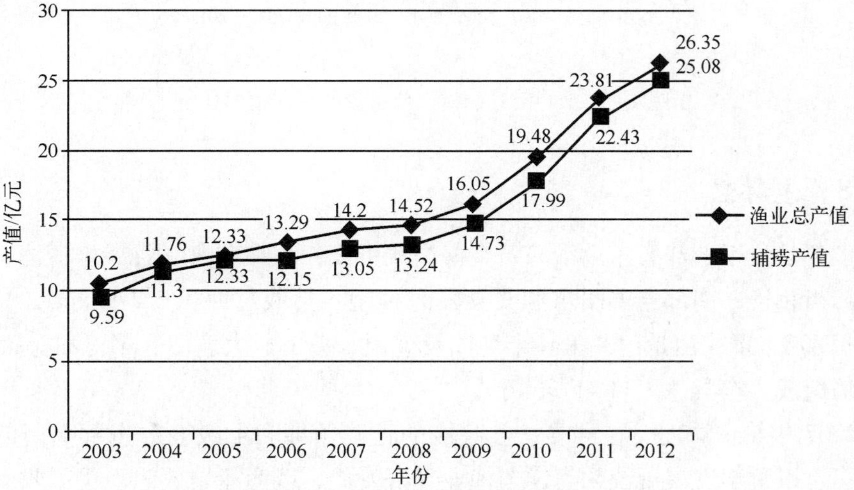

图4－10　嵊泗县捕捞产值及渔业总产值

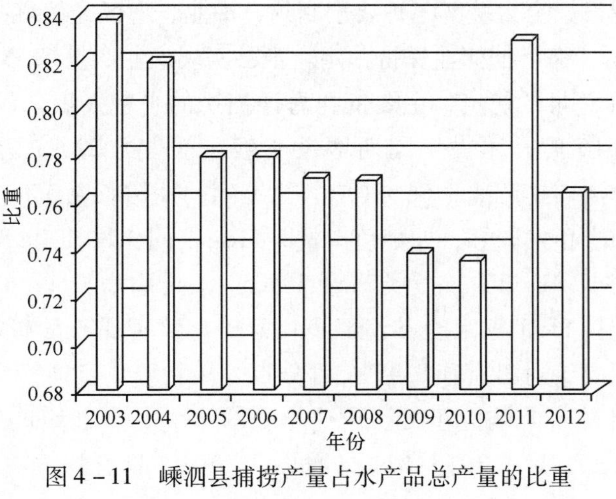

图4－11　嵊泗县捕捞产量占水产品总产量的比重

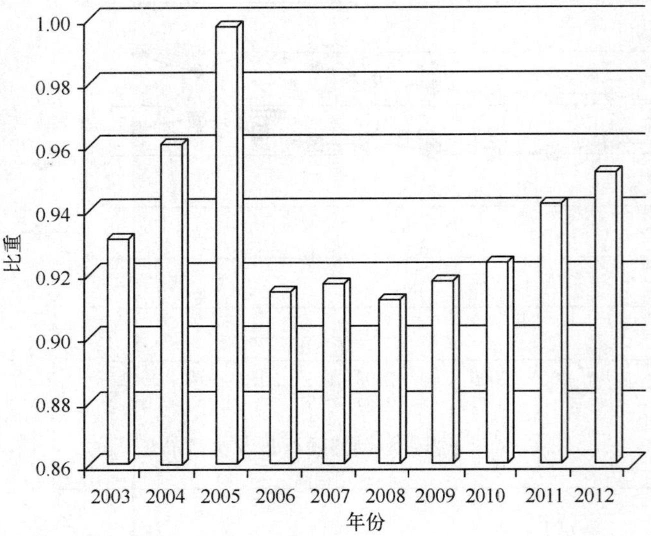

图 4－12　嵊泗县捕捞产值占渔业总产值的比重

4.1.8　玉环县

玉环县位于浙江省东南沿海黄金海岸线中段，东临东海，西靠乐清湾，北部与温岭市相连，南部与温州市洞头县隔海相望。县域总面积 2 279 km^2，其中陆域面积 378 km^2，由楚门－玉环半岛以及鸡山、披山、大鹿山、茅埏岛等大小 55 个岛屿组成，全县总人口 41.96 万人。

2007 年第一季度，在县委、县政府的正确领导和上级业务主管部门的精心指导下，以科学发展观统领海洋与渔业经济发展，以渔业增效、渔民增收和渔区和谐为目标，加强渔业综合生产能力建设，加快渔业增长方式转变，着力推进社会主义新渔村建设，努力缓解各种要素制约，渔业、渔区经济继续保持平衡健康发展。1—3 月份，海洋捕捞业保持稳定。全县实现渔业产量 6.58×10^4t，同比增长 1.97%，渔业总量的稳定，主要依托海洋捕捞的平稳发展。1—3 月份全县共有出海渔船 1 516 艘，比去年同期增长 9 艘，总马力 22.27 万匹，同比增长 3.72%，实现海洋捕捞产量 3.66×10^4t，比上年同期增长 4.5%。从渔获物中分析，部分经济鱼类鱼发较好，如带鱼产量 5 510 t，同比增长 19.88%，鲳鱼产量 2 325 t，同比增长 21.13%，蟹类产量 1 505 t，同比增长 17.65%，鳗鱼产量 2 557 t，同比增长 11.57%。全县渔船平均每千瓦计实现产量 0.22 t，同比增长 0.77%，增幅比上年同期上升 8.45 个百分点，从几个重点捕捞乡镇看，每千瓦计实现产量上升的有陈屿办事处，同比增长 8.96%，干江镇同比增长 9.78%，鸡山乡同比增长 7.1%，沙门镇同比增长 3.16%，只有坎门办事处同比下降

2.08%，达0.21 t。

在“创业创新、强海兴渔”战略的指导下，浙江玉环县海洋与渔业经济2008年实现了平稳有序发展，玉环县深化渔业结构调整，积极转变渔业经济增长方式。通过“木改钢，小改大”等方式，适度发展大马力钢质渔船17艘；调整捕捞作业结构，重点发展灯光围网敷网作业，全县灯光围（敷）网渔船增至27艘，平均产值180万元，最高效益达250万元。

2010年，渔业生产继续推进结构调整，加快渔业经济增长方式转变。至年末全县海洋捕捞生产船只1 121艘，比上年增加19艘；海洋捕捞专业劳力6 663人，比上年减少1 715人。全年水产品总产量261 436 t，比上年增长0.4%，其中海洋捕捞产量171 019 t，比上年减少0.1%。

至2012末全县海洋捕捞生产渔船1 025艘，比上年减少24艘，其中捕捞渔船为539艘，比上年减少41艘；海洋捕捞专业劳力6 116人，减少88人。全年水产品总产量24.96 $\times 10^4$t，比上年下降3.8%，其中海洋捕捞产量16.12 $\times 10^4$t，下降4.4%（表4－6，表4－7，图4－13，图4－14）。

表4－6　玉环县海洋捕捞产量及水产品总产量

年份	2003	2004	2005	2006	2007	2008	2009	2010	2011	2012
水产品总产量/ $\times 10^4$t	26.04	25.83	25.72	26.08	26.37	27.11	26.04	26.14	25.96	24.96
海洋捕捞产量/ $\times 10^4$t	17.69	16.01	16.05	16.78	17.41	17.86	17.12	17.1	16.87	16.12

数据来源：台州市玉环县1995—2012年国民经济和社会发展统计公报。

表4－7　玉环县海洋捕捞产量占水产品总产量的比重

年份	2003	2004	2005	2006	2007
玉环县海洋捕捞产量占水产品总产量的比重	0.679 339	0.619 822	0.624 028	0.643 405	0.660 22
年份	2008	2009	2010	2011	2012
玉环县海洋捕捞产量占水产品总产量的比重	0.659	0.657	0.654 17	0.649 846	0.645 833

数据来源：台州市玉环县1995—2012年国民经济和社会发展统计公报。

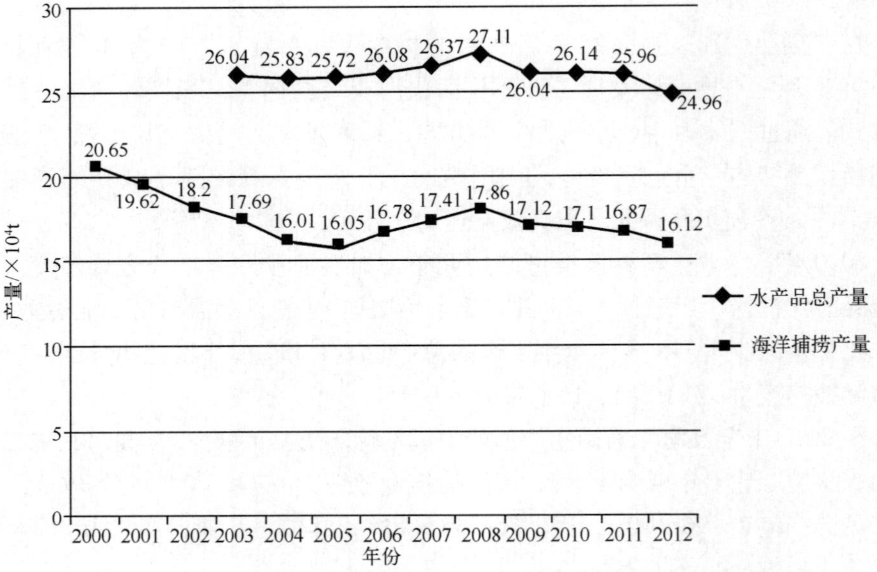

图 4－13　玉环县海洋捕捞产量及水产品总产量

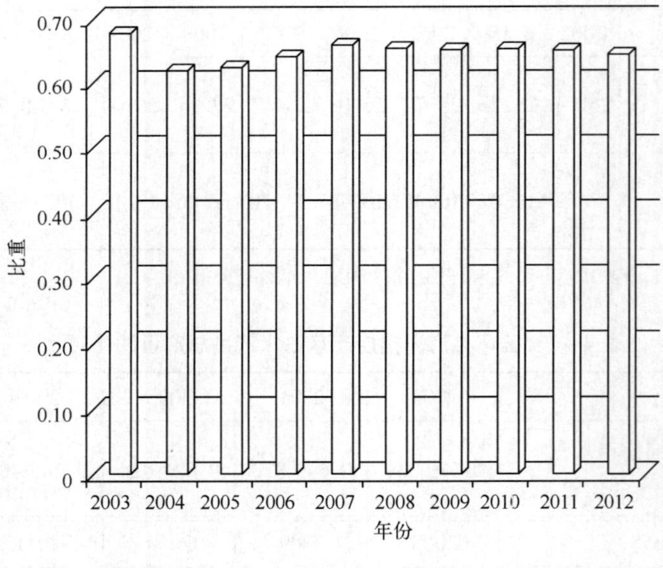

图 4－14　玉环县海洋捕捞产量占水产品总产量的比重

4.1.9　洞头县

洞头县是浙江省温州市辖县，地处浙南沿海，瓯江口外，是全国 12 个海岛县之一，由 103 个岛屿组成，故有“百岛县”之美称。全县总面积 892 km^2，其中陆地面积 100.3 km^2，总人口 12.5 万人。全县建有 5 个海洋捕捞基地，6 个海水养殖基地，拥有机动捕捞渔船1 200多艘，其中渔轮170多对，海水养殖面积约2 000 hm^2（3.02万亩），是全国最大的羊栖菜养殖加工出口基地和浙江省紫菜养殖基地。

2008年，针对东海渔业资源日益衰减，捕捞生产效益下降的情况，洞头县积极实施“走出去”生产战略，加强海洋捕捞跨区域生产合作，促进渔业生产增产增效。自8月1日南海渔场开捕起，洞头县相继投入8对钢质渔轮赴海南开捕生产，开捕产况喜人。据洞头县海洋与渔业局初步统计，截至8月19日，8对渔轮总产值达205万元左右，平均单位产值25.5万元左右，好的达35万元以上。开捕初期鱼发稳定，一般夜产网头产量在500~700箱（20 kg/箱），高的可达800~1 000箱，特大网头产量超2 000箱。渔轮夜投网为2网次，一般夜产值2.3万元。

2009年上半年，浙江温州市渔业生产形势总体情况平稳，但金融危机对渔业经济的影响依然存在。上半年，全市海洋捕捞产量、产值、增加值同比均有所下降，主要原因是鱼类资源减少，尤其是经济鱼类产量大幅度下降。

2010年起，洞头引进“灯光围网捕捞技术”，渔民开始尝试调整捕捞作业方式，将原来的张网作业转成灯光围网，这样的捕捞方式让渔船每年可节省近90万元的成本。

2011年全县拥有机动渔船2 615艘，其中投入渔业生产1 139艘，机械动力达9.77×10^4 kW；其中184~440 kW的335艘。2011年水产品总产量15.01×10^4t，较上年增长5.3%；其中捕捞产量13.45×10^4t，增长3.9%。实现渔业总产值7.94亿元，较上年增长2.7%；其中捕捞产值6.27亿元，较上年增长2.7%（表4-8，表4-9，图4-15至图4-18）。

表4-8 洞头县捕捞产量及水产品总产量

年份	2002	2003	2004	2005	2006
水产品总产量/$\times10^4$t	14.34	15.34	15.8	15	14.8
捕捞产量/$\times10^4$t	13.2	13.67	13.9	13.55	13.22
捕捞产量占水产品总产量的比重	0.920 502	0.891 134	0.879 747	0.903 333	0.893 243

年份	2007	2008	2009	2010	2011	2012
水产品总产量/$\times10^4$t	15.14	15.03	15.06	14.25	15.01	14.25
捕捞产量/$\times10^4$t	13.58	13.78	13.76	12.94	13.45	12.94
捕捞产量占水产品总产量的比重	0.896 962	0.916 833	0.913 679	0.908 07	0.896 069	0.908 070

数据来源：温州市洞头县2002—2012年国民经济和社会发展统计公报。

表 4－9　洞头县捕捞产值

年份	2002	2003	2004	2005	2006
渔业总产值/亿元	6. 26	6. 38	7. 17	6. 57	6. 75
捕捞产值/亿元	—	4. 54	4. 85	4. 96	5. 13
捕捞产值占渔业总产值的比重	—	0. 711 599	0. 676 43	0. 754 947	0. 76

年份	2007	2008	2009	2010	2011	2012
渔业总产值（亿元）	7. 03	7. 3	7. 48	7. 74	7. 94	8. 28
捕捞产值（亿元）	5. 53	5. 93	5. 91	6. 1	6. 27	6. 46
捕捞产值占渔业总产值的比重	0. 786 629	0. 812 329	0. 790 107	0. 788 114	0. 789 673	0. 780 193

数据来源：温州市洞头县 2002—2012 年国民经济和社会发展统计公报。

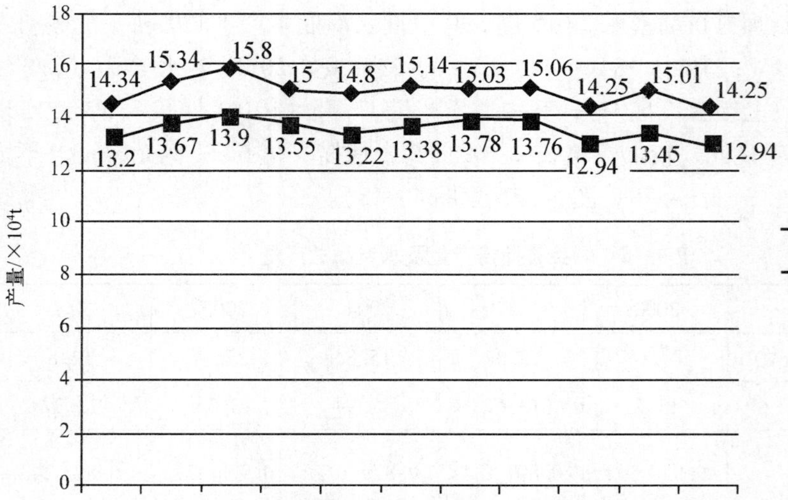

图 4－15　洞头县捕捞产量及水产品总产量

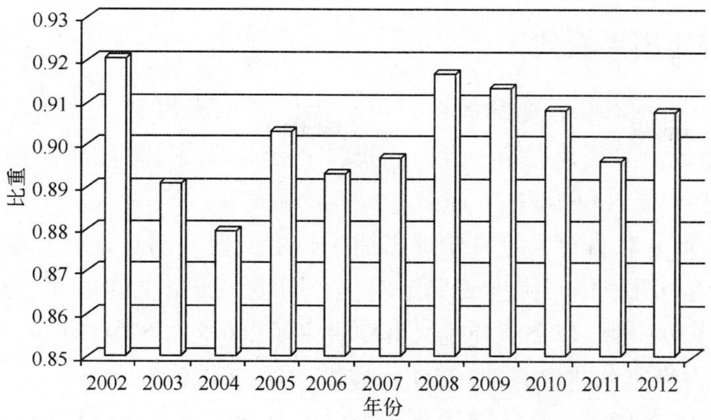

图 4－16　洞头县捕捞产量占水产品总产量的比重

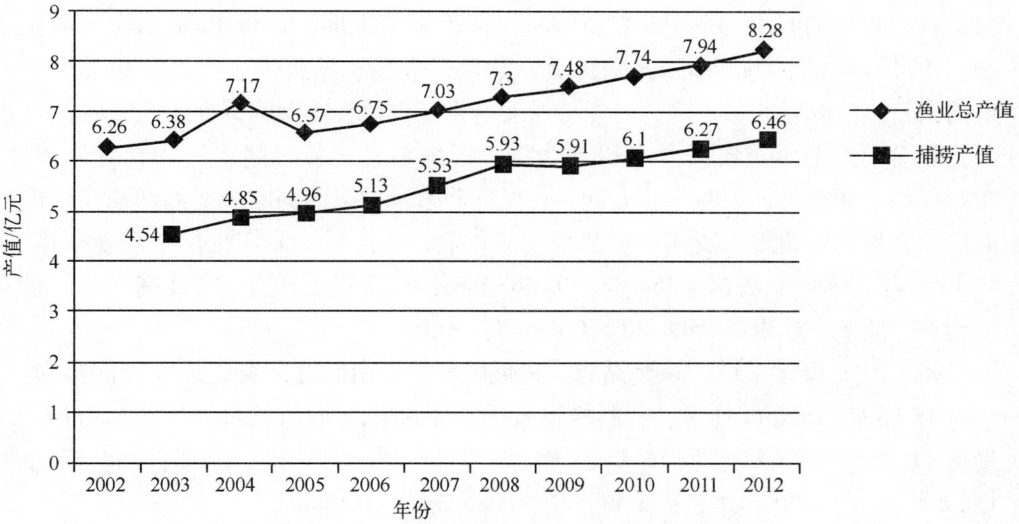

图 4－17　洞头县捕捞产值及渔业总产值

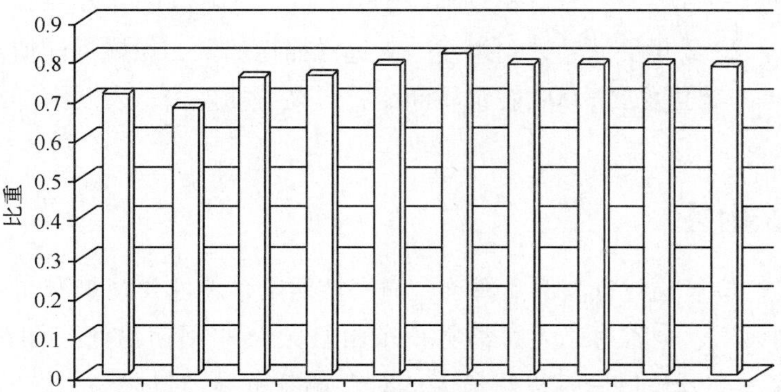

图 4－18　洞头县捕捞产值占渔业总产值的比重

4.1.10 福建省平潭县

平潭县，俗称海坛，亦称海山，位于福建省东部海域，由以海坛岛为主的126个岛屿组成，是福建省第一大岛，我国第五大岛，是著名渔业基地。至2010年底，平潭县户籍人口为40.1万人，其中渔业人口3.77万人。

20世纪60年代，该县进一步提高捕捞技术，促使网具合成纤维化、渔网大型化、渔船动力机械化，初步改变了船小、网小、产量低的局面。到1970年全县大小渔船3 148艘、17 297吨位，其中机帆船200艘、5 493吨位，占渔船总数的6.35%，占渔船总吨位的31.75%；捕捞产量33 039.2 t。

20世纪70年代初，是围网作业最兴盛的时期。在渔网大型化的同时，对围缯作业机帆船进行船型改革，既增加吨位，又提高航速。同时，根据中央“打出去、养起来”的要求，组织开发新海域，把近岸生产推向近海40 m水深海域生产。1975年以后，海洋捕捞开始滑坡，黄鱼、带鱼、墨鱼等主要经济鱼类形不成渔汛，经济效益明显下降，海洋捕捞业特别是围网作业面临着极大的困境。

80年代，县委重新确立“以渔为主，因地制宜，各有侧重”的指导思想，实行养殖、捕捞、加工并举的方针。在抓好养殖、加工的同时，对海洋捕捞内部的作业结构进行调整，实施“多品种、多作业、多海域、兼作轮作”的新举措。到1990年，渔船总数达4 354艘、36 463吨位、127 024马力，海洋捕捞业产量达到62 958 t，比1980年增长65.06%。

90年代，继续采取“调整结构、发展轻型、走南闯北、突破远洋”的措施。1994年16艘、600匹马力、有制冷设备的渔轮赴印度尼西亚海域生产，当年产量达8 000 t。1995年远洋渔轮达24艘，产量11 600 t。当年，全县海洋捕捞产量124 401 t，比1990年增长近1倍，比1949年增加10倍多。

2011年，国内海洋捕捞产量135 490 t，下降0.1%；年末全县深水网箱51个，普通网箱17 075个；全县机动渔船1 942艘，总吨位64 120总吨，总功率达127 730 kW。2012年平潭县计划组建一支远洋捕捞船队，拓展远洋捕捞领域。力争至2013年，全县发展1 000艘钢质渔船，提高海捕能力，发展海洋经济，推动蓝色崛起。

4.1.11 东山县

东山县，位于福建省南部沿海、台湾海峡西岸，地处我国东海与南海的交界处，是全国第六、全省第二大海岛县，东山县荣获“闽南沿海三角区经济开放县”，“国家一类开放口岸、福建最大的对台小额贸易港口之一”，“国家级鲍鱼标准化养殖示范区”，“全国最大的芦笋生产基地和硅砂矿区”，“福建重点渔业和盐业生产基地”，“全国最大的优质硅砂生产基地”，“国家可持续发展实验区”，“国家级生态示范县”，“优秀旅游县”，“全国双拥模范县”，“全国科技工作先进县”等称号。

2008年全县农业总产值30.2亿元，增长6.6%。其中：渔业产值25.9亿元，占比85.6%，比增9.9%，渔况近几年的发展势态最好，钢质渔船功不可没。2008年新增钢质渔船165艘（共发放渔船抵押贷款138笔），全县累计456艘，比2005年增加340艘，近3年年均增加上百艘。全年水产品总产量达到28.05×10^4t，比增2.6%。其中：海洋捕捞14.55×10^4t，比增2.2%；海水养殖12.75×10^4t，比增3.1%；淡水养殖0.75×10^4t，比增7.1%。2011年，渔业产值41.78亿元，增长4.6%，海洋捕捞产量15.08×10^4t，增长1%（表4－10，图4－19，图4－20）。

表4－10　东山县捕捞产量及水产品总产量

年份	2003	2004	2005	2006	2007
水产品总产量/$\times10^4$t	29.6	30.69	31.82	33	34.01
海洋捕捞产量/$\times10^4$t	15.87	16.44	16.7	17.4	17.82
海洋捕捞产量占水产品总产量的比重	0.536 149	0.535 679	0.524 827	0.527 273	0.523 964
年份	2008	2009	2010	2011	2012
水产品总产量/$\times10^4$t	28.05	28.8	29.81	30.85	32.04
海洋捕捞产量/$\times10^4$t	14.55	14.8	14.93	15.08	15.22
海洋捕捞产量占水产品总产量的比重	0.518 717	0.513 889	0.500 839	0.488 817	0.475 03

数据来源：漳州市东山县2003—2012年国民经济和社会发展统计公报。

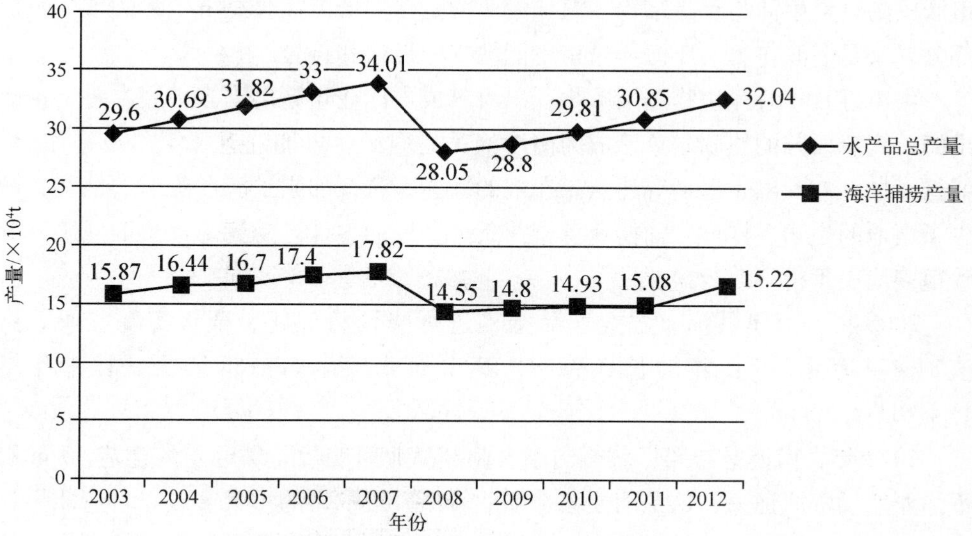

图4－19　东山县捕捞产量及水产品总产量

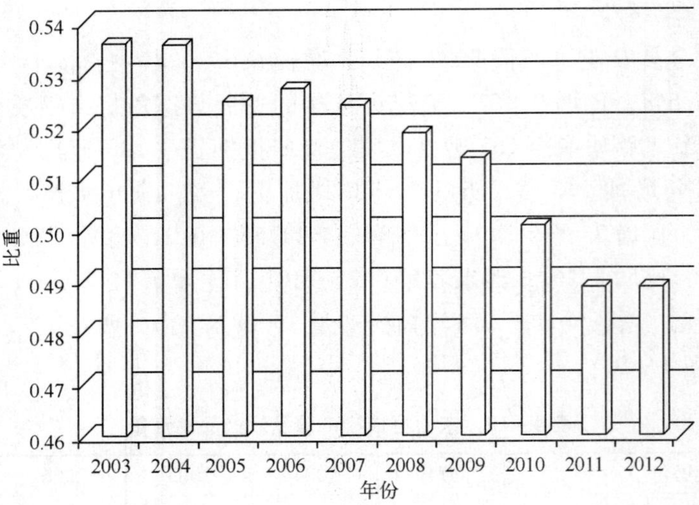

图 4－20　东山县海洋捕捞产量占水产品总产量的比重

4.1.12　南澳县

南澳作为广东省唯一的海岛县，其中主岛南澳岛面积 106.14 km^2，海岸线 76.77 km，人口 7.2 万人，目前仍以海洋渔业为主要产业。该县拥有海域 4 600 km^2，海洋捕捞业发达，为全国水产百强县。渔业向来就是南澳人民的生计之业，全岛大概有 1 万人口以渔业为业。千百年来当地人民已养成了靠海吃海的“讨海”模式。南澳远洋渔业发展迅速。海洋渔业是海洋经济中的传统产业，关系到深港城市居民的日常生活与食品结构，海洋渔业既是深圳城市社会经济生活的重要组成部分，又是南澳作为一座海洋城市不能缺少的形象和符号。

由于近几年海洋生物逐渐减少，出海的成本比往年高出许多，原本每天扬帆出海，满载而归的热闹景象已成为南澳渔民的回忆。再加上近几年“单拖作业”盛行，加上炸、电、潜捕等违法、违规的捕捞方法，加剧了海洋资源的枯竭，减少了当地的生物多样性。捕捞业急剧萧条，渔民的生计已受到了严重的威胁，导致很多渔民不得不改行换业。

2005 年，南澳县渔、农业产品结构进一步调整优化。全年实现农业总产值 81 444 万元，比上年增长 3.98%，其中渔业产值 68 168 万元，比上年增长 4.01%。

2012 年，南澳县造船厂获得国家农业部渔业船舶检验局颁发的建造 45 m 以下渔业船舶资质证书，这是南澳县造船业转型升级取得的重大突破。县造船厂作为全县唯一的国有修造船企业，牢牢抓住发展机遇，在各级领导的支持和自身的不懈努力下，通过大力引进专业技术人员和生产设备，不断加强自身软硬件建设，成功取得了国家农业部渔检局申报造船资质。目前，县造船厂已为全县渔民建造了钢制渔船 21 艘，赢得了良好的企业信誉和经济效益，并为南澳县捕捞业的转型升级奠定了坚实的基础。

4.2 现状分析

改革开放以来，我国海洋渔业发展迅速，海洋捕捞总产量稳居世界首位，已成为世界上最重要的海产品生产国，其中最具代表性的海岛捕捞业的发展极为迅速。然而，一些制约我国海洋捕捞业发展的因素也在不断显现，比较突出的是渔业资源的枯竭，这个问题一直困扰着我国海岛捕捞业的发展。为了解决这个问题，我国先后引入了海洋捕捞渔船船数和功率总量控制（以下简称“双控”）休渔和海洋捕捞零增长的制度安排；另外一些宏观经济因素也对海岛捕捞业产生外在的冲击：2011 年我国加入世界贸易组织（WTO），对我国渔业进出口产生深远影响；中国与周边国家签订的中韩、中日、中越北部湾渔业协定也缩小了我国传统捕鱼区域。这些因素在一定程度上影响了我国海岛捕捞业的发展。

由于数据可得性及连贯性的限制，本节选取东山县、洞头县、玉环县、嵊泗县、普陀区、定海区和长岛县这 7 个海岛县（区）的数据进行分析。观察各海岛水产品总产量的变化趋势图（图 4－21）可知，自 1995 年以来，长岛县、普陀区、嵊泗县的水产品产量波动较大，总体呈上升趋势，玉环县、洞头县、东山

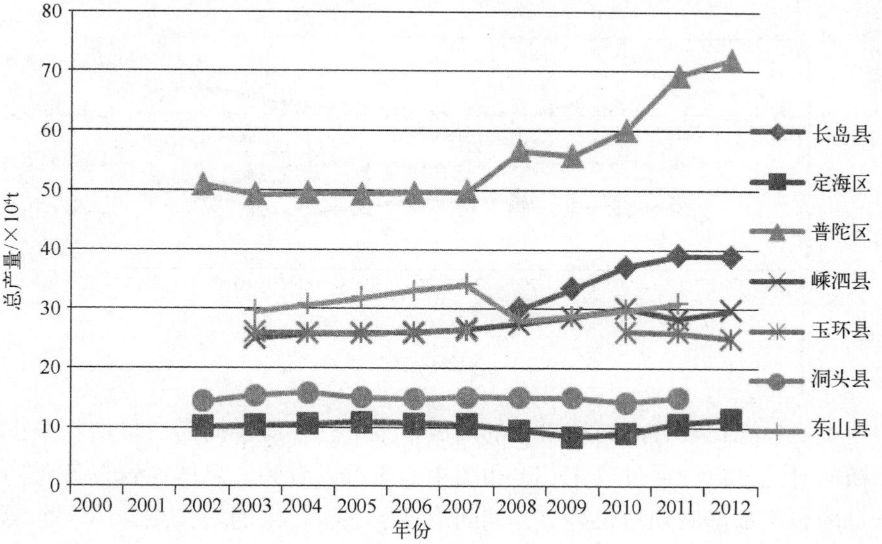

图 4－21　各海岛水产品总产量

第2篇 行业篇

县、定海区的水产品产量基本保持稳定，波动较小。其中，普陀区的水产品产量远大于其余海岛，并且有较高的增长势头，可见，在中国的12个海岛中，普陀区的水产品发展最快最好，形成了自己特有的优势；而洞头县、东山县以及数据资源极其有限的长海县、崇明县、平潭县和南澳县，其历年水产品产量都相对较少，没有形成独具规模的强大产业，相应的渔业发展较为薄弱。

同样，本节选取了数据相对充分的东山县、洞头县、玉环县、嵊泗县、普陀区、定海区和长岛县这7个海岛县（区）对中国海钓的海洋捕捞量进行分析。由图4－22可见，普陀区、嵊泗县、长岛县的海洋捕捞产量总体呈上升趋势，产业发展良好，而玉环县、洞头县、东山县、定海区的海洋捕捞产量保持稳定发展或呈略有下降的趋势，这与各海岛水产品总产量的变化趋势一致。图4－22中可见，普陀区的海洋捕捞产量远大于其他海岛，并呈现出较快的增长势头，可见在中国的12个海岛中，普陀区的海洋捕捞业发展最快，产量最高，形成了自己的特色产业，独具竞争力；而洞头县、东山县以及数据资源极其有限的长海县、崇明县、平潭县和南澳县，其历年海洋捕捞产量都相对较少，没有形成独具规模的强大产业，它们相应的渔业发展也较为薄弱，捕捞业尚未成为它们的主导产业。

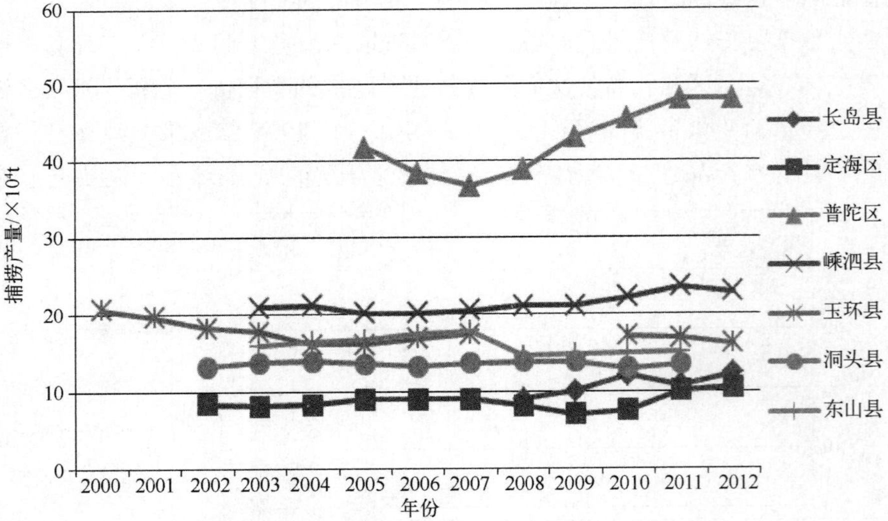

图4－22　各海岛海洋捕捞产量

为了更好地比较各海岛捕捞业的发展，本节选择海洋捕捞产量增长率指标来进行横向对比分析。通过表4－11和图4－23可以看到，总体而言，各海岛的捕捞产量增长率都呈波动增长趋势，期间出现了三次较大的增长点，第一个增长点出现在2002年，主要是因为面对海洋资源继续衰退，中日渔业协定的实施和捕捞强度的调整，各海岛纷纷抓住国家和省对渔业结构调整政策扶持的有利时机，大规模拓展海洋捕捞业，加快推进传统渔业向现代渔业的转变；第二个增长点出现在2006年，为深入贯彻党的十六届五中全会提出的“积极发展水产业，保护和合理利用渔业资源”，加快推进现代渔业基地建设，进一步调整和优化渔业生产结构，加强规范化管理，使渔业生产继续保持稳步发展的政策而积极发展捕捞业；第三个增长点出现在2009年，各海岛相继提出远洋捕捞新规划，坚定不移地实施“走出去”的发展战略，加强对海洋捕捞产业的改造，通过合作入渔的方式，获得国际渔业资源，中国渔船和捕捞政策不断成为全球焦点，使得海洋捕捞业增长率实现了飞跃发展。

表4-11　各海岛海洋捕捞产量增长率（%）

年份	2002	2003	2004	2005	2006	2007	2008	2009	2010	2011	2012
长岛县	—	—	—	—	—	—	—	11.56	19.3	-0.1	13.9
定海区	-6.7	-2.35	1.8	8.3	-0.5	0.6	-9.61	-13.4	6.6	33.6	4.4
普陀区	—	—	—	—	-7.46	8.98	15.17	-1.81	7.74	16.43	4.6
嵊泗县	—	-0.6	3.2	-1.8	2.4	2.7	2.9	4.3	5.4	-6	-2.9
玉环县	-7.2	-2.8	-9.5	0.2	4.5	3.8	—	—	-0.1	-1.4	-4.4
洞头县	-4.3	3.55	1.7	-2.5	-2.5	2.7	1.5	-0.2	-5.9	3.9	-3.8
东山县	—	0.9	3.6	1.6	4.2	2.4	2.2	1.7	0.9	1.0	0.9

数据来源：经各地国民经济和社会发展统计公报整理计算得到。

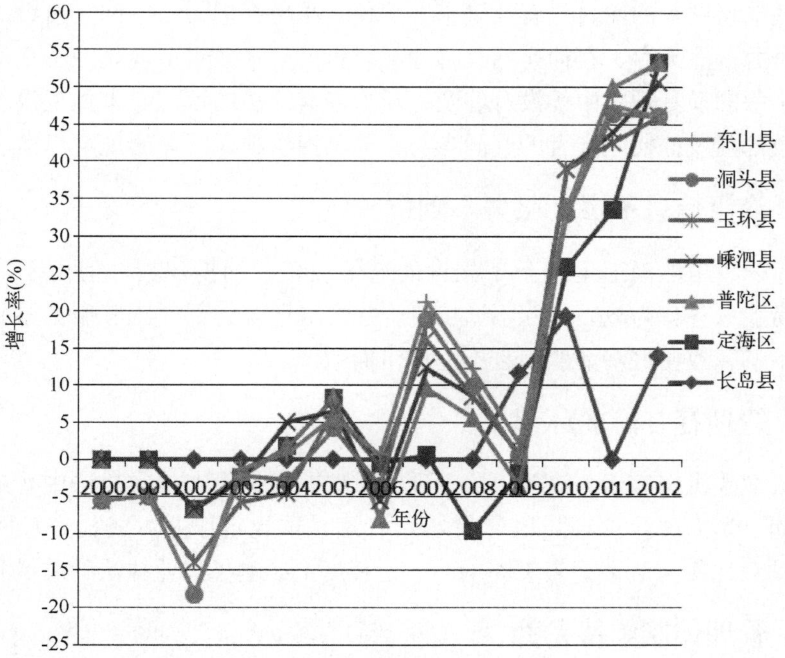

图4-23　各海岛海洋捕捞产量增长率

4.3 发现的问题

改革开放30多年来，我国贯彻捕捞许可证制度，控制捕捞强度，规范生产行为，实施人工增殖放流，促进资源恢复，鼓励人工养殖，海洋渔业发展和管理工作取得了举世瞩目的成就，但同时也应该清醒地认识到，海洋捕捞强度过大、渔具渔法过多过滥、渔业环境质量下降、管理存在薄弱环节、管理体制有待于完善等突出问题值得引起高度重视，应积极寻求解决的有效办法和措施。

4.3.1 海洋捕捞强度过大

过大的捕捞强度，已远远超过海洋渔业资源再生能力，难以形成渔汛，导致海洋渔业资源急剧衰退。由于长期过度捕捞，经济鱼类资源已遭到严重破坏，渔获产量构成发生很大变化。捕捞技术日新月异，而捕捞网目却越来越小，幼鱼、幼虾、幼蜇充斥现象普遍存在，造成了渔业资源日益枯竭。

4.3.2 渔具渔法过多过滥

主要表现在捕捞网具网目越来越小和多种“灭绝性”网具泛滥。海上无证捕捞、违反休渔期、禁渔区、不按捕捞许可证规定作业类型进行捕捞等违反渔业法律法规的案件屡见不鲜，一定程度上掩盖了捕捞网具网目过小对鱼类的危害性。一些捕捞网具的网目只有几毫米，大鱼、小鱼有进无出，网具所经之处，鱼虾蟹类资源荡然无存。在捕捞网具管理上，目前有很多新型渔具渔法在渔业法规和以前出版的渔具图集中都没有涉及，新型渔具渔法的审定、审批也没有科研单位、渔政部门及捕捞生产者的共同参与，渔具渔法缺乏统一的规定标准。

4.3.3 渔汛信息不灵，服务不到位

近年来，虽然渔船上配备了先进的通信设备、捕捞仪器。但由于渔船下放后，捕捞船只各自为战，相互不通信息，加之渔业主管部门跟踪服务不到位，渔汛信息不畅，致使许多渔船因赶不上渔汛而减产。

4.3.4 管理存在薄弱环节

各级渔政机构承担着渔业执法管理的重要职责，但在日常执法中普遍存在着重禁渔期、禁渔区管理轻陆地（市场）管理，重规定作业方式检查轻网具（网目）与幼鱼比例合法性检查等弊端，一定程度上影响了渔业执法的质量和效果。

4.3.5 管理体制亟待完善

目前，基层渔政机构，政出多门，力量分散，一定程度上导致政令不畅、协

调不力、效率低下。

4.3.6 捕捞基础设施有待完善

没有像样的功能齐全的渔港码头，没有像样的渔产品交易市场和后勤补给基地，冷藏和加工能力很弱，成为制约渔业发展的“瓶颈”。

4.3.7 捕捞渔民整体素质有待提高

各海岛渔民普遍存在着年龄结构偏大、受教育程度偏低以及技术岗位职务人员短缺等状况，继续沿袭传统生产作业方式，致使渔业经济效益不佳，有相当一部分主要是外来打工人员，没有经过培训取得上岗证书，不了解、不熟悉海洋环境，缺乏下海捕捞操作技能，潜在严重安全生产隐患；渔业科技含量低，渔业科技基础薄弱，水产专业技术人员较少，渔技渔法相对落后，许多制约渔业发展的技术问题尚未得到有效解决。

4.3.8 思想观念陈旧，缺乏技术创新

近几年多数渔民成为出卖劳动力的雇佣工，对海洋环境、渔业资源、捕捞技术等新变化、新情况很少关注和研究，生产作业方式、渔网具装置及操作技术等采取“拿来主义”，照搬别人的，缺乏动脑筋自主创新。

4.4 规划、建议

4.4.1 下阶段工作规划

（1）理清工作思路，着力拓宽渔业发展空间

①鼓励引导向外拓展养殖空间。积极鼓励养民发挥自身技术、信息等各种优势，到县（区）外承包水面发展水产养殖业，不断拓宽水产养殖业空间；②稳妥发展新作业和远洋渔业。及时掌握海洋渔业信息，实施渔业技术合作与交流，加强渔业船员的培训工作，参与国际渔业劳务输出，不断提高海洋捕捞业的综合效益；③发展规范休闲渔业。充分利用现有渔业自然生态环境和渔村人文资源优势，全方位多层次地规划建设集休闲、度假、娱乐、餐饮等行业融为一体的休闲渔业产业；④建设现代渔港经济区。稳步推进国家级中心渔港的建设，充分发挥水产品交易市场、休闲渔业和渔需品补给等七大功能，延伸渔业产业层次。

（2）突出结构调整，着力建设现代渔业

①加快优势产业带建设，大力推广普及高产、优质、高效、生态、安全水产

养殖方式，启动传统围塘的标准化改造，扩大特色优势产品养殖规模，推进设施渔业的发展，规范养殖园区、基地的建设；②推进加工流通业的发展，加大对渔业龙头企业技术改造和科技攻关的支持力度，帮助企业开展新产品研发、低值水产品综合利用和加工，引导企业提高自主创新能力，进一步培养企业品牌意识，加快水产品流通体系建设，构建开拓国际市场和衔接国内产销的水产品营销促销服务体系；③调整提升捕捞结构，在捕捞强度许可范围内，更新改造现有渔船，探索建立弃捕渔民转业机制，逐步构建转产转业渔民社会保障体系，不断加强双转渔民的培训，进一步拓宽转产渔民的就业渠道。

（3）完善服务体系，着力转变渔业增长方式

①提高渔民整体素质，以提高渔业科技入户率为重点，全面实施渔民素质培训工程，建立多渠道、全方位、多形式的渔民技术培训体系，设立渔民技术培训中心，增强从业人员的业务素质；②加大对外宣传力度，继续组织举办水产精品推介活动，鼓励和支持有条件的企业参加水产品博览会和展销会，参与水产品推荐促销活动，扩大渔业贸易合作，提升该县水产品知名度，提高市场占有率；③加强水产品源头质量安全管理，开展初级水产品质量安全专项整治，完成水产品检测与病害防治实验室可行性报告的编制和上报工作，启动初级水产品检测体系建设，加强水产品抽检工作。同时规范水产种苗许可和养殖证制度，推行无公害基地和产品双认证工作；④推进渔业产业化经营，规范渔业合作经济组织的运行机制，科学设定合作组织准入门槛和内部机构，逐步向高级形式发展，切实转变渔业经济增长方式。

（4）加大改革力度，着力建立现代渔业经济体制

①稳定规范渔业股份合作制，按照“稳定、完善、提高”的方针，健全渔业村（公司）章程，建立集体资产、劳力、集体福利等各项管理制度，完善股份合作制渔船内部的分配，引导渔船转向企业法人、社团法人和合作社法人，促进从自然人渔业向法人渔业转变；②积极培育渔业龙头企业，以现代产权制度为核心，充分运用信息技术和现代营销技术，建立和完善市场预测系统，帮助解决好股权结构和法人治理结构，促进龙头企业和渔户之间形成比较稳定的产品购销关系和利益共同体；③建立健全渔业社会化服务体系，坚持发挥政府扶持、市场调节双重作用，推进渔业信息、技术与市场服务一体化，提高服务水平和服务效率，加强县、乡镇二级渔业技术推广机构建设，完善渔业和渔村经济信息系统，健全渔业产品市场网络，增强渔民的抗灾减灾能力。

（5）加强综合管理，着力构建渔区和谐社会

①加强海域使用管理，严格实施项目用海的论证制度，做好海域使用现状调查，严厉查处非法围填海、开采海砂等违法行为；②加强捕捞渔船管理，不断强

化休闲渔船管理，对各个环节严格把关，坚决执行船网工具指标政策，严把船舶审核审批许可管理，严把伏休管理和渔船检验关，严厉打击违法伏休规定及“三无”、“三证不齐”渔船；③加强渔业安全生产管理，加大渔业生产安全教育力度，开展安全生产专项整治活动，全面落实防台预案，健全动态联络制度，着力构建海洋渔业安全应急通信网络和渔船船位监控体系，努力提高渔业安全生产管理水平；④加强渔业资源管理。探索渔业资源管理的新办法、新措施，开展养殖容量研究，不断加强渔业生态环境保护和渔业资源的修复工作，加快人工鱼礁建设步伐，继续搞好增殖放流，促进海洋渔业资源的可持续利用。

（6）完善措施，切实加强渔业安全生产管理

①加大渔业安全生产的宣传、培训和执法检查的力度；②继续推进标准化渔船更新改造；③加快推进标准化渔港建设；④加快推进渔船安全救助信息系统建设。

（7）拓展功能，促进水产二、三产业发展

①积极推动观赏鱼龙头企业进渔村、入渔户，组建联合体养殖观赏鱼，带领渔民转产转业和增加收入；②配合各海岛捕捞节，使其成为经常性的活动；③以推介水产加工十大品牌为抓手，促进水产加工业发展；④继续支持远洋渔业发展，鼓励远洋渔业企业发挥优势。

（8）严格管理，加强渔业行政执法和生态环境保护

①努力贯彻实施“十二五”渔业发展规划；②坚决贯彻农业部《渔业行政执法督察办法》；③继续举办水产系统领导干部培训班；④加强水生生物资源的保护和合理利用，加强禁渔、休渔期的管理；⑤规范开展水生生物资源增殖放流工作，规范使用涉渔工程渔业生态环境修复资金，加强苗种亲本的选择和种质鉴定，加强检验检疫，确保放流苗种质量和水域生态安全；⑥加强水生野生动物的保护，积极推动野生动物保护区基地建设。

4.4.2 政策建议

要以科学发展观统领渔业经济发展，以资源可续、科技促进、机制创新、结构优化、产业提升为导向，转变渔业经济增长方式，提高渔业经济可持续发展能力，推进渔区社会主义新农村建设，努力实现渔业增效，渔民增收、渔区和谐。主要提出以下几项建议。

- 应实施渔业船舶轮捕制，产量可以大幅度提高；逐年适当延长休渔期，实行宏观调控与微观调整相结合的策略，适当增加休渔时间，提高渔民对保护资源的认识，使资源逐渐得以恢复。同时，结合国家燃油补助等惠民政策，使渔民有更多的时间去安排转产，数年后逐步实现休渔期长于捕捞期的目标，以促进渔业资源恢复保护。

• 应对新型渔具渔法的研发和使用建立相应的法定程序，尽快出版可用和禁用渔具渔法名录，以方便渔业行政部门管理和生产者遵守。加强网具生产管理，凡是未列入可用名录的渔具渔法一概不能投入生产，对渔业资源易造成破坏的网具一律禁止使用，有效消除捕捞网具过多过滥的现象。

• 实行产、供、销结合，如：设置渔获活水舱，配备收购船等，以实现产品增值。如有的大马力渔船联合起来，共同购置一条80马力收购船随捕捞船队出海，捕捞渔获由收购船运到岸上统一销售，同时带回渔船所需物资，使渔获价格比捕捞船自销增加0.40～1.00元/kg。这种做法，既能增加捕捞船的作业时间，同时又能保证捕捞船所需物资供应，效益十分显著。

• 新形势下的渔业执法工作，应进一步理顺和完善渔政管理体制，统一合理设置渔政机构，建立强有力的海上执法队伍，实行垂直管理，保证政令畅通，维护渔业法律法规的严肃性；加强渔政队伍自身建设，适应新时期渔业管理的新情况、新特点，加强业务知识学习，掌握新的法律法规，丰富自身知识，为依法治渔、依法兴渔奠定坚实的理论基础；进一步加强廉政教育，解决好廉洁执法问题，增强执法人员拒腐防变能力，认真履行法律赋予的职责，推动依法治渔、依法兴渔进程。

• 出台优惠政策，促进二次创业。要稳定捕捞队伍，保住产业，防止集体和个人资产流失，政府有关部门要积极争取上级领导支持，从资金、政策、税收等方面给予捕捞业必要的扶持。一方面，随着渔业资源下降，渔民收入明显降低，各种规费也应适当减免。另一方面农税部门要从税收上给予适当照顾，对转产兼业的捕捞业给予税收等政策优惠，特别是大马力渔船，这样既有利于减小近海渔业的压力，同时也减轻村级就业压力，保持社会稳定。

• 加强渔业管理，保护渔业资源，应进一步规范、完善和细化、量化渔业行政处罚标准。要认真履行法律赋予的职责，加大对违规者的处罚力度，对于严重破坏渔业资源的违法者，应依照相应法律给予制裁。

• 加快、加大在诸海岛海域渔业开发中从生产渔船、港口码头、助渔导航到产品保鲜、运输加工、交易等基础设施建设方面的投入，为诸海岛海域渔业开发提供完善的基础服务保障。

• 加强对诸海岛海域渔业开发中航海、捕捞、加工、渔场开发和经营管理等方面的技术培训力度，提高生产者的技术素质，为诸海岛海域渔业开发提供人才基础。

• 积极发展渔业合作组织，提升产业组织水平，积极发展各类渔民捕捞专业协会或合作经济组织、渔民股份合作企业。而且，社会中介组织的参与有助于降低政府与广大捕捞渔户之间的对话成本，提高政府工作效率。

第5章　海岛县（区）养殖产业

5.1　养殖产业现状描述

本章只研究辽宁省长海县，山东省长岛县，浙江省舟山市的两区两县（定海区、普陀区、岱山县、嵊泗县）、玉环县、洞头县，福建省平潭县、东山县共10个海岛县（区）的养殖业情况。10个海岛县（区）作为以渔为主的地区，主导产业依海而展开，主要有海水增养殖业、海洋捕捞业、苗种业、水产品加工业、修造船业、港贸业和海岛旅游业。其海水增养殖业均为主要产业之一。各海岛县（区）利用海岛独特的优势，近几年海水养殖业得到较快的发展，但各海岛之间相比较还有较大差距。通过对上述10个海岛养殖业的发展特点进行分析以后，认识到10个海岛养殖业发展中所面临的困难及存在的问题，并对症下药找到解决问题的对策，将更加有利于海岛海水养殖业的发展。

5.1.1　长海县

海水增养殖业是长海县的支柱产业，全县增养殖规模200余万亩，是全国最大的海珍品增养殖基地之一。有海珍品育苗室46座、国家级海珍品良种基地3个，育苗总水体15×10^4立方（平方）米，年苗种生产能力120亿枚（头）。全县无公害水产品生产基地49家，规模100万亩；建成水产品健康养殖示范场28家，虾夷扇贝、海胆、鲍鱼等78个产品通过国家无公害产品认证。2012年，长海县渔业经济总产值实现了72.1亿元，同比增长15.1%。2011年长海县水产品产量56×10^4t，同比增长10.9%。其中海水增养殖业32.5×10^4t，同比分别增长10.5%；渔业产值61亿元，同比增长11.5%，其中海水增养殖44亿元，同比分别增长12.6%。

2004年长海县全年水产品总产量实现283 140 t，比2003年增加23 073 t，增长8.9%；水产品总产值实现216 399万元，比2003年增加24 891万元，增长20.2%；全年渔业产值实现232 245万元，比2003年增长21.3%。2004年海水增养殖业稳产增收，浮筏养殖业有效推广多品种、贝藻套养模式，控制和压缩高密度养殖区台筏数量，引导业户进行深水浮筏养殖和调整调优养殖品种，保证了浮筏养殖业健康有序发展。2004年年内，全县共有浮筏养殖水面20万亩。底播增殖业在适度扩大养殖规模的同时，强化品种和结构调整、优化底质环境、扩大优良高效品种的数量和面积，2004 年年底全县底播面积达 35×10^4 hm^2、滩涂开发面积 1 600 亩、围堰养参 1 300 亩。设施渔业加快发展，年内全县工厂化养鱼 25 400 m^2、陆地精养池面积 26 000 m^2、浅海小网箱达 4 500 个、深水大网箱发展到 20 个。年内养殖业产量实现 116 439 t，与 2003 年基本持平；产值实现 121 040 万元，比 2003 年增长 40.5%。

2005 年长海县渔业经济迅猛发展，全县完成水产品总产量 310 164 t，比 2004 年增加 27 024 t，增长 9.5%；实现水产品总产值 260 900 万元，比 2004 年增加 44 501 万元，增长 20.6%；全年实现渔业产值 285 968 万元，比 2004 年增长 23.1%。2005 年海水增养殖业增产增收。海水增养殖业加快了海洋牧场建设步伐，通过广泛推进海洋生物高值化技术，大力推广贝藻混养技术，适度引进养殖新品种，狠抓无公害基地建设，采取有效措施杜绝硼化剂等有害药物的使用，保证了长海县无公害基地养殖业的安全。2005 年全县从事海水增养殖业户达 4 000 余户，开发利用海底底播面积和浅海浮筏养殖水域面积 120 余万亩。其中，底播 100 余万亩。全年海水增养殖业完成产量 125 064 t，实现产值 160 100 万元，分别比上年增长 7.4% 和 32.2%。

2008 年长海县渔业生产保持较好发展势头，全县共实现产值 369 050 万元，比 2007 年增长 15.3%。养殖新技术应用步伐加快，新增藻类养殖 5 000 台、筏式养鲍 1 000 箱。底播增殖力度加大，投放各类苗种 37 亿枚；并且长海县政府出台了深水海域开发优惠政策，新开发深水海域 53 万亩。与此同时，注重苗种业发展，与美国大西洋海角公司、中国海洋大学联合成立了贝类繁育中心，省级海参良种场项目通过专家评审，完成 2 000 亩国家人工鱼礁场建设项目。申报无公害产地 8 个，认定健康养殖示范场市级 9 个、国家级 4 个。全年增养殖业产量实现 195 000 t，同比增长 14.7%；产值 265 000 万元，增长 10.4%。

由上述数据可见，长海县的养殖业规模较大，近些年发展迅速，并且在未来较长时间内将保持该发展趋势。

5.1.2 长岛县

长岛海产品品种多、质量好，特别是海参、鲍鱼、海胆、虾夷扇贝等海珍品，在国内外享有盛誉，是我国重要的海珍品出口基地，盛产 30 多种经济鱼类和 200 多种贝藻类水产品，被命名为“中国鲍鱼之乡，中国扇贝之乡，中国海带之乡”。从 2005 年开始，通过县政府的支持和全县人民的努力，长岛县的渔业经过这些年的发展，在 2012 年全县拥有机动渔船 2 645 艘，其中捕捞机动船 474 艘，养殖机动船 2 156 艘。机动渔船总吨位达 13 746 t，总功率 43 077 kW。全年水产品总产量达 38.8×10^4t，同比减 0.7%，其中养殖产量 26.5×10^4t，比上年减 6.2%，捕捞产量 12.3 $\times 10^4$t，比上年增长 13.8%。2005 年，长岛县紧紧围绕“渔业翻身仗”确定的目标，加快渔村经济体制改革步伐，加大渔业投入力度，加大资金投入力度，坚持壮大支柱产业，恢复优势产业，培植新兴产业，渔业生产得到了全面发展。全年实现水产品总产量 24.9 $\times 10^4$t，同比增长 10.2%，其中养殖产量 15.5 $\times 10^4$t，比上年增长 22%。

2006 年，长岛县渔养生产紧紧围绕“南岛突破杂交贝、北岛突破虾夷贝”发展战略，加快培植支柱产业，努力壮大高效产业，不断创新传统产业，全县渔业呈现出投入平稳、效益大幅度提高的良好局面。全年实现水产品总产量 26 $\times 10^4$t，同比增长 4.8%，其中养殖产量 15.4 $\times 10^4$t，与上年持平。

2007 年，长岛县积极推进渔业科技化、产业化、品牌化，加快实施良种繁育中心、原种保护场、生态养殖基地建设，拓展增养殖海区，膨胀优势品种养殖规模，全县渔业呈现出投入平稳、效益提高的良好局面。全年实现水产品总产量 29.5 $\times 10^4$t，同比增长 13.1%，其中养殖产量 19.9 $\times 10^4$t，同比增长 29.5%。

2008 年，现代渔业推进步伐加快，规模效益同步攀升。积极实施“百万亩海底森林”和“百万亩生态养殖基地”工程，加快推进海参、鲍鱼、贝鱼类三个良种繁育中心建设，渔业优势养殖品种规模持续扩大，海参、鲍鱼、海胆、海带、网箱养鱼等效益都大幅度增长。全县投入渔业发展资金 2.3 亿元，生态养殖规模达到 60 万亩，全年水产品总产量达 30 $\times 10^4$t，同比增长 2.3%，其中养殖产量 21 $\times 10^4$t，同比增长 6.4%。

2009 年和 2010 年，积极实施“一百万亩生态养殖基地”和“一百万亩海底森林”工程，加快推进海参、鲍鱼、贝鱼类三个良种繁育中心建设，渔业优势养殖品种规模持续扩大，海参、鲍鱼、海胆、海带、网箱养鱼等效益增长。2009 年全年水产品总产量达 33.4 $\times 10^4$t，同比增长 10.5%，其中养殖产量 23.3 $\times 10^4$t，增长 10.1%；2010 年水产品总产量达 37.1 $\times 10^4$t，同比增长 11.1%，其中养殖产量 25.1 $\times 10^4$t，增长 7.5%。

2011 年，全年水产品总产量达 39 $\times 10^4$t，同比增长 5.3%，其中养殖产量 28.2 $\times 10^4$t，比上年增长 12.6%。2012 年全年水产品总产量达 38.8 $\times 10^4$t，同比减少 0.7%，其中养殖产量 26.5 $\times 10^4$t，比上年减少 6.2%，渔业产值 564 012 万元，比上年增长 5.6%。由上述数据可见，2007 年以后长岛县的养殖产量持续增长，并且在未来几年内维持该增长趋势，但在 2012 年长岛县的养殖业出现略微下降趋势。

5.1.3 定海区

定海区拥有丰富的海洋自然资源，尤其是渔业资源得天独厚。所处的舟山渔场是全国最大的渔场，是众多经济鱼类、虾蟹类及各种水生动物的产卵繁殖和索饵育肥的最好场所，也是中国目前海洋渔业生产力最高、渔业资源丰富的海域。该海域面积达 10.6 × 10^4 km^2，是定海区渔民从事渔业生产的主要作业区。“靠海吃海”的传统作业习惯使定海人民积累了丰富的渔业生产和水产加工知识，水产养殖业发展迅速，目前，定海区已建成省级优质高效围塘养殖示范园区 1 个，总投资 1.7 亿元的国家级万亩高标准围塘养殖基地正在建设之中。2002—2012 年定海区水产品和养殖业发展情况如下。

2002 年全年水产品总产量 100 996 t，比 2001 年增长 0.1%，实现渔业总产值 57 019 万元，比上年下降 1.7%。水产养殖发展迅猛：全区养殖面积达到 3 872 hm^2，比上年增长 16.3%，实现产值 16 458 万元，比上年增长 28.5%，其中海水养殖面积 2 693 hm^2，增长 19.0%，海水养殖产量 13 638 t，比上年增长 51.3%，实现产值 14 009 万元，比上年增长 28.8%。

2003 年渔业生产稳定发展，水产养殖产量猛增。全年水产品总产量 103 044 t，比上年增长 2.03%，实现渔业总产值 5.84 亿元，比上年增长 2.45%。水产养殖快速发展，2003 年末海水养殖面积已达 4.29 万亩，比上年增长 6.2%，全区深水网箱达到 104 只，养殖产量 1.75 × 10^4t，增长 28.2%，实现产值 1.28 亿元。

2004 年渔业生产稳定发展，全区水产品总产量 10.55 × 10^4t，同比增长 2.4%，实现渔业产值 6.30 亿元，同比增长 7.9%。水产养殖发展良好：2004 年全区海水养殖面积 4.28 万亩，与 2003 年基本持平，养殖产量 1.82 × 10^4t，同比增长 4.0%。全区已建成半岛公司长峙大黄鱼、旭旺养殖场的小沙梭子蟹等优势水产品产业带养殖示范基地 3 个。

2005 年渔业生产稳步发展，全区水产品总产量 10.95 × 10^4t，同比增长 3.8%，实现渔业产值 6.80 亿元，同比增长 8.0%。海水养殖受自然灾害影响明显。2005 年全区海水养殖面积 3.60 万亩，养殖产量 1.43 × 10^4t，分别比上年下降 15.9% 和 21.5%。

2006 年渔业生产基本平稳，全区水产品总产量 10.71 × 10^4t，比上年下降 2.2%。由于城市化进程和工业区建设的加快，海水养殖发展空间受到限制，2006 年末全区海水养殖面积 3.32 万亩，养殖产量 1.18 × 10^4t，分别比上年下降 8.6% 和 17.4%。

2009 年水产品总产量 8.48 × 10^4t，下降 11.5%，其中地方渔业产量 7.16 × 10^4t，下降 3.4%。全年远洋渔业产量 1.32 × 10^4t，下降 39.1%。2008 年全区海水养殖面积 1 812 hm^2，海水养殖产量为 9 193 × 10^4t。2009 年全区海水养殖面积 1 778 hm^2，下降 2.4%，海水养殖产量 9 255 t，下降 1.3%。

2010 年水产品总产量 8.99 × 10^4t，增长 6.0%，“十一五”期间年均下降 3.9%。其中地方渔业产量 7.50 × 10^4t，增长 4.7%；远洋渔业产量 1.49 × 10^4t，增长 12.9%。全区海水养殖面积 1 748 hm^2，下降 1.7%，海水养殖产量 9 415 t，

增长1.7%。

2011年水产品总产量10.63 $\times 10^4$t，增长18.2%。其中地方渔业产量6.96 $\times 10^4$t，下降7.2%；远洋渔业产量3.67 $\times 10^4$t，增长146.0%。全区海水养殖面积1 020 hm^2，下降41.7%，海水养殖产量5 324 t，下降43.5%。

2012年水产品总产量11.49 $\times 10^4$t，比上年增长8.1%。其中，远洋渔业产量4.76 $\times 10^4$t，增长29.7%。全区海水养殖面积886 hm^2，比上年下降13.1%，海水养殖产量4 635 t，下降12.9%。

综上所述，可以看出定海区的养殖业由于自然灾害、城市进程和工业区建设等原因的影响，该区的养殖业从2005年以来海水养殖面积呈现持续下降的趋势，海水养殖产量除了2009年以外均出现下降趋势，该下降趋势在2011年尤其严重，根据该情况可以推测在近期内该下降趋势还会持续。

5.1.4 普陀区

普陀区自然条件优越，生物资源丰富，有海洋生物1 100余种，尤其渔业资源丰富，种类繁多，其中鱼类140种，以大黄鱼、小黄鱼、带鱼、乌贼、鳓鱼、鲳鱼、马鲛鱼、鳗、比目鱼为主，随着资源变化，作业调整，拓展渔场，马面鱼、鲐鲹鱼及鲷类已成为主捕鱼类。蟹虾类亦有40余种，以三疣梭子蟹、哈氏仿对虾、鹰抓虾为主。普陀境内海涂、浅海水流通畅，海水营养盐丰富、生物含量高，是鱼、虾、贝类养殖的良好场所。可供开发利用的浅海、滩涂，围塘面积达12万亩。深水网箱、高标准围塘等养殖新方式、新技术得到推广，全区养殖面积5.32万亩，主要养殖紫菜、海带、蛤、蛏子、对虾、蟹和鱼类，其中大黄鱼的全人工养殖成功，是水产养殖技术的一大突破，被国家科技部评为养殖金奖。

2002年普陀区渔业生产在结构调整中求发展，全区渔业总产量508 829 t，比上年减少5.07%，其中远洋渔业产量69 532 t，比上年增长19.83%；养殖产量31 268 t，比上年增长15.13%。2002年普陀区水产养殖又有了新的进展，全区养殖面积达到59 383亩，比上年新增7 806亩。新建高标准围塘1 000余亩；网箱总量达到6 775只，新增900只，其中深水网箱达75只。

2003年普陀区渔业生产稳中求进。全区渔业总产量492 719 t，比上年减少3.17%，实现产值24.39亿元。其中远洋渔业产量79 637 t，比上年增长14.53%；养殖产量31 701 t，比上年增长10.32%。结构调整步伐加快。水产养殖又有了新的进展，全区养殖面积达到63 780亩，比上年新增4 397亩。新建高标准围塘641亩；普通网箱达到5 700只；深水网箱达到125只，新增50只。

2004年普陀区渔业生产稳步发展，结构调整步伐加快。全区渔业总产量494 819 t，比上年增长0.4%，实现产值27.28亿元。其中养殖产量40 226 t，比上年增长16.5%。

2005年普陀区渔业生产稳步发展。年全区水产品总产量49.34×10^4t，与上年基本持平。海水养殖业健康发展，水产养殖品质全面提升，养殖示范基地和优势产业带建设稳步推进。全区水产养殖面积6.03万亩，产量3.85×10^4t，产值5.64亿元。远洋渔业、水产养殖业、国内捕捞业在渔业总产量中的比重为15.47∶7.8∶76.73。

2006年普陀区渔业生产稳步发展。全区水产品总产量49.53×10^4t，与上年基本持平。海水养殖示范基地和优势产业带建设稳步推进，全区水产养殖面积5.67万亩，产量3.86×10^4t，产值5.71亿元。远洋渔业、水产养殖业、国内捕捞业在渔业总产量中的比重为14.8∶7.8∶77.4。

2007年普陀区水产品总产量49.67×10^4t，与上年基本持平。全区水产养殖面积5.32万亩，产量3.61×10^4t，比2006年减少6.6%。远洋渔业、水产养殖业、国内捕捞业在渔业总产量中的比重为18.9∶7.3∶73.8。

2008年普陀区水产品总产量56.58×10^4t，与上年基本持平，水产品养殖产量3.51×10^4t，下降2.6%。

2009年普陀区水产品总产量55.82×10^4t，与上年基本持平，水产品养殖产量3.72×10^4t，比上年增长5.9%。

2010年普陀区水产品总产量60.03×10^4t，比上年增长7.5%。全区海水养殖面积4.23万亩，海水养殖产量3.58×10^4t，同比增长4.4%。

2011年普陀区水产品总产量69.23×10^4t，比上年增长15.3%。全区海水养殖面积4.15万亩，海水养殖产量3.56×10^4t。

2012年水产品总产量71.89×10^4t，比上年增长3.8%，其中，国内捕捞产量48.10×10^4t，与上年持平。年末有远洋生产渔船295艘，全年远洋渔业产量20.23×10^4t，比上年增长17.2%。全区海水养殖面积3.85万亩，海水养殖产量3.11×10^4t。

由上述数据可以看出，2005年以前普陀区养殖业发展较快，产量和养殖面积呈现快速增长趋势，2005年以后养殖业发展处于停止和下降阶段，2009年和2010年稍有回升，但据目前数据来看，回升势头较弱，且2011年和2012年又出现下降趋势，普陀区的养殖业目前处于停滞不前甚至落后的阶段。

5.1.5 岱山县

岱山渔场水域宽阔，水质肥沃，气候适宜，饵料充沛，海洋生物种类繁多，渔业资源十分丰富，域内仅鱼类就有300余种，是我国东海的一所“活鱼库”。海水产品年产量30×10^4t以上，为全国十大重点渔业县之一。近年来，丰富的近海和滩涂养殖资源不断开发，鱼、虾、贝、藻立体式海水养殖蓬勃发展。以下是岱山县2002—2011年渔业包括养殖业的发展情况。

2002年岱山县渔业生产形势稳定，全年实现水产品总产量35.0×10^4t，比上年下降3.9%，全县实现渔业产值20.94亿元，比上年增长2.2%。本年内岱山县积极推进渔业结构调整。面对海洋资源继续衰退，中日渔业协定的实施和捕捞强度的调整，各级政府和渔区群众抓住国家和省对渔业结构调整政策扶持的有利时机，岱山县大规模发展水产养殖，加快推进传统渔业向现代渔业的转变。岱山县积极实施“科技兴养”战略，引进先进养殖模式和养殖品种，促进水产养殖面积、产量快速增长。全县水产养殖面积5.09万亩，产量1.55×10^4t，其中海水养殖面积4.48万亩，产量1.45×10^4t，分别比上年增长20.4%和44.3%。围塘养殖、滩涂养殖面积均达到2.07万亩，分别比上年增长27.9%和17.6%。

2003年岱山县渔业生产基本稳定，全年实现水产品总产量34.7×10^4t，比上年下降0.7%，全县实现渔业产值21.32亿元，比上年增长1.8%。岱山县积极实施“科技兴养”战略，以市场为导向，大力推广南美白对虾等名特优新品种养殖，扩大了规模，提高了效益。全县实际水产养殖面积5.19万亩，产量2.11×10^4t，分别比上年增长2.0%和35.9%，其中海水养殖面积4.68万亩，产量1.99×10^4t，分别比上年增长4.3%和37.7%，水产养殖产量占全县水产品产量的比重由上年的4.4%上升至6.1%。

2004年岱山县渔业生产稳定发展，全年实现水产品总产量36.15×10^4t，比上年增长4.1%，全县实现渔业总产值23.67亿元，比上年增长11.1%。岱山县积极推进渔业结构调整，推进转产转业，启动渔港经济区建设，兴起休闲渔业。各级政府和渔区群众抓住有利时机，大力发展水产养殖，并着眼于优势产品的推广和单位经济效益的提高，已初步形成大黄鱼、梭子蟹、南美白对虾等特色精养带。全县实际水产养殖面积5.59万亩，产量2.61×10^4t，分别比上年增长7.7%和23.7%，其中海水养殖面积4.78万亩，产量2.47×10^4t，分别比上年增长3.1%和24.1%，水产养殖产量占全县水产品产量的比重由上年的6.1%上升至7.2%。

2005年岱山县渔业生产稳步发展，努力克服油价上涨、资源海况不良、养殖面积缩小和远洋船只调减等不利因素，以渔业增产、渔民增收和渔区稳定为目标，进一步调整和优化渔业生产结构，加强规范化管理，使全县渔业生产在困境中保持稳步发展。全县渔业总产值25.6亿元，比上年增长8.3%；水产品总产量33.3×10^4t，比上年减少7.8%。岱山县水产养殖向名优品种和精深化方向发展，新改造标准围塘1030亩，全县实际水产养殖面积3.94万亩，产量1.48×10^4t，分别比上年下降29.5%和43.2%，其中海水养殖面积3.37万亩，产量1.39×10^4t，分别比上年下降29.5%和43.7%。

2006年岱山县渔业生产稳步发展，全县渔业生产深入贯彻党的十六届五中全会提出的“积极发展水产业，保护和合理利用渔业资源”，按照“抓重点、强基础、保安全、促发展”的总体思路，以渔业增效、渔民增收和可持续发展为目标，以市场为导向，以自主创新为动力，以质量效益为核心，加强渔业生态环境保护，大力发展休闲渔业为重点的特色渔业，加快推进现代渔业基地建设，进一步调整和优化渔业生产结构，加强规范化管理，使全县渔业生产继续保持稳步发展。初步核算，全县渔业总产值27.9亿元，比上年增长8.7%；水产品总产量33.0×10^4t，比上年减少1.1%。水产养殖向精深化方向发展，全县实际水产养殖面积3.5万亩，比上年下降11.1%；产量1.54×10^4t，比上年增长4.1%，其中海水养殖面积2.94万亩，比上年下降12.6%；产量1.45×10^4t，比上年增长4.0%。

2007年岱山县新建东沙水白虾、万良专业合作社2家，年末渔业专业合作社已达20家。全年渔业总产值29.8亿元，比上年增长7.0%；水产品总产量32.28×10^4t，比上年减少2.1%。全年实际水产养殖面积3.01万亩，比上年下降13.9%，产量1.27×10^4t，比上年下降17.4%，其中海水养殖面积2.69万亩，下降8.6%，产量1.18×10^4t，下降18.3%。

2008年岱山县新建官山蓬莱梭子蟹专业合作社1家，年末渔业专业合作社已达21家。全年渔业总产值28.61亿元，比上年增长10.5%；水产品总产量31.98×10^4t，比上年减少0.9%。全年实际水产养殖面积2.43万亩，比上年下降19.3%，产量1.02×10^4t，比上年下降20.1%，其中海水养殖面积2.15万亩，下降19.9%，产量0.94×10^4t，下降20.5%。

2009年岱山县新建万南、乍门、万北渔业专业合作社3家，涂口养殖专业合作社1家，年末渔业专业合作社已达25家。全年实现渔业总产值29.68亿元，比上年增长3.7%；水产品总产量30.92×10^4t，比上年减少3.3%。全年实际水产养殖面积2.70万亩，比上年增长11.3%，产量1.01×10^4t，比上年下降0.6%，其中海水养殖面积2.41万亩，增长12.0%，产量0.95×10^4t，下降0.7%。

2010年岱山县实现渔业总产值34.22亿元，比上年增长14.9%；水产品总产量35.05×10^4t，比上年增长3.5%。年内新建南峰渔业专业合作社1家，东沙鱼胶专业合作社1家，年末渔业专业合作社已达27家。全年实际水产养殖面积2.64万亩，比上年下降1.9%，产量1.02×10^4t，比上年增长1.4%，其中海水养殖面积2.31万亩，下降4.0%，产量0.94×10^4t，增长0.9%。

2011年岱山县实现渔业总产值46.26亿元，比上年增长26.0%；水产品总产量33.78×10^4t，比上年增长5.6%。全年实际水产养殖面积2.56万亩，比上年下降3.1%，产量1.0×10^4t，比上年下降2.4%，其中海水养殖面积2.24万亩，下降3.2%，产量0.92×10^4t，下降3.1%。

2012 年岱山县实现渔业总产值 47.69 亿元，比上年增长 9.6%；水产品总产量 35.10 $\times 10^4$t，比上年增长 3.9%。全年实际水产养殖面积 2.32 万亩，比上年下降 4.7%，产量 1.09 $\times 10^4$t，比上年增长 5.1%，其中海水养殖面积 1.99 万亩，下降 5.6%，产量 1.0 $\times 10^4$t，增长 4.9%。

由上述 2005 年以后岱山县的养殖面积和产量呈现不断下降的趋势，2011 年海水养殖面积和产量都远远低于 2004 年的养殖面积和产量；2012 年的养殖产量虽然有增长趋势，但是养殖面积仍然处于下降趋势，按此发展趋势，未来岱山县的海水养殖产业将处于下降的趋势。

5.1.6 嵊泗县

渔业是嵊泗县经济的基础，盛产小黄鱼、墨鱼、带鱼、鳗鱼和鲳鱼。嵊泗是全国十大重点渔业县之一和浙江省最大的鲜活海水产品养殖、出口基地，有可供养殖的浅海滩涂面积 12 600 多亩，海水养殖贻贝、对虾、鲍鱼、扇贝、海带、海鳗、冻鱼、冻目鱼片、鲜活梭子蟹、石斑鱼、对虾、鲍鱼和海蜇皮等，外销日本、智利、比利时等国和香港、澳门地区。

2003 年嵊泗县渔业生产紧紧围绕“渔业增效、渔民增收、渔区稳定和海洋经济可持续发展、海洋资源可持续利用”这两大目标，以渔业结构调整为主线，克服油价上升、海况不良、非典等不利因素，大力发展海水养殖业，以渔业产业化经营战略为载体，渔业生产已形成捕养结合、多种生产作业并举、近外海全面发展的格局，渔业经济相对平稳。2003 年，全县水产品总量 24.97 $\times 10^4$t，比上年减少 0.6%，养殖产量 4.04 $\times 10^4$t，增长 50.3%，养殖产值 6 892 万元，增长 28.7%。

2004 年嵊泗县渔业生产稳步发展，紧紧抓住渔业结构战略性调整这一主线，始终坚持海洋经济可持续发展、海洋资源可持续利用和渔民增收、渔业增效、渔区稳定两大目标，渔业生产在鱼发资源、海况条件、水产品价格等各方面有利因素的作用下稳步发展，效益回升。全年实现水产品产量 25.77 $\times 10^4$t，比上年增长 3.2%；实现渔业总产值 117 641 万元，比上年增长 14.5%。海水养殖在渔业经济中的地位继续攀升，全县海水养殖面积达到 17 490 亩，比上年年末增加 2 940 亩，养殖产量 4.59 $\times 10^4$t，比上年增长 13.8%。深水网箱养殖取得进一步发展，全年共安装下海 139 只，比上年净增加 58 只。

2005 年渔业生产稳步发展，继续突出渔业增效、渔民增收、渔区稳定和海洋综合管理这一主题，渔业生产继续保持稳步发展。全年水产品产量 253 069 t，比上年下降 1.8%；实现渔业总产值 123 291 万元，比上年增长 4.8%。海水养殖业快速健康发展，上万亩贻贝产业化基地建设进展顺利，无公害大黄鱼养殖技术标准推广实施项目通过省级验收，并开展了鼠尾藻、章鱼、梭子蟹试养，厚壳贻贝、海蜇育苗攻关工程取得好成绩。年末全县海水养殖面积突破 2 万亩大关，达到20 130 亩，比上年末增加2 640 亩，其中贻贝养殖面积16 365 亩，比上年末增加3 765 亩。全年海水产品养殖产量突破 5×10^4t 大关，达到 51 497 t，比上年增长 12. 1%，实现海水养殖产值 10 292 万元，增长 21. 5%。

2006 年渔业产值、产量均保持稳定增长，共实现渔业总产值 13. 29 亿元，比上年增长 7. 8%；水产品总产量 25.9×10^4t，比上年增长 2. 4%。继 2005 年全县贻贝养殖面积突破 2 万亩大关，海水养殖业继续快速发展，养殖规模不断扩大。2006 年年末，全县海水养殖面积达到 2. 2 万亩，比上年末净增 2 000 亩；海水养殖产量达到 5.7×10^4t，比上年增长 11. 2%；海水养殖产值 1. 14 亿元，增长 10. 5%。

2007 年渔业产值、产量均保持稳定增长，全年实现渔业总产值 14. 23 亿元，比上年增长 7. 1%；水产品总产量 26.6×10^4t，比上年增长 2. 7%。海水养殖业发展步伐加快，嵊泗贻贝养殖海区被农业部认定为 Ⅰ 类贝类养殖自然海域。至年末，全县海水养殖面积达到 2. 4 万亩，比上年年末净增 2 000 亩；海水养殖产量达到 6.1×10^4t，比上年增长 5. 7%；海水养殖产值 1. 18 亿元，增长 4. 0%。

2008 年水产品总产量 27.4×10^4t，比上年增长 2. 9%。海水养殖业势头良好，年末全县海水养殖面积达到 2. 6 万亩，海水养殖产量 6.3×10^4t，比上年增长 4. 3%；海水养殖产值 1. 28 亿元，增长 8. 3%。

2009 年渔业生产形势稳定，水产品总产量 28.57×10^4t，比上年增长 4. 3%。海水养殖健康发展，年末全县海水养殖面积 2. 6 万亩，海水养殖产量 7.45×10^4t，比上年增长 18. 0%；海水养殖产值 1. 32 亿元，增长 3. 3%。

2010 年渔业总产值 19. 48 亿元，增长 21. 4%；水产品总产量 30.10×10^4t，比上年增长 5. 4%。海水养殖健康发展，全县共有养殖专业合作社 12 家，逐步走上经营规模化，管理规范化道路。年末全县海水养殖面积 2. 68 万亩，海水养殖产量 7.96×10^4t，比上年增长 6. 8%；海水养殖产值 1. 49 亿元，增长 12. 9%。贻贝养殖有序发展，被中国渔业协会授予“中国贻贝之乡”称号。

2011 年渔业总产值 23. 58 亿元，增长 21. 0%，水产品总产量 28.31×10^4t，比上年减少 6. 0%。海水养殖有序发展，年末全县拥有养殖专业合作社 18 家，深水网箱养殖企业 3 家。“马鞍列岛现代渔业综合区”创建工作取得实质性进展，4 个主导园区和 4 个精品园被省海洋与渔业局批准建设。第一、第二批创建点嵊泗县刺参特色渔业精品园和嵊泗县枸杞后头湾贻贝生态养殖产业示范园已基本建设完毕，第五批现代渔业精品园组织申报工作顺利完成。海洋综合管理力度和资源保护力度进一步加大，嵊山、枸杞和花鸟基本实施了岛礁资源的群管模式，增殖放流工作圆满完成。2011 年全县海水养殖面积 2. 68 万亩，但受台风“梅花”影响，海水养殖产量 4.82×10^4t，海水养殖产值 1. 16 亿元。

2012 年渔业总产值 26.35 亿元，增长 11.7%，水产品总产量 29.83×10^4t，比上年增长 5.4%，2012 年年末全县拥有养殖专业合作社 30 家，深水网箱养殖企业 3 家。全县海水养殖面积 2.22 万亩、海水养殖产量 7.01×10^4t、海水养殖产值 1.27 亿元。其中，贻贝养殖面积 1.62 万亩，实现贻贝养殖产量 6.96×10^4t，贻贝养殖产值 1.08 亿元，分别比上年增长 46.2% 和 13.7%。养殖品种实现多元化格局，积极引进鲍鱼、脉红螺、半滑舌鳎、美国鮰鱼、海湾扇贝等多个品种进行试养，生长情况良好。继续开展渔业增殖放流，全年投入资金 100 万元放流黑鲷、等边浅蛤等各类苗种 5 307 万尾（只、粒）。积极出台《浙江嵊泗马鞍列岛海洋特别区岛礁资源管理暂行办法》及实施细则，严格执行《嵊泗县海钓管理暂行办法》，进一步加大海洋资源保护力度。

根据上述的数据和发展的情况可以看出，嵊泗县的海水养殖业近些年发展比较迅速，2002—2012 年的海水养殖面积和海水养殖产量呈现不断上升趋势，但是上升趋势较缓慢，由 2002 年的 4.04×10^4t 增加到 2012 年的 7.01×10^4t。

5.1.7　玉环县

玉环县是国家重点渔业县，2003 年水产品产量达 28.1445×10^4t。全县海域面积逾 1 900 km^2，其中可用滩涂面积 16.9 万亩，可养浅海面积 87 万亩，海水养殖产量连续多年浙江省第一。西面的乐清湾是浙江省最大的海珍品养殖基地，列为全国科技兴海示范基地，东南面的披山洋面是浙、闽两省重要的渔场。

2002 年玉环县渔业生产围绕“渔民增收，渔业增效”这条主线，以加快渔区经济社会发展为主题，加快生产结构调整步伐。但因受资源、气候、渔场缩减的影响，海水养殖受漩门二期围垦工程影响，水产品产量继续下滑。全年水产品总产量为 284 789 t，比上年减少 8.1%。海水养殖面积 8 467 hm^2，产量 98 642 t，比上年减少 10.5%；淡水养殖面积 970 hm^2，产量 2 978 t，比上年增长 8.6%。

2003—2005 年玉环县渔业生产均以“促进产业结构调整和渔民增收”为目标，实施国家双控政策，依靠科技进步大力实施可持续发展战略，促进渔业的稳定。但是 2003 年由于受海洋资源衰退、渔需品价格暴涨和高温干旱等多方面因素影响，玉环县养殖业增长滞缓。全年水产品总产量为 281 445 t，比上年减少 1.2%。全年海水养殖面积 8 121 hm^2，产量 100 453 t，比上年增长 1.8%；淡水养殖面积 944 hm^2，产量 3 767 t，比上年增长 26.5%。2004 年水产品总产量为 258 343 t，比上年减少 8.2%。由于受强台风影响，玉环县养殖业产量有所下降，海水养殖面积 7 555 hm^2，产量 94 403 t，比上年减少 7.0%；淡水养殖面积 922 hm^2，产量 3 767 t，比上年减少 7.2%。2005 年玉环县由于受海洋资源持续衰退、渔需品价格居高不下、柴油供应极度紧张和台风等各种因素影响，渔业面临巨大困难和挑战。全年水产品总产量 257 242 t，比上年减少 0.4%。受台风影响养殖业产量下降：海水养殖面积 7 511 hm^2，产量 92 950 t，比上年减少 1.5%；淡水养殖面积 967 hm^2，产量 3 452 t，比上年减少 1.3%。

2006—2007 年玉环县渔业生产围绕增效增收和渔区稳定这一主题，积极推进渔业结构战略性调整，加快渔业经济增长方式转变。但是由于这两年玉环县养殖业受养殖环境因素影响，养殖资源锐减，发展空间缩小，养殖产量下降。2006 年水产品总产量 260 791 t，比上年增长 1.4%。海水养殖面积 7 367 hm^2，产量 89 100 t，比上年减少 4.1%；淡水养殖面积 958 hm^2，产量 3 558 t，比上年减少 3.1%。2007 年水产品总产量 263 688 t，比上年增长 1.1%。海水养殖面积 7 279 hm^2，比上年减少 1.2%，产量 86 782 t，比上年减少 2.6%；淡水养殖面积 829 hm^2，比上年减少 13.5%，产量 2 545 t，比上年减少 28.5%。

2010—2012 年玉环县渔业生产继续推进结构调整，加快渔业经济增长方式转变，养殖业发展空间缩小，引起养殖业产量出现下滑趋势。2010 年水产品总产量 26.14×10^4t，比上年增长 0.4%，海水养殖面积 6 674 hm^2，比上年减少 1.5%，产量 88 006 t，比上年增长 1.5%；淡水养殖面积 656 hm^2，产量 2 196 t，比上年减少 0.6%。2011 年全年水产品总产量 25 9591 t，比上年下降 0.7%，海水养殖面积 6 437 hm^2，下降 3.6%，产量 88 504 t，增长 0.6%；淡水养殖面积 680 hm^2，产量 2 154 t，减少 1.9%。2012 年水产品总产量 24.96×10^4t，比上年下降 3.8%；养殖业发展空间缩小，海水养殖面积 6 189 hm^2，下降 3.9%，产量 8.63×10^4t，下降 2.5%；淡水养殖面积 603 hm^2，产量 1 817 t，下降 15.6%。

由上述资料可以看出，由于工业化等问题引起养殖面积逐年缩减，使得 2004 年以后玉环县海水养殖面积和养殖产量都出现持续下滑趋势，至 2012 年其海水养殖面积和产量都低于 2002 年水平。

5.1.8 洞头县

洞头县海洋资源方面具有许多得天独厚的优势，全县海域面积达 792 km^2。洞头渔场是浙江重要渔场，渔场面积逾 4 800 km^2，常年洄游的鱼、虾、蟹类达 300 多种，其中常见的鱼类有 40 多种，渔业生产历史悠久，现在正逐步形成以羊栖菜、紫菜、网箱养殖为特色的养殖基地。

2002 年洞头县坚持效益优先，海水养殖态势良好。全县海水养殖面积达 2.93 万亩，其中羊栖菜 4 360 亩、紫菜 10 000 亩、围塘 3 200 亩、传统网箱 5 300 箱；优化养殖品种和结构布局，建成紫菜、羊栖菜养殖生产基地，拥有省级和市级无公害养殖示范园区 3 个，大力推广深水网箱养殖技术，深水网箱发展到 230 口，成为浙江省“十五”期间深水网箱养殖的重要基地，列为浙江省“星火产业带”发展项目。全年水产品总量 143 427 t，下降 3.5%，比 1997 年增长 13.8%，年均递增 2.6%，其中养殖产量 11 437 t，增长 6.2%。

2003 年洞头县继续加快海水养殖业发展步伐，“一箱两菜”效益进一步显现，浅海深水养殖空间不断拓展，全县新增深水网箱 725 口，养殖规模达到 955 口，成为全省最大的深水网箱养殖基地；积极创建羊栖菜基地品牌，荣获“中国羊栖菜之乡”国字号金名片，全县羊栖菜养殖规模达 7 400 亩，实现产销两旺；紫菜养殖规模进一步拓展，养殖面积达 1.2 万亩，全浮式、深水插杆式紫菜养殖的成功和推广，为洞头县紫菜滩涂养殖向浅海深水养殖转型提供新的发展空间；积极发展水产品加工业，引进自动化紫菜加工生产线并投入生产，提高洞头县紫菜生产加工水平和市场竞争力。

2004 年洞头县优化渔业产业结构，渔业经济实现双增长。全年实现渔业总产量 15.8×10^4t，渔业总产值 7.17 亿元，分别增长 3.1% 和 12.4%，其中养殖产量 1.9×10^4t，产值 2.3 亿元，分别增长 13.8% 和 25%。

2005 年洞头县渔农业生产受资源、气候等不利因素影响较大，渔业生产不乐观，产业化结构调整稳步推进。全年实现渔业增加值 3.02 亿元，下降 10.5%，实现渔业总产量 15×10^4t，下降 5.1%，五年平均增速 -1.5%，渔业总产值 6.57 亿元，下降 8.4%，五年平均增速 3.0%，其中养殖产量 1.44×10^4t，产值 1.61 亿元，分别下降 24.2% 和 30%。

2006 年洞头县农业产业结构调整，突出以渔业为主导的渔农业克服资源衰退与油价攀升的双重因素影响，渔业生产保持稳定，结构调整有序推进。全年实现渔业增加值 3.05 亿元，下降 4%，降幅比上年回落了 6.5 个百分点；实现渔业总产量 14.8×10^4t，下降 1.6%，其中养殖产量 1.54×10^4t，增长 6.7%；渔业总产值 6.75 亿元，增长 2.7%，其中养殖产值 1.62 亿元，增长 0.3%。

2007 年洞头县渔业生产基本稳定，全年渔业总产量 15.14×10^4t，同比增长 2.6%，其中养殖产量 1.56×10^4t，增长 1.3%；渔业总产值 7.03 亿元，增长 4.1%，其中养殖产值 1.50 亿元，下降 7.5%，海水养殖向外拓展，全年海水养殖面积 4.05 万亩，比上年减少 0.23 万亩，其中羊栖菜养殖面积 1.48 万亩，紫菜养殖面积 1.59 万亩，深水网箱养殖面积 0.23 万亩，陆基养殖面积 0.14 万亩，滩涂养殖面积 0.34 万亩。

2008 年洞头县渔业生产基本稳定，年实现渔业总产量 15.03×10^4t，同比下降 0.7%，养殖产量 1.25×10^4t，同比下降 20.1%；渔业总产值 7.30 亿元，同比增长 3.9%，养殖产值 1.37 亿元，同比下降 8.4%。随着围垦工程逐步推进，洞头县的浅海滩涂养殖面积不断缩小，全年养殖面积 37 251 亩，较上年同期减少了 3 233 亩，其中羊栖菜养殖面积 12 646 亩，较上年同期减少了 2 117 亩，紫菜养殖面积 15 826 亩，规模与上年基本持平。

2009 年洞头县渔业生产基本稳定，全年实现渔业总产量 15.06×10^4t，较上年下降 0.2%；渔业总产值 7.48 亿元，增长 2.4%。全年养殖面积 3.91 万亩，较上年增加 1 894 亩；养殖产量 1.3×10^4t，增长 4.9%；养殖产值 1.6 亿元，增长 13.9%，羊栖菜收购价格较上年有所提高，带动养殖效益总体向好。

2010 年洞头县水产品总产量 14.25×10^4t，渔业总产值 7.74 亿元，分别较上年下降 5.3% 和增长 3.4%。全年养殖品种质量不断提升，养殖面积 4.4 万亩，较上年增加 4 000 多亩；积极发展多元化、效益化养殖。

2011 年洞头县水产品总产量 15.01×10^4t，较上年增长 5.3%；其中养殖产品 15.61×10^4t，增长 19.2%。实现渔业总产值 7.94 亿元，较上年增长 2.7%，其中养殖产值 1.67 亿元，增长 2.6%。海水养殖面积达 4.76 万亩，其中羊栖菜 1.5 万亩，平均亩产 700 kg 左右，产量 8 583 t；紫菜养殖面积约 2.4 万亩，受烂菜影响，产量、产值低于上年。

2012 年洞头县实现渔业总产值 8.28 亿元，较上年增长 4.3%，其中养殖产值为 1.82 亿元，比上年增长 8.8%。全县渔业总产量 15.02×10^4t，较上年增长 0.1%；其中养殖产量为 1.52×10^4t，比上年减少 2.6%。海水养殖面积达 45 498 亩，其中羊栖菜 16 345 亩，产量 7 740 t；紫菜 18 533 亩。

由上述资料可以看出，洞头县养殖业在 2005 年之前一直处于稳步发展阶段，养殖产量和养殖产值处于不断增长的趋势；2005—2006 年农业生产受资源、气候等不利因素影响较大，渔业尤其是养殖业受到严重挫折，产量和产值都处于下降状态；2007 年以后洞头县养殖业发展保持稳定状态，但是 2012 年的产量和产值仍然低于 2004 年。

5.1.9 东山县

2003 年东山县渔业总产值 9.26 亿元，增长 7.5%，水产品总产量 29.6×10^4t，增长 2.5%。其中海水养殖 12.78×10^4t，增长 4.5%；淡水养殖 0.95×10^4t，增长 4.0%。水产养殖继续拓展。水产品养殖面积达到 128 493 亩，陆上工厂化不断扩张。全年鲍鱼产量 1 154 t，增长 2.8%。

2004 年东山县渔业生产整体向好，推广渔排吊养黑鲍 5 000 多万粒，推广虾池插养牙鲆鱼 5 000 多亩和养殖江蓠 2 000 多亩。全年水产品总产量 30.69×10^4t，同比增长 3.69%，海水养殖 13.26×10^4t，同比增长 3.8%，淡水养殖 $9\,881\times10^4$t，同比增长 3.8%。

2005 年东山县渔业生产技艺提升，水产品养殖进一步优化。全年渔业总产值 20.3 亿元，同比增长 5.8%，水产品总产量 31.82×10^4t，同比增长 3.7%。其中海水养殖 14.11×10^4t，增长 6.4%；淡水养殖 1.01×10^4t，增长 2.2%。水产品养殖面积达到 13.7 万亩，在调整优化渔业养殖结构的同时，推进优势水产品基地建设，大力推广虾池综合养殖，引进北方大鲮鲆育苗成功。

2008 年东山县水产品总产量达到 28.05×10^4t，同比增加 2.6%。其中海水

养殖 12.75×10^4 t，同比增加 3.1%；淡水养殖 0.75×10^4 t，同比增加 7.1%。水产养殖稳中调优，试验推广美国红鲍、大西洋牙鲆等新品种，截至年终水产养殖面积达到 6 537 hm^2。

2009 年东山县水产品总产量达到 28.79×10^4 t，同比增加 2.6%。其中海水养殖 13.19×10^4 t，同比增加 3.5%；淡水养殖 0.79×10^4 t，同比增加 6.7%。水产养殖除牙鲆外，主要大宗产品产销经营看好，特别是鲍鱼行业育苗与养成明显优于近几年，产值超过 3 亿元；水产品总产量达到 28.79×10^4 t，增长 2.6%。

2010 年东山县渔业发展保持旺势，鲍鱼、龙须菜海区吊养等海水养殖发展迅猛，年末全县水产养殖面积达到 6 808 hm^2；水产品总产量达到 29.81×10^4 t，同比增长 3.5%，其中海水养殖 14.05×10^4 t，同比增长 6.5%；淡水养殖 0.83×10^4 t，同比增长 3.8%。

5.1.10 南澳县

南澳岛可供开发的渔场 5×10^4 km^2，周围近海渔场和台湾浅滩渔场的各种鱼、虾、贝、藻类有 1 300 多个品种，名贵海产品有鱿鱼、龙虾、石斑鱼、海胆、紫菜等，其中尤以宅鱿、澎菜驰名国内外。沿岛水深 10 m 以内的海域，水质好，浮游生物种群多，避风条件佳，是发展海水养殖的良好基地。

2004 年南澳县水产养殖面积 2 679 hm^2，比上年增长 23.0%；其中海水养殖面积 2 621 hm^2，海水养殖 481.1 t，淡水产量吨 747.2 t。新建成 10 个鲍鱼个体育苗场，形成 20 个陆域养殖企业。形成全国县级最大的太平洋牡蛎养殖基地和全省最大的藻类养殖基地。

2005 年，生态种养得到较大发展，渔农业产品结构进一步调整优化，渔业产值 68 168 万元，比上年增加 4.01%。水产养殖面积 2 752 hm^2，比上年增长 2.72%；其中海水养殖面积 2701 hm^2，新建成 3 个民营鲍鱼育苗场，陆域养殖企业产户数（含个体户）已达 24 个，形成全国县级最大的太平洋牡蛎养殖基地和全省最大的藻类养殖基地。

5.2 海岛县（区）的养殖业现状分析

10 个海岛县（区）的养殖业发展情况不一，有些县以养殖业为主要支柱产业，养殖面积和产量远远高于其他海岛县（区），并且近 10 年养殖业发展迅速，养殖面积和产量一直呈现上升趋势；有些海岛县（区）的养殖业近些年发展进入停滞阶段，养殖面积和产量都出现停止增长甚至略有回落的现象；而有些海岛县（区）的养殖业发展出现严重的倒退现象，2012 年的养殖面积和产量远远低于 2002 年的养殖面积产量。根据现有的数据资料，得到各个海岛县（区）

2002—2012 年海水养殖产量和增长量情况见表 5 - 1 和表 5 - 2 [由于平潭县公开数据可获得性较差，此处只列出 9 个县（区）情况]。

表 5 - 1　各海岛县 2002—2012 年的海水养殖产量

单位：$\times 10^4$t

年份	长海县	长岛县	定海区	普陀区	岱山县	嵊泗县	玉环县	洞头县	东山县
2002	—	—	1.36	3.13	1.45	—	9.86	1.14	—
2003	—	—	1.75	3.17	2.11	4.04	10.05	1.57	12.78
2004	11.64	—	1.82	4.02	2.61	4.59	9.44	1.90	13.26
2005	12.51	15.50	1.43	3.85	1.48	5.15	9.30	1.44	14.11
2006	—	15.36	1.18	3.86	1.54	5.70	8.91	1.54	—
2007	—	19.90	0.93	3.61	1.27	6.10	8.68	1.56	9.73
2008	19.50	21.00	0.91	3.51	1.02	6.30	8.74	1.25	12.75
2009	—	23.32	0.93	3.72	1.01	7.45	8.82	1.30	13.19
2010	—	25.07	0.94	3.58	1.02	7.96	8.80	1.43	14.05
2011	32.50	28.23	0.53	3.56	1.00	4.82	8.85	1.56	—
2012	—	26.5	0.46	3.11	1.00	7.01	8.63	1.52	—

表 5 - 2　海岛县 2002—2012 年的海水养殖产量增长率（%）

年份	长海县	长岛县	定海区	普陀区	岱山县	嵊泗县	玉环县	洞头县	东山县
2002	—	—	51.3	15.1	44.3	—	-10.5	6.2	—
2003	—	—	28.3	1.4	45.5	50.3	1.8	37.3	4.5
2004	—	—	4.0	26.9	23.7	13.6	-6.0	21.0	3.8
2005	7.4	22.0	-21.4	-4.3	-43.3	12.2	-1.5	-24.2	6.4
2006	—	-0.9	-17.5	0.3	4.1	10.7	-4.1	6.9	—
2007	—	29.5	-21.6	-6.5	-17.5	7.0	-2.6	1.3	—
2008	14.7	5.5	-1.3	-2.8	-19.7	3.3	0.7	-19.9	3.1
2009	—	11.0	1.3	6.0	-1.0	18.3	0.9	4.0	3.5
2010	—	7.5	1.7	-3.8	1.0	6.8	-0.2	10.0	6.5
2011	10.5	12.6	-43.5	-0.6	-2.0	-39.4	0.6	9.1	—
2012	—	-6.2	-12.9	-12.6	-4.9	45.4	-2.5	2.6	—

数据来源：各海岛县 2002—2012 年国民经济和社会发展统计公报。

5.2.1 长海县

从表5－1可以看出，虽然长海县的数据资料不全面，但是从已有的数据可以看出长海县近10年来养殖产量呈现一定程度的增长，养殖产量由2004年的 11.64×10^4 t增加到2011年的 32.5×10^4 t，2005年、2008年和2011年养殖产量增长值分别为7.4%、14.7%和10.5%，由此可以初步推断长海县的养殖业虽然一直呈现发展的趋势，但是每年发展速度不同，2004年和2005年发展速度较快，2008年发展速度远远低于前几年，但是整体上依旧呈现发展趋势。2011年长海县海水增养殖业产量为 32.5×10^4 t，同比分别增长10.5%；产值为44亿元，同比分别增长12.6%，均保持良好的发展势头。2012年，长海县渔业经济总产值实现72.1亿元，同比增长15.1%。

5.2.2 长岛县

从表5－1和表5－2可以看出，2005年长岛县的养殖产量出现小幅下降，2005年以后长岛县的养殖产量呈现持续快速增长趋势，由2005年的 15.5×10^4 t增加到2011年的 28.23×10^4 t，但每年的增幅有所不同，2007年增幅最大达到29.5%；2012年长岛县的养殖产量出现2007年以来的第一次下降，下降幅度为－6.2%。整体来说长岛县的养殖业处在不断发展的阶段，但是发展的速度呈现不稳定趋势。在此期间长岛县的水产品总产量也出现相同的增长趋势，水产品总量以及养殖产量占水产品总量的比重见表5－3。

表5－3 2005—2012年长岛县养殖产量及其所占水产品总产量比重

年份	2005	2006	2007	2008	2009	2010	2011	2012
养殖产量/ $\times10^4$ t	15.50	15.36	19.90	21.00	23.32	25.07	28.23	26.50
水产品总产量/ $\times10^4$ t	24.90	26.00	29.50	30.00	33.40	37.10	39.00	38.80
比重（%）	62.25	59.08	67.46	70.00	69.82	67.57	72.38	68.30

数据来源：长岛县2005—2012年国民经济和社会发展统计公报。

由表5－3可得出，2006年长岛县养殖产量较2005年减少了 0.14×10^4 t，但是水产品总产量却增加了 1.1×10^4 t；2007—2011年长岛县的养殖产量与水产品总产量变化趋势一致，都是呈现不断上升趋势，2012年同时下降。而养殖产量占水产品总产量的比重呈现上下波动的变化趋势（图5－1）。

由图5－1得出，长岛县2005—2012年养殖产量占水产品总产量比重基本保持在60%～70%之间，比重最高的为2011年的72.38%，最低的为2006年的59.08%。

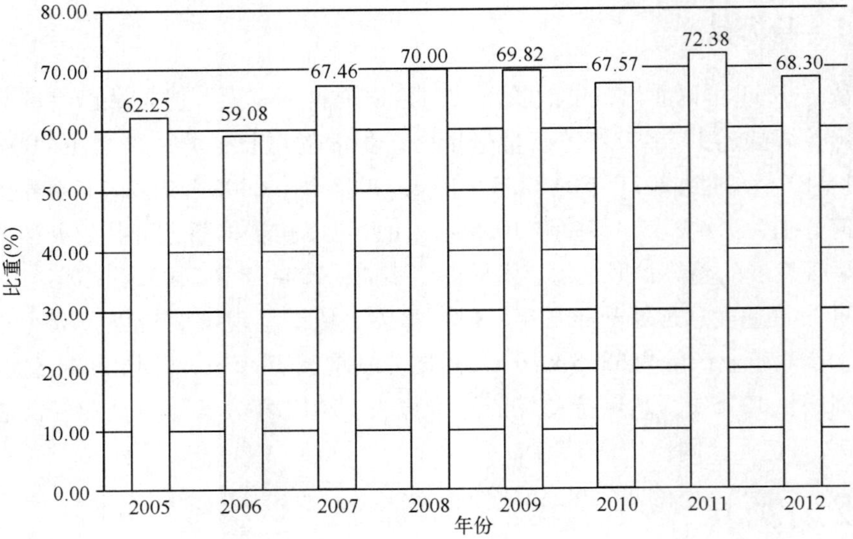

图 5－1　2005—2012 年长岛县养殖产量占水产品总产量比重柱状图

5.2.3　定海区

根据上述的资料整理得出定海区 2002—2012 年养殖面积和养殖产量以及历年该区养殖面积和养殖产量相对于前一年的变动幅度，具体数值见表 5－4。由表 5－4 得到定海区养殖面积和产量及其变动幅度的折线图（图 5－2 和图 5－3）。

表 5－4　2002—2012 年定海区养殖面积和产量及其变动幅度

年份	养殖面积/万亩	养殖产量/ $\times 10^4$ t	面积变动率（%）	产量变动率（%）
2002	4.04	1.36	19.00	28.80
2003	4.29	1.75	6.20	28.20
2004	4.28	1.82	－0.23	4.00
2005	3.60	1.43	－15.90	－21.50
2006	3.32	1.18	－8.60	－17.40
2007	3.13	1.08	－5.72	－8.81
2008	2.74	0.92	－12.46	－14.56
2009	2.67	0.93	－2.40	－1.30
2010	2.62	0.94	－1.70	－1.70
2011	1.53	0.53	－41.70	－43.50
2012	1.33	0.46	－13.10	－12.90

数据来源：定海区 2002—2012 年国民经济和社会发展统计公报。

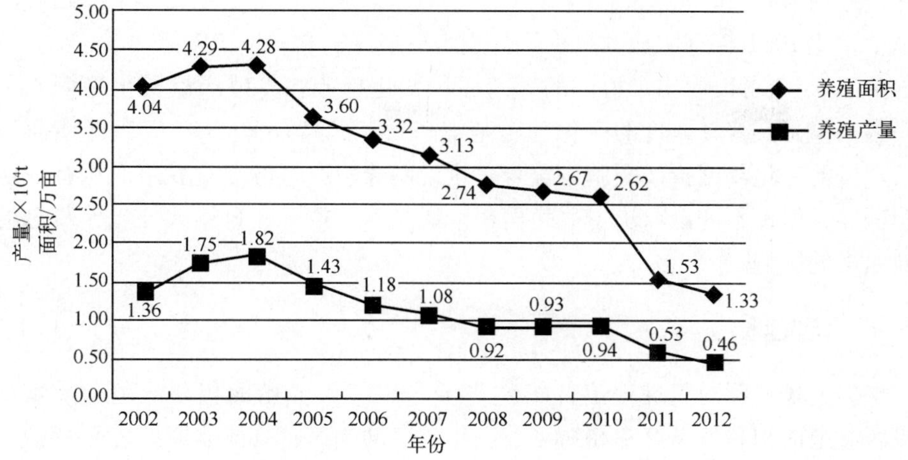

图 5－2　2002—2012 年定海区养殖面积和产量折线图

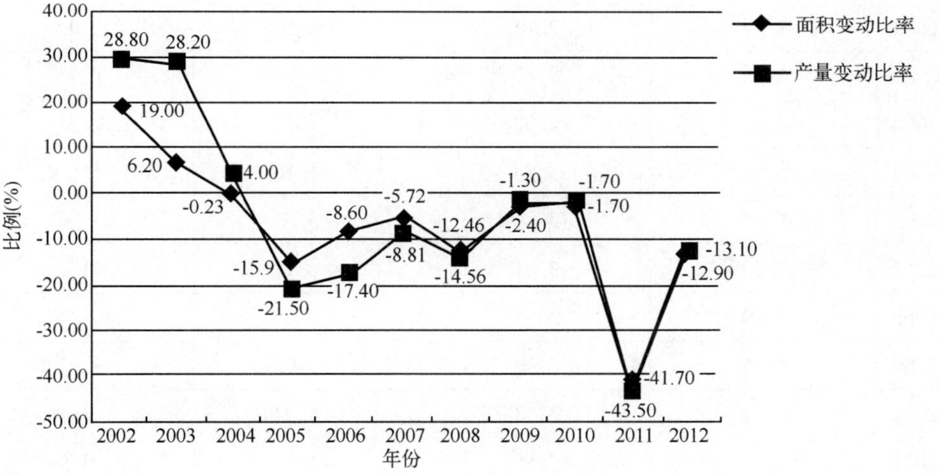

图 5－3　2002—2012 年定海区养殖面积和产量变动幅度折线图

根据以上的图表可看出 2004 年前定海区的养殖业处于发展的阶段，2003 年养殖业面积 $0.285\times10^4\ hm^2$ 为最大面积，2004 年产量为 $1.82\times10^4 t$，为产量最多的年份；从增减幅度看，2002 年增加的幅度最大，面积和产量分别比 2001 年增加了 19% 和 51.3%。2005 年开始，由于城市化进程和工业区建设的加快，定海区海水养殖发展空间受限，养殖业发展出现萎缩现象，不管是养殖面积还是养殖产量都出现不断下降趋势，2012 年的养殖面积和养殖产量都远远低于 2002 年的养殖面积和产量；2005 年由于自然灾害的影响，定海区的养殖面积和养殖产量大幅度下降，以后连续三年减幅都在 7% 以上，2009 年和 2010 年养殖面积和产量只是略微减少，与上年比减少幅度不大，2011 年的养殖面积和产量出现巨幅下降，分别为41.65%和43.5%，2012年养殖面积和产量仍然处于下降趋势，但是幅度相比2011年有明显的减少，分别为－13.1%和－12.9%。

由图5－3可以看出定海区的养殖面积变化趋势和养殖产量变化趋势并不完全一致，但是其变动幅度的变化趋势基本一致，尤其是2009年以后养殖面积和养殖产量的变化幅度折线图基本重合，这说明养殖产量虽然对养殖面积有一定的依赖程度，但并不完全取决于养殖面积，还受养殖技术、自然天气、养殖总类等其他因素的影响。

5.2.4 普陀区

根据上述的资料整理得出普陀区2002—2012年养殖面积和养殖产量以及历年该区养殖面积和养殖产量相对于前一年的变动幅度，具体数值见表5－5。

表5－5 2002—2012年普陀区养殖面积和产量及其变动幅度

年份	养殖面积/万亩	养殖产量/$\times 10^4$t	面积变动比率（%）	产量变动比率（%）
2002	5.94	3.13	15.14	15.13
2003	6.38	3.17	7.40	1.39
2004	6.10	4.02	－4.32	26.89
2005	6.03	3.85	－1.18	－4.29
2006	5.67	3.86	－5.97	0.26
2007	5.32	3.61	－6.17	－6.48
2008	4.89	3.51	－8.08	－2.77
2009	4.45	3.72	－9.00	5.98
2010	4.23	3.58	－4.94	－3.76
2011	4.15	3.56	－1.89	－0.56
2012	3.85	3.11	－7.23	－12.60

数据来源：普陀区2002—2012年国民经济和社会发展统计公报。

由表5－5得到普陀区养殖面积和产量及其变动幅度的折线图（图5－4和图5－5）。

根据图5－4、图5－5可看出普陀区的养殖业处于平稳发展的阶段，2002—2012年养殖业面积呈现不断下降趋势，由2003年的6.378万亩减少到2012年的3.85万亩，与此同时，养殖产量出现持续小幅度变动的情况，养殖面积和产量的变化趋势并不完全一致，虽然2009年以后该区的养殖产量受养殖面积的影响持续下滑，但2009年前养殖产量并没有因为养殖面积的不断下降而呈现持续下滑趋势，由此可见，该区的养殖技术和外围养殖得到了一定的提高和发展。

图 5 -5 的变动幅度表明普陀区的养殖面积和产量的变动幅度变化较大，但是总量变化不大，2012 年的产量与 2002 年的产量基本持平，但是 2004 年产量增长幅度最大为 26. 89%，2012 年产量减少的幅度最大为 12. 6%。而该区的养殖面积变化幅度每年都有很大的不同，2002 年增加的幅度最大为 15. 135%，而 2009 年养殖面积的减少幅度为 8. 998% 为最大。由此可见，普陀区的养殖业基本处于稳定发展趋势，产量可以控制在一定的变动范围内，不会完全受养殖面积的影响。

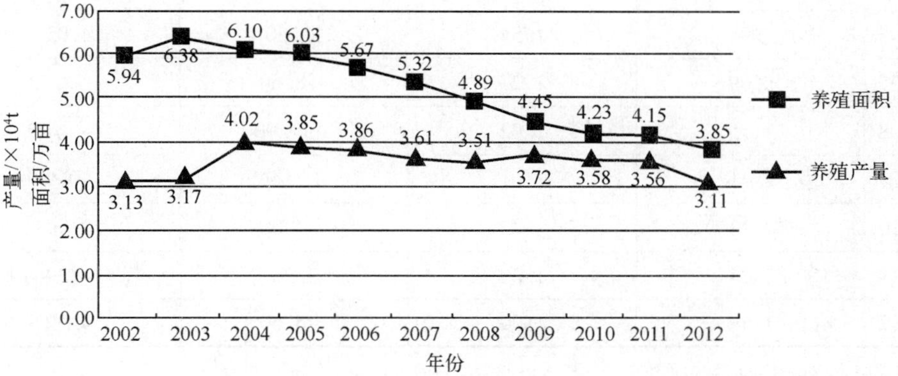

图 5 -4　2002—2012 年普陀区养殖面积和产量折线图

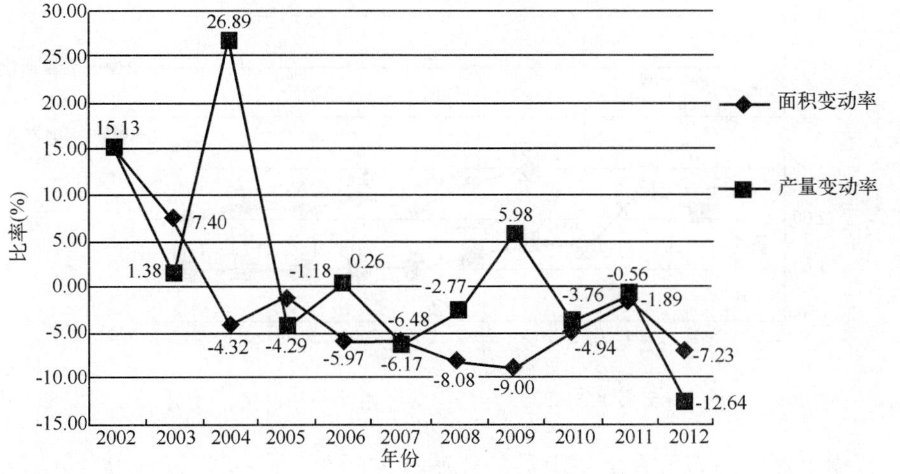

图 5 -5　2002—2012 年普陀区养殖面积和产量变动幅度折线图

5. 2. 5　岱山县

根据上述的资料整理得出岱山县 2002—2012 年养殖面积和养殖产量以及历年该区养殖面积和养殖产量相对于前一年的变动幅度，具体数值见表 5 -6。

表 5-6　2002—2012 年岱山县养殖面积和产量及其变动幅度

年份	养殖面积/万亩	养殖产量/×10^4t	面积变动比率（%）	产量变动比率（%）
2002	4.48	1.45	20.40	44.30
2003	4.68	2.11	4.30	45.52
2004	4.78	2.61	3.10	23.70
2005	3.37	1.39	-29.50	-43.30
2006	2.94	1.54	12.60	4.05
2007	2.69	1.27	-8.60	-17.53
2008	2.15	1.02	-19.90	-19.69
2009	2.41	1.01	12.00	-0.98
2010	2.13	1.02	-4.00	0.99
2011	2.24	1.00	3.20	-1.96
2012	1.99	1.00	-5.60	4.90

数据来源：岱山县 2002—012 年国民经济和社会发展统计公报。

由表 5-6 得到岱山县养殖面积和产量及其变动幅度的折线图（图 5-6 和图 5-7）。

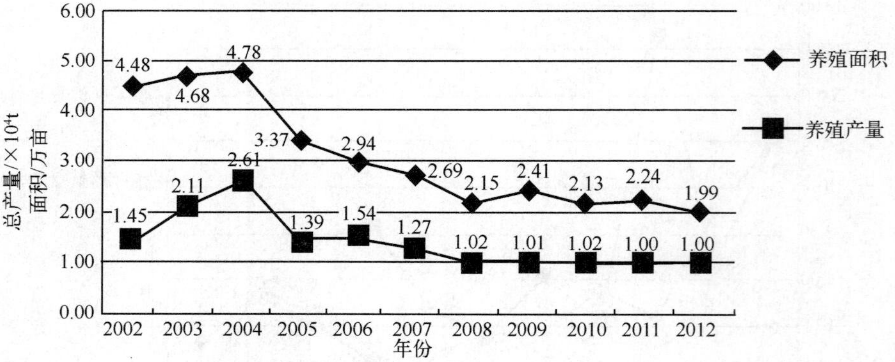

图 5-6　2002—2012 年岱山县养殖面积和产量折线图

根据上面的图表可看出岱山县的养殖业发展处于萎缩阶段，2004 年达到最大值 4.78 万亩以后呈现不断下降趋势，直到 2012 年的 1.99 万亩。与此同时养殖产量从 2004 年开始也出现不断下降趋势，由 2004 年的 2.61×10^4t 减少到 2012 年的 1×10^4t。养殖面积和产量的变化趋势基本保持一致，岱山县的养殖产量随着养殖面积的不断下降而下降，由此可见该区的养殖产量和养殖面积密切相关。由图 5-7 可得到该区的养殖面积和养殖产量的变动幅度变化趋势比较一致，都在 2005 年达到负向变动的最大值，养殖面积和产量的变动幅度分别为 -29.5%

和43.30%；而面积和产量的变动幅度分别在2002年和2003年达到正向的最高点，分别为20.4%和45.52%。由此可见，岱山县的养殖业遇到一定的发展困难，发展进入停滞甚至开始出现萎缩的迹象，针对该现象该县需要采取一定措施，比如提高养殖业技术或是调整养殖种类等。

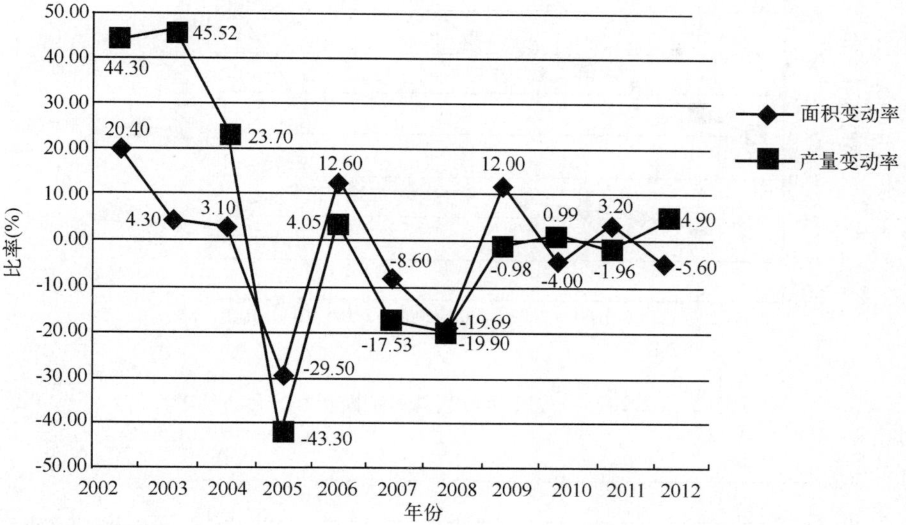

图5-7　2002—2012年岱山县养殖面积和产量变动幅度折线图

5.2.6　嵊泗县

根据上述的资料整理得出嵊泗县2002—2012年养殖面积和养殖产量以及历年该区养殖面积和养殖产量相对于前一年的变动幅度，具体数值见表5-7。

表5-7　2003—2012年嵊泗县养殖面积和产量及其变动幅度

年份	养殖面积/万亩	养殖产量/×10^4t	面积变动比率（%）	产量变动比率（%）
2003	—	4.04	—	50.30
2004	1.75	4.59	20.21	13.61
2005	2.01	5.15	15.09	12.19
2006	2.20	5.70	9.29	10.69
2007	2.40	6.10	9.09	7.02
2008	2.60	6.30	8.33	3.28
2009	2.60	7.45	0.00	18.25
2010	2.68	7.96	3.08	6.85
2011	2.68	4.82	0.00	-39.45
2012	2.22	7.01	-17.16	45.44

数据来源：嵊泗县2003—2012年国民经济和社会发展统计公报。

由表5－7得到嵊泗县养殖面积和产量及其变动幅度的折线图（图5－8和图5－9）。

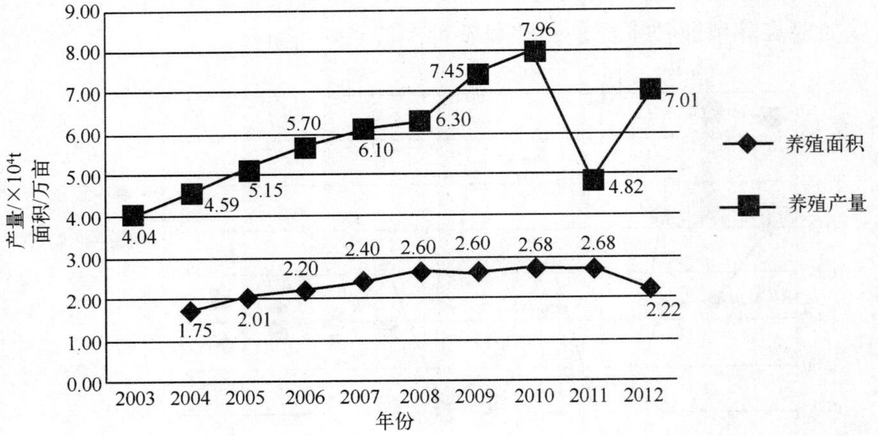

图5－8　2003—2012年嵊泗县养殖面积和产量折线图

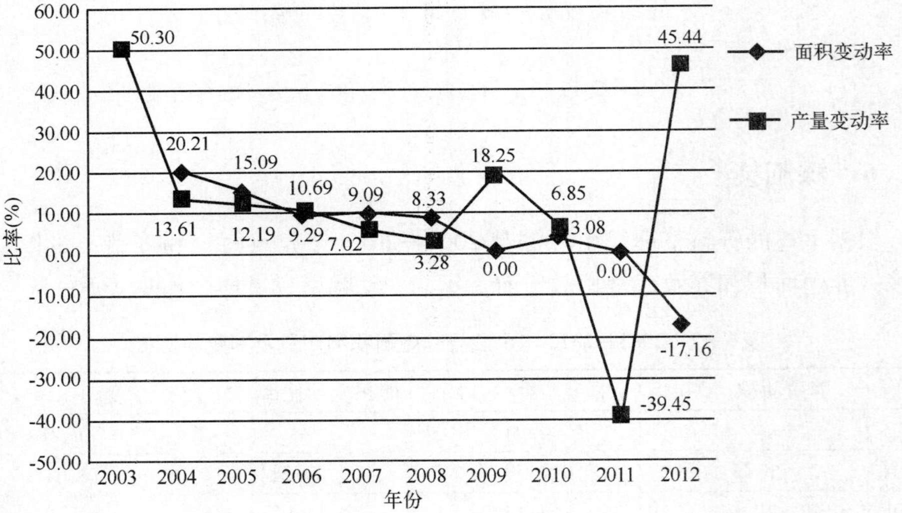

图5－9　2003—2012年嵊泗县养殖面积和产量变化幅度折线图

根据上面的图表可看出嵊泗县的养殖业处于持续平稳发展的阶段，2003—2011年嵊泗县的养殖面积呈现持续缓慢上升趋势，由1.75万亩持续上升到2011年的2.68万亩；2012年为2.22万亩，首次出现下降趋势。养殖产量也跟养殖面积呈现相同的发展趋势，除了2011年受台风“梅花”影响使得其产量大幅度下降，由2010年的7.96×10^4t下降到2011年的4.82×10^4t，但是除2011年台风的影响外，其他年份的产量都是持续增长的。

由图5－8和图5－9可以看出虽然嵊泗县的养殖面积和养殖产量都是处于不断上升的趋势，但是养殖面积和养殖产量的增长幅度却都处于不断下降的趋势，由此可见，嵊泗县的养殖业虽然出于不断发展阶段，但是其发展速度不断下降，而且由于工业化进程的推荐，嵊泗县的养殖面积已基本处在不变的状态，想要在此情况下继续大力发展养殖业，应该在养殖技术和场外养殖等方面寻找突破口。

5.2.7 玉环县

根据上述的资料整理得出玉环县2002—2012年养殖面积和养殖产量以及历年该区养殖面积和养殖产量相对于前一年的变动幅度，具体数值见表5－8。

表5－8 2002—2012年玉环县养殖面积和产量及其变动幅度

年份	养殖面积/万亩	养殖产量/$\times 10^4$t	面积变动比率（%）	产量变动比率（%）
2002	12.70	9.86	—	－10.50
2003	12.18	10.05	－4.09	1.93
2004	11.33	9.44	－6.97	－6.07
2005	11.27	9.30	－0.58	－1.48
2006	11.05	8.91	－1.92	－4.19
2007	10.92	8.68	－1.20	－2.58
2008	10.55	8.74	－3.39	0.69
2009	10.34	8.67	－1.96	－0.80
2010	10.01	8.80	－3.19	1.50
2011	9.66	8.85	－3.55	0.57
2012	9.28	8.63	－3.90	－2.49

数据来源：玉环县2002—2012年国民经济和社会发展统计公报。

由表5－8得到玉环县养殖面积和产量及其变动幅度的折线图（图5－10和图5－11。

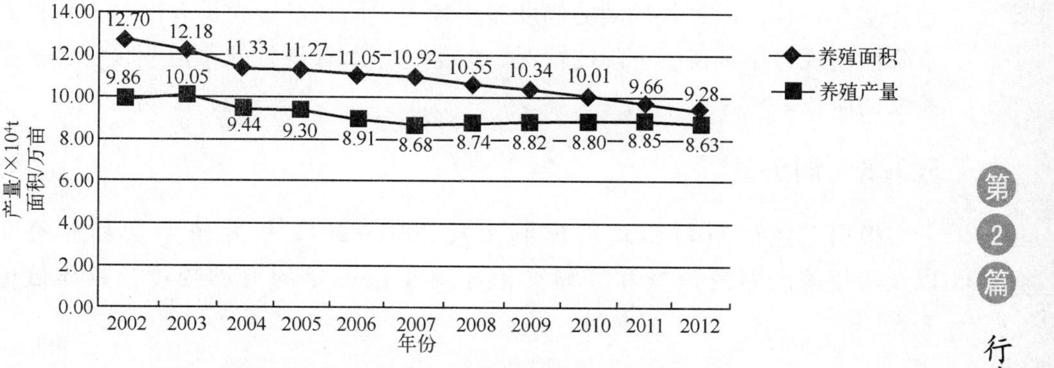

图5－10 2002—2012年玉环县养殖面积和产量折线图

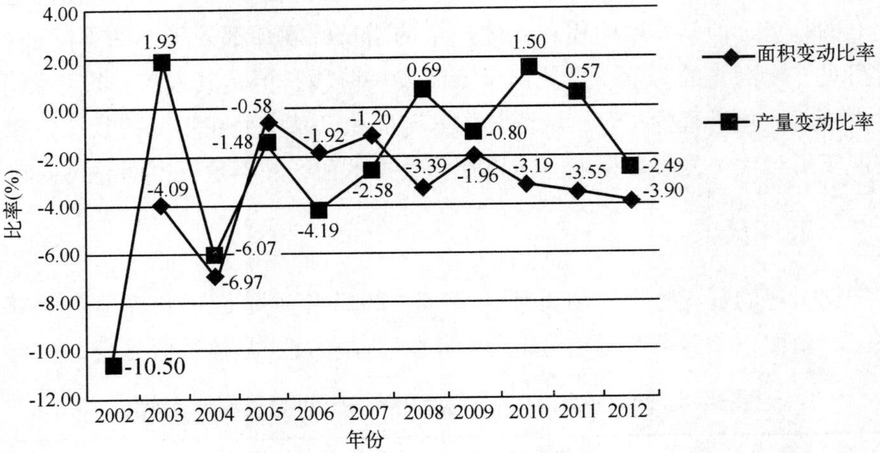

图 5－11　2002—2012 年玉环县养殖面积和产量变化幅度折线图

根据上面的图表可看出玉环县的养殖业呈现萎缩迹象，养殖面积由 2002 年的 12.7 万亩减少到 2012 年的 9.28 万亩，并且在此期间一直是减少的趋势；养殖产量也随着养殖面积的减少而不断减少，由 2003 年的最大值 10.05×10^4t 减少到 2012 年的 8.63×10^4t，除了 2002—2003 年有所上升以外，2003 年以后养殖产量持续不断的下降。养殖面积和产量的变化趋势基本保持一致，玉环县的养殖产量随着养殖面积的不断下降而下降，并且养殖面积的下降速度比产量的下降速度稍快，由此可见，该区的养殖产量和养殖面积密切相关。

图 5－11 的变动幅度可得到该区的养殖面积和养殖产量的变动幅度走势并不一致，产量在 2003 年出现最大幅度的正向变动，涨幅达到 1.84%，但是其涨幅的幅度远远小于其降幅的程度，最大的降幅出现在 2002 年的 10.5%。养殖面积的变动幅度一直处于负的状态中，幅度最大的为 2004 年的－6.97%，该年份的养殖产量的减少幅度也比较大。总体上看，该县的产量和面积的变化趋势基本一致，但是其变动的幅度差距较大，而且产量也没有因为面积的持续下降而出现每年都持续下降的情况，但是整体上看该县的养殖业处于停滞甚至萎缩的阶段。

5.2.8　洞头县

根据上述的资料整理得出洞头县 2002—2012 年养殖产量和养殖产值以及历年该区养殖产量和养殖产值相对于前一年的变动幅度，具体数值见表 5－9。

表 5-9　2002—2012 年洞头县养殖产值和产量及其变动幅度

年份	养殖产值/亿元	养殖产量/×10^4t	面积变动比率（%）	产量变动比率（%）
2002	—	1.14	—	6.20
2003	—	1.57	—	37.27
2004	2.30	1.90	25.00	21.02
2005	1.61	1.44	-30.00	-24.21
2006	1.62	1.54	0.62	6.94
2007	1.50	1.56	-7.41	1.30
2008	1.37	1.25	-8.67	-19.87
2009	1.60	1.30	16.79	4.00
2010	1.63	1.43	1.88	10.00
2011	1.67	1.56	2.45	9.09
2012	1.82	1.52	8.98	-2.56

数据来源：洞头县 2002—2012 年国民经济和社会发展统计公报。

由表 5-9 得到洞头县养殖产值和产量及其变动幅度的折线图（图 5-12 和图 5-13）。

根据上面的图表可看出 2002—2012 年洞头县的养殖产量和产值呈现反复的趋势，2002—2004 年产量上升幅度较大，2005 年产量出现下降；2006 年和 2007 年上升，但是 2007 年的产值反而下降；到了 2008 年又下降，然后持续上升；

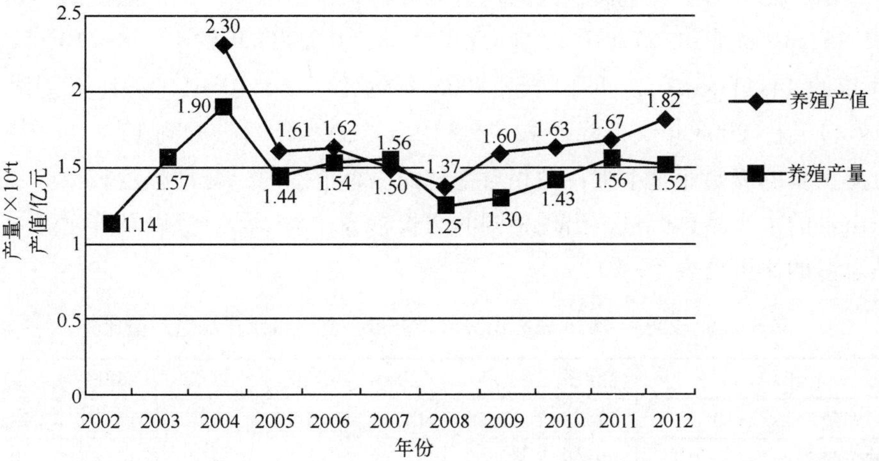

图 5-12　2002—2012 年洞头县养殖产值和产量折线图

2012 年产量下降，产值反而上升；在 2004 年产量达到最大值 1.9×10^4t，而在 2008 年产量达到最小值 1.25×10^4t，产值也随之达到最低值 1.37 亿元。由此可见，产量增减与产值增减没有必然的关系，养殖产业的价格因素也是影响产值变化的重要原因之一。

由图 5－12 和图 5－13 可以看出洞头县养殖产值和产量变化趋势完全相同，增加的幅度也完全相同。可见洞头县的养殖业发展不稳定，产量变化比较大，变化趋势也不十分明显。

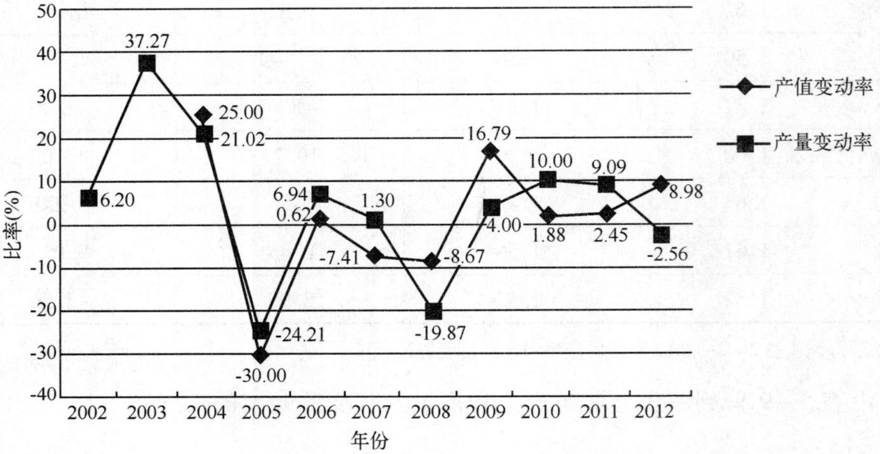

图 5－13　2003—2011 年洞头县养殖产值和产量变化幅度折线图

5.2.9　东山县

东山县的资料不够全面，根据现有的资料和数据可以得到，该县的养殖产量在 12.75×10^4t 到 14.68×10^4t 之间反复波动，从 2003 年的 12.78×10^4t 增加到 2005 年的 14.11×10^4t，再下降到 2006 年的 13.42×10^4 t，2007 年又增加到 16.19×10^4 t，2008 年又下降到 12.75×10^4 t，2009 年再上升到 13.19×10^4t。由此可见该县的养殖业基本维持在相对稳定的一个范围内，变动幅度较小。在此期间东山县的水产品总产量也出现相同的增长趋势，水产品总量以及养殖产量占水产品总量的比重见表 5－10。

表 5－10　2003—2010 年东山县养殖产量及其所占水产品总产量比重

年份	2003	2004	2005	2007	2008	2009	2010
养殖产量/ $\times10^4$t	12.78	13.26	14.11	16.19	12.75	13.19	14.05
水产品总产量/ $\times10^4$t	29.60	30.69	31.82	34.01	28.05	28.80	29.81
比重（%）	43.18	43.21	44.34	47.61	45.45	45.80	47.13

数据来源：东山县 2003—2010 年国民经济和社会发展统计公报。

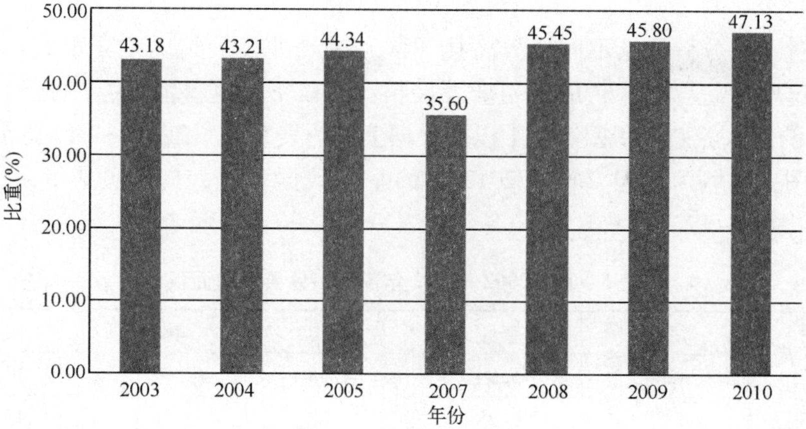

图 5 - 14　2003—2010 年东山县养殖产量占水产品总产量比重

由表 5 - 10 可得出，2005—2010 年之间东山县的养殖产量变化趋势与水产品总量完全一致，2003—2005 年同时呈现上升趋势，经过 2007 年的唯一一年下降以后，2008 年继续同时保持上升趋势。而养殖产量占水产品总产量的比重呈现上下波动的变化趋势，具体见图 5 - 14。

由图 5 - 14 得出，东山县 2003—2010 年养殖产量占水产品总产量比重基本保持在 40% ~ 50% 之间，比重最高的为 2010 年的 47.13%，最低的为 2007 年的 35.6%。

5.2.10　南澳县

南澳岛可供开发的渔场 5×10^4 km^2，周围近海渔场和台湾浅滩渔场的各种鱼、虾、贝、藻类有 1 300 多个品种，名贵海产品有鱿鱼、龙虾、石斑鱼、海胆、紫菜等，其中尤以宅鱿、澎菜驰名国内外。沿岛水深 10 m 以内的海域，水质好，浮游生物种群多，避风条件佳，是发展海水养殖的良好基地。

2004 年南澳县水产养殖面积 2 679 hm^2，比上年增长 23.0%；其中海水养殖面积 2 621 hm^2，海水养殖 481.1 t，淡水产量 747.2 t。2005 年，生态种养得到较大发展，渔农业产品结构进一步调整优化，渔业产值 68 168 万元，比上年增加 4.01%，水产养殖面积 2 752 hm^2，比上年增长 2.72%。由此可见南澳县的养殖业在 21 世纪初是呈现增长趋势的，但是 2004 年增长幅度较大，2005 年增长幅度较上一年大大降低。不过从其他资料可知目前由于工业的发展对土地资源的占用，南澳县的养殖业也处于“瓶颈”期。

5.2.11 海岛县（区）养殖业现状整体比较分析

通过上述分析可见不同的海岛县（区）养殖业发展情况差异很大，因此需要对比这些海岛县（区）的养殖业发展情况。以下是这些海岛县（区）2002—2012 年的海水养殖面积图 5－11 以及根据上述的表 5－1 和表 5－2 以及表 5－11 得到的图。这些海岛县 2002—2012 年的基本数据资料，具体见表 5－11 和图 5－15 至图 5－17。

表 5－11 2002—2012 年部分海岛县养殖面积 单位：万亩

年份	定海	普陀	岱山	嵊泗	玉环
2002	4.04	5.94	4.48	—	12.70
2003	4.29	6.38	4.68	—	12.18
2004	4.28	6.10	4.78	1.75	11.33
2005	3.60	6.03	3.37	2.01	11.27
2006	3.32	5.67	2.94	2.20	11.05
2007	3.08	5.32	2.69	2.40	10.92
2008	2.72	4.89	2.15	2.60	10.55
2009	2.67	4.45	2.41	2.60	10.34
2010	2.62	4.23	2.13	2.68	10.01
2011	1.53	4.15	2.24	2.68	9.66
2012	1.33	3.85	1.99	2.22	9.28

数据来源：各海岛县 2002—2012 年国民经济和社会发展统计公报。

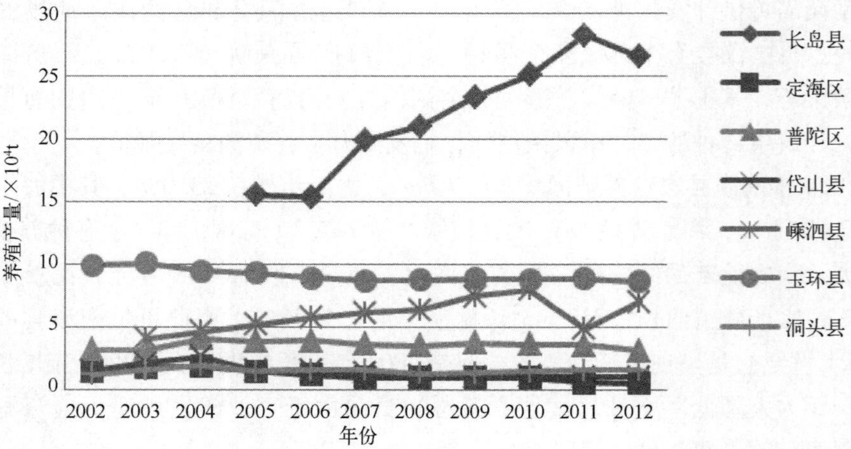

图 5－15 各海岛县 2002—2012 年的海水养殖产量

由图 5 - 15 可看出长岛县的产量最高，发展速度也远远高于其他海岛县（区），其次是定海区，东山县、洞头县和岱山县的养殖产量与其他海岛县（区）相比较低，而玉环县、嵊泗县和普陀区三个地区的产量依次下降，并且位于中间位。除了洞头县、东山县和岱山县的产量线有重合的迹象以外，其他地区的产量线都没有任何交点，由此可见各个海岛县（区）的养殖产量之间差距较大，差别比较鲜明。

除此之外，由图 5 - 16 可以把海岛县（区）分为三种类型，第一类是养殖产量呈现快速增长型，比如长岛县和嵊泗县，除了台风的影响产量都呈现不同幅度的持续上升，该类型的海岛养殖业处在稳定发展阶段；第二类型是定海区、洞头县和东山县，产量呈现反复的变化趋势，该类型的海岛养殖业发展不稳定，反复性大；第三类是岱山县、玉环县、普陀区，产量呈现缓慢的持续下降趋势，这类型的海岛养殖业发展处于衰退阶段，需要对养殖业进行改革和调整。

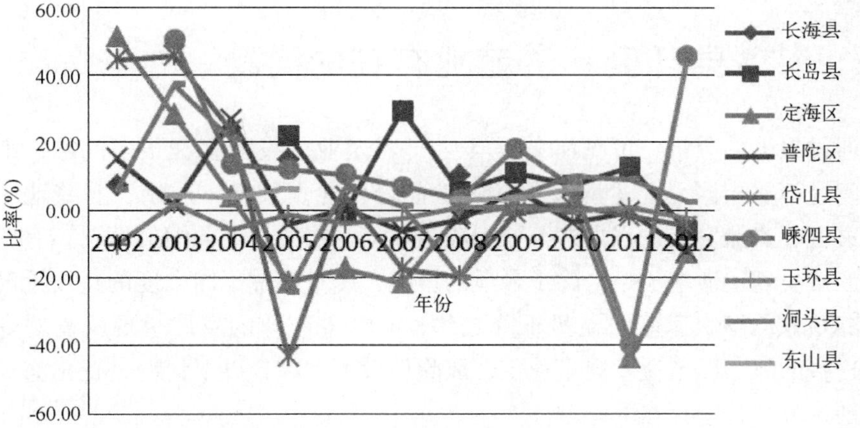

图 5 - 16　海岛县 2002—2012 年的海水养殖产量增长率

由图 5 - 17 可见，大部分海岛县（区）的养殖面积都处于下降趋势，这主要受城市进程和工业区建设的影响。养殖面积最多的海岛区是玉环县，该区的养殖面积远远高于其他地区；其次是普陀区，该区的养殖面积仅次于玉环县，其养殖面积也远远高于其他海岛县。岱山县和定海区的养殖面积变化趋势基本一致，其养殖面积不分上下；嵊泗县是唯一养殖面积呈现上升趋势的地区，这可能与嵊泗县在 2007 年以前一直是养殖面积最低的地区有关，到了 2008 年以后嵊泗县的养殖面积超过岱山县的养殖面积，并且在 2010 年超过定海区，而到了 2012 年定海区成为养殖面积最低的地区。

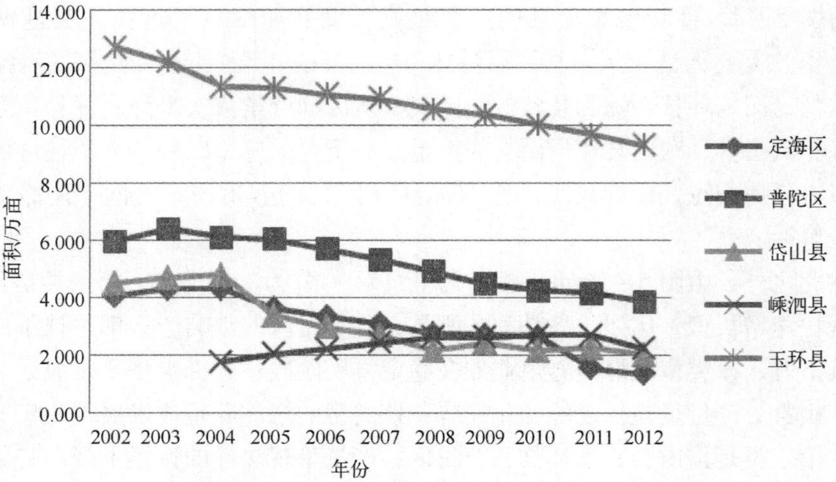

图 5－17　海岛县 2002—2012 年的海水养殖面积

5.3　海岛县（区）养殖业存在的问题

通过以上的分析，可见海岛县（区）养殖业的发展存在很多问题，不同地区的问题不尽相同。上述海岛县（区）的养殖业发展并不均衡，有些地区由于自然灾害、工业发展进程加速等原因养殖业处于停滞甚至萎缩的情况；有些地区养殖产量呈现快速增长型，除了台风的影响，产量都呈不同幅度的持续上升，但是海养殖业的发展速度明显呈下降趋势；有些养殖业的发展呈现反复的变化趋势，这些的海岛养殖业发展不稳定，风险性较大。综合以上情况，提出海岛养殖业发展过程中普遍存在的问题。

第一，海水养殖业产业化水平较低，总体效益不高。与海水养殖发达地区相比，大部分海岛养殖业的科技手段比较落后，技术服务网络不够健全，养殖技术的开发能力及科技服务能力远远跟不上养殖发展的需要。①优质苗种生产相对落后。部分苗种的生产尚不能满足全市的养殖需求，同时还缺乏高技术苗种检验设备。②优质配饵开发、病害防治、精养高效等技术至今尚未完全成熟。③深水网箱及其配套设施尚未完善，逃鱼后难以及时发觉，给养殖户造成很大损失。④养殖产品质量安全生产体系还未建立健全，产品在国内外市场的竞争力不强。

第二，众多养殖主体规模小，龙头企业不多且缺乏榜样效应。大部分海岛县（区）的养殖业市场化程度不够，绝大多数养殖主体是个人承包，一人一塘或几只网箱，分散养殖，少数养殖大户虽然规模较大，实力较强，但在苗种、技术、饵料、病害防治、信息等方面为中小养殖户提供的服务有限，对周边养殖户缺乏龙头作用，没有形成有效的市场机制。从资金角度看，大部分海岛县（区）的养殖业融资较难，上规模的养殖是一个投入大、风险大的行业，养民融资既无抵押物，又由于数额巨大，无人担保，只能依赖民间借贷。盐田大面积开发搞围塘养殖，也存在投入资金融资难的问题。因此，政府针对该情况，应对养殖融资实行应有的倾斜政策，可要求经营权可作抵押。

第三，养殖从业人员技术水平较低，经营意识不强。大部分海岛县（区）从事海水养殖的劳动力文化程度普遍偏低，受过海水养殖职业教育的可以说是凤毛麟角。由于缺乏系统的海水养殖理论知识和基本操作技能，对养殖中发生的问题往往难以解决，违反操作规程的现象大量存在。同时，营销意识淡薄，大多数养殖户特别是网箱养鱼户，缺少自己的市场销售渠道和营销策略，该卖不卖，导致产品积压严重，亏损面扩大。

第四，近海环境污染日趋严重，对养殖可持续发展构成严重威胁。上述的海岛县（区）的海域是各大江河的出海口交汇处，沿江、沿海的工农业“三废”和城市生活污水有些未经处理每天大量排放到海洋，大部分海岛近海水质的污染日趋严重，大面积赤潮发生频率和规模逐年提高，严重的甚至引起自然灾害如台风、飓风等，往往给养殖户带来毁灭性打击，成为海水养殖行业的忧患。

第五，行业管理不够健全。①因过去各海岛县（市）海水养殖业缺乏整体规划布局，没有一个科学的长远的养殖产业发展的规划。养殖开发随意性较大，养殖业与拆造船等工业、海运业等其他行业之间的矛盾日益突出。②海水养殖行业基础管理工作差，至今仍没有全面实行海水养殖业职业资格考核与准入制度，且养殖执法难度大，减负不能得到充分落实，养殖者合法权益较难维护。

第六，面临着工业占地的困境。由于近些年大部分海岛县的临港工业都有较大的发展，有些海岛县已经建立自己的工业园区，这些临港工业的发展和工业园区的建设必然会在一定程度上占用养殖面积。因此养殖业面临着必须在养殖面积缩减的情况下保持产量不变甚至是保持产量持续增长，由此可见，除了扩大养殖面积，养殖业必须寻求其他途径提高产量。

5.4 海岛县（区）养殖业的发展对策

第一，加快优势特色水产品产业带建设。不同的海岛县（区）应该建立自己的招牌养殖产品，大力发展具有自己特色的养殖产品，使该产品进入全人工养殖发展之路。例如舟山市大力发展大黄鱼等特色水产品、鱼类网箱养殖和贻贝筏式养殖产业，走产业化发展之路。充分利用岱衢族大黄鱼人工育苗技术革新脱脂加工技术的突破，将舟山品牌和水产加工的优势结合起来，深度挖掘特色水产品养殖的潜力。贻贝筏式养殖在嵊泗是传统产业，近年来取得了贻贝精深加工技术的突破，将七成鲜贻贝加工成速食休闲食品和速冻颗粒贻贝等产品向欧美日韩出口，产品供不应求。此外，还应加大养殖优质新品种的培育和引进力度。在稳定上述优势特色水产品产业带建设的同时，要适当引进一些养殖技术过硬、产品质量过关的优势新品种。如朱家尖镇引进太平洋牡蛎后，销路好、利润高，可适当发展。

第二，积极实施“科技兴养”战略，提高养殖生产率。要加快发展海水养殖，做精做强养殖产业，必须要用科技来解决养殖业受资源、环境等因素制约的先天不足。要尽快在各种产品的全人工养殖试验中取得突破性进展，努力使苗种充足且成活率高，提高产量，达到更高的效益。同时，要加快海水养殖科技推广体系建设，加强与省级、市级水产科研院所的联合，积极培养、引进和使用养殖专业技术人才，大力开展创业、创新、创优活动，努力抓好引进技术的消化、吸收和创新，把科技成果及时地转化为生产力。重点在特色产品的全人工二茬养殖技术、各种产品的精养高产技术、抗风浪大型深水网箱鱼类养殖技术、无公害生态养殖技术以及生物防病技术等方面进行科研攻关，努力提高科技对海水养殖业发展的贡献率。

第三，加大水产加工业和养殖业的融合度，推动养殖业走产业化发展经营之路。我国加入世贸组织后，国际市场竞争加剧，而我国海岛的大多数海水养殖企业规模小、科技含量低、产品质量不过关，难以在激烈的市场竞争中站稳脚跟，这就迫使养殖企业必须利用自身的优势，走产业化经营之路，从根本上解决产品的销路问题，降低成本，提高效益。政府应积极引导、扶持水产加工龙头企业参与养殖原料基地建设，进一步提高养殖业与龙头企业的融合度，走出一条“市场牵龙头、龙头带基地、基地连养户”的产业化发展新路子。同时，要加快培育一支营销队伍，紧密联系养殖户参与国内外市场。

第四，多管齐下，促使海水养殖业走可持续发展之路。①要搞好养殖业的整体规模布局，避免养殖业与种植业、盐业、工业、海运业之间的矛盾更加突出，要发展深浅水网箱、筏式养殖、人工鱼礁等增养形式，充分发展浅海水养殖业。②建立工农业（包括养殖自排污水）、航运业和城市生活污水处理制度和处理设施，必须把各行各业对养殖环境的污染减少到最小程度。③加强养殖基础设施建设，尤其要做好围塘的维修改造工作。要根据地方政府养殖布局规划，结合当地实际，分期分批重点对一批年久失修、塘质老化、布局不合理的养殖围塘进行改造。④有条件的地方利用网箱养殖、池塘养殖优势，开发休闲观光渔业项目，重点建设一批渔业休闲型垂钓、观光设施，使养殖业与海洋旅游结合起来，增加养殖业的“额外”收入。⑤要结合地方优势，大力推广海水内循环、大棚保温等精养高产模式、无公害标准化养殖模式和混养轮养等模式，不断提高养殖效益。⑥要全面实施养殖许可证发放制度和养殖职业资格准入制度，稳定养殖区域经营权，促使养殖人员提高自身的技术素质。⑦在有关乡镇、街道要设立“渔技站”，配备养殖技术人员，指导养殖户生产，及时解决他们在养殖生产中遇到的困难。

第6章　海岛县（区）的临港工业

我国海岛县的临港工业主要包括水产品加工业，临港化工，船舶修造业，海洋装备制造业等，各个海岛县根据自身的发展状况以及区域条件，以特色临港工业为支柱，发展其他临港工业。

由于平潭县公开数据可获得性较差，此处只考虑11个县。

6.1　海岛县（区）的临港工业发展现状

6.1.1　长海县

一直以来，长海县以渔为主，主要产业依海展开。水产品加工业是长海县的主导产业，也是其临港特色工业。

2004年，全县现价工业总产值实现3.2亿元，比上年增长23.1%，其中规模以上工业实现产值12 878万元，比上年增长18.6%；规模以下工业实现产值19 003万元，比上年增长24.8%。全年实现工业销售产值31 150万元，增长19.5%。水产品加工量9 100 t，实现产值22 230万元，分别比上年增长2.2%和28.9%。

2005年，全年工业企业实现现价工业总产值52 212万元，比上年增长64.7%。其中，规模以上工业企业实现产值18 695万元，比上年增长45.2%；规模以下工业企业实现产值33 517万元，比上年增长78.1%。完成水产品加工量16 371 t，实现产值40 599万元，分别比上年增长60.0%和82.6%。全年完成工业销售产值50 390万元，比上年增长63.9%；完成出口货值7 432万元，比上年增长88.7%。

2008年，长海县临港工业发展取得新进展。大连长海（皮口）渔业加工区建设步伐加快，完成了加工园区内部分道路、管网、路灯和电力设施等建设任务，一、二、三区基本达到企业入驻条件。岛内改造水产品加工企业7家，新建水产品精深加工项目4个，研发出鲍鱼多糖、海参G泰、虾夷扇贝即食产品3个品种6大系列产品。县修造船厂和獐子修造船有限公司技改进展顺利。全年工业实现产值132 716万元，同比增长30.4%。其中规模以上工业企业15家（实际开工14家），实现产值80 581万元，增长26.7%。规模以下工业产值52 135万元，增长36.5%。全年工业销售产值实现123 373万元，增长36.6%，产销率达93.0%，比上年提高4.3个百分点。其中规模以上工业71 705万元，规模以下工业51 668万元。规模以上工业企业实现主营业务收入71 978万元，增长37.1%，利润总额3 582万元，增长1.1倍。水产品加工业是长海县的主导产业，全年水产品加工业产值占工业总产值的比重达80.8%。全年水产品加工量实现27 467 t，加工业产值107 178万元，同比分别增长34.7%和33.8%。

2009年，长海县全年水产品加工量为27 467 t，加工业产值107 178万元，同比分别增长34.7%和33.8%。

2010年，以水产品加工业为牵动的第二产业发展速度加快，海岛工业经济保持较快增速，工业总产值实现16.4亿元，同比增长37.7%。①水产品加工业较快发展，实现水产品加工业产值13.5亿元，增长26.2%。政府鼓励企业加大技术改造力度，利用新技术、新工艺、新设施开发新产品，加工产品发展到10大系列26大类80多个品种。投资6 000万元完成8家岛内加工企业技术改造，新增规模以上加工企业7家，新成立有限责任公司100家，出口业绩企业增至12家。②"飞地经济"效应初步显现。大连长海渔业加工区被纳入辽宁省发展县域经济重点园区支持范围，并被辽宁省科技厅确定为"辽宁海洋科技产业园"；管理体制明晰，除土地审批和申报事项实行属地管理外，其他审批监管权均已划归长海；总计投资2.5亿元完成场地回填和实施基础设施配套工程，基本达到企业入驻条件；达成千万元以上投资意向40个，其中过亿元项目3个。③品牌意识不断增强。新增注册商标85件，达到115件，其中省市著名商标3件；新评名牌产品2个；新增各类认证企业24家，达到61家92项；"獐子岛"成为中国最有价值商标500强和2006年中国最具成长力品牌；獐子岛渔业在省内率先建成海洋水产有机食品生产基地；獐子岛渔业、弘达百业集团被认定为大连市年度百强民营企业，獐子岛渔业成为世界经济论坛全球成长型公司创始会员。④修造船业效益有效提升。全县拥有修造船企业24家，生产规模8.6×10^4t。投资5 000万元完成2个县乡修造船厂技术改造，基本具备建造万吨级船舶能力。

2011年，全县改扩建水产品加工厂5座，实施深加工项目3个。獐子岛渔业设立海外企业2家，并购国内企业2家，3项水产品出口标准入编国家食品法典，贝类加工中心项目率先进入全省亿元项目行列。"海洋岛"牌被认定为辽宁省著名商标、中国驰名商标。全年新增注册商标329件。全县水产品总产量29.3×10^4t，同比增长16.7%。水产品加工业实现产值20亿元，增长11.1%，渔业工业和建筑业实现产值11.4亿元，同比增长4.6%；渔业流通和服务业实现产值11.8亿元，同比增长13.5%。

2012年上半年，全县完成水产品产量30.5×10^4t，增长21.5%，其中捕捞

$7.8 \times 10^4 t$，增长 18.2%；养殖 $22.7 \times 10^4 t$，增长 22.7%。工业总产值 8.4 亿元，增长 15.1%。

6.1.2 长岛县

长岛四面环海，八面来风，全年有效风能时间高达 2 300 h，是全国著名的三大风场之一。近年来，长岛县积极开发海上风电，海上风电业得到了快速发展。另外，水产品加工业、修造船业也得到了一定程度的发展。

长岛县水产品深加工具有高附加值、高科技含量、高市场占有率、高出口创汇率的“四高”特点。发展长岛县海洋水产品加工业，重点在产业布局、产品结构、产品加工技术和设备以及对信息市场的把握等方面下工夫，近期主要以海产品深加工为发展的目标，远期的发展目标应该是海洋高新技术产业，并逐步提高长岛县第二产业在经济总量中的比重。

2005 年，长岛县工业生产持续快速增长。全年实现工业增加值 18 862 万元，增长 40%，其中规模以上工业增加值 14 302 万元，增长 27.4%。其中：国有工业增加值 1 939 万元，增长 13.2%；集体工业增加值 3 294 万元，增长 254.9%；股份制工业增加值 3 651 万元，增长 35.7%；外商及港、澳、台商工业增加值 5 417 万元，增长 13.1%。轻工业生产快于重工业，轻工业实现工业增加值 10 807 万元，增长 31.2%；重工业实现工业增加值 3 491 万元，增长 1.1%。

2006 年，加快实施“工业强县战略”，风电产业培植取得新进展，工业发展后劲进一步增强。围绕“工业强县”发展战略，进一步扩大风电规模，目前，全县风机达到 74 台、总装机容量超过 6×10^4 kW，规模居全省风电场首位。全年实现工业增加值 23 928 万元，增长 23.2%。

2007 年，以风电为龙头的特色工业初具规模。累计投资 5.3 亿元，新增装机容量 6.1×10^4 kW，全县风电总装机容量达 6.2×10^4 kW，成为山东省营运规模最大的风力发电场。编制完成 150×10^4 kW 近海风电发展规划，并列入山东省发展规划；5×10^4 kW 一期示范工程项目进展顺利，并顺利推进海域使用、海洋环评等工作。海产品精深加工业实现新突破，长岛科元公司海洋食品精深加工项目主体完工。全年实现工业增加值 28 013 万元，增长 1%。

2008 年，百万千瓦海上风电发展规划通过专家评审，列入山东省可再生能源中、长期发展规划，并分别与天融、大唐、华能、华电等大企业签订开发协议，其中投资 11 亿元的山东天融公司 4.8×10^4 kW 一期海上风电示范项目前期工程基本完成，进入核准程序，以风电为龙头的特色工业初具规模，全县风电总装机容量达 6.215×10^4 kW，成为全省营运规模最大的风力发电场；水产品加工和船舶修造等项目培植取得新成效，投资 1 200 万元的科元海洋药物开发项目投产和投资 600 万元的昱安修造船厂 3 000 吨级船坞技改项目完成。全县生态工业稳步增长，实现工业增加值 31 523 万元，增长 8%。

2010 年，长岛县加快开发 100×10^4 kW 海上风场，工业发展后劲不断增强。先后与国电、大唐、华能等 6 家企业签订了开发协议，其中国电、大唐在长岛县设立了分支机构。该县紧抓国家鼓励企业技术改造的机遇，引导全县 70% 的企业实施了技术改造，完成技改投入 2.5 亿元。全年工业实现主营收入 10 亿元，利税 8000 万元，分别增长 19.1% 和 17.6%。海上航运业快速发展，全年投资 1.91 亿元，新建船舶 8 条，新增运力超过 3×10^4t；实现税收 1 259 万元，增长 39.1%，占全县地方税收的 21%。

2011 年，长岛县全年全部工业实现增加值 35 383 万元，比上年增长 0.5%。全县规模以上工业企业（年主营业务收入 2 000 万元及以上的工业法人企业）8 家。规模以上工业实现增加值 8 114 万元，比上年增长 6.6%。规模以上工业实现工业总产值 36 690 万元，比上年增长 2.7%；产品销售收入 35 890 万元，比上年增长 3.3%；利润 3 420 万元，比上年增长 11.9%、利税 5 459 万元，比上年增长 5.3%；全县用电量 $8\ 164\times10^4$ kW·h，比上年增长 5.1%，其中工业用电 $1\ 726\times10^4$ kW·h，比上年增长 6.5%。

2012 年，全县积极引进国外先进技术、设备和管理经验，加快技术创新，提高水产加工水平，向深加工、高创汇、高附加值和鲜活运销领域拓展。培植龙头企业，创立名牌产品，进一步加强水产品质量认证工作，全面提高产品质量。在一级渔港区建设集交易、仓储、配送、运输为一体的水产品物流中心，延伸水产业链条，推进渔业产业化进程。

6.1.3 定海区

从“十一五”开始，定海区依托深水港口和岸线资源，确立了发展船舶修造、海洋化工等临港工业的海洋经济战略。

2002 年，工业生产增势强劲，主导地位进一步突出。2002 年年末全区完成全部工业总产值 59.63 亿元，比上年增长 26.2%，其中私有工业实现产值 48.61 亿元，比上年增长 31.3%，占全部工业总产值的比重达 81.5%。实现工业增加值 19.34 亿元，增长 16.7%。规模企业作用明显，成为支撑全区工业经济的中坚力量。规模以上工业企业数达到 94 家，实现工业总产值 32.35 亿元，比上年增长 25.1%，占全部工业总产值的 54.2%，其中轻工业产值 17.05 亿元，增长 34.6%，重工业产值 15.30 亿元，增长 16.1%。支柱行业实力进一步增强。2002 年机械制造、食品加工、纺织服装、化工塑料、船舶修造五大传统行业共实现产值 49.64 亿元，比上年增长 38.9%，占全部工业总产值的比重达 83.2%，其中，以塑料机械、轻纺机械为主体的机械制造业实现产值 15.03 亿元，增长 39.7%；纺织服装业产值为 16.38 亿元，增长 24.1%；食品加工业产值为 12.6 亿元，增长 32.0%；船舶修造业产值 2.15 亿元，增长 12.5%。

2003 年全区实现工业总产值 74.38 亿元，比上年增长 24.7%。工业增长拉动全区经济增长 7.2 个百分点，贡献份额达到 47.1%，工业在全区经济的主导地位进一步突出。其中私有工业实现产值 61.72 亿元，比上年增长 27.0%，占全部工业总产值的 83%。轻重工业同步发展，分别增长 21.3% 和 29.7%。支柱产业竞争力不断增强。定海区传统的支柱行业机械制造、食品加工、纺织服装、化工塑料、建材制造、船舶修造工业产值达到 67 亿元，比上年增长 24.9%，占全部工业总产值的比重达 90%。

2004 年工业经济快速发展。年末全区共实现工业产值 95.24 亿元，同比增长 28.0%，增幅创近 4 年新高。工业经济发展拉动全区经济增长 8.1 个百分点，贡献份额为 47.2%。机械制造、食品加工、纺织服装、船舶修造四大支柱行业保持较快增长，2004 年分别完成产值 26.40 亿元、22.27 亿元、18.38 亿元、5.71 亿元，增速分别为 25.8%、33.3%、12.2%、110.5%。四大主导行业产值已占全部工业总产值的 76.4%。盐仓、岑港、小沙、马岙、干览等重点工业乡镇增势强劲，其中马岙镇成为继金塘、小沙之后第三个产值超 10 亿的乡镇。

2005 年，全区实现工业总产值 120.17 亿元，同比增长 26.2%。产销衔接良好，全区实现工业销售产值 114.42 亿元，增长 23.5%，产销率 95.21%。临港工业主导地位进一步突出。2005 年，全区临港工业总产值 38 亿元，增长 30.1%，高出全区工业增幅 3.9 个百分点，占全部工业总产值比重提高到 32%，对全区工业增长贡献率达到 35%。船舶工业迅猛增长，实现产值 11.76 亿元，增长 105.9%，拉动全区工业总产值增长 6.4 个百分点。水产加工业继续保持较快增速，全年实现总产值 23.57 亿元，同比增长 17.8%。机械制造、纺织服装等传统产业发展良好，2005 年分别实现产值 35.23 亿元和 21.37 亿元，同比增长 33.5% 和 16.2%。

2006 年全区工业总产值达到 150.4 亿元，同比增长 25.2%。产销衔接良好，全区实现工业销售产值 142.40 亿元，增长 24.5%，产销率 94.7%。临港工业增势强劲。2006 年全区实现临港工业总产值 52.78 亿元，同比增长 31.3%，高于全区工业平均增幅 6.1 个百分点，占全区工业总产值的 35.1%，比上年提高 1.6 个百分点，对全区工业增长贡献率达到 41.6%。船舶修造业依然保持快速增长，实现产值 18.25 亿元，同比增长 55.2%，占全区工业总产值的 12.1%，比上年提高 2.4 个百分点；水产加工业增长平稳，实现产值 26.22 亿元，比上年同期增长 11.1%；海洋化工业发展迅速，实现产值 3.44 亿元，同比增长 1.7 倍；机械制造业和纺织业实现产值分别为 43.60 亿元、19.93 亿元，分别同比增长 23.7% 和 21.1%。

2007 年，定海区工业经济快速发展。全区实现工业总产值 185.46 亿元，同比增长 23.3%，实现工业性投入 29.13 亿元，同比增长 70.2%，其中技改投入 8 亿元。工业结构继续优化，实现规模以上工业总产值 121.44 亿元；实现临港工业总产值 62.01 亿元，其中船舶修造业总产值 26.05 亿元；机械制造、水产品加工等传统优势工业进一步巩固提升。竞争实力稳步提高，新增规模企业 48 家，新增产值上亿元企业 10 家，全区共有产值上亿元企业 35 家。重大项目和工业集聚区建设扎实推进，投资亿元以上在建待建项目达到 21 个，和邦化学等三大百亿工程进展顺利，浙江定海工业园区等四大工业集聚区集聚能力不断增强。

2008 年，定海区工业经济快速发展。实现工业总产值 246.1 亿元，增长 32.7%，其中规模以上工业总产值 181.1 亿元，增长 54.3%。实现工业性投入 36.7 亿元，增长 25.9%。实现海洋石化业总产值 59.2 亿元，增长 13.9 倍；船舶修造业总产值 46 亿元，增长 76.7%；机械制造、水产品加工等传统产业平稳发展。新增规模企业 22 家，新增省级以上各类科技企业 5 家，新增市级以上名牌产品 17 项。和邦化学等一批“338 工程”项目建成投产，浙江定海工业园区等四大工业集聚区集聚能力不断增强。

2009 年，全区实现工业总产值 332.48 亿元，增长 13.9%。工业销售产值 292.19 亿元，增长 6.6%，产销率 87.9%。全年实现临港工业总产值 222.63 亿元，增长 25.8%，占全部工业比重的 67.0%。分行业看，化工塑料业产值 102.43 亿元，增长 52.9%，其中海洋石化产值 95.36 亿元，增长 58.4%；船舶修造业产值 71.82 亿元，增长 14.2%；电力生产供应业产值 23.69 亿元，增长 17.1%；机械制造业产值 49.28 亿元，下降 1.0%；水产品加工业产值 27.40 亿元，下降 4.3%；纺织服装业产值 16.86 亿元，下降 25.5%。

2010 年，全区实现工业总产值 391.86 亿元，比上年增长 17.9%，“十一五”期间年均增长 21.3%。全区工业销售产值 376.66 亿元，比上年增长 28.9%；工业产销率 96.1%，比上年提高 8.2 个百分点。工业品出口交货值 53.56 亿元，比上年增长 29.1%。全年实现临港工业总产值 262.84 亿元，增长 18.1%，占全部工业比重的 67.1%。分行业看，石油化工业产值 109.45 亿元，增长 14.8%；船舶修造业产值 92.56 亿元，增长 28.9%；电力生产供应业产值 28.18 亿元，增长 18.9%；机械制造业产值 60.11 亿元，增长 22.0%，其中塑料机械业产值 32.90 亿元，增长 16.5%；水产品加工业产值 27.57 亿元，增长 0.6%；纺织服装业产值 17.08 亿元，增长 1.3%。

2011 年，全区实现工业总产值 555.45 亿元，比上年增长 25.7%，实现工业增加值 100.43 亿元，按可比价计算，比上年增长 20.2%。全区工业销售产值 531.64 亿元，比上年增长 26.9%；工业产销率 95.2%。工业品出口交货值 52.29 亿元，比上年下降 8.3%。全年实现临港工业总产值 403.26 亿元，增长 29.3%，占全部工业比重为 72.6%。分行业看，石油化工业产值 160.15 亿元，增长

45.1%；船舶修造业产值119.69亿元，增长29.3%；电力生产供应业产值34.84亿元，增长23.7%；机械制造业产值70.00亿元，增长13.5%，其中塑料机械业产值40.21亿元，增长22.2%；水产品加工业产值29.69亿元，增长7.7%；纺织服装业产值16.50亿元，下降3.4%。

2012年，全年全区实现工业总产值628.58亿元，比上年增长13.2%，实现工业增加值116.84亿元，按可比价计算，比上年增长15.5%。全区工业销售产值598.32亿元，增长12.5%，工业产销率95.2%。工业品出口交货值50.74亿元，比上年下降3.0%。实现临港工业总产值457.00亿元，增长13.3%，占工业总产值的比重为72.7%。分行业看，石油化工业产值175.18亿元，增长9.4%；船舶修造业产值145.64亿元，增长21.7%；电力生产供应业产值37.16亿元，增长6.7%；机械制造业产值73.48亿元，增长5.0%，其中塑料机械业产值42.49亿元，增长5.7%；水产品加工业产值33.76亿元，增长13.7%；纺织服装业产值17.22亿元，增长4.4%。

6.1.4 普陀区

普陀区本土特色临港工业主要包括水产品加工业、船舶制造业、机械制造业、临港重化工业等。

2002年，普陀区工业生产较快增长。全年完成工业总产值49.51亿元，比上年增长23.71%。水产加工业优势继续凸显，全年水产加工企业实现产值33.61亿元，增长20.53%，占全部工业总产值的比重上升到67.89%。工业技改力度加大，全年工业性技改投入2.0亿元，增长39.15%。工业园区建设取得明显成效。沈家门海洋生物园区、勾山海岛产业化园区2002年累计投入1.10亿元，引进企业16家；普陀丰岛工业园区加紧“六通一平”基础设施建设，完成投资1 450万元；六横船舶修造业工业园区完成投资2 470万元，成功启动鑫亚船舶修造公司10×10^4t船坞项目。

2003年完成工业总产值63.11亿元，比上年增长27.46%，其中规模工业实现产值39.16亿元，增长33.51%，占全区工业总产值的比重由上年的59.57%提高到62.05%，实现工业销售产值37.25亿元，比上年同期增长35.26%。水产加工业、五金机械、船舶修造三大特色临港工业总量不断增大，累计完成工业总产值53.31亿元，同比增幅30.78%，水产加工业优势继续凸显，全年水产加工企业实现产值44.79亿元，增长33.25%，占全部工业总产值的比重上升到70.97%。

2004年，工业生产增势强劲。全年完成工业总产值83.42亿元，实现销售产值79.76亿元，同比分别增长32.2%和32.1%，其中规模工业实现产值56.79亿元，增长38.9%，占全区工业总产值的比重由上年的64.8%提高到68.1%，实现工业销售产值53.96亿元，比上年同期增长39.4%。临港工业快速发展，优势行业更加突出。以水产加工、船舶修造、五金机械、海洋药物为代表的临港工业高速发展，完成产值72.5亿元，同比增加34.8%，占全区经济总量的86.9%。水产加工业支柱地位进一步巩固，全年水产加工企业实现产值58.91亿元，增长31.5%，占全部工业总产值比重的70.6%。

2005年完成工业总产值110.09亿元，实现销售产值106.32亿元，同比分别增长32.9%和33.3%，其中规模工业实现产值75.71亿元，增长33.3%，占全区工业总产值的比重由上年的68.1%提高到68.3%，实现工业销售产值71.76亿元，比2004年同期增长27.5%。以水产加工、船舶修造、五金机械、海洋药物为代表的临港工业完成产值91.32亿元，同比增加33.3%，占全区工业经济总量的82.3%。水产加工业仍是工业经济增长的主要力量，全年水产加工企业实现产值71.51亿元，比上年增长21.4%，增幅比上年回落10.1个百分点，占全部工业总产值比重由上年的70.6%降到64.5%；船舶修造业取得突破性进展，成为普陀区工业经济重要增长点，2005年实现产值14.56亿元，同比增长166.9%，比重从上年的6.5%上升到13.1%；海洋医药化工实现工业产值2.48亿元，比上年同期增长36.4%。

2006年完成工业总产值140.14亿元，实现销售产值135.55亿元，同比分别增长26.4%和27.5%，其中规模工业实现产值104.17亿元，增长32.2%，占全区工业总产值的比重由上年的68.3%提高到74.3%，实现工业销售产值100.2亿元，比上年同期增长34.5%。全年临港工业完成产值119.4亿元，同比增加30.7%，占全区工业经济总量的85.2%。全年水产加工企业实现产值80.26亿元，比上年增长12.2%，增幅回落9.2个百分点，比重为57.3%；船舶修造业取得突破性进展，全年实现产值33.22亿元，同比增长128.2%，比重从上年的13.1%上升到23.7%。

2007年，全年完成工业总产值195.14亿元，实现销售产值189.83亿元，同比分别增长39.2%和40.0%，其中规模工业实现产值158.26亿元，增长43.9%，占全区工业总产值的比重由上年的74.3%提高到81.1%，实现工业销售产值153.42亿元，比上年同期增长45.0%。规模工业企业达到174家，比上年增加4家，产值上亿的企业达到21家。全年临港工业完成产值174.04亿元，同比增加45.8%，占全区工业经济总量的89.2%。其中，水产加工企业实现产值85.24亿元，比上年增长6.2%，增幅回落6个百分点，占工业总产值比重的43.7%；船舶修造业全年实现产值82.2亿元，同比增长147.4%，占工业总产值比重从上年的23.7%上升到42.1%。

2008年，工业经济高位运行，全区实现工业总产值305.17亿元，增长25.3%，其中规模以上工业总产值254.67亿元，增长23.2%。销售良好，全区工业销售产值298.15亿元，增长25.9%，产销率97.7%。全年临港工业总产值278.08亿元，增长25.5%，高出工业增幅0.2个百分点，占全部工业总产值比重提高到91.1%，对工业增长贡献率达到91.7%。船舶工业高速增长，实现产值165.48亿元，增长54.8%，但增速回落了41.0个百分点。水产加工业实现产值103.61亿元，比上年下降4.1%。

2009年实现工业总产值340.23亿元，增长11.5%。实现工业销售产值332.33亿元，增长11.5%，产销率97.7%。全年完成临港工业产值305.57亿元，同比增加6.9%，占全区工业经济总量的89.8%。其中，水产加工企业实现产值105.55亿元，同比增长1.9%，占工业总产值比重的31.0%；船舶工业实现产值189.61亿元，同比增长9.5%，占工业总产值比重的55.7%。其中船舶修造业实现产值174.161亿元，同比增长5.2%。

2010年全区实现工业总产值381.10亿元，比上年增长12.0%，“十一五”期间年均增长22.4%。实现工业销售产值374.22亿元，比上年增长12.6%；工业产销率98.2%，比上年提高0.5个百分点；工业出口交货值177.10亿元，增长25.7%。规模以上工业总产值301.81亿元，比上年增长17.2%，其中重工业总产值207.67亿元，增长19.0%，比重提高到68.8%。全年临港工业总产值345.22亿元，比上年增长13.0%，占全部工业总产值比重为90.6%，比上年提高0.8个百分点。船舶工业实现产值216.48亿元，增长14.2%，其中船舶修造业实现产值202.54亿元，比上年增长16.3%。水产加工业实现产值114.43亿元，同比增长8.4%。

2011年全区实现工业总产值455.11亿元，比上年增长19.4%。全年临港工业总产值415.21亿元，比上年增长20.3%，占全部工业总产值比重为91.2%，比上年提高0.6个百分点。船舶工业实现产值252.00亿元，比上年增长16.4%，其中船舶修造业实现产值237.26亿元，增长17.1%。水产加工业实现产值131.36亿元，增长14.8%。

2012年，全区工业产业结构快速调整，产值同比下降。全年完成工业总产值246.27亿元，下降10.4%，工业实现增加值84.11亿元，同比下降0.5%。其中，规模以上工业企业完成产值220.52亿元，下降9.6%。规模以上通用设备制造业、印刷业、电气机械及器材制造业、化学原料及化学制品制造业和医药制造业分别完成产值22.38亿元、30.52亿元、29.01亿元、22.72亿元和17.51亿元，占规模以上工业产值的55.4%。全区工业企业产销率达到98.1%，比上年下降1.63个百分点。全年完成战略性新兴产业制造业产值53.46亿元，下降3.8%。其中，生物医药完成产值20.35亿元，增长5.8%；新一代信息技术完成产值24.58亿元，下降8.7%。

6.1.5 岱山县

近些年，岱山临港工业发展较快，提出了“以港兴县、工业强县、服务富县”的发展战略，以船舶修造、港口物流为主要代表的临港产业迅速崛起。

2002年，工业生产增势强劲，主导地位进一步突出。全县完成全部工业总产值27.5亿元，比上年增长24.4%；实现工业增加值6.7亿元，增长25.2%，拉动全县经济增长5.7个百分点，贡献率达到47.1%。其中国有和年销售收入500万元及以上非国有工业完成产值13.0亿元，比上年增长23.5%。六大支柱行业完成产值21.2亿元，比上年增长39.0%，增速高出全县工业平均增幅14.6个百分点，占全部工业产值的比重达77.0%。

2003年，工业生产快速增长。全年完成工业总产值35.8亿元，比上年增长30.3%；实现工业增加值8.7亿元，增长29.0%，拉动全县经济增长7.2个百分点，贡献率达到54.0%。七大支柱行业完成产值24.0亿元，比上年增长19.0%，占全部工业产值的66.9%。

2004年，通过加大工业性投入力度和创新力度，加快结构调整步伐，工业经济呈现快速增长态势。全年实现工业总产值46.3亿元，比上年增长29.1%；实现工业增加值11.0亿元，增长21.8%，拉动全县经济增长6.1个百分点，贡献率达到38.5%。七大主导行业发展势头良好，实现总产值31.2亿元，比上年增长30.1%，所占比重由上年的66.9%上升到67.5%。

2005年，全县上下紧紧抓住发展海洋经济的有利时机，充分利用海岛港口资源优势，加大招商引资力度，积极调整产业结构，以船舶修造业为龙头的工业经济迅速壮大。2005年，全县工业总产值60.6亿元，比上年增长30.9%。七大主导行业发展加快，实现总产值42.0亿元，比上年增长34.4%，占全部工业的69.3%。临港工业主导地位进一步突出。2005年，全县临港工业总产值26.6亿元，比上年增长48.9%，高出全县工业增幅18个百分点，占全部工业总产值比重提高到43.8%，对全县工业增长贡献率达到60.9%。船舶工业高速增长，实现产值12.8亿元，比上年增长1.23倍，拉动全县工业总产值15.3个百分点。

2006年，全县把发展海洋经济作为优化和调整产业结构的重要举措，以船舶修造为代表的临港工业持续快速发展，工业生产呈现速度、效益同步提高的良好局面。2006年，全县工业总产值78.3亿元，比上年增长29.3%。主导行业发展加快，实现总产值55.5亿元，比上年增长32.2%，占全部工业的70.8%。临港工业主导地位尤为突出。2006年，全县临港工业总产值39.2亿元，比上年增长47.6%，高出全县工业增幅18.3个百分点，占全部工业总产值比重提高到50.0%，对全县工业增长贡献率达到71.2%。船舶工业高速增长，实现产值21.5亿元，比上年增长67.8%，拉动全县工业总产值14.4个百分点。

2007 年，全县实现工业总产值 102.5 亿元，比上年增长 30.9%，首次突破百亿元大关。六大主导行业实现总产值 77.3 亿元，比上年增长 41.2%，占全部工业的 75.4%，比上年提高 5.5 个百分点。全年工业销售产值 100.2 亿元，比上年增长 30.9%，产销率 97.7%。全年临港工业总产值 61.3 亿元，比上年增长 47.2%，所占比重达到 59.8%，比上年提高 9.8 个百分点，对全县工业增长贡献率达到 81.3%。

2008 年，全县实现工业总产值 143.34 亿元，比上年增长 39.8%。六大主导行业实现总产值 116.29 亿元，比上年增长 50.4%，占全部工业的 81.1%，比上年提高 5.7 个百分点。全年临港工业总产值 98.13 亿元，比上年增长 60.0%，所占比重达到 68.5%，比上年提高 8.7 个百分点，对全县工业增长贡献率达到 90.2%，比上年提高 8.9 个百分点。

2009 年，全县实现工业总产值 228.08 亿元，比上年增长 59.1%。六大主导行业实现总产值 204.09 亿元，比上年增长 75.5%，占全部工业的 89.5%，比上年提高 8.4 个百分点。全年工业销售产值 227.73 亿元，比上年增长 60.1%，产销率 99.8%。全年临港工业总产值 190.51 亿元，比上年增长 94.1%，所占比重达到 83.5%，比上年提高 15 个百分点，对全县工业增长贡献率达到 109.2%，比上年提高 19 个百分点。

2010 年，全县实现工业总产值 300.54 亿元，比上年增长 31.8%。六大主导行业实现总产值 274.87 亿元，比上年增长 34.7%，占全部工业的 91.5%，比上年提高 2 个百分点。全年临港工业总产值 258.65 亿元，比上年增长 35.8%，所占比重达到 86.1%，比上年提高 2.6 个百分点，对全县工业增长贡献率达到 94.0%。

2011 年，全县实现工业总产值 335.06 亿元，比上年增长 11.5%。其中 500 万元以上的工业总产值 287.59 亿元，比上年增长 10.3%，工业销售产值 286.63 亿元，比上年增长 10.2%，产销率 99.7%。500 万元以上工业企业六大主导行业实现总产值 275.04 亿元，比上年增长 10.4%，所占比重为 95.6%。全年 500 万元以上工业中临港工业完成总产值 265.87 亿元，比上年增长 10.4%，对全县 500 万元以上工业总产值的贡献率为 93.3%，占 500 万元以上工业总产值的比重为 92.4%。其中轻工业产值 18.83 亿元，增长 24.4%，重工业产值 268.76 亿元，增长 9.4%，轻重工业比例由上年的 1∶16.85 变为 1∶14.27。

2012 年，全县实现工业总产值 342.02 亿元，比上年增长 2.1%。其中 500 万元以上工业总产值 287.72 亿元，比上年增长 4.9%，工业销售产值 284.96 亿元，比上年增长 4.3%，产销率 99.0%。500 万元以上工业企业六大主导行业实现总产值 274.70 亿元，比上年增长 5.1%，所占比重为 95.5%。全年 500 万元以上工业中临港工业完成总产值 266.85 亿元，比上年增长 4.8%，对全县 500

万元以上工业总产值的贡献率为 90.9%，占 500 万元以上工业总产值的比重为92.7%，比上年提高 0.3 个百分点。其中轻工业产值 16.42 亿元，下降 0.6%，重工业产值271.30 亿元，增长 5.3%，轻重工业比例由上年的 1∶14.27 变为1∶16.52。

6.1.6 嵊泗县

嵊泗县凭借国际大港开发优势，做大做强涉港产业。以洋山国际深水港为依托，充分利用围垦土地与岸线资源优势，全面实施“以港兴县”战略，做大做强涉港产业。实施“万亩”围垦工程。加快马迹山大宗散货中转基地、绿华国际锚地水水中转基地建设，形成辐射长三角的大宗物资加工中转储运基地。加快建设洋山、马关两大综合性物流区。大力发展临港工业，提升传统优势产业，加快大宗物资加工、船舶工业、临港化工、水产品精深加工等产业发展，形成四大工业区块。加快大宗物资仓储集散中转加工基地的建设，重点布局各种装配制造等项目，发展大进大出、效益大幅增值的大宗货物加工配送产业。抓住舟山建设全省船舶工业龙头基地、全国重要修造船基地的有利机遇，依托洋山港、马迹山港等港口以及捕捞船只和港口运输船只的资源优势，加快与国内外船舶企业的合资合作，引进国外先进技术，提升产业竞争力。重点发展大型船舶和集装箱修造产业，加快推进洋山 10×10^4t 级修造船项目的建设；积极创造条件，加快与国内外船舶企业的合资合作，引进国外先进技术，推进船舶工业技术改造步伐，着力发展大型船舶航修业，提升产业竞争力。

2003 年，工业生产持续上年的快速增长态势。全年完成工业总产值 160 233 万元，比上年增长 29.4%；实现销售产值 150 776 万元，增长 32.7%；实现工业增加值 35 184 万元，比上年增长 18.0%。全县工业经济以洋山港开发为契机，以扶持三优为抓手，努力克服非典、伊拉克战争和干旱的负面影响，大力推进优势企业的产业升级和技术创新，加大对工业主导产业的培育和对水产加工业的改造，工业行业和产品结构得到极大的优化，资源型工业和非资源型工业均得到大力发展，逐步形成以水产品加工业、石材开采业和化学纤维制造业三大行业为主体的特色工业经济体系，2003 年这三大行业占全部工业产值的比重达 87.6%。

2004 年，工业生产快速增长。全年完成工业总产值 200 254 万元，比上年增长 25.0%，全部工业销售产值 193 024 万元，增长 28.0%；全年工业增加值 44 481 万元，比上年增长 21.7%。石料开采业、化学纤维制造业两大行业成为该县工业经济快速发展的主推力。全年这两大行业实现工业总产值 105 757 万元，比上年增长 43.5%，占全部工业总产值的比重由上年的 46.0% 进一步上升至 52.8%，提高了 6.8 个百分点，拉动全部工业总产值增长 20.0 个百分点。

2005 年完成工业总产值 241 279 万元，比上年增长 20.5%。产销衔接良好，全部工业实现销售产值231 402万元，增长19.9%，产销率为95.9%。全年工业增加值7.39亿元，比上年增长16.8%。规模工业拉动强劲，重点行业带动效应明显。全县水产品加工业、化学纤维制造业两大重点行业实现工业总产值139 064万元，比上年增长32.6%，占全部工业总产值的57.6%，拉动全部工业总产值增长17.1个百分点。

2006年，工业生产稳中有升。全县工业总产值28.01亿元，比上年增长16.1%。产销衔接良好，全部工业销售产值26.36亿元，增长13.9%，产销率为94.1%。主导行业拉动作用明显。水产品加工业和化学纤维制造业这两大主导行业继续保持两位数的百分点增长。2006年全县水产品加工业完成产值9.57亿元，比上年增长23.2%；化学纤维制造业实现产值10.04亿元，增长63.6%，这两大主导行业拉动全县工业总产值上升23.7个百分点。电力生产供应业基本保持上年水平，完成产值0.82亿元。石材开采业呈持续下滑态势，完成产值5.21亿元，下降12.8%。

2007年全县实现工业总产值28.02亿元，保持上年水平。分行业看，石材开采业产值6.10亿元，增长17.1%；医疗器械制造业产值0.23亿元，增长35.3%；电力生产供应业产值0.92亿元，增长11.2%；水产品加工业、化学纤维制造业、船舶修造业产值均比上年下降，产值分别为9.50亿元、9.03亿元和0.10亿元，降幅分别为0.8%、10.0%和2.0%。

2008年全县实现工业总产值20.04亿元，比上年下降7.8%。随着嵊泗县用电量的快速上升，电力生产供应业产值增长尤为迅速，全年实现产值1.62亿元，增长76.7%；石材开采业产值6.11亿元，增长0.1%；医疗器械制造业产值0.33亿元，增长44.5%；水产品加工业、化学纤维制造业、船舶修造业产值均比上年下降，产值分别为8.46亿元、1.11亿元和0.09亿元，降幅分别为10.9%、59.7%和15.2%。个私工业实现总产值15.20亿元，下降4.0%。

2009年，全县实现工业总产值18.48亿元，比上年下降7.8%。水产品加工业、机械制造业、船舶工业产值均保持不同幅度的增长，全年分别实现产值9亿元、0.63亿元和0.10亿元，比上年分别增长6.4%、11.7%和20.6%。石材开采业和化学纤维制造业产值比上年有较大幅度的下降，全年分别实现产值4.47亿元和0.52亿元，降幅分别为26.8%和53.4%。个私工业实现总产值14.31亿元，下降5.9%。

2010年，全县实现工业总产值18.24亿元，比上年下降1.3%。分行业看，水产品加工业、电力供应业产值均保持不同幅度的增长，全年分别实现产值9.9亿元和2.0亿元，比上年分别增长9.7%和30.9%。石材开采业、化学纤维制造业、船舶工业产值比上年有较大幅度的下降，全年实现产值2.45亿元、0.17亿元、0.09亿元，分别下降45.2%、66.7%和12.3%。

2011年，全县工业生产保持平稳发展。实现工业总产值20.01亿元，比上年增长8.6%。其中，规模以下工业实现总产值15.3亿元，同比增长12.5%，对全县工业拉动作用明显。重点行业贡献突出，占全县主导地位的水产加工、电力供应、石材开采三大行业产值均保持不同幅度的增长，全年分别实现产值10.27亿元、2.36亿元和2.63亿元，比上年分别增长4.0%、17.2%和7.4%。

2012年，全县实现工业总产值21.27亿元，比上年增长6.3%。其中，规模以上工业实现总产值6.21亿元，同比增长15.2%；规模以下工业实现总产值15.06亿元，同比增长3.0%。分行业看，水产品加工、电力生产供应业、船舶工业、纺织服装四大行业实现工业总产值11.36亿元、2.52亿元、0.19亿元和0.06亿元，同比分别增长10.7%、5.2%、100.8%和8.2%，机械制造业和石材开采业实现工业总产值0.66亿元和2.58亿元，与上年相比分别下降1.9%和1.8%。个私工业增长迅速，全年实现总产值15.60亿元，增长6.2%。全县工业销售产值18.78亿元，同比增长9.1%，全年产销率93.9%。

6.1.7 玉环县

玉环经济开发区位于玉环县西南部，濒临国家二类口岸——大麦屿天然深水良港。全区陆域面积70.93 km^2，人口8.21万，下辖6个社区、48个行政村。开发区建于1992年6月，1993年11月经浙江省人民政府批准升格为省级经济开发区。开发区建立以后，本着“依港兴贸，以贸促港，工贸并举，全面发展”的思路，将整个大麦屿港区规划为浅水区，港口深水码头大型基础设施功能区和锚地功能区3个区域。浅水区主要为中小型船舶和辅助性船舶航运和避风所用；港口深水码头大型基础设施功能区主要兴建各种万吨级乃至十万吨级码头，用于港口进出物资装卸、集疏；锚地功能区主要用于提供船舶锚泊，等待引航和检验检疫。建区以来，开发区人锐意开拓，奋发进取，实现了港口开发、招商引资、经济建设和社会各项事业的全面进步。

结合大麦屿自身特点，发展临港型工业：①合理布局产业。以大麦屿港口为依托，布局相关支柱产业和重点工业项目，建立临港工业区，发展电力、石化、造船、精密仪器、五金机械及粮食加工等工业，形成浙江省中南部大型的石化、能源工业基地和出口加工基地。②加快发展临港工业。大麦屿港目前已被浙江省定位为发展能源、石油等大型工业基地建设以及包括粮食在内的大型散货水水中转为主的深水港口。当前应积极吸引国内外投资商借助大麦屿港逐步完善的功能条件发展电力能源油气储运、石油深加工和粮食深加工等临港工业项目。

2002年，通过推进科技进步，加快工业园区建设，实施名牌战略，加速推进工业集聚等措施，工业经济保持较快增长。全年实现工业增加值54.00亿元，比上年增长16.8%。

2003年开始重点行业突出，构成发生了新的变化，全年实现的产值中，通用设备制造业和交通运输设备制造业继续起到了支柱作用，比重分别占了31.8%和21.9%，大大高于其他行业。

2004年，工业经济保持较快增长态势。预计全年实现工业增加值55.56亿元，比上年增长44.7%。全年实现的产值中，通用设备制造业和交通运输设备制造业继续起到了支柱作用，比重分别占了44.5%和30.6%，大大高于其他行业。

2005年，工业经济围绕打造先进特色制造业基地这一目标，继续推进工业结构调整。重点行业保持优势，特色十分明显。全年实现的产值中，通用设备制造业和交通运输设备制造业继续起到了支柱作用，比重分别占了33.9%和34.0%，占据了全县整个工业的绝大比重。

2006年，坚持“工业立县”战略，围绕打造先进特色制造业基地目标，大力拓展发展空间，破解要素瓶颈制约。扶持优势产业和重点企业，推进科技进步，鼓励技术创新，抓品牌培育，抓市场拓展，促进工业经济持续快速增长。全年实现工业增加值130.76亿元。重点行业保持优势，特色更趋明显。全年实现的工业产值中，通用设备制造业和交通运输设备制造业继续起到了支柱作用，分别实现产值144.18亿元和70.80亿元，占规模以上工业总产值的64.2%，大大高于其他行业。

2007年，继续坚持“工业立县”战略，围绕先进特色制造业基地建设目标，大力拓展发展空间，破解要素瓶颈制约。积极扶持优势产业和重点企业，鼓励技术创新，推进科技进步，促进工业经济持续快速增长。全年工业总产值724.1亿元，其中规模以上工业总产值467亿元。

2009年，继续推进工业结构调整。全县国有及年销售收入500万元以上工业企业实现总产值467.02亿元，其中重工业产值401.58亿元，增长36.9%；轻工业产值65.44亿元，增长13.9%，重型化趋势继续加快。支柱产业支撑作用明显。全年实现的工业产值中，以阀门为主的通用设备制造业和以汽摩配为主的交通运输设备制造业继续起到了支柱作用，分别实现产值161.90亿元和88.57亿元，占规模以上工业总产值的53.6%，大大高于其他行业。

2010年，玉环县大力拓展发展空间，狠抓沿海产业带建设，以打造先进制造业基地为抓手，加快工业经济的产业转型升级，帮助企业推进体制创新、科技创新、管理创新，尽力减少国际金融危机对玉环县工业经济造成的严重影响。临港产业中通用设备制造业实现产值170.58亿元，比上年增长52.9%；以交通运输设备制造业实现产值为137.23亿元，比上年增长51.7%。

2011年，全县实现生产总值320.56亿元，按可比价格计算，比上年同期增长9.7%，其中第一产业增加值为14.54亿元，增长3.3%；第二产业增加值为202.19亿元，增长10.5%；第三产业增加值为100.84亿元，增长9.1%。其中规模以上工业企业总产值为283.73亿元，比2010年同期增长18.0%，完成工业增加值为64.01亿元，增长12.5%。全县13个重点行业产值均保持不同程度的增长：①通用设备制造业增长较快。以阀门为主的通用设备制造业产值为78.86亿元，占总产值的24.6%，增长18.7%，高出玉环县规模以上工业平均水平0.7个百分点。②交通运输设备制造业增长平稳。以汽摩配为主的交通运输设备制造业产值为58.58亿元，增长13.4%，低于全县规上工业平均水平4.6个百分点。③家具行业有所回暖。上半年，家具行业实现总产值为8.78亿元，增长4.4%，与一季度的负增长相比，家具行业有向好发展的势头。

2012年，全县以科学发展观为统领，以全岛新型城市化为主战略，实现工业总产值1 275.2亿元，比2011年增长5.8%。其中，规模以上工业总产值为612.47亿元，增长3.7%，实现增加值为119.75亿元，增长2.7%。具体表现为：①重点行业负增长或增长低迷。全县规模以上的23个重点行业中有10个行业为负增长。其中，电力、热力生产和供应业产值为118.12亿元，下降2.4%，汽车制造业产值为108.02亿元，下降0.4%；通用设备制造业产值为158.46亿元，增长5.1%；家具制造业为20.68亿元，增长1.4%。②产值下降企业数占比较大。全县619家规模以上工业企业中，产值负增长的有301家，占全部工业企业比重的48.6%，其中产值下降0~10%之间的有123家，下降10%~20%的有76家，下降20%~30%以及30%以上的均为51家。③亏损企业增多。规模以上工业企业中亏损企业数占10.5%，比重比2011年提高1.4个百分点。

6.1.8 洞头县

洞头县拥有丰富的海岛海洋资源，特别是深水岸线27 km以上，可建近百个1~20万吨级深水泊位。在此规划建设临港工业区，有着天然的区位优势。依托深水港口的优势条件，洞头近年来加快临港工业的发展，提高临港工业在全县国内生产总值中所占的比重，全力推进新型工业化和产业结构的优化提升。根据重比工业向深水滨海区域集聚的世界性产业转移趋势，利用重比工业对大吨位深水泊位的特殊需求，扩大现有小门岛LPG储备中转基地和30万吨级沥青加工厂规模，建设产业高度集聚的温州石化城。同时状元岙港区产业基地作为温州临港工业的中心发展轴，积极发展工业、物流、出口加工、商贸、旅游等二、三产业。

2002年，工业经济在结构调整中呈现快速增长，整体素质有了新的提高。全年完成工业增加值2.07万元，比上年增长16.8%，实现工业总产值9.03亿元，增长14.6%。

2003年，加快海洋开发步伐，临港型工业经济保持较快增长。充分发挥海洋港口优势，大力发展临港型海洋工业经济，加快海洋特色工业区建设成效显现，工业区建设步伐加快，启动杨文工业区、科技工业区和南塘水产品加工区。

全年实现工业增加值 2.5 亿元，比上年增长 20.8%，完成工业总产值 11.1 亿元，增长 23.3%。石化工业成为工业经济发展新亮点，实现产值 1.08 亿元，拉动全县工业经济增长 11.97 个百分点。

2004 年以后，优势产业支撑力继续增强，充分发挥海洋港口优势，大力发展临港型海洋工业经济，优势产业支撑力不断增强，石化工业继续保持强劲增长，全年实现产值 4.96 亿元，增长 3.6 倍，拉动全县工业经济增长 34.3 个百分点。2005 年和 2006 年石化产业分别实现了 48.8% 和 58% 的增长率。

2005 年，石化工业增势强劲，主导产业支撑力继续增强。以海洋港口优势为依托，大力发展海洋石化、水产品加工等海洋工业经济，六大支柱行业稳步增长，实现产值 20.02 亿元，增长 50.9%，增幅提高了 8.4 个百分点，占全部工业总产值比重的 90.8%，提升了 4.2 个百分点。石化工业增势强劲，全年实现产值 10.75 亿元，增长 48.8%，拉动全县工业经济增长 38.2 个百分点。

2006 年，工业总量持续较快增长，临港工业支撑力进一步凸显。大力推进临港工业经济发展，有力拉动区域工业较快增长，全年完成工业总产值 27.6 亿元，增长 25.4%，实现工业销售产值 24.9 亿元，增长 10.9%，对全县经济的贡献率达到 36.1%，占全县国内生产总值比重提升了 2.1 个百分点，工业用电量 $3\,140\times10^4$ kW·h，增长 22.1%。以海洋石化、海洋医药、水产品加工为主导的临港工业经济发展态势良好，六大支柱行业较快增长，实现产值 25.5 亿元，增长 27.5%，增幅高于全部工业 2.1 个百分点，占全部工业总产值比重的 92.5%，提升了 1.7 个百分点。

2007 年，临港工业增势强劲。全年完成工业总产值 34.50 亿元，增长 25.1%，实现工业销售产值 34.10 万元，增长 36.9%，对全县经济增长的贡献率达到 34.0%，占全县国内生产总值比重提升了 0.7 个百分点，工业用电量 $3\,731.41\times10^4$ kW·h，增长 9.4%。以海洋化工、医药为主导的临港工业发展态势良好，实现产值 25.20 亿元，增长 32.6%，六大行业保持较快增长，实现产值 32.46 亿元，增长 27.2%，增幅高于工业增长 2.1 个百分点，占全部工业总产值比重的 94.1%。

2008 年，工业生产实现突破。2008 年，全县实现工业总产值 40.25 亿元，同比增长 16.7%。临港工业发展良好。石化行业增势强劲，拉动临港工业快速增长，实现产值 28.17 亿元，增长 11.8%，增幅高于全社会工业增长 4.5 个百分点，占全部工业总产值比重的 70%。

2009 年，石化行业支撑增强。临港工业实现产值 34.95 亿元，较上年增长 14.5%；其中石化行业产值 30.9 亿元，占全部工业总产值比重的 68.6%，较上年提升 3.9 个百分点。

2010 年全县实现工业总产值 48.33 亿元，较上年增长 7.3%；其中规模以上工业实现产值44.03亿元，增长26.5%。海洋经济较快发展，实现海洋经济总产出85亿元，较上年增长17.1%。半岛工程实现全面通车，临港工业、港口物流、海洋旅游等产业得到较快发展，基本实现预期发展目标。2010年工业经济保持稳定增长。运行质量明显提高，40家规模以上企业全年实现利税总额达4.66亿元，同比增长24.5%，其中利润总额达1.76亿元，同比增长22.7%。以石化为主的临港工业成为领头雁，石化产值对工业总量扩大的贡献率达84%。

2011年是“十二五”开局之年，全县实现地区生产总值39.32亿元，较上年增长9.4%，其中全县实现工业总产值53.72亿元，较上年增长11.2%。六大主要行业实现产值51.79亿元，较上年增长8.2%，除机械汽配基本持平，其他行业均呈增长态势。

2012年全年实现地区生产总值44.09亿元，较上年增长9.9%，其中工业增加值11.53亿元，增长8.1%。受国内外市场需求不足影响，工业经济表现出前低后高向好态势，全年实现工业总产值58.02亿元，较上年增长8.0%；其中六大主要行业实现产值56.121亿元，较上年增长8.4%；化学工业、机械汽配、电子电器、医药工业、水产品加工、建材行业产值较上年分别增长6.9%、14.0%、9.5%、38.6%、2.7%和1.6%。

6.1.9 崇明岛

随着经济发展，崇明县产业结构调整力度加大，经济总量跃上新台阶，国民经济保持较快发展。该县以长兴岛国家新型工业化产业示范基地建设为契机，进一步构建“一体两翼”工业格局，着力发展海洋装备产业，大力发展船舶制造业，积极培养发展石油化工业等临港工业。

2002年，全县工业在深化改革、积极调整中寻求发展，逐步显示出新的生机和活力，一批新的增长点的形成，对全县工业经济起着有力的拉动作用，工业生产开始呈现快速发展的良好势头，发展速度为近几年来最快的一年。2002年完成工业总产值69.0亿元（按1990年不变价格计算为74.0亿元），比上年增长8.6%。全年完成工业销售产值67.6亿元，比上年增长7.3%。工业经济运行质量明显提高，亏损企业减少，亏损额下降。2002年全县独立核算工业企业实现利润总额3.4亿元，比上年增长27.1%；共有亏损企业134家，比上年减少12家，发生亏损额3 628万元，比上年下降26.2%。传统工业在调整、改造中得到提升，纺织、金属制品、电气器械及器材制造业三个行业完成工业总产值34.3亿元，占村以上工业的54.5%。

2003年，全县工业在激烈的市场竞争中，进一步深化企业改革，努力调整产品结构，逐步实施企业向园区集中的战略，用高新技术改造提升传统工业，使工业生产保持快速发展的良好势头。2003年完成工业总产值79.9亿元（按1990

年不变价格计算为83.1亿元），比上年增长12.2%。全年完成工业销售产值80.8亿元，比上年增长19.6%。工业经济运行质量明显提高。2003年全县独立核算工业企业实现利润总额4.2亿元，比上年增长25.8%。

2004年，全县工业围绕产业发展，抓好产品结构的调整，以“工业向园区集中”为抓手，注重扶持重点及优势行业，全县工业经济呈现逐月加速态势，2004年完成工业总产值92.0亿元，比上年增长15.1%。全年完成工业销售产值91.3亿元，比上年增长13.0%。工业企业经济效益显著提高。2004年全县完成工业增加值24.1亿元，比上年增长18.9%，全年实现利润总额4.5亿元，比上年增长5.6%。

2005年，工业企业克服交通不便、原材料能源紧张等不利影响，行业结构调整力度进一步加大，重点产品、优势行业在全县工业中所占的份额增加，工业生产产销衔接良好。全年完成工业总产值116.8亿元，比上年增长15.7%。完成工业销售产值114.9亿元，比上年增长14.8%。工业企业的经济效益继续提高。2005年全县完成工业增加值30.6亿元，比上年增长18.3%；全年完成利润总额5.4亿元，比上年增长4.4%。规模以上工业企业优势明显，全年完成工业总产值98.9亿元，占全县工业总产值的84.7%。重点行业增长幅度明显，医药、海洋设备制造业的产值增幅均超过50%。

2006年，工业企业产品结构调整进一步加大，长兴海洋装备岛建设有力推进，工业生产呈现持续、稳定增长，生产总量达历史最高水平。2006年完成工业总产值131.3亿元，比上年增长12.4%；完成工业销售产值131.0亿元，比上年增长13.9%；产销率达99.8%。工业企业的经济效益继续提高。2006年全县完成工业增加值36.3亿元，比上年增长18.3%；全年完成利润总额6.8亿元，比上年增长15.0%。规模以上工业企业在全县工业中占主导地位，全年完成工业总产值110.1亿元，占全县工业总产值的83.9%。和三岛功能定位相匹配的重点支柱行业增长幅度明显，通用设备、金属制品和交通运输设备制造这三大行业的产值达61.6亿元，比上年增长26.7%。

2007年，工业生产保持较快的发展水平，呈现产销两旺的态势，成为该县经济发展中的主导产业。全年完成工业总产值147.7亿元，比上年增长12.5%，完成全年目标任务的100.4%，其中规模以上工业优势比较明显，完成工业总产值132.2亿元，占全县工业的89.5%。长兴海洋装备岛建设的有力推进，成为该县工业经济一个新的增长点，海洋装备产业实现产值40.1亿元，比上年增长39.5%，四大工业企业在长兴建成投产后，对该县工业结构调整、产业水平的提升产生重要的影响。从行业构成来看，工业结构调整力度加大，传统行业比重逐步减小。通用设备、交通设备、金属制品业成为该县工业的三大主导行业，其产值占全县工业的比重达47.8%，纺织和黑色加工业的产值比重由原来的前两位下降至第四、第五位。工业经济效益和产值保持同步增长，税金增幅高于产值增长。全年实现税金总额 5.1 亿元，比上年增长 33.9%，高于工业总产值增速 21.4 个百分点。

2008 年，工业经济保持平稳的发展速度，但全球金融危机的逐步蔓延，对工业生产造成一定的冲击，工业增速下行压力加大，第四季度发展速度明显低于前三季度。2008 年完成工业总产值 162.5 亿元，比上年增长 10%，完成全年目标任务的 100%，其中规模以上工业完成工业总产值 148.5 亿元，占全县工业的 91.4%。海洋装备产业是该县经济发展的一个新增长点，全年完成工业总产值 63 亿元，占全县工业的 38.8%，已成为该县工业的主导行业。工业结构调整力度进一步加大，按照县节能减排的实施方案，该县对 25 家能耗高、污染重的劣势企业进行了调整，通用设备、交通设备、金属制品业这三大主导行业的比重逐年提高，其产值占全县工业的比重达 62.6%，比上年提高 14.8 个百分点。

2009 年完成工业总产值 293.5 亿元，比上年增长 54.4%，完成全年目标任务的 171.1%。其中规模以上工业完成工业总产值 280.2 亿元，占全县工业的 95.5%。随着长兴海洋装备岛建设初具规模，海洋装备产业对全县工业生产的拉动作用十分明显，全年完成工业总产值 167.4 亿元，比上年增长 178.4%，占全县工业总产值比重达 1/2 强。工业结构调整力度进一步加大，和三岛功能定位相适应的通用设备和交通制造业引领该县工业经济发展，其产值占全县工业的比重达 65.7%，比上年提高 19.3 个百分点。四大传统行业生产总量明显下降，黑色金属冶炼及压延加工业完成产值 10.4 亿元，与上年相比持平；金属制品业完成产值 18.9 亿元，同比下降 11.2%；纺织业完成产值 8.9 亿元，同比下降 19.7%；电气机械及器材制造业完成产值 10.6 亿元，同比下降 1.0%。工业生产产销衔接良好。全年工业产品产销率达到 97.2%。工业经济效益和产值保持同步增长，全年工业企业实现利润总额 11.2 亿元，比上年增长 54.0%。

2010 年，全县工业发展势头强劲，工业生产总量实现新突破，海洋装备业成为该县经济发展新的增长点。2010 年，工业企业实现总产值突破 300 亿大关，达到 376.4 亿元，比上年增长 28.3%。其中规模以上工业企业实现总产值 364.3 亿元，比上年增长 38.9%，占全县工业总产值的 96.8%。全县六大主导行业完成工业总产值 315.5 亿元，比上年增长 30%，占规模以上工业总产值的比重达到 95.5%。其中交通运输设备制造业、金属制品业、金属冶炼及压延加工业、纺织业和电气机械及器材制造业等持续较快增长，增幅达 30% 以上；通用设备制造业比上年略有下降。海洋装备业成为该县工业生产发展的新引擎。2010 年，该县海洋装备业企业数量增多，规模扩大，产值呈现较快增长，全年实现工业总产值240.3亿元，比上年增长37.6%，占全县工业总产值比重达63.8%。受金融危机影响，造船企业经济效益有所下降。

2011年全县工业经济快速增长，海洋装备业逐步做大做强。实现工业总产值457.8亿元，比上年增长21.6%，其中：规模以上工业产值412.0亿元，比上年增长13.1%，占全县工业总产值的90.0%。全县六大主导行业完成工业总产值388.8亿元，比上年增长20.8%，占规模以上工业总产值的比重达到84.9%。其中黑色金属冶炼及压延加工和交通运输设备制造业生产形势良好，发展速度领先于其他各行业，分别增长132.4%和29.2%；通用设备、金属制品业、纺织业及电气机械及器材制造业均保持平稳增长态势。工业经济效益保持良好发展势头。海洋装备业做大做强，崇明县被认定为全国12个国家船舶出口基地之一。海洋装备业在崇明县工业生产中优势明显，2011年海洋装备产业实现工业总产值295.5亿元，占全县工业总产值的64.5%，比上年增长26.1%。

2012年工业生产形势严峻。在国内外复杂多变经济形势的影响下，全县工业经济下行压力较大，全年工业总产值达414.8亿元，比上年下降9.4%。其中：规模以上工业产值381.1亿元，比上年下降7.5%，占全县工业总产值的91.9%。由于国际航运贸易环境仍然不景气，海洋装备产业实现工业总产值266.0亿元，比上年下降10.1%，占全县工业总产值的比重达64.1%，对全县经济增长影响十分明显。

6.1.10 东山县

2003年，工业生产较快增长。全县完成工业增加值10.08亿元，比上年增长11.7%，对经济增长贡献率达到31.6%。其中，规模以上工业企业增加值4.0亿元，增长30.0%。规模以上工业企业总产值13.59亿元，占全部工业产值的35.6%。其中，国有企业产值增长20.2%，集体企业下降4.0%，三资企业增长29.6%，其他经济类型企业增长35.3%。

2004年，工业生产快速发展。全县完成工业增加值11.2亿元，比上年增长14.1%，对经济增长的贡献率达到27.8%。其中，规模以上工业企业增加值5.0亿元，增长30.0%。全年全社会工业总产值37.32亿元，增长15.1%。其中，规模以上工业企业总产值17.3亿元，增长30.6%。

2005年，工业生产增长快速。全年全县完成工业增加值8.5亿元，比上年增长18.7%，拉动国内生产总值增长4.5个百分点。其中，规模以上工业企业增加值6.21亿元，增长29.1%。全年全社会工业总产值31.54亿元，增长25.6%。其中，规模以上工业企业总产值23.62亿元，增长33.1%。全年新增规模工业企业19家，退出5家，净增14家。年产值超亿元企业6家，超5 000万元企业6

家。在规模工业中，国有工业企业10家，产值2.1亿元，增长19.3%；集体和股份合作工业企业6家，产值0.96亿元，增长12%；三资工业企业29家，产值9.08亿元，增长8.1%；私营工业企业41家，产值11.48亿元，占全县规模工业总产值的48.6%，增长68.7%，拉动增长26.1个百分点，增长贡献率超八成，私营工业成为县域经济工业发展的领头羊。从主要支柱产业看，水产品加工及果蔬加工制造39家，产值13.1亿元，占全部规模工业总产值的55.4%，增长17.0%；能源电力3家，产值4.7亿元，增长2.4倍；建材工业10家，产值1.3亿元，增长25%；包鞋纺制造12家，产值2.0亿元，增长70.7%；渔需制品6家，产值1.5亿元，增长33.0%。

2006年，工业生产增长快速。全年全县完成工业增加值12.1亿元，比上年增长27.7%，拉动国内生产总值增长8.0个百分点，其中规模以上工业企业增加值10.0亿元。全年全社会工业总产值40.3亿元，增长30.2%。其中，规模以上工业企业总产值32.83亿元，增长37.6%。全年新增规模工业企业19家，2006年年末全县规模工业企业达到105家，突破百家。全年规模工业总产值32.8亿元，增长37.6%，比2005年提高4.5个百分点，高出全市水平（27.6%）10个百分点。主要特点：①企业个体不断壮大，单家产值达到3 127万元，较上年增加380万元，全年上亿元企业8家，5 000万元至1亿元企业7家；②新增企业拉动强，全年实现产值2.1亿元，拉动增长8.7个百分点，贡献率达22.6%；③私营工业迅猛发展，实现产值19.6亿元，占全部规模工业六成的产值，增长57.2%，拉动增长30.2个百分点，贡献率达78.1%；④"三大支柱"产业领先发展，食品工业、渔需制品和能源工业分别增长38.8%、34.3%和58.3%，产值比重分别达到55.4%、6.1%和22.5%；⑤镇域工业加快发展，全县7个乡镇中有4个产值增幅超过50%；⑥企业效益有所提升，全年规模工业产销率达92.9%，出口交货值12.3亿元，增长26.7%。

2007年，工业保持快速增长。全年全县完成工业增加值14.4亿元，比上年增长18.7%，拉动国内生产总值增长7个百分点，其中规模以上工业企业增加值11.6亿元。全年全社会工业总产值48.2亿元，增长21.9%。其中，规模以上工业企业总产值40.3亿元，增长24.6%。全年共新增规模工业企业19家，年末全县规模工业企业达到104家。主要特点：①企业单体规模逐步壮大，户均产值3 875万元，上亿元企业9家，较上年分别增加750万元和2家；②民营工业发展迅猛，产值28.1亿元，占比约七成，增幅达到43%，拉动增长25.8个百分点；③行业集中度不断提升，两大产业（即食品工业和能源化工）分别完成产值22.7亿元和9.6亿元，合计份额占80.2%，增幅为24.9%和29.7%；④产销衔接好于2006年水平，全年产销率达到96.2%，高出3.4个百分点；⑤企业效益有所提升，全年经济效益综合指数达到153.28，较上年提高7.28个百分点。全年规模工业出口交货值15亿元，增长21.9%。

2008年，工业总量扩大，竞争力增强。全年新增规模工业企业16家，全县118家规模工业企业实现产值48.3亿元，增长20.4%，增幅连续5年保持在20%以上。主要亮点：①企业个头壮大，市场竞争力提升。产值超亿元企业达到11家，比2007年多出2家（比2005年多出5家），贡献全部规模工业产值过半，拉动增长10.4个百分点；亿元以下5 000万元以上企业11家，比2007年多出4家。②海岛特色产业——水产品加工业蓬勃发展。46家水产加工企业实现产值27.4亿元，占全部规模工业产值的56.7%，增幅达到59.3%，拉动增长25.5个百分点，有8家水产企业产值超过亿元。③外资工业重现活力，贡献率高。29家外资规模工业企业实现产值17.1亿元，占全县规模工业产值的35.4%，份额较2007年提高10.8个百分点，增幅31.7%，步出2007年下降9.6%的阴影，拉动增长10.3个百分点，其中有4家外资企业产值超亿元，3家产值超5 000万元。④在世界金融危机面前，政企联手有效应对，产销衔接较好。全年产销率97.4%，比2007年提高1.2个百分点；产品出口逆势上走，出口交货值24.5亿元，比增63%，外向依存度较2007年提高13个百分点。

2009年，全县工业总产值完成71.1亿元，增长33.7%。实现工业增加值20.51亿元，增长24.3%，拉动国内生产总值增长8.7个百分点。全年规模工业企业新增16家，达到126家，创造工业增加值15.56亿元，增长32%；规模工业产值达到62.37亿元，增长38.6%，增幅创10年来新高。工业产销率达到98.3%，同比上升0.9个百分点；企业用电量达到14 481 × 10^4 kW · h，增长33.4%；产品外向依存度达到60.7%，同比上升8.5个百分点。特色产业贡献突出。水产品加工产值42.4亿元（占比68%）、玻璃建材产值6.8亿元（占比11%），分别增长59.2%和1.9倍，增长贡献率达到99.96%和30.6%。全县上亿元企业再增2家，共有13家，两大行业合占12家。更可喜的是旗滨第二条生产线、风电二期、融丰水产、腾新食品等一批大项目、好项目相继投产，增添了2010年的持续增长后劲。

2010年，全县工业总产值完成108.6亿元，增长51.8%；工业增加值实现28.45亿元，增长29.6%，拉动国内生产总值增长11个百分点。全年规模工业产值接近百亿元，达到99.91亿元，增长57.3%；增加值达到28.25亿元，增长45.9%。规模工业企业新增13家，累计达到138家；用电量19 472 × 10^4 kW · h，增长35.1%。从经济类型看，国有工业实现产值3.2亿元，增长12.5%；三资工业实现产值25.09亿元，增长31.2%；其他类型工业实现产值71.61亿元，增长70%。从主导产业看：①水产品加工业蓬勃发展。58家水产加工企业实现产值70.74亿元，占全部规模工业产值的70.8%，增幅达到61.7%，拉动增长41.1个百分点，有18家水产企业产值超过亿元；②玻璃建材工业异军突起，实现产值15.68亿元，占全部规模工业产值的15.7%，增长1.2倍，拉动增长10.7个百分点。从企业实力看：①企业单体规模壮大，市场竞争力提升。产值超亿元企业达到21家（其中超10亿元2家），比2009年多出8家。②企业效益持续提升，全年产销率98%，经济效益综合指数208.62%，比2009年高出37.41个百分点。“十一五”时期全县工业总产值年均增长30.6%，规模工业产值年均增长35.1%，均较“十五”提升20.4个百分点。全年规模以下工业企业实现产值8.72亿元，增长7.7%。

2011年全县规模工业企业129家累计完成产值101.86亿元，增加值28.09亿元，现价增长分别高达49.3%和50.4%，可比增幅为22.9%和23.8%，高出全市3.2个百分点和3.8个百分点。57家水产品加工企业完成产值69.95亿元，同比增长21.1%，拉动增长14.9个百分点；20家玻璃建材业企业完成产值20.41亿元，同比增长45.9%，拉动增长6.9个百分点，两者共担规模工业产值的88.7%。

2012年全县规模工业实现产值111.3亿元，增加值30.1亿元，分别增长29.6%和29.5%，可比增幅高出全市3.7个百分点和3.3个百分点，均居全市第5位。工业运行的主要特点是聚集度不断提高。①两大主导产业（水产品加工业和玻璃建材业）合计实现产值102.68亿元，支撑全县规模工业的92.3%，增长贡献率达到93.5%。②民营工业实现产值87.61亿元，增长25.5%，增幅分别高出国有与三资工业3.1个百分点和24.3个百分点；在规模工业中占比78.7%，拉动增长28.1个百分点。

6.1.11 南澳县

2006年，作为海岛特色工业龙头产业的风力发电，发电量和项目建设都取得新的突破。全县132台风力发电机化风为电达1.19×10^{8} kW·h，比2005年增长15%；华能4.957×10^{4} kW建设项目已进入装机阶段，深圳风浩科技有限公司新型国产风机试验基地正式投入建设。

2007年，作为无污染可再生的绿色新能源，风能发电在南澳具有良好的前景，南澳东半岛由华能汕头风力发电有限公司、华润电力风能（汕头）有限公司分别开发建设的第二期风力发电工程已经开工建设，总投资额6.5亿人民币，装机容量7.1×10^{4} kW·h，预计每年可发电1.6×10^{8} kW·h，实现年产值8 853万元，年度可实现增值税752万元。华能汕头风力发电有限公司已经有少量风机进行试运行，预计年底或者2008年初部分风机可以正式投产。德国英华威公司计划利用南澳主岛周围的岛屿以及浅海区域，发展“海上风电场”项目，装机容量2×10^{4} kW。

2008 年，南澳县工业生产总值达到 5.94 亿元，增长 18%；工业增加值 2.11 亿元，增长 31.5%；实现规模以上工业产值 2.84 亿元，比增 24.3%；规模以下工业产值 3.1 亿元，比增 13%；推动华能、华润风电场的建设步伐，风电建设工程已全部完成，机组并网送电，发电效益快速提高，全县总装机容量从 5.4×10^4 kW 增加到 12.9×10^4 kW，全年风力发电量 2.97×10^8 kW·h，比增 78%，风力发电产值 2.08 亿元，增长 94.8%，占到工业总产值的 35%。

2009 年，全县围绕建设“生态型海洋经济强县”、“东南沿海著名海岛”的目标，抢抓机遇、奋力攻坚，全力推动南澳加快发展。全年完成国内生产总值 8.01 亿元，比增 11.4%；工业总产值 6.4 亿元，比增 6%。风电工业有新发展。华能 1.5×10^4 kW 项目顺利开工，国电海上风电项目进入测风阶段。风电装机容量 13.6×10^4 kW，全年风能发电 2.7×10^8 kW·h。

2010 年，全县完成国内生产总值 9.43 亿元，比“十五”期末增加 4.36 亿元，增长 72.2%，年均增长 11.5%；人均生产总值 1.32 万元，年均增长 11%；工业总产值 7.6 亿元，比上年增长 14.7%。风电工业长足发展。以风电工业为主的特色工业发展迅速，华能二期 4.5×10^4 kW、华润二期 2.6×10^4 kW 和华能 1.5×10^4 kW 风电项目全面建成投产；总装机容量达到 14.6×10^4 kW，比 2005 年增长 1.7 倍；国电等大型海上风电项目前期工作有序推进。2010 年风力发电 3.17×10^8 kW·h、纳税 3 000 万元，分别比 2005 年增长 212%、220%。

2011 年，全县完成国内生产总值 11.25 亿元，比增 12.8%；工业总产值 9.42 亿元，比增 8.9%。该年重点基础设施建设顺利推进，南澳大桥累计投资 11 亿元，完成土建总工程量的 80%。南澳岛供水工程投资 2 亿元，完成总投资量的 52.8%。抗旱应急引水工程建成投入使用，有效缓解了旱情。云澳国家中心渔港累计投资 4 000 万元，完成基建工程量的 80%。风电工业发展步伐加快，南亚风电改造项目完成总投资的 48.4%；风力发电量 3.71×10^8 kW·h，比增 38.1%。

2012 年，南澳县全年完成地区生产总值 12.08 亿元，比增 4.8%。规模以上工业产值 2.5 亿元，比增 4.4%。南澳大桥工程已投资 13.6 亿元，完成 91% 的土建总工程量，四个标段已有三个基本完成。南澳岛供水工程完成投资 2.3 亿元，占总投资的 61.9%，集镇管网实现联通，云澳、深澳的群众用上了韩江水。云澳国家中心渔港完成基建工程量的 97%，创造了广东省同类渔港建设速度最快的成绩。风电工业巩固提升，全年风力发电量 3.36×10^8 kW·h。南亚风电技术改造完成投资 2.7 亿元，占总投资的 88%。

6.2 海岛县（区）的临港工业现状分析

6.2.1 海岛各县（区）临港工业现状分析

(1) 长海县

由于数据收集的制约，只找到该县4年的工业总产值与水产加工产值，具体数值见表6-1。

表6-1 长海县工业产值与水产加工产值

年份	工业总产值/亿元	工业总产值增长率（%）	水产加工业总产值/亿元	水产加工业产值增长率（%）
2004	3.21	23.1	2.22	28.9
2005	5.22	64.7	4.06	82.6
2008	13.27	30.4	10.72	56.8
2010	16.46	37.7	13.50	26.2
2011	18.43	24.6	20	11.1
2012	数据缺失		24	20

数据来源：各海岛县2004—2012年国民经济和社会发展统计公报。

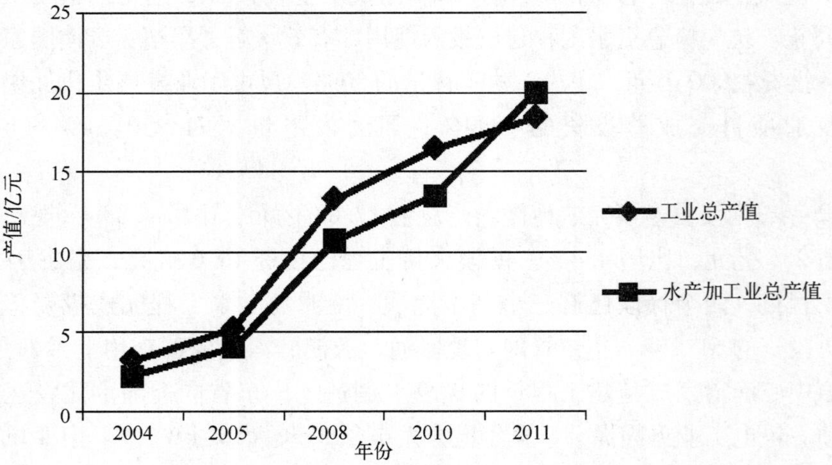

图6-1 长海县工业总产值与水产加工业总产值折线图

从表6－1可以看出，虽然长海县的数据资料不全面，但是从已有的数据可以看出长海县近十年来工业呈现一定程度的增长，临港工业主要发展水产加工业，并且产值逐年增长。该县的工业总产值与水产加工业产值的增长幅度相似，在2005年两者的增长率分别达到最大值，即64.7%和82.6%，2008年之后增长率有所下降。

（2）长岛县

由于长岛县的统计数据比较有限，因而只得到了2005—2011年该县的工业总产值，其发展趋势如图6－2所示。

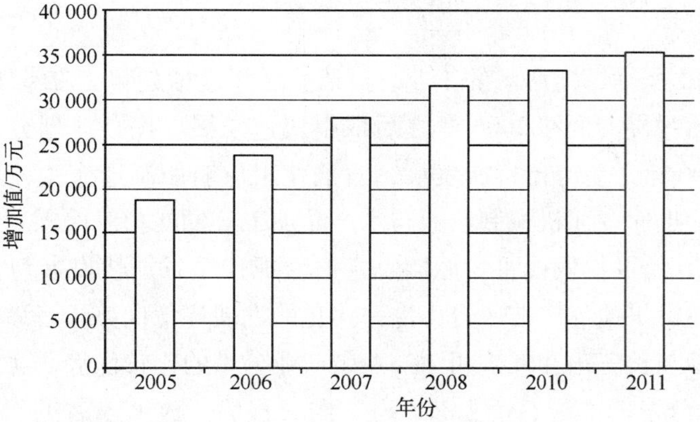

图6－2　长岛县工业总产值柱状图（2012年数据缺失）

数据来源：各海岛县2002—2012年国民经济和社会发展统计公报。

如图6－2所示，该县工业增加值呈逐年增长趋势，且增长速度较为缓慢。

（3）定海区

根据上述的资料整理，得出定海区2002—2012年临港工业总产值和按行业划分的临港工业产值。具体数值见表6－2。

表6－2　定海区临港工业产值　　单位：亿元

年份	工业总产值	临港工业总产值	石油化工产值	船舶制造业产值	机械制造业产值	水产品加工业产值
2002	59.63	10.45	3.3	2.15	1.03	3.3
2003	74.38	18.73	5.84	3.05	5.59	3.46
2004	95.24	26.57	7.56	4.76	8.4	5.37
2005	120.17	38	11.82	5.46	11.23	8.57
2006	150.4	52.78	17.73	8.25	13.6	12.22

续表

年份	工业总产值	临港工业总产值	石油化工产值	船舶制造业产值	机械制造业产值	水产品加工业产值
2007	228.67	84.76	25.82	15.53	23.21	23.25
2008	286.27	165.19	50.34	41.62	39.33	18.58
2009	332.48	222.63	82.56	68.82	49.28	20.4
2010	391.86	262.84	109.45	90.56	50.11	27.57
2011	555.45	403.26	160.15	119.69	70	29.69
2012	628.58	457	175.18	145.64	73.48	33.76

数据来源：各海岛县2002—2012年国民经济和社会发展统计公报。

如图6－3所示，定海区的工业总产值呈逐年递增趋势。临港工业在2006年之前发展较为缓慢，而在2006年之后取得快速发展。按行业划分的临港工业基本都是在2006年之后开始有所发展，石油化工与船舶制造作为该区特色临港工业，发展较为迅速，而机械制造业与水产品加工业发展相对缓慢。定海区临港工业在2006年开始取得发展主要原因是定海区抓住全省加快发展海洋经济的政治优势，大桥建设贯通、宁波－舟山港一体化的发展环境优势，海岛海洋的区位资源优势以及参与长三角和环杭州湾产业带产业分工的比较优势，努力放大“三个效应”，即充分发挥“港、桥、岛、海”组合优势，放大连岛工程先发效应，实施海陆联动战略，推进产业结构优化升级；放大项目建设的乘数效应，深入实施项目带动战略，集中精力引进大项目、建设大项目，通过加快项目建设实现经济量的积累、质的提高；放大优势产业的集聚效应，加快提升产业层次，以大投

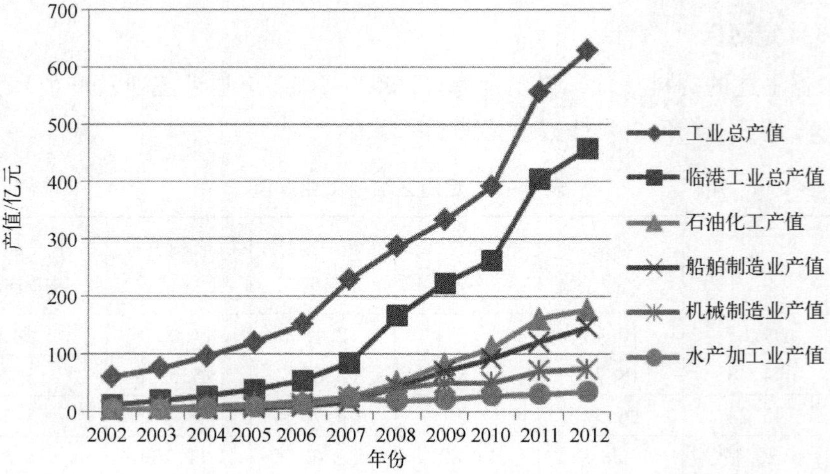

图6－3　定海区临港工业发展产值折线图

入、大联合促进优势产业大集聚，以基地建设促产业集群化、集约化发展，逐步形成区域特色明显、设施功能齐全的“半岛经济”产业区块，抢时间、抓进度，加快经济增长方式的转变，从而带动了临港工业的发展。

（4）普陀区

通过普陀区的历年统计年报整理，得到该区2002—2012年工业发展产值情况，具体数值见表6－3。

表6－3　普陀区工业发展情况

年份	工业总产值/亿元	总产值增长率（%）	临港工业产值/亿元	水产加工业产值/亿元	船舶修造业产值/亿元
2002	49.51	23.71	36.9	33.61	4.67
2003	63.11	27.46	47.27	44.79	6.75
2004	83.42	32.2	72.5	58.91	9.50
2005	110.09	32.9	91.32	71.51	14.56
2006	140.14	26.4	119.4	80.26	33.22
2007	195.14	39.2	174.04	85.24	82.2
2008	305.17	25.3	278.08	103.61	165.48
2009	340.23	11.5	305.57	105.55	174.16
2010	381.1	12.0	345.22	114.43	216.48
2011	455.11	19.4	415.21	131.36	237.26
2012	246.27	－10.4	237.15	109.57	200.78

数据来源：各海岛县2002—2012年国民经济和社会发展统计公报。

如图6－4所示，普陀区的工业总产值与临港工业总产值呈逐年递增趋势，并且两者的发展速度近乎一致，在数量上，临港工业产值在工业总产值上占绝大比重，说明该区的支柱工业主要是临港工业。普陀区的临港工业主要发展水产加工业和船舶修造业，其中水产加工业在2006年之后取得了飞速发展，船舶修造业增长趋势较为平缓。两业的发展离不开普陀区政府在贷款政策上的支持，2008年普陀区临港工业贷款余额达28.20亿元，比年初增加8.15亿元；水产加工业贷款余额14.53亿元，比年初增加3.16亿元。金融危机中，普陀区将22家精深加工企业列入重点支持对象，解决了开捕后水产品收购资金和新办水产企业流动资金贷款。船舶工业贷款余额8.51亿元，比年初增加3.2亿元。信贷投入的增加，极大地推动了普陀区临港工业的快速发展。2012年，全区工业产业结构快速调整，各类工业产值都出现较为明显的下降。

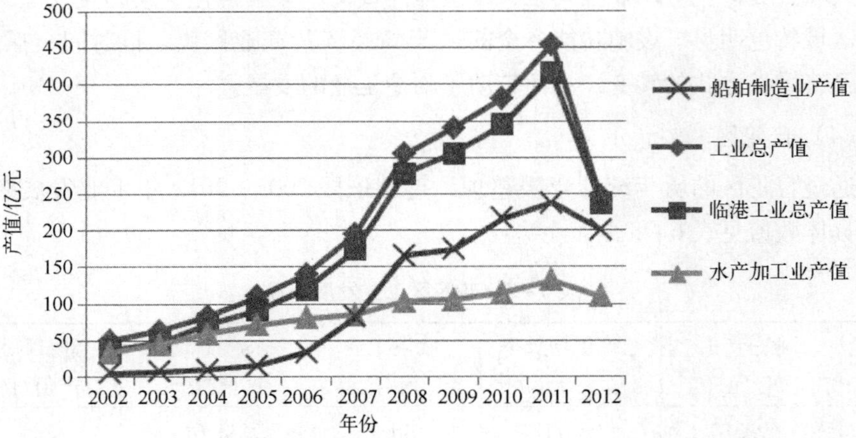

图 6-4　普陀区临港工业发展产值折线图

（5）岱山县

通过对岱山县历年统计数据的整理，得到该县 2000—2012 年工业发展产值情况，具体数值见表 6-4。

表 6-4　岱山县工业发展情况

年份	工业总产值/亿元	工业总产值增长（%）	临港产业产值/亿元	船舶工业产值/亿元
2002	27.5	24.4	11.21	7.5
2003	35.8	30.3	12.84	9.7
2004	46.3	29.1	13.60	10.6
2005	60.6	30.9	26.6	12.8
2006	78.3	29.3	39.2	21.5
2007	102.5	30.1	61.3	30.7
2008	143.34	39.8	98.13	46.5
2009	228.08	59.1	190.51	55.2
2010	300.04	31.8	258.65	63.6
2011	335.06	11.5	265.87	67.4
2012	342.02	2.1	266.85	70.1

数据来源：各海岛县 2002—2012 年国民经济和社会发展统计公报。

如图 6-5 所示，岱山县的工业总产值与临港工业总产值呈逐年递增趋势，并在 2008 年后取得较快发展。该县临港工业产值占工业总产值比重不断增大，说明岱山县越来越重视临港工业的发展，并将其发展成为本县支柱产业。但是，该县的船舶工业产值虽然在逐年增加，但是增长幅度不大，增长较为缓慢，主要原因是该县的船舶工业起步较晚，2005 年后才引起政府的重视。2005 年，全县上下紧紧抓住发展海洋经济的有利时机，充分利用海岛港口资源优势，加大招商引资力度，积极调整产业结构，以船舶修造业为龙头的工业经济开始壮大。

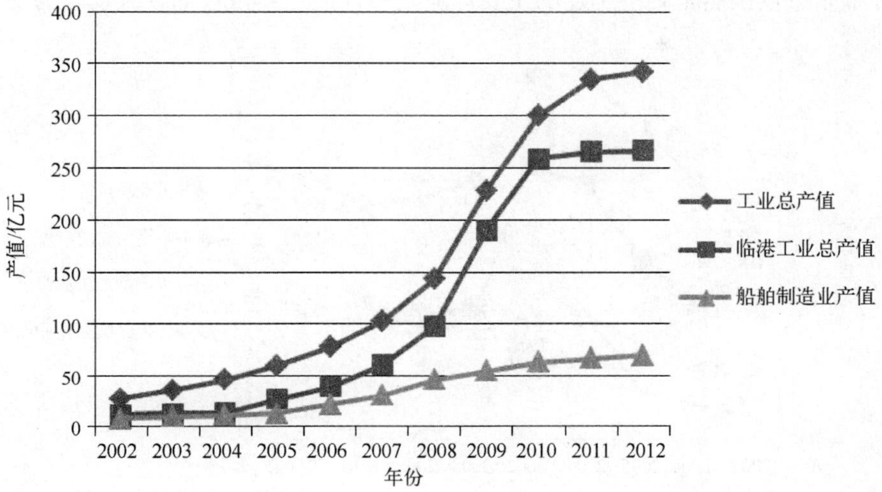

图 6－5　岱山县临港工业发展产值折线图

（6）嵊泗县

通过对嵊泗县历年统计数据的整理，得到该县 2003—2010 年工业发展产值情况，具体数值见表 6－5。

表 6－5　嵊泗县工业发展情况

年份	工业总产值/亿元	总产值增长率（%）	临港工业总产值/亿元	水产品加工业产值/亿元	化工纤维制造业/亿元
2003	16.02	29.4	14.03	5.59	1.86
2004	20.03	25.0	10.58	6.14	2.71
2005	24.13	20.5	13.91	7.35	3.66
2006	28.01	16.1	19.61	9.57	10.04
2007	28.02	0	21.07	9.5	9.03
2008	20.04	－7.8	10.17	8.46	1.11
2009	18.48	－7.8	9.78	9	0.52
2010	18.24	1.3	10.34	9.9	0.17
2011	20.01	8.6	15.26	10.27	1.74
2012	21.27	6.3	17.37	11.36	1.51

数据来源：各海岛县 2002—2012 年国民经济和社会发展统计公报。

如图6-6所示，嵊泗县的工业总产值和临港工业产值在2003—2010年期间波动较为明显。该县工业总产值在2006年之前逐年增加，在2007年之后有所下降，但在2009年后又开始得到飞速发展。临港工业产值与工业总产值的变动路径基本一致。其中，水产加工业发展较为缓慢并且平稳，没有出现较大波动；化工纤维制造业虽然是临港工业的主要产业之一，但是产值较低且波动较为明显。

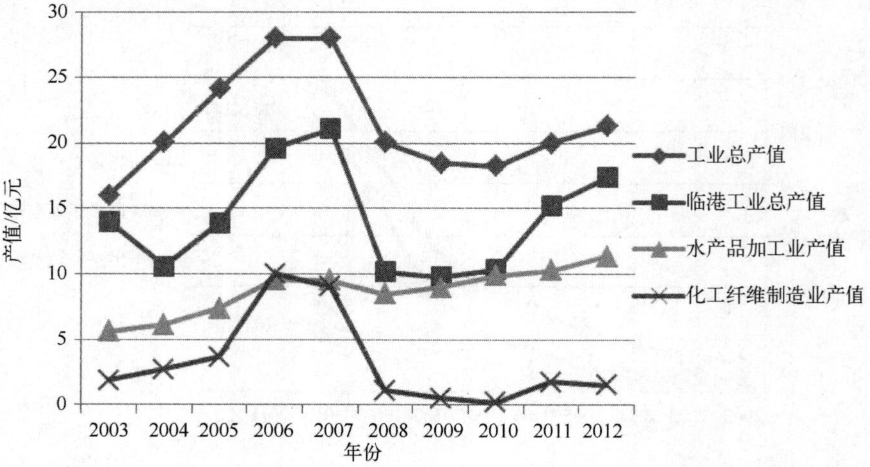

图6-6　嵊泗县临港工业发展产值折线图

（7）玉环县

通过对玉环县近年来统计数据的整理，得到该县2002—2010年工业总产值以及主要临港工业的产值情况，其发展水平见表6-6。

表6-6　玉环县工业发展情况　　单位：亿元

年份	工业总产值	通用设备制造业产值	交通运输设备制造业产值
2002	83.51	27.47	18.20
2003	124.28	39.52	27.21
2004	179.84	60.03	55.02
2005	203.72	68.88	69.27
2006	334.48	144.18	70.80
2007	467.02	161.90	88.57
2010	634.67	170.58	137.23
2011	671.51	78.86	58.58
2012	701.50	158.46	67.41

数据来源：各海岛县2002—2012年国民经济和社会发展统计公报。

如图 6 - 7 所示，玉环县的工业在 2005 年前发展较为缓慢，在 2005 年后取得快速发展，总产值逐年增加。该县的主要临港工业：通用设备制造业与交通运输设备制造业在 2005 年发展也较为缓慢，而在 2005 年后有一定的发展。主要原因是由于 2005 年之后，玉环开始健步跨入我国沿海发达地区行列，成为全国较具希望和活力的区域之一。由于玉环县海洋资源优势明显，玉环县西南的大麦屿港已成为国家对外开放港区，是中国航海学会推荐的中国沿海 8 个天然避风港湾之一，也是浙中南及闽北沿海唯一可进第三代以上集装箱船的深水良港，大麦屿港将逐步成为次长江三角洲经济区航运中心的主要依托。玉环县国家重点渔业县，可用滩涂面积 16. 9 万亩，可养浅海面积 87 万亩，海水养殖产量连续多年浙江省第一，从而大力带动了该县沿海经济的发展。

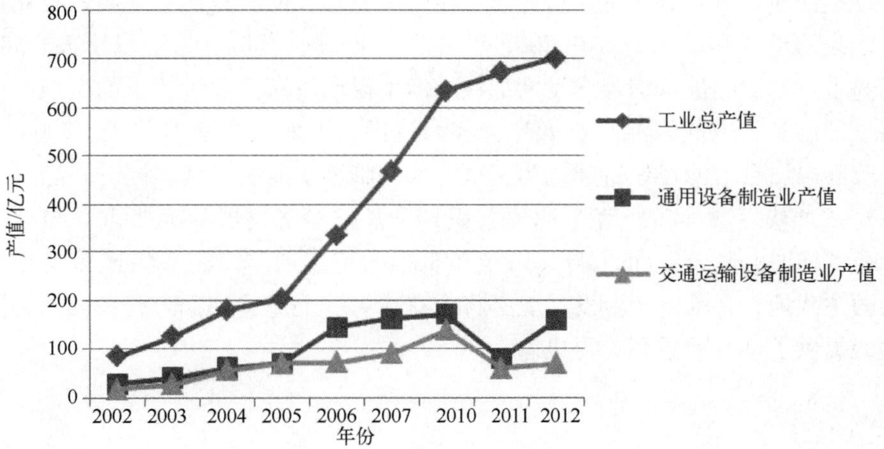

图 6 - 7　玉环县临港工业发展产值折线图

（8）洞头县

通过对洞头县近年来统计数据的整理，得到该县 2002—2010 年工业发展的产值情况见表 6 - 7。

表 6 - 7　洞头县工业发展情况

年份	工业总产值/亿元	总产值增长率（%）	主导行业总产值/亿元	石化产业总产值/亿元
2002	9. 03	14. 6	8. 41	0. 91
2003	1. 11	23. 3	10. 01	1. 08
2004	15. 78	41. 7	14. 26	4. 96
2005	22. 04	43. 8	20. 02	10. 75
2006	27. 60	25. 4	25. 50	16. 99
2007	34. 50	25. 1	32. 46	25. 20

续表

年份	工业总产值/亿元	总产值增长率（%）	主导行业总产值/亿元	石化产业总产值/亿元
2008	40.25	16.7	38.31	28.17
2009	45.03	11.9	43.28	30.9
2010	48.33	7.3	47.14	40.6
2011	53.72	11.2	51.79	47.4
2012	58.02	8.0	56.121	49.54

数据来源：各海岛县2002—2012年国民经济和社会发展统计公报。

如图6－8所示，洞头县的工业总产值在2003年有所下降，但在2003年之后呈逐年快速发展之势，主导行业总产值在工业总产值所占比重很高。石化产业作为该县的主要临港工业，在2003年之后开始快速发展。随着以宁波、舟山、乍浦为重点的浙北港口综合开发的加快和浙南温台沿海产业带建设的实施，进一步凸显了洞头县当前临港产业大整合、大建设、大发展的必然前景。2004年洞头县政府以温台沿海产业带建设为契机，加快临港工业的发展。同时，随着全县上下对“加快发展半岛经济”达成共识，全县把经济发展的战略重点瞄准了临港产业。届时，随着温州（洞头）半岛工程的建成通车，洞头将成为温州对外贸易的主战地，在临港产业发展上必将大有作为。上述这些，为洞头县的临港工业发展提供了良好前景和难得机遇。

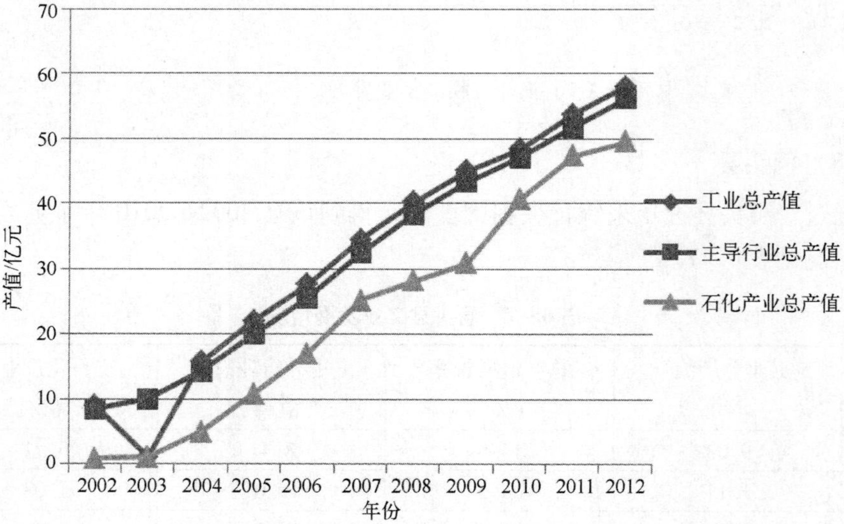

图6－8　洞头县工业发展产值折线图

随着温州（洞头）半岛工程、大小门岛连陆工程、状元岙港区起步工程的建设，洞头港口的聚集，辐射功能将进一步得以显现和强化。同时，杨文、科技、南塘、石化和船舶修造等基地的建设大大夯实了洞头的临港产业基础。此外，随着金温铁路（温福铁路、甬温铁路）和甬台温、金丽温等多条高速公路在温州市交会，为今后的港区疏运创造了便捷的条件。上述这些，将极大地提高洞头参与国内外港口的竞争能力，抢占临港产业发展制高点。洞头县的发展已进入一个极好的战略机遇期，洞头将凭借条件优越的深水港口资源，在临港产业发展上大有作为。

(9) 崇明县

通过统计整理崇明县2002—2012年的国民经济与社会发展公报中所给出的数据，绘制表6-8和图6-9、图6-10。

表6-8 崇明县工业发展情况

年份	工业总产值/亿元	总产值增长率（%）	海洋装备业产值/亿元	海洋装备业产值占工业产值比重（%）
2002	69.00	8.60	—	—
2003	79.90	12.20	—	—
2004	92.00	15.10	—	—
2005	116.80	15.70	—	—
2006	131.00	13.90	24.26	18.52
2007	147.70	12.50	40.10	27.15
2008	162.50	10.00	63.00	38.80
2009	293.50	54.40	167.40	57.04
2010	376.40	28.30	240.30	63.80
2011	457.80	21.60	295.50	64.50
2012	414.80	-9.40	266.00	64.10

数据来源：2002—2012年崇明县国民经济与社会发展公报。

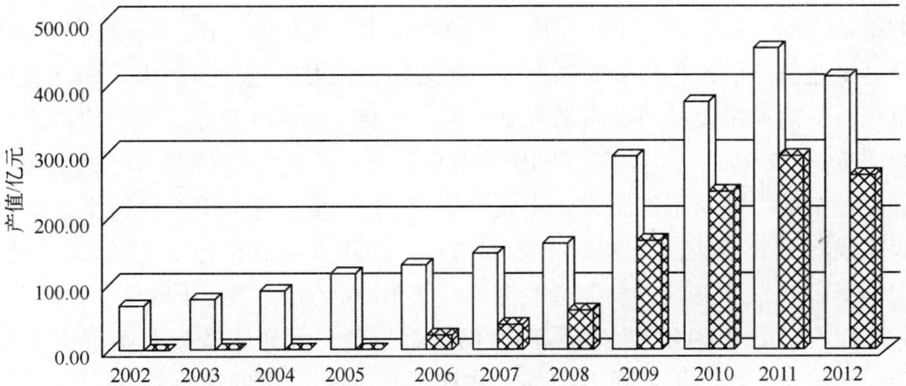

图6-9 崇明县工业总产值及海洋装备业产值

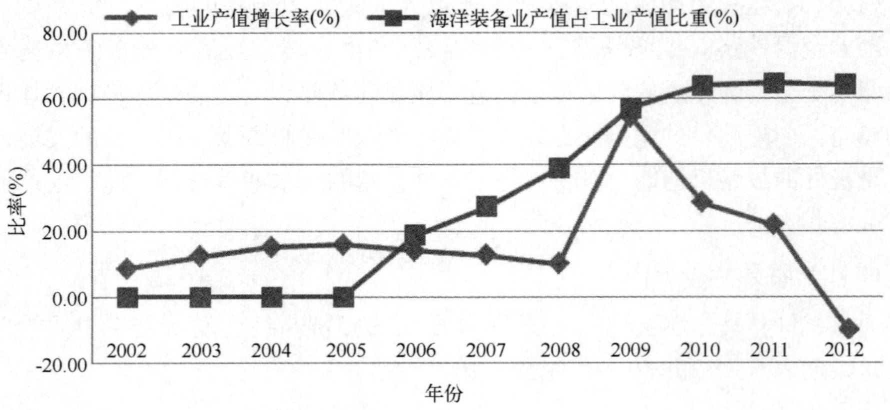

图 6－10　崇明县工业布局

崇明县的传统工业主要有纺织、金属制品、电气器械及器材制造业 3 个行业。这三个行业也是当时的主导行业。在 2002 年，这三个行业完成工业总产值 34.3 亿元，占村以上工业的 54.5%。随着经济的发展，崇明县的主导产业发生转移。通用设备、交通设备、金属制品业成为崇明岛工业中的新三大主导行业。

2006 年起，崇明县重点发展长兴海洋装备业。2007 年，长兴海洋装备岛建设的有力推进，成为该县工业经济一个新的增长点，海洋装备产业实现产值 40.1 亿元，比上年增长 39.5%，四大工业企业在长兴建成投产后，对该县工业结构调整、产业水平的提升产生重要的影响。从行业构成来看，工业结构调整力度加大，传统行业比重逐步减小。通用设备、交通设备、金属制品业成为该县工业的三大主导行业，其产值占全县工业的比重达 47.8%，纺织和黑色加工业的产值比重由原来的前两位下降至第四、第五位。

2009 年，随着长兴海洋装备岛建设初具规模，海洋装备产业对全县工业生产的拉动作用十分明显，全年完成工业总产值 167.4 亿元，比上年增长 178.4%，占全县工业总产值比重达 1/2 以上。工业结构调整力度进一步加大，和三岛功能定位相适应的通用设备和交通制造业引领崇明县工业经济发展，其产值占全县工业的比重达 65.7%，比上年提高 19.3 个百分点。四大传统行业生产总量明显下降，黑色金属冶炼及压延加工业完成产值 10.4 亿元，与上年相比持平；金属制品业完成产值 18.9 亿元，同比下降 11.2%；纺织业完成产值 8.9 亿元，同比下降 19.7%；电气机械及器材制造业完成产值 10.6 亿元，同比下降 1.0%。

2012 年，由于国际航运贸易环境仍然不景气，海洋装备产业实现工业总产值 266.0 亿元，比上年下降 10.1%，占全县工业总产值的比重达 64.1%，对全县经济增长影响十分明显。

（10）东山县

根据该县已有资料只能得到其历年的工业总产值及水产加工总产值，具体数值见表 6－9。

表 6－9　东山县工业发展情况　　单位：亿元

年份	工业总产值	水产加工总产值
2003	29	8.6
2004	40.2	10.3
2005	48.7	13.1
2006	60.8	24.3
2007	66.3	25.9
2008	70.2	30.2
2009	71.1	64.18
2010	108.6	70.74
2011	101.86	27.48
2012	111.3	42.62

数据来源：各海岛县 2002—2012 年国民经济和社会发展统计公报。

如图 6－11 所示，东山县的工业总产值与水产加工总产值呈逐年增长趋势，并在 2009—2010 年间得到快速发展，分别从 2009 年的 71.1 亿元、42.4 亿元增长到 2010 年的 108.6 亿元、70.74 亿元，增长率分别为 52.74% 和 66.84%，但是在 2010 年之后两者均出现下降趋势，水产品加工总产值降幅较为明显，之后在 2011 年又开始上升。近年来，由于该县政府加大了在临港工业上的资金投入，从而推动了临港工业的发展。

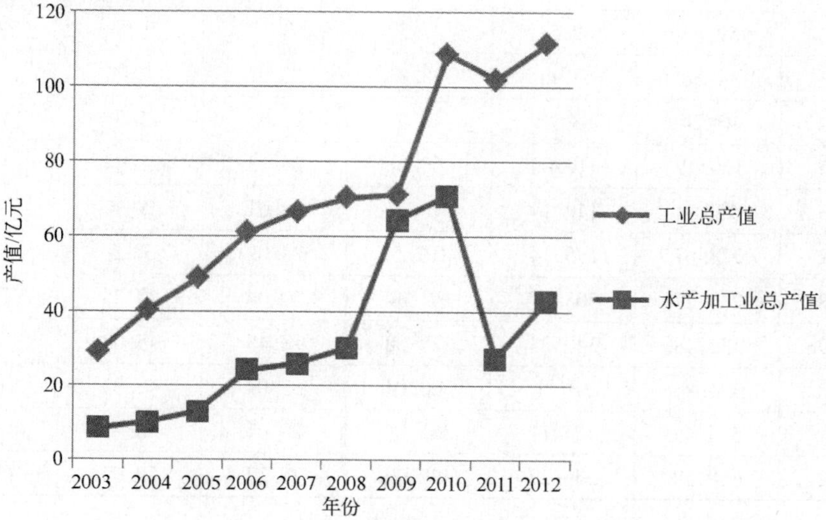

图 6－11　东山县工业发展产值折线图

第2篇 行业篇

（11）南澳县

虽然南澳县的数据有限，但从2008年以来的数据看，该县工业产值持续较快增长，总体上可以得出该县的临港工业在近年来已得到一定发展的结论。风力发电作为该县的特色临港工业，不仅占该县投资比重较大，其产值正在逐年增加，并在工业总产值中的比重逐年上升（表6－10）。

表6－10　南澳县工业发展情况

年份	工业总产值/亿元	工业总产值增长率（%）
2008	5.94	18
2009	6.4	6
2010	7.6	14.7
2011	9.42	8.9

6.2.2　海岛各县（区）临港工业比较分析

由于各个海岛县有关临港工业的数据收集较为困难，并且难以统一，故只对部分海岛县的共有数据进行分析。

（1）工业总产值

将各个海岛县的工业总产值数据进行整理得到表6－11。

表6－11　各个海岛县工业总产值

单位：亿元

年份	定海区	普陀区	岱山县	嵊泗县	洞头县	东山县
2002	59.63	49.51	27.5	13.57	9.03	23.34
2003	74.38	63.11	35.8	16.02	1.11	29
2004	95.24	83.42	46.3	20.03	15.78	40.2
2005	120.17	110.09	60.6	24.13	22.04	48.7
2006	150.4	140.14	78.3	28.01	27.6	60.8
2007	228.67	195.14	102.5	28.02	34.5	66.3
2008	286.27	305.17	143.34	20.04	40.25	70.2
2009	332.48	340.23	228.08	18.48	45.03	71.1
2010	391.86	381.1	300.04	63.04	48.33	108.6
2011	555.45	455.11	355.06	20.01	53.72	101.86
2012	628.58	246.27	342.02	21.27	58.02	111.3

数据来源：各海岛县2002—2012年国民经济和社会发展统计公报。

如图 6－12 所示，由于定海区、普陀区、岱山县位于东海区域的舟山市，舟山市的临港经济的发展为这三个海岛县的发展带来了动力和契机，因此这三个海岛县在 2002—2010 年工业总产值呈逐年快速发展之势。但是，在 2011 年之后，普陀区和岱山县均出现不同幅度的下降。相比之下，东山县、洞头县和嵊泗县的工业发展较为缓慢，总产值规模较小。

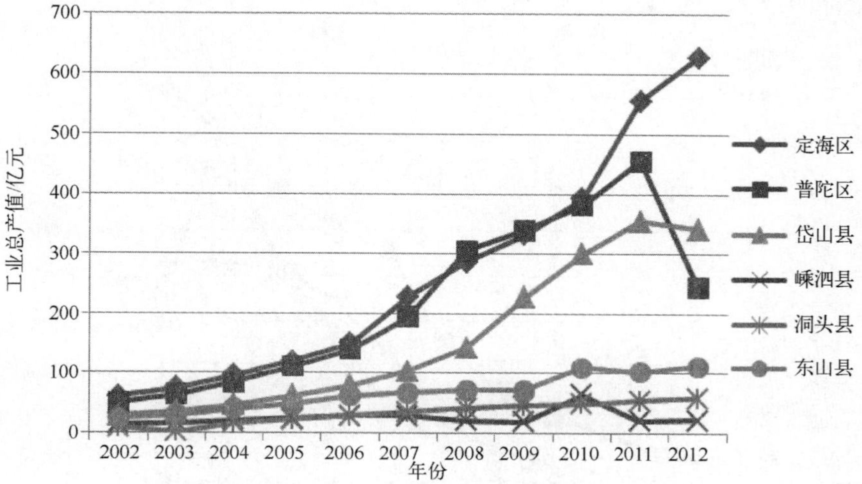

图 6－12　主要海岛县工业总产值折线图

（2）临港工业产值

由于东海区域的海岛县在数据上较为完整和统一，所以对所属该区域的定海区、普陀区、岱山县以及嵊泗县的临港工业发展情况进行比较。

表 6－12 为舟山市两区两县临港工业产值情况。

表 6－12　舟山市海岛县临港工业总产值　　单位：亿元

年份	定海区	普陀区	岱山县	嵊泗县
2002	10.45	36.9	11.21	13.57
2003	18.73	47.27	12.84	14.03
2004	26.57	72.5	13.60	10.58
2005	38	91.32	26.6	13.91
2006	52.78	119.4	39.2	19.61
2007	84.76	174.04	61.3	21.07
2008	165.19	278.08	98.13	10.17
2009	222.63	305.57	190.51	9.78
2010	262.84	345.22	258.65	10.34
2011	403.26	415.21	265.87	15.26
2012	457	237.15	266.85	17.37

数据来源：各海岛县 2002—2012 年国民经济和社会发展统计公报。

由图6－13可知，舟山市海岛县的临港工业发展比较好，除嵊泗县以外的其他3个海岛县的临港工业产值呈逐年增长之势，发展速度较快，其中定海区发展最快，这主要原因是定海区的区位优势和分工优势有力地推动了该区临港工业的优化升级。而其他3个海岛县的临港工业起步较晚，其中，普陀区的临港工业在2011年之后出现明显的下降，嵊泗县的临港工业一直发展较慢，在2007年开始呈下降趋势。

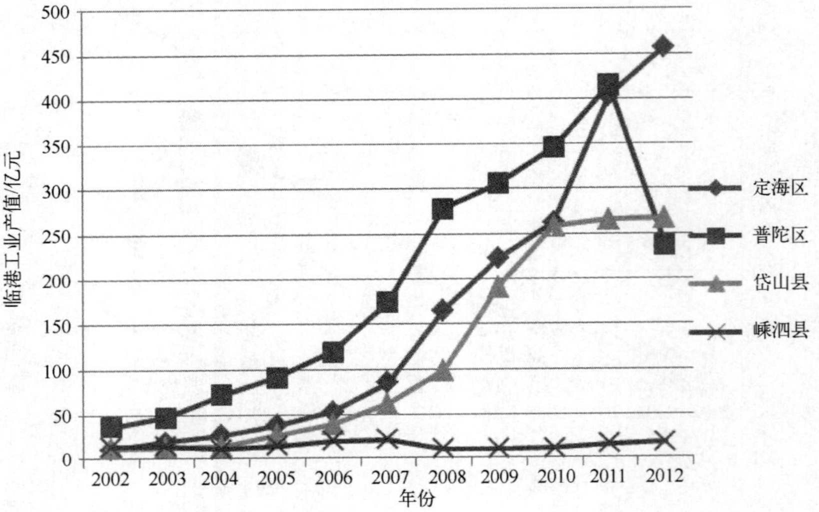

图6－13　舟山市海岛县临港工业产值折线图

（3）船舶制造业

由于只有定海区、普陀区和岱山县的船舶制造业的产值情况，故将其进行比较，具体数值见表6－13。

表6－13　舟山市海岛县船舶制造业产值　　单位：亿元

年份	定海区	普陀区	岱山县
2002	2.15	4.67	7.5
2003	3.05	6.75	9.7
2004	4.76	9.50	10.6
2005	5.46	14.56	12.8
2006	8.25	33.22	21.5
2007	15.53	82.2	30.7
2008	41.62	165.48	46.5
2009	68.82	174.16	55.2
2010	90.56	216.48	63.6
2011	119.69	237.26	67.4
2012	145.64	200.78	70.1

数据来源：各海岛县2002—2012年国民经济和社会发展统计公报。

如图6－14所示，舟山市的3个海岛县的船舶制造业在2006年以后均表现出逐年增长的趋势，其中普陀区的船舶制造业产值与其他两个海岛县相比较高，且发展速度更快。但是在2011年之后有所下降。定海区的船舶制造业一直表现出稳步增长的态势，岱山县的增长速度较为缓慢。

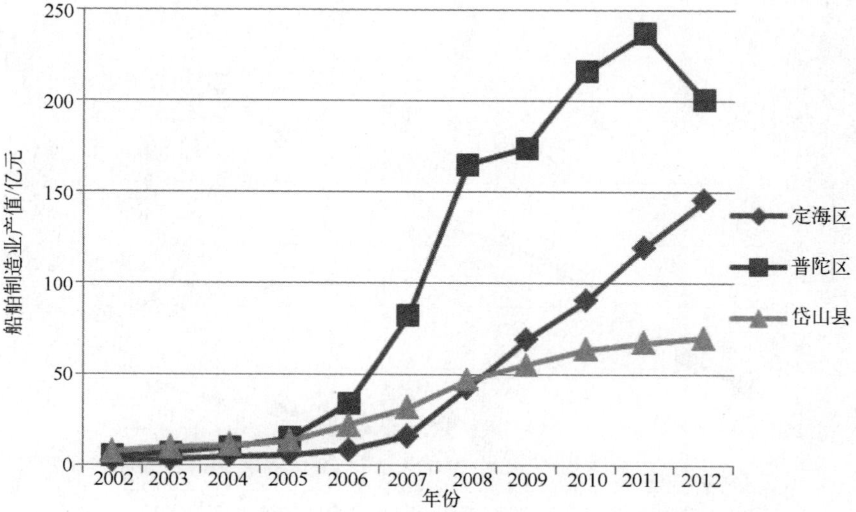

图6－14　舟山市海岛县船舶制造业产值折线图

（4）水产品加工制造业

由于只有定海区、普陀区和嵊泗县的船舶制造业的产值情况，故将其进行比较，具体数值见表6－14。

表6－14　舟山市海岛县水产加工制造业产值　　单位：亿元

年份	定海区	普陀区	嵊泗县
2002	3.3	33.61	5.5
2003	3.46	44.79	5.59
2004	5.37	58.91	6.14
2005	8.57	71.51	7.35
2006	12.22	80.26	9.57
2007	23.25	85.24	9.5
2008	18.58	103.61	8.46
2009	20.4	105.55	9
2010	27.57	114.43	9.9
2011	29.69	131.36	10.27
2012	33.76	109.57	11.36

数据来源：各海岛县2002—2012年国民经济和社会发展统计公报。

如图6－15所示，普陀区的水产加工业产值呈逐年平稳增长趋势，但在2011年后有所下降。相比之下，定海区和嵊泗县的水产加工发展较为缓慢，并且产值与普陀区相比差距甚远。这说明，水产加工是普陀区发展的主要临港工业，而对于定海区和嵊泗县而言，水产加工业起步较晚，扶持力度不够，从而导致其发展水平较低。

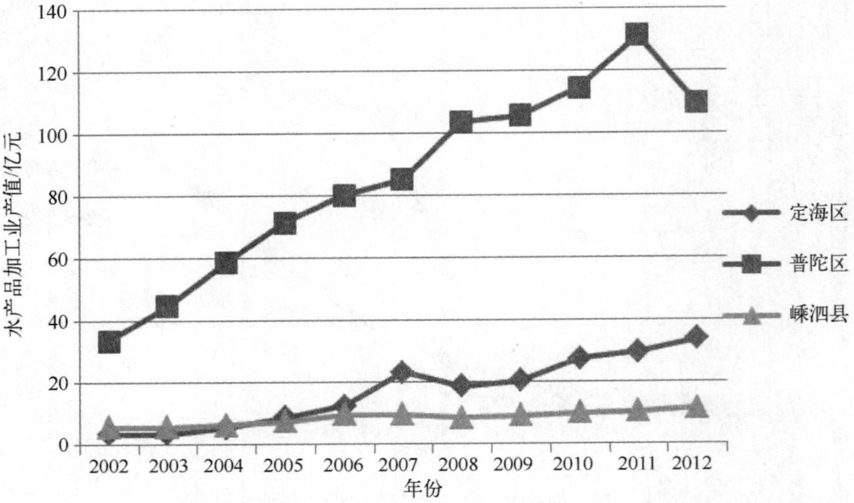

图6－15　舟山市海岛县水产加工业产值折线图

6.3　海岛县（区）临港工业存在的问题

6.3.1　黄海、渤海区域

（1）人才短缺，创新意识不强

地区间的竞争是科技的竞争，而科技的竞争最终又是人才的竞争。人才总体质量不高，尤其是高层次创新型人才比例偏低，经济建设急需的适用型、效益型人才严重短缺，超大型船舶制造、电子信息、生物工程、现代医药、新材料、光电一体化等领域人才缺口较大。另外，熟悉市场经济、精通世贸组织规则、熟练掌握相关外语和专业知识的复合型人才以及创新型、开拓型管理人才短缺，软环境发展滞后。

与此同时，部分领导缺乏改革的超前意识和进取精神，市场竞争意识不强，缺乏合作与整体观念，只重视经济数量的增加，忽视经济质量的提高和体制与机制的完善。而且，长海县制定的有关临港工业发展政策中，有些是学习南方沿海地区的过时经验，没有创新，没有特色，从而难以形成政策的先发优势。加之已制定的政策可操作性差，后期配套性差，这些现象和问题严重影响长海县临港工业的对外形象，制约了长海县临港工业的发展。

（2）临港工业发展模式相对落后

目前，世界先进临港经济发展模式是以临港、临海为依托，以建立临港产业集群、拉长产业链条、提高产业关联度为主导，以建立临港物流配送中心为辅助，以实现港口长期价值最大化——发展国家经济，增加就业为最终目标。然而，比照这一发展模式，长海县临港工业目前还尚未实现充分利用环黄海、渤海优势，未形成产业集群，物流配送中心还处在建设中。特别是临港工业之间产业关联度较小，缺少与当地企业的联系，导致临港工业企业专业化协作程度低，行业企业间的联系松散，生产专业化程度不高且未形成规模经济，甚至出现产业雷同现象，进而在总体上影响对先进技术的消化、吸收与创新。

（3）对现有的港口岸线资源未加充分利用

目前大部分临港工业区主要分布在黄海岸线，造成黄海岸线的土地资源严重不足，环境污染严重。而渤海岸线基本未获得充分利用，使得临海岸线资源严重浪费，潜力没有发挥出来。

（4）基础资源条件缺陷

海岛县自然资源有限，尤其是水资源严重短缺，限制了大耗水临港工业的发展；发电能力受限，地区电网薄弱，总体供电能力不足等问题越来越突出地显现出来；用地资源不足，仅部分地区有可开发利用的工业用地，运输码头与工业码头紧邻市区难以满足现代化国际城市的发展要求，港口和工业的发展也因城市的要求受限。

6.3.2 东海区域

（1）临港工业的产业链不够长，关联效应不明显

从临港工业的产业构成来看，产值规模位居前列的依次是：食品加工、普通机械制造业、纺织业、交通运输设备制造业、电子及通信设备制造业等；其中，食品加工、电子信息工业产业链较短；其他产业也缺乏上游产业。例如，交通运输制造业、金属制品业、专用设备制造业，本地缺乏钢铁产业；而对于塑料制品业和电子及通信设备制造业、纺织业来说，又缺乏化工产业的支持。

（2）产业集群同构现象比较严重，缺乏市场竞争力

部分区域临港工业企业布局较分散，产业结构不合理，同一区域生产同类传统产品，以至产品更新换代慢，市场需求与有效供给矛盾突出，高附加值和出口产品少。同时由于缺乏前期规划，企业之间各自为战的现象较为严重，区域分工不清晰，产业同构现象较为严重，低层次的重复建设和恶性竞争现象较为普遍。产业结构差异不明显，产业整合存在较大空间。产品没有达到打造和延长工业产业链的目标。

（3）临港工业腹地发展空间制约因素

港口岸线资源丰富而极其宝贵。由于缺乏整体与长远规划，临港工业发展存在着土地资源不足与开发投资滞后的问题。作为港区后方腹地应重点发展临港工业，形成港口、腹地经济互动发展格局。但由于为港口建设发展预留的后方用地标准偏低，导致港口后方工业用地紧张，成为临港工业土地资源制约瓶颈，难以形成上规模的临港工业产业集群。目前，腹地的经济功能未能与临港工业发展联结互动，造成港口的理论经济腹地大，而现实经济腹地狭小现象，“十一五”期间，部分临港工业集中区腹地资源因素，将会严重制约临港工业的发展。

6.3.3 南海区域

（1）临港工业区的规模经济效果不足，缺乏完善的产业链条，亟待向深度拓展

临港工业本身要求通过培育完整的产业链，实现大进大出的运行状态，但目前区域海岛县的临港工业园区之间产业关联度太小，园区工业企业专业化协作程度低，行业企业间的联系松散，生产专业化程度不高且未形成规模经济，属于各自为政的状态，至出现产业雷同现象，进而在总体上影响对先进技术的消化、吸收与创新。

（2）临港工业起步晚，发展较慢

在20世纪50—60年代，由于海上航运受到国民党军队的干扰，从战备的实际情况考虑，有关方面担心建设越多，打仗时损失越大，因此沿海工业建设受到限制。改革开放以后，虽然获得巨大发展，但临港工业由于起步晚，发展慢，规模还很弱小。突出表现在港口建设缺乏高层次的宏观规划，许多优良深水港长期处于“休眠”状态，直接影响了临港工业的发展。福建是全国深水港条件最好的省份之一，按水深和避风条件，拥有多条可建10万吨级以上深水泊位的岸线，但至今都没有得到很好的规划开发。

（3）临港工业基础设施建设相对滞后

临港工业区基础条件差，基础设施建设需要大量资金，尤其是水、电、路建设投入大、耗资多、成本高。目前，福建的临港工业、工业腹地建设，大多由各地、各部门根据各自利益进行，缺乏统筹规划、合理布局。在港口交通建设方面，港口的疏港公路、铁路进港问题还没有得到根本解决。海岛设备配套欠完善，难以提供高效、迅捷的服务，船舶待港、货物压港、滞港等现象因港区分散时有发生，影响临港工业的竞争力和吸引力。港城分离也是影响临港工业发展的制约因素之一，容易造成项目落地虽然支持了发展平台，却没有构建发展平台的现象。

6.4 政策建议

6.4.1 发展黄渤海区域海岛县临港工业政策建议

(1) 实施海洋经济可持续发展战略

经济发展必须有利于资源的永续利用，有利于生态系统的良性循环，绝不能以浪费资源和破坏生态环境为代价。海岛开发应重视海洋经济系统与生态系统良性循环，海洋资源开发与海域环境协调发展，以使资源、环境和经济为世代可持续发展得到利用。在今后海洋开发中，要做到生态系统、经济效益和社会公平三者协调，使海洋资源得以永续利用，海洋经济持续增长，做到海陆统筹与经济一体化发展。

(2) 大力推进海洋渔业经济结构调整

以渔业生产为主的海岛经济，要大力推进海洋渔业经济结构调整，采用先进的生物工程技术，解决目前养殖比较粗放、集约化水平不高的问题。要探讨陆上养殖、工厂化养殖，海水养殖增加底播的面积。根据自然资源的承载能力，合理确定海水养殖的开发度，浮筏养殖集中的海域，必须配置养殖一定规模的藻类。沿岸浅海底播增殖海珍品和鱼类放流增殖，必须同时进行人工海底藻场建设、净化海域水质，形成良性循环的食物链。

(3) 坚持“工业强县”

加快推进工业结构战略性调整，逐步形成集规模、品牌和科技含量于一体的优势产业集群，构筑新型工业体系。积极发展船舶修造业，不断提高船舶修造企业的生产能力和技术水平。从以修船和建小船为主，改变为修船造船并举，并具有建造大型先进船舶的能力。利用本地经济在大陆建立工业园区。

(4) 充分利用港口资源优势，促进海运业发展

发展港口建设，形成陆岛间、岛岛间连接的海上运输网络。在现有已建港口、码头的基础上，继续增加投入，并建成若干个村级小岛客货码头，改善小岛客货运输条件，形成以县、镇为枢纽，辐射各乡镇，连接港口海运网络，进一步发展海运业。

（5）深化海洋资源开发，培育新兴海洋产业

根据国际先进经验，海洋经济的发达程度取决于海洋第二、第三产业的发达程度，坚持“工业强县”，壮大水产加工工业基础优势，争取使海洋食品、海洋化工、海洋保健食品等有实质性进展。为此，要深化海洋资源综合开发，加强高新技术研究与应用，加快传统海洋产业升级改造，积极规划发展新兴海洋和未来海洋产业，如海洋药物、海水淡化，启动陆岛引水工程，增加海岛淡水资源量，积极开展海水综合利用和海洋能开发与发展风电等。从而优化海洋产业结构，使海洋第二产业有所发展。

（6）进入知识经济时代，发展海洋高新技术，实施科教兴海工程

海洋知识经济，是以知识增长和高新技术发展为基础的海洋经济。现代海洋产业已呈现出海洋科学、海洋技术、海洋开发的海洋经济融为一体的趋势，海洋经济发展的深度和广度将取决于海洋产业高新技术的应用，用高新技术改造传统海洋产业，提升海洋产业的附加值，实施科技兴海工程，提高海洋科技贡献率。

6.4.2 发展东海区域海岛县临港工业政策建议

（1）着力发展临港工业，构建产业基础

紧紧抓住国内外重化工产业向沿海地区转移集聚的战略机遇，加强规划布局、要素配置和基础配套，促进临港工业做大做强，形成工业核心增长极和特色竞争力。大力发展石化、船舶、大宗物资加工为重点的临港大工业项目。

（2）加强港口物流体系建设，形成产业支撑

要大力发展港口物流业作为发展临港工业的物流支撑，把港口物流业作为临港服务业发展的重中之重，依托深水港口优势，积极参与上海国际航运中心建设，打造全国重要能源物资储运中转基地、长三角重要对外贸易物流基地、市域临港工业物流支撑基地。①加快港口物流设施建设。规划、引进、建设一批港口物流项目，配套建设完善的航基础设施，形成港口物流业的主体运作平台；②完善港口物流支撑体系。加快推进以集疏运和信息网络为重点的支撑体系建设。加快连岛工程、环岛快速通道、疏港道路、水水及水陆交通节点规划建设，加大深水航道整治力度和锚地建设，进一步拓展海运和空运航线，构筑以港口为中心、海、陆、空、管四位一体的综合交通运输网络，提高物流集疏运能力；③加强物流信息网络建设，构筑开放式物流公共信息平台，促进物流业与国内外市场的同步运作与即时沟通。

（3）解决好土地资源利用

临港工业的布局范围广，土地占用量大，这与我国土地资源紧缺构成了矛

盾。因此，要从前期规划角度预先调整、优化好当地的资源结构，促进土地合理开发利用，达到优化土地资源配置和优化产业布局的目的，推动土地的集约化利用。在符合土地利用总体规划的前提下，对列入临港重化工业发展规划的重点项目力争保证土地供给。有条件的区域，重化工业区还可以借鉴日本模式，利用填海造陆，扩大工业区的发展空间。

（4）解决好生态保护，树立生态优先的发展理念

由于临港重化工业一般是大运量、大吞吐量、高耗能的工业项目，临港工业区要特别注重生态环境保护和区域可持续发展；要从环保的角度遴选项目，对重大工业项目认真进行环境评估，优先发展高科技、高投入、低污染的项目；要采用国际先进的环保工艺和技术，严格控制沿海近岸的工业污染，建造一个环境优美的新型生态工业园区。当前国际重化工业产业之所以转移，原因之一是欧盟即将实施《未来化学品政策战略白皮书》，要在欧洲建立统一的化学品监控系统，对欧盟成员国所有的化工生产企业和进口企业的化学品都要进行更加严格的检测、登记、评估和授权。现在欧洲及国外其他化工公司纷纷迁往中国，与其他外资企业投资中国的最大不同就是造成污染。我们必须在提高就业率、投资额与加强环保两方面做出一个合理的平衡，虽然这个平衡是一个艰难的抉择过程。

（5）推动产业集聚，形成产业集群，提高产业的带动力和辐射力

通过实施产业规划、优惠政策、产业配套等措施来推动产业集聚，形成产业集群。注重引进高质量项目，即规模大、技术含量高、附加值高，对优势产业的带动和对税收贡献大的项目；要打造和延长工业产业链，提高区域产业竞争力和盈利能力，进而有效地提高产业整体的竞争实力和对当地经济发展的支撑力。结合上游经济规模的快速扩张和今后发展的规划，加快下游相关项目的引进和原有工业的整合，尽快完善下游产业配套，形成并提高工业园区产业规模，以培育自己的优势产业和支柱产业。同时按照“大项目—产业链—产业集群—制造业基地”的思路，促进产业升级。

（6）发挥规模经济优势，完善服务设施

发挥临港工业的规模经济优势，提高社会管理效率。随着港口人流、物流、信息流的不断增加，可实行规模化的治安、消防等综合管理，增强应急反应能力，完善应急处置机制，同时可建造更多的文化体育、教育、卫生等设施，提供更好的社会保障。发挥政府宏观调控作用，政府在临港工业发展过程中要扮演好掌舵人的角色，为临港工业的发展提供便利。

6.4.3 发展南海区域海岛县临港工业政策建议

（1）解决好高新技术与临港工业的结合

从全球发展趋势看，支撑经济增长的是与高新技术融合发展的先进制造业。临港工业区要提高本质的竞争力，必须提高临港产业的高科技含量，加强科技研发力量；努力跟踪国际临港工业先进技术的发展动态，加强引进、消化、吸收、创新；推进信息技术的应用，提升产业层级，建设优势互补的高科技产业基地、研发基地。另一方面，根据临港工业发展需要，加快培养和引进一批高素质的专业人才，对临港石化工业发展中的一些重大关键技术，实施产、学、研相结合的联合攻关，并由政府给予一定的资金补助。

（2）协调好产业互动与区域联动

大力发展临港配套服务业。要围绕港口发展现代物流、信息技术等为港口配套的服务业，为临港工业升级提供支撑；要促进临港工业和临港服务业相互结合，形成组合优势，实现产业互动，共同打造先进临港工业基地。要构建支撑临港工业发展的物流体系，加强港口海运与城市、区域物流配送网络的统一规划、资源整合，大力发展江海、海陆、海空等多式联运，逐步完善临港工业集聚区块与深水港口之间的铁路、公路等集疏运通道，从而促进区域联动。

（3）营造临港工业发展的外部环境

一方面，有关部门要转变职能，支持临港工业的发展。在制定岸线资源开发规划时，要充分考虑港口、工业发展对岸线条件的需要：要充分发挥经济技术开发区“扩区”、出口加工区、外商投资区的优势，扩大临港工业对外开放步伐；要进一步改善“通关”环境，提高“通关”效率，吸引更多的投资者集聚；积极做好港区、港口腹地土地利用总体规划，积极盘活存量土地资源，拓展临港工业发展空间。临港工业的发展离不开腹地支持，临港工业园区要充分发挥资金、技术、信息等方面的辐射和传递作用，推动腹地经济开放，实现临港工业与港口腹地的联动发展。另一方面，以市场化的方式加大对促进产业集群的公共要素的投入，要完善临港工业产业集群的社会化服务体系，以产业集群为依托，通过市场化的方式提供公共服务，支持建立生产力促进中心、创新中心、技术开发中心、检测中心、试验中心、信息服务中心、网络中心、融资担保机构、行业协会、商会等公共支撑体系。政府在公共要素投入、公共服务平台建设方面发挥培育和引导作用。可由政府或通过资产经营公司出资支持服务平台的建设，并逐步运用市场化的方式推进服务平台的完善和发展，引导民间资本参与公共要素的投入，努力构建功能完善的公共服务平台。

（4）加强组织领导，整合港口资源，形成强大合力

建立健全临港产业组织领导机构，成立政府与企业共同参与的临港产业管理委员会，负责制定港口群发展的重大方针、政策。改变临港产业布局分散的局面，按照区域合理分工的要求，突出发展特色海洋产业，重点在产业布局、产品结构、产品加工技术和设备以及对信息市场的把握等方面下工夫，近期应该以海产品深加工为发展的目标，远期的发展目标应该是海洋高新技术产业，并逐步提高第二产业在经济总量中的比重。同时，围绕产业和空间发展战略，拉长产业链条，形成产业集群，不断扩大临港企业规模。

（5）创新融资手段，实现多元化投资

影响临港工业发展的因素很多，如土地、资金、技术、原材料等，但资金制约尤其重要，为此应采取多元化融资手段，着重加以解决。除了上市融资外，企业还可通过信用担保融资、发行企业债券、股权融资、风险融资、企业职工内部持股等方式进行融资。如港口可以拿出优良资产，成立股份有限公司，规范动作，争取早日上市，募集建设资金。二是企业融资方式要实现多元化。针对于港口设施建设的资金，不仅是国家和港口管理者投资，而且也应让利用者投资和租用者融资，还可以活用民间资本等。如在能源港建设上，民间企业可以负担主要费用，剩下的由国家和港口管理者按约定的比例分担；集装箱码头等专用设施的资金可以采取由国家、港口管理者、金融机构和码头租用人按一定比例分别承担的方式筹措。

（6）构建优良的发展环境和政策服务体系

①加快政府职能转变，按照市场经济的要求，将政府承担的社会服务职能逐步从政府行政职能中剥离出来，清理和精简行政审批事项。②推进实施大通关政策，按国家有关规定，加快口岸查验所需前方设施的建设，进一步提高口岸查验工作效率，改善口岸服务水平。③加快金融保险、信息服务等软环境建设。支持金融业务的拓展和工具创新，积极发展港口贸易类专业保险代理公司，大力开展出口信用保险、出口货运保险等新兴保险业务。④加大财政支持力度，政府财政性资金优先向临港产业倾斜。建立临港工业发展支持资金，用于重大临港工业项目的前期工作。

第7章 海岛县（区）旅游产业

7.1 旅游业现状

21世纪是海洋经济时代，而海洋旅游业是前景远大的海洋产业群的重要组成部分。我国面临世界第一大洋——太平洋，海岸线长达 3.2×10^4 km，管辖海域近 300×10^4 km，蕴含极其丰富多彩的旅游资源。改革开放20余年来，海洋旅游业在我国旅游业的发展中地位逐步攀升，海洋旅游业已成为我国旅游业的主要组成部分。海岛是海、陆的岛桥和海洋开发的基地，是海洋旅游开发的前沿和海洋旅游开发的重要组成部分，世界上许多岛屿已经成为旅游的热点。

我国从行政管理角度来看共有14个海岛县。据统计，沿海和海岛地区近年来接待游客的人数以每年高达20%～30%的速度递增，海岛旅游已成为许多海岛县的支柱产业（表7－1）。

表7－1　我国12个海岛县（区）的旅游开发现状

名称	隶属辖区	旅游资源特点、主要风景名胜及景区景点
长海县	大连	鸳鸯港、守岛建岛纪念塔、祈祥园、金蝉港、三元宫、双凤朝阳塔、青龙山森林公园、北海浴场、四道沟浴场、金沙滩浴场、苇子沟浴场、庙底港、马祖庙、神仙洞、仙女湖
长岛县	蓬莱	礁石景观：宝塔礁、望福礁、老头石、将军石、狮子石、香炉礁、佛爷礁 海蚀景观：九丈崖、龙爪山、水晶洞、聚仙洞、大顶洞、九门洞 天象景观：海市蜃楼、海滋倩影、平流雾景、渤海日落、黄海日出 名胜古迹：显应宫、古船博物馆、长岛历史博物馆、烽山鸟展馆
崇明岛	上海	海天浴日、青龙盘岛、名潭垂钓、水格分涛、金鳌镜影、寿刹烟林、林海鹿鸣、厥杏耸立、一瞬沧桑、新海花坞、渔船迎潮、牛棚观潮
定海区	舟山	古战场遗迹：复翁堂、平楼碑、同归城、姚公殉难处碑、鸦片战争遗迹 古建筑：祖印寺、大千圣庙、御书楼、都神殿 古文化遗址：白泉、石礁、定海城区、皋泄、金塘、舟山革命烈士陵园、博物馆

续表

名称	隶属辖区	旅游资源特点、主要风景名胜及景区景点
普陀区	舟山	普陀山：佛教名山、短姑胜迹、两洞潮音、千步金沙、华顶云海、宝塔闻钟、南天门、普济寺、潮音洞、观音跳、西天门、风洞嘴、法雨寺、佛顶山慧济景区、梵音洞 朱家尖：南沙、自山、乌石塘三大景区，喷泉、烟涛、荧光三大自然景观 桃花岛：自然景观包括沙、石、礁、洞、壁、溪、滩、山、花、林、鸟、兽；人文景观包括寺庙、文物、军事遗迹、名人碑刻、神话传说、渔乡风情 沈家门：渔岛风情、民俗传统、海食海钓、青龙山顶烈士纪念塔
岱山县	舟山	路拦晴沙、慈云庵、超果寺、双合石壁、燕窝石笋、白峰积雪、金维英故居、观音山、观音寺、观音跳海
嵊泗县	舟山	岛岩石洞景观：穿心洞、穿鼻洞、海蚀地貌景观、元宝石、石龙奇观、姐妹石 摩崖石刻：瀚海风情、海宇澄清、群贤毕至、万顷碧波、泛波 侵华遗址：花鸟山灯塔、马关白节山灯塔、马迹山日军大炮台遗址、日军鱼雷洞遗址
玉环县	台州	海蚀地貌景观：八仙过海、八百罗汉、雄狮观涛 古遗址：三合潭、环西、前塘洋
洞头县	温州	仙叠洞、半屏山、大瞿岛
平潭县	福州	半洋石帆、君山、东海仙境、坛南湾、南寨石景、凤凰山黄金海岸、青观顶、海坛天神
东山县	漳州	水上活动中心、骑术中心、国际俱乐部
南澳县	汕头	金山浴日、青屿浮天、龙潭晓月、马井朝烟、七礁缠星、雄关雨蹬、古寺晴云

7.1.1 长海县

海岛旅游业呈现较快发展态势，全县建有各类旅游景点30余处，发展旅游休闲船舶130艘，拥有渔家旅店300户、宾馆和度假村180家，一次性可接待游客1.2万人，已成为中国北方知名的海岛旅游目的地。2005年，旅游业发展态势强劲。年内建成旅游服务中心并投入使用。旅游促销力度进一步加大。跨7省12市，行程5 400 km的大篷车促销活动以及旅游“三招”说明会和旅游推介会成功举办并取得较好效果，签约旅游项目8个，与大连联友等4家旅行社签订了引进合同。旅游基础设施建设进展顺利。投资150万元的玉龙度假村游乐场完成了防渗堤和排水通道工程；北海浴场一期工程正式投入使用；铁山风景区破土动工；投资150万元对守岛建岛纪念公园进行了扩建。完成了重点旅游项目的详细规划设计。划定了15处沙场浴场、17处赶海滩涂、25处垂钓海域，改造休闲渔业船舶93艘。编辑出版了《长海传说》和《长海谚语》，制作了全县旅游导游词和宣传画册。对8户渔家旅店接待宾馆进行了星级评定。旅游市场得到进一步规范，服务质量明显提高。大长山岛创建4A级旅游景区工作步伐加快，质量和环境管理体系认证工作开始实施。大长山岛及哈仙岛渔家游和金贝广场被评为全国农业旅游示范景点。长山群岛被评为“辽宁最美的岛屿”。全年上岛游客突破60万人次，旅游综合收入1.75亿元，分别比上年增长13.6%和16.7%。

2008年，旅游综合收入较快增长。提出了建设长山群岛旅游度假区的战略构想，得到了省、市的高度重视和认可，并被纳入重要日程，长海的功能定位进一步提升。制定了实施长山群岛旅游度假区建设工作规划，完成总规初稿编制任务，全县干部群众发展高端旅游的认识大幅度提高。修订完善了加快旅游业发展优惠政策，开展了形式多样的旅游宣传促销活动。国际海钓基地项目建设全面启动，国家2A级旅游景区创建和特色旅游乡镇及旅游专业村建设进展顺利，浴场改造续建和渔家乐等特色项目建设步伐加快。全年旅游人数81.4万人次，同比持平；旅游综合收入36 000万元，增长24.1%。

7.1.2 长岛县

长岛又称庙岛群岛，位于胶东和辽东半岛之间，黄海、渤海交汇处，南临蓬莱，北倚大连，西靠京津，东与韩国、日本隔海相望。是山东省唯一的海岛县，也是中国唯一的海岛国家地质公园、中国十大最美海岛、最佳避暑胜地和国家级重点风景名胜区，冬暖夏凉、气候宜人，素有“海上仙山，候鸟驿站”之美誉。

2005年，全县上下进一步加快旅游招商和景点开发建设步伐，完成九丈崖月牙湾景点的基础设施建设，引进了海洋动物表演项目，同时深入开展“诚信旅游、文明服务”为主题的宣传活动，积极规范旅游市场秩序，加大宣传促销力度，进一步扩大了长岛知名度，促进了旅游业稳步健康发展。全年共接待进岛游客115万人次，同比增长9.5%；实现门票收入2500万元，同比增长12.4%。

2006年，全面实施“旅游兴岛”战略，加快旅游开发建设，努力打造海岛服务业发展的新优势。坚持培植旅游业的龙头地位，以妈祖文化培育为中心，以旅游大项目开发为重点，以完善配套设施建设为基础，进一步加快了海岛旅游业由观光旅游向休闲度假旅游的转变。先后完成了九丈崖和龙爪山公园旅游基础设施建设、海鲜大排档建设，开辟了长岛至庙岛、宝塔礁、猴矶岛、高山岛旅游新航线；同时加快运作庙岛妈祖文化中心开发、文教区和王沟星级宾馆建设、半月湾四季海水浴场、圣基旅游度假村等旅游大项目。2006年全县共接待游客128万人次，旅游行业综合门票收入达到2 860万元，旅游总收入达到6.8亿元，同比分别增长 11.3%、14.4%、25.9%。

2007 年，旅游服务业日趋繁荣。积极做好全国旅游强县试点创建工作，不断加大投入，完善旅游服务设施，加快城区和星级宾馆改造，大力发展“海上游”、“文化游”；加强旅游宣传促销，全面推行标准化服务，为服务业发展创造了有利条件。2007 年全县接待游客 146 万人次，旅游行业综合门票收入 3 200 万元，旅游直接收入 4.5 亿元，分别增长 14.0%、13.5%、25%。

2008 年，生态旅游快速发展，景区资源进一步整合，旅游基础设施得以有效改善，客源市场不断拓展，积极推行标准化管理，特别是旅游票制改革取得明显成效。2008 年全县接待游客 150 万人次，旅游行业综合门票收入 4 340 万元，旅游直接收入 6.9 亿元，分别增长 2.7%、35.6%、53%。

2009 年，旅游业进一步发展，全县接待游客 170 万人次，增长 13.3%，旅游行业综合门票收入 5 150 万元，增长 18.7%。

2010 年，全县旅游总收入 11.2 亿元，增长 28.7%。共接待国内外游客 200 万人次，增长 18%，旅游门票收入 5 825 万元，增长 13.1%。2010 年年末有 3A 级旅游景区 2 处和 2A 级旅游景区 2 处。2010 年年末拥有星级饭店（宾馆）4 家。

2011 年，实现综合门票收入 5 327 万元，比上年增长 3.2%，旅游总收入 15.1 亿元，比上年增长 34.8%。全年接待海内外旅游者 240 万人次，比上年增长 20%。2011 年年末全县拥有旅游星级宾馆饭店 4 家。3A 级旅游景区 2 个，2A 级旅游景区 1 个，各类旅行社 8 家。

2012 年，实现综合门票收入 7 000 万元，比上年增长 30%，旅游总收入 17.3 亿元，比上年增长 14.6%。全年接待海内外旅游者 242 万人次，比上年增长 30%。2012 年年末全县拥有旅游星级宾馆饭店 8 家。长岛景区晋升为国家 4A 级旅游景区，各类旅行社 8 家。

7.1.3 崇明岛

崇明岛是国家地质公园，正在申报世界地质公园。崇明依托东滩鸟类国家级自然保护区（东滩湿地）、东平国家森林公园、明珠湖、西沙湿地等旅游资源，着力打造以崇东休闲运动会展旅游区、崇西湿地健康旅游体验区、崇中森林休闲娱乐旅游区、长兴岛工业科普教育旅游区和横沙岛国际休闲度假旅游区为特色的生态旅游格局。根据《崇明三岛总体规划（2005—2020 年）》，到 2020 年旅游业将成为崇明经济主导产业，户外假日运动基地、度假和休疗养中心、大型主题公园、国际邮轮与长江游艇停泊港等快速发展。

2002 年，崇明旅游资源整体包装宣传力度加大，利用各类新闻媒体，发布旅游信息。以节庆活动为契机，建立培育崇明旅游市场：①举办“2002 寿安寺迎春撞钟特色旅游”活动；②举办“首届崇明观鸟节”；③举办以生态游为主线的“第五届崇明森林旅游节”，组织了花鸟展、陈燮君崇明水墨写真作品展、中国名画家邀请展、第四届攀岩越野赛、东滩奔牛表演、农家游等主题活动。2002年接待游客56.8万人次，实现旅游业务收入1.02亿元。10月份东平国家森林公园被国家旅游局批准为4A级旅游景点。

2003年，紧紧围绕建设生态旅游岛这一主题，依托新闻媒体，加大宣传力度，挖潜旅游资源，提升旅游形象。旅游业经历“非典”后全面复苏。2003年利用“第六届崇明森林旅游节”的有利时机，举办了具有特色的“第十届前卫金秋文化旅游节”，推出了“瀛东捕鱼赛”、“绿华全国蟋蟀大赛”、“森林滑草大赛”等主题活动，吸引了大批游客前来参观游览。2003年接待游客72万人次，旅游直接营业收入1.1亿元，比上年分别增长4.3%和11%。

2004年，围绕建设生态旅游岛这一目标，进一步发展生态休闲旅游，利用媒体和网络，提升崇明旅游的知名度。利用举办旅游节的契机，成功举办了“环岛驾车游”、“森林嘉年华”、“上海旅游节花车在崇明巡游”、“全国蟋蟀争霸赛”等精彩纷呈的主题活动，烘托了旅游市场的人气。2004年接待游客77.2万人次，比上年增长22.8%，旅游直接营业收入1.5亿元，比上年增长31.7%。

2005年，按照崇明生态岛的功能定位，积极开发新的旅游景点，大力发展生态休闲旅游。新建了崇明西沙湿地生态修复实验基地和世界河口沙洲展示馆，新辟了明珠湖等旅游景点。利用节庆活动的契机，打造崇明旅游品牌，成功举办了“环岛驾车游”、“森林嘉年华”、“明珠湖杯垂钓赛”、“前卫金秋生态文化节”、“渔家欢乐节”、“农家乐风采摄影展”等主题活动，吸引岛内外游客前来观光旅游。2005年接待游客79.2万人次，比上年增长2.6%；完成营业收入1.9亿元，比上年增长27.3%。

2006年，旅游基础设施逐步完善，生态休闲旅游初具规模。出台崇明农业旅游发展规划初稿，着手编制崇明岛国家地质公园规划，启动崇明西沙湿地生态修复实验基地引鸟工程。旅游节庆活动有了新的突破。2006年精心组织了崇明森林旅游节开幕式和大型水上焰火晚会，成功举办了“崇明桑果节”、“森林百花展”、“崇明荷花节”、“长兴岛柑橘节”、“横沙岛秋之韵”、“第四届全国蟋蟀大赛”、“渔家欢乐节”、“环岛驾车自助游”等主题活动，使崇明旅游市场亮点不断，打响了崇明旅游品牌，岛内外游客前来观光旅游逐年增加。2006年接待游客85.9万人次，比上年增长8.4%；完成营业收入2.1亿元，比上年增长13.0%。

2007年崇明旅游逐步做大做强，特色旅游具有一定的知名度，旅游业呈现良好的发展态势。制定2007年崇明农业旅游发展规划；编制完成崇明大众化旅游发展规划；崇明西沙湿地生态修复实验基地二期工程建设有序推进；开工建设东平国家森林公园一期改造。旅游节庆活动有了新的突破，2007年精心组织了第十届崇明森林旅游节开幕式、焰火晚会，成功举办了“前卫村第十四届金秋文化旅游节”、“森林嘉年华”、“瀛东渔家欢乐节”、“长兴岛柑橘文化艺术节”、“横沙岛秋之韵”、“绿港村全国蟋蟀大赛”、“明珠湖风筝邀请赛”等系列活动，使崇明旅游市场亮点不断，打响了崇明旅游品牌，岛内外游客前来观光旅游逐年增加。2007 年接待游客 101. 6 万人次，比上年增长 18. 2%；完成直接营业收入 2. 5 亿元，比上年增长 18. 7%。

2008 年，旅游产业围绕绿色、生态、环保、健康的主题，大力宣传崇明生态环境和崇明旅游的人文特色，精心打造生态文化品牌，面向都市人群，完成了《崇明县旅游业发展总体规划》修编、《崇西地区旅游发展规划》、《农家乐旅游发展规划》、《明珠湖北大门地区控制性详细规划及景观设计》和《明珠湖花桥建筑设计方案》。总投资 7 897 万元的森林公园一期改造完成，崇明岛国家地质公园顺利揭碑开园。旅游节庆活动精彩纷呈，成功举办了“在沪外国友人拍摄崇明”活动、“森林嘉年华系列”、“首届崇明老毛蟹节”、“前卫金秋生态文化旅游节”、“瀛东渔家欢乐节”、“绿华全国蟋蟀比赛”、“灶花艺术节”、“高家庄园系列”、“横沙岛‘秋之韵’系列”、“明珠湖游”、“集体婚礼”、“视频大赛”等旅游精品活动，吸引岛内外游客前来观光、游览。2008 年接待游客 113. 0 万人次，比上年增长 11. 2%；完成直接营业收入 2. 8 亿元，比上年增长 13. 2%。

2009 年，旅游环境不断优化，服务水平继续提高。围绕长江隧桥开通和世博会召开的机遇，有序推进明珠湖、西沙湿地、国家地质公园等旅游规划和项目建设，认真设计完善旅游线路，不断做好旅游宣传推介，加强旅游市场监管，促进全县旅游业规范有序发展。旅游节庆活动精彩纷呈，成功举办了“第十二届崇明森林旅游节”，“生态之旅”森林交响音乐会、“绿华全国蟋蟀大赛”、“崇明柑橘节”、“金秋美食节”、“老毛蟹节”、“灶文化艺术节”、“前卫村金秋文化艺术节”、“万名市民看光明现代农业”活动、“牵手新城郊　走进新世界　2009 新世界欢乐家庭节”等主题活动，为游客献上了一道道精美的旅游大餐。前卫村、瀛东村、西沙湿地、高家庄园、明珠湖被批准为国家 3A 级旅游景区。2009 年全县接待游客 264. 3 万人次，比上年增长 135. 0%；直接营业收入 3. 3 亿元，比上年增长 22. 9%。

2010 年，旅游设施进一步完善。全县投资近 3. 8 亿元，实施了扩大全县旅游设施容量的工程，于世博会召开之前竣工启用。餐饮业新增约 1 万个餐位，团队餐位总量达到 2 万张左右；住宿业新增床位约 1 500 张，床位总量达到 7 000 张左右；新建 2 个大型、4 个中小型土特产品超市；新增大巴车位 550 个，大巴车位达到 800 个，新增小车车位 2 000 个，小车车位达到 4 000 个；新建旅游公厕 20 个，厕位增加约 500 个。总体日接待能力从原来的 3 万 ~4 万人次增加至 7 万 ~8 万人次。旅游宣传促销投入力度进一步加大。全年印制并发放 31 万份崇明旅游简易导游图和1.5万册中英文版《崇明旅游》概况；在东方移动网、出租车、水上巴士、轨道交通、商务楼宇的接收终端上播放崇明旅游宣传片；组织旅游企业参加了6次相关旅游交易会，举办了1次崇明旅游新产品推介活动。生态旅游保持良好发展势头。成功举办第十三届崇明森林旅游节系列活动。森林旅游节期间，全县共接待岛内外游客64.4万人次，实现旅游直接收入6873万元，比上届森林旅游节分别增长202.6%和43.6%。2010年，全县共接待游客432.5万人次，实现旅游直接收入4.5亿元，分别比上年增长63.7%和34.2%。

2011年，旅游宣传推介力度加大，旅游品牌知名度逐步扩大。通过报刊、网络等新闻媒体有针对性地进行旅游形象宣传、信息发布、促销推广，崇明生态岛建设和生态旅游品牌知名度进一步扩大。旅游节庆活动精彩纷呈。成功举办了“绿色崇明，零度嘉年华”活动，受到了社会各界的广泛关注和积极评价，通过旅行社导入主会场的旅游团队就有68个，近2 000人次。组织了“龙腾跃瀛洲 汉歌耀明珠——我们的节日”2011年崇明端午节季活动。开展了第十四届崇明森林旅游节及其系列活动，全面展示了崇明本土特色和旅游资源，为市民和游客呈现了18项主题活动。西沙湿地－明珠湖景区成功获批国家4A级旅游景区，三民文化村、瑞华果园成功获批国家3A级旅游景区。2011年，全县共接待游客337.8万人次，比上年下降21.9%；实现旅游直接收入5.4亿元，比上年增长20.8%。

2012年，全县共接待游客370.0万人次，实现营业收入6.1亿元，分别比上年增长9.5%和12.9%。旅游设施逐步完善。积极推进世界河口沙洲水文化展示馆、奶牛科普馆、紫海鹭缘薰衣草园、崇明岛国家地质公园地质遗迹保护等相关项目建设和旅游道路指示标识系统的完善。旅游节庆活动本土化特色更加明显。2012年成功举办了“二月二龙抬头”文化旅游节、崇明森林野菜节、瑞华果园桃花节、第二届崇明端午季等精彩活动。结合每年一度的世界女子公路自行车赛，策划并成功举办了第二届自行车嘉年华活动，吸引了约12万人次的岛内外游客积极参与。森林旅游节期间，全县举办了“南江风韵杯”崇明县灶花艺术节，中国上海绿华蟋蟀团体争霸赛、上海崇明柑橘节，牛棚港艺术涂牛节，横沙岛自行车骑游大会暨“秋之韵”系列活动，上海（崇明）芦穄节，上海（崇明）明珠湖鱼鲜节，崇明森林烧烤露营嘉年华活动等25个子活动，进一步弘扬了崇明传统文化，彰显了生态崇明的魅力，全县旅游节期间共接待游客80万人次，实现旅游直接收入8 800万元，分别比上年增长16.3%和17.1%。

7.1.4 定海区

定海居我国东海，位于长江口与杭州湾的交汇处，海岛风光秀美，气候宜人；全区共有大小岛屿128个，总面积1 444 km^2，其中，陆地面积568.8 km^2，海域 875.2 km^2，拥有海岸线超过 400 km。海洋给定海奉献了丰富的宝藏，也为定海造就了旖旎风光，更使定海沉积了悠久历史和深厚的海洋文化底蕴。

2003 年，旅游业受“非典”影响较为突出。2003 年全区共接待游客 100.83 万人，比上年下降 19.2%。其中国内游客 99.87 万人，国际游客 9 654 人。全年旅游收入 5.93 亿元，同比下降 21.5%。其中国内旅游收入 5.59 亿元，国际旅游收入 420.9 万美元。

2004 年，旅游业发展步伐加快。全区共接待游客 134.79 万人次，比上年增长 33.7%。其中接待国内游客 132.28 万人次，国际游客 25 100 人次，分别增长 33.5% 和 160%。全年旅游收入 8.52 亿元，同比增长 42.7%，其中国际旅游收入 1 177.94 万美元，增长 160%。年末全区共有旅行社 28 家，星级旅游饭店 15 家。

2005 年，全区共接待游客 169 万人次，比上年增长 25.4%，其中接待国内游客 166.2 万人次，国际游客 28 736 人次，分别比上年增长 25.6% 和 14.5%。全年旅游总收入 10.3 亿元，同比增长 21.4%，其中国际旅游收入 1 471 万美元，同比增长 24.9%。2005 年年末全区共有旅行社 28 家，星级饭店 15 家。

2006 年，旅游业发展态势良好。全区共接待游客 201.05 万人次，比上年增长 18.9%，其中接待国内游客 197.68 万人次，国际游客 3.37 万人次，分别比上年增长 19.0% 和 17.4%。全年旅游总收入 12.15 亿元，同比增长 17.5%，其中国内旅游收入 10.87 亿元，国际旅游收入 1 725 万美元，分别增长 18.9% 和 17.4%。2006 年年末全区共有旅行社 31 家，星级饭店 14 家。

2009 年，全年全区共接待国内外游客 302.23 万人次，增长 16.1%，其中国内游客 297.51 万人次，增长 16.3%，国际游客 4.73 万人次，增长 2.7%。旅游总收入 20.81 亿元，增长 23.8%，其中国内旅游收入 19.04 亿元，增长 26.2%，国际旅游收入 2 599 万美元，增长 2.7%。目前，全区已有星级宾馆（饭店）13 家，旅行社 31 家，2A 级旅游景区 1 个，A 级旅游景区 4 个，农（渔）家乐项目 92 家。

2010 年，全区共接待国内外游客 381.20 万人次，增长 26.1%，其中国内游客 375.69 万人次，增长 26.3%，国际游客 5.53 万人次，增长 17.0%。旅游总收入 26.16 亿元，增长 25.7%，其中国内旅游收入 24.10 亿元，增长 26.6%，国际旅游收入 3 029 万美元，增长 16.6%。2010 年年末，全区有星级宾馆（饭店）12 家，旅行社 35 家，2A 级旅游景区 1 个，A 级旅游景区 4 个，农（渔）家乐项目 108 家。

2011 年，全年全区共接待国内外游客 458.5 万人次，增长 20.3%，其中国内游客 452.1 万人次，增长 20.3%，国际游客 6.4 万人次，增长 15.8%。旅游总收入 44.89 亿元，增长 28.5%，其中国内旅游收入 42.5 亿元，增长 29.3%，国际旅游收入3 520万美元，增长16.2%。2011年年末，全区有星级宾馆（饭店）12家，旅行社41家，2A级旅游景区1个，A级旅游景区4个，农（渔）家乐项目160家。

2012年，全年全区共接待国内外游客545.36万人次，增长18.9%，其中国内游客538.68万人次，增长19.2%，国际游客7.30万人次，增长14.1%。旅游总收入53.90亿元，增长20.1%，其中国内旅游收入51.13亿元，增长20.3%；国际旅游收入4 108.07万美元，增长16.7%。2011年年末全区有星级宾馆（饭店）10家，旅行社45家，2A级旅游景区1个，A级旅游景区4个，农（渔）家乐项目136家。

7.1.5 普陀区

普陀旅游资源十分丰富，以“海天佛国”普陀山、“沙雕故乡”朱家尖、“东方渔都”沈家门及“金庸笔下”桃花岛，构成独特的普陀“旅游金三角”。具有佛教文化、山海景观、渔村风情、海滨度假、海鲜美食等丰厚的旅游资源。

2002年，旅游业发展再上新台阶。全年旅游接待人数252.3万人次，比上年增长18.47%；创旅游总收入10.52亿元，增长26.14%。全区有星级宾馆17家，其中三星级宾馆3家。

2003年，全年旅游接待人数276.04万人次，比上年增长9.43%；创旅游总收入16.56亿元，增长9.38%。全区有星级宾馆已达18家，其中三星级宾馆3家。

2004年，全年旅游接待人数346.39万人次，比上年增长25.5%；创旅游总收入22.15亿元，增长33.8%。全区有星级宾馆18家，其中三星级宾馆3家。

2005年，全年旅游接待人数409.09万人次，比上年增长18.1%，其中海外旅游者5.2万人次，比上年增长23.9%；创旅游总收入26.42亿元，增长19.3%。旅游配套设施不断完善。2005年年末全区旅行社27家，比上年增加2家；星级宾馆21家，其中三星级宾馆5家，客房1 429间，床位2 626张。

2006年，旅游业持续健康发展。全年旅游接待人数464.68万人次，比上年增长13.6%，其中海外旅游者6.55万人次，比上年增长26%；创旅游总收入30.65亿元，增长16%。旅游配套设施不断完善。2006年年末全区旅行社30家，比上年增加3家；星级宾馆26家，其中三星级宾馆8家，客房1 774间，床位3 375张。

2007年，全年旅游接待人数525.58万人次，比上年增长13.1%，其中海外旅游者7.86万人次，比上年增长20%；旅游总收入36.65亿元，增长16.3%。2007年年末全区旅行社33家，比上年增加3家；星级宾馆28家，客房1 791间，床位3 417张，其中三星级宾馆10家。

2008 年，旅游业发展水平不断提升。至 2008 年年末，全区已有星级宾馆 26 家，客房 1 872 间，床位 3 567 张，其中三星级以上宾馆 10 家；旅行社 36 家；旅游咨询服务中心 13 个；旅游集散中心站点 1 个；全年共接待旅游人数 990.78 万人次，比上年增长 17.1%。其中，海外旅游者 14.27 万人次，增加 5.6%。全年旅游收入 67.65 亿元，增长 18.6%，其中，国际旅游外汇收入 7 815 万美元，比上年增长 11.3%。

2009 年，全区有星级宾馆 23 家，客房 1 782 间，床位 3 290 张，其中三星级以上 9 家；旅行社 37 家；旅游咨询服务中心 12 个。全年共接待旅游人数 1 135.37万人次，比上年增长 14.6%。其中，海外旅游者 14.71 万人次，增加 3.1%。全年旅游收入 73.81 亿元，增长 9.1%，其中，国际旅游外汇收入 7 679 万美元，比上年下降 1.7%。

2010 年，全年共接待国内外游客共 1 378.11 万人次，比上年增长 21.4%，“十一五”期间年均增长 16.0%。其中接待海外游客 16.35 万人次，增长 11.2%。从主要景区看，普陀山景区接待游客 478.42 万人次，比上年增长 26.4%；朱家尖景区接待游客 309.52 万人次，增长 39.8%；桃花岛景区接待游客 136.13 万人次，增长 27.9%。全年实现旅游总收入 89.47 亿元，比上年增长 21.2%。2010 年年末全区有旅行社 39 家；星级宾馆 24 家，其中三星以上 13 家，星级宾馆客房数 1 745 间，床位数 3 282 张；旅游咨询服务中心 12 个。

2011 年，全年共接待国内外游客共 1 546.73 万人次，比上年增长 12.2%。其中接待海外游客 17.04 万人次，增长 4.3%。从主要景区看，普陀山景区接待游客 519.66 万人次，比上年增长 8.6%；朱家尖景区接待游客 346.58 万人次，增长 12.0%；桃花岛景区接待游客 153.55 万人次，增长 12.8%。全年实现旅游总收入 132.95 亿元，比上年增长 15.4%。2011 年年末全区有旅行社 42 家；星级宾馆 19 家，其中三星以上 14 家。星级宾馆客房数 1 648 间，床位数 3 127 张；旅游咨询服务中心 13 个。

2012 年，全年共接待国内外游客共 1 691.46 万人次，比上年增长 9.4%。其中接待海外游客 18.51 万人次，增长 8.6%。从主要景区看，普陀山景区接待游客 556.46 万人次，比上年增长 7.1%；朱家尖景区接待游客 388.61 万人次，增长 12.1%；桃花岛景区接待游客 170.59 万人次，增长 11.1%。全年实现旅游总收入 150.01 亿元，比上年增长 12.8%。2012 年年末全区有旅行社 53 家；星级宾馆 27 家，其中三星以上 17 家。星级宾馆客房数 2 469 间，床位数 4 712 张；旅游咨询服务中心 9 个。

7.1.6 岱山县

岱山又叫东海蓬莱，位于舟山群岛中部，岛海相依，孤悬海中，为舟山第二大岛，全县406个大小岛屿犹如一串闪亮的宝石镶在东海碧波之中，岛海相依，水天相连，构成了一幅天然画卷。海水、沙滩、礁石、海鲜、渔火是岱山旅游的特色。

2002年，积极开发具有地方特色的“渔家乐”、“泥之旅”等旅游项目，加大旅游促销力度，精心构筑精品旅游线路，编写完成并出版了《东海蓬莱岱山导游》，使旅游事业进一步发展。全年共接待国内外游客35万人次，比上年增长9.7%。

2003年，旅游事业进一步发展。加强海洋文化和海岛休闲旅游，秀山岛已成为旅游度假的休闲地，中国台风博物馆已蜚声省内外。全年共接待国内外游客40万人次，比上年增长14.3%。实现旅游总收入2.24亿元，比上年增长20.8%，与全县生产总值的比例为7.2%。

2004年，旅游业上升势头喜人。确定了以海景房产、海洋文化、海岛保健为主攻方向，海岛休闲与海洋文化基地建设得到推进。已初步形成以中国台风博物馆、东沙古镇渔村风情园、秀山休闲度假区为主干，以磨心山、鹿栏晴沙、双合石壁等景区为补充的全县旅游主体框架。全年共接待国内外游客58.23万人次，比上年增长45.6%。实现旅游总收入2.97亿元，比上年增长72.7%，与全县生产总值的比例为8.0%。

2005年，全县上下紧紧围绕海景房产、海洋文化、海岛保健三大主题，加快推进休闲度假基地和海洋文化基地建设，旅游业得到快速发展。2005年，全县共接待国内外游客77.5万人次，比上年增长33.1%，实现旅游总收入4.41亿元，比上年增长46.3%。以海洋文化为载体，旅游节庆活动得到进一步拓展和创新，成功举办了彰显岱山县鲜明海洋文化特色的首届中国海洋文化节，进一步提高了岱山知名度。以旅游项目开发为重点，海洋旅游精品工程建设进一步推进，蓬莱阁、峰景湾国际休闲度假岛等一批海景房产项目开始投售市场，中国首家滑泥主题公园一期建成开放，中国海洋渔业博物馆二期、盐业博物馆、灯塔博物馆等系列博物馆和中国书雕城建成开放等，进一步丰富了旅游的内涵。岱山旅游服务中心投入运行，旅游公共服务设施不断完善。2005年年末全县有旅行社6家，旅游星级饭店7家。

2006年，旅游业在海洋文化和海岛休闲度假两大基地打造中较快发展。全县共接待国内外游客94.38万人次，比上年增长21.8%，实现旅游总收入5.47亿元，比上年增长26.1%。成功举办了第二届中国海洋文化节，“蓬莱仙岛——浙江岱山”的旅游品牌初步打响。旅游资源加快整合，旅游精品线路初步形成。星级宾馆建设步伐加快，配套设施逐渐完善。2006年年末全县有旅行社6家，旅游星级饭店7家。

2007年，全年共接待国内外游客111.3万人次，实现旅游总收入6.86亿元，分别比上年增长17.9%和20.8%。第三届中国海洋文化节被评为“2007年中国节庆产业十大自然生态类节庆”。2007年年末有旅行社7家，旅游星级饭店8家，比上年末各增加1家。

2008年，全年共接待国内外游客130.25万人次，实现旅游总收入8.38亿元，分别比上年增长17.1%和22.0%。“蓬莱仙岛——浙江岱山”的旅游品牌不断提升。2008年年末有旅行社6家，比上年末减少1家，旅游星级饭店9家，比上年末增加1家。

2009年年末全县有旅行社6家，旅游星级饭店9家。全年共接待国内外游客156.01万人次，实现旅游总收入10.15亿元，分别比上年增长19.8%和21.3%。

2010年年末全县有旅行社5家，旅游星级饭店9家。全年共接待国内外游客191.39万人次，实现旅游总收入12.83亿元，分别比上年增长22.7%和26.4%。

2011年年末全县有旅行社6家，旅游星级饭店10家。全年共接待国内外游客231万人次，实现旅游总收入22亿元，分别比上年增长20.7%和22.9%。

2012年年末全县有旅行社6家；星级宾馆10家，客房数702间，床位数1265张，星级宾馆客房入住率为40.9%。全年共接待国内外游客264万人次，实现旅游总收入25.52亿元，分别比2011年增长14.2%和16.5%。

7.1.7 嵊泗县

嵊泗列岛是我国目前唯一的一处国家级列岛风景名胜区，西与上海芦潮港隔海相望，南临普陀山，东临浩瀚的太平洋，北接黄海。嵊泗海域广阔，岛屿密布，有沙滩、海礁、奇洞、悬崖、险峰等自然景观，以碧海、奇礁、金沙、渔火为特色，冬无严寒，夏无酷暑，气候宜人，所以又被称为海上仙山，是旅游、观光、度假、休闲、品尝海鲜和海上运动的好地方。

2003年，旅游业发展势头良好。通过内抓管理，优化环境，外树形象，拓展市场，海岛特色旅游项目不断增加，海岛旅游节目日趋丰富，嵊泗对外知名度逐渐提高，全县旅游市场日益繁荣。2003年共接待游客54.5万人次，比上年增长20.8%，实现旅游收入30 084万元，比上年增长18.9%。

2004年，旅游业发展步伐加快。2004年嵊泗县进一步整合旅游资源，提升旅游产品档次，充分挖掘旅游发展潜力，积极创新旅游促销手段，客源市场得到新的拓展，旅游业呈现兴旺势头，全年共接待国内外游客67.7万人次，比上年增长25.9%，增幅较上年提高了5.1个百分点，实现旅游收入37 901万元。县内旅游配套设施日臻完善，全年新增旅行社12家，新增星级宾馆2家，至2004年年末，全县旅行社总数达到了15家，星级宾馆共6家。

2005年，进一步提升旅游产品档次，充分挖掘旅游发展潜力，积极创新旅游促销手段，成功举办了以“亲近海洋、和谐发展”为主题的第二届中国嵊泗贻贝文化节暨马鞍列岛海洋特别保护区成立庆典等旅游节庆活动，海洋旅游业得到快速发展。全年共接待国内外游客89万人次，比上年增长31.5%，增幅较上年提高了5.6个百分点，实现旅游收入52 232万元，比上年增长30.0%。县内旅游配套设施不断完善，旅游接待能力进一步提高。2005年年末，全县共有旅行社15家，星级宾馆6家。

2006年，海洋旅游业发展步伐加快。按照“建设现代化港口旅游城市”总目标，大力整合旅游资源，以海洋文化为载体，以“东海明珠——中国第一岛城——嵊泗列岛”旅游推介会为主旋律，加大对外宣传促销力度，努力打造海洋旅游发展平台，旅游人数进一步攀升。全年共接待国内外游客105.74万人次，比上年增长18.6%；实现旅游收入6.2亿元，比上年增长19.7%。旅游配套设施不断完善，旅游接待能力进一步加强。2006年年末，全县旅行社总数达到15家，星级宾馆6家，按三星、四星标准建设已正式运营的2家，各类中低档宾馆、饭店及家庭旅馆也快速发展。游客的增加带动了宾馆收入的增长，2006年县内星级住宿业营业收入3 544万元，比上年增长36.1%。

2007年，全年共接待国内外游客120.62万人次，比上年增长14.0%；实现旅游收入7.06亿元，比上年增长14.0%。2007年年末，全县旅行社总数16家，星级宾馆6家，其中三星2家，二星4家，另有按四星标准运营1家，按五星标准建设1家。各类中低档宾馆、饭店及家庭旅馆也快速发展，目前嵊泗县已具有9 000张床位的日接待能力。游客的增加带动了宾馆收入的增长，2007年县内星级宾馆客房收入1 329万元，比上年增长7.6%。

2008年，初步形成集避暑、休闲、观光、海上竞技、渔家风情和海鲜美食为一体的综合型休闲旅游度假区，被浙江省旅游局、旅游协会评选为“浙江省最值得去的五十个景区”之一。全年共接待国内外游客135.05万人次，比上年增长12.0%；实现旅游收入8.82亿元，比上年增长24.9%。全县星级宾馆共6家，全年星级宾馆客房收入1 349万元，比上年增长5.2%；星级宾馆客房入住率为41.5%。

2009年，主动接轨上海世博会，积极做好旅游宣传和旅游资源推介活动，全年共接待国内外游客159.32万人次，比上年增长17.9%；实现旅游收入10.42亿元，比上年增长18.1%。全县限额以上住宿餐饮业共4家，限额以上住宿餐饮业客房收入3 979万元；限额以上住宿业客房入住率为46.3%，比上年提高4.8个百分点。

2010年，旅游经济持续发展，2010年年末全县拥有旅行社16家，限额以上住宿餐饮业6家，限额以上住宿餐饮业客房收入3 857万元，比上年增长18.1%；限额以上住宿业客房入住率为50.1%，比上年提高3.8个百分点。全年共接待国内外游客188.30万人次，比上年增长18.2%；实现旅游收入12.38亿元，比上年增长 18.8%。

2011 年，旅游经济健康发展。随着旅游项目的开发建设，海洋文化的挖掘以及旅游设施接待能力的提高，2011 年年末全县拥有旅行社 18 家，限额以上住宿餐饮业 6 家。限额以上住宿餐饮业实现客房收入 5 451 万元，比上年增长 34.9%；限额以上住宿业客房入住率为 48.9%，比上年提高 8 个百分点。旅游带动群众创业致富效果明显，渔家乐、渔家宾馆和餐饮服务等行业蓬勃发展，2011 年年末全县共有渔家宾馆 376 家、房间 4 310 间，床位 8 598 张。全年共接待国内外游客 223.30 万人次，实现旅游收入 20.0 亿元，分别比上年增长 18.3% 和 24.2%，比 2006 年增长 2.1 倍和 2.8 倍。

2012 年年末全县拥有旅行社 17 家，限额以上住宿餐饮业 5 家。限额以上住宿餐饮业实现客房收入 10 362.10 万元，比上年增长 23.5%；限额以上住宿业客房入住率为 34.2%。渔家乐、渔家宾馆蓬勃发展，2012 年年末全县共有渔家乐宾馆 440 家、房间 4 949 间，床位 9 878 张。全年共接待国内外游客 270.20 万人次，实现旅游收入 25.47 亿元，分别比上年增长 21.0% 和 27.8%，增速均为全市第一。

7.1.8 玉环县

玉环县位于中国浙江东南沿海黄金海岸线中段，介于宁波、温州两开放城市之间。据志书记载，玉环县名源自海岛奇观：晨雾绕岛，形状如环；上有流水，洁白如玉——玉环由此得名。

2003 年，旅游事业蓬勃发展。全县共接待海内外游客 66.27 万人次，比上年增长 17.2%，实现旅游业总收入 5.27 亿元，增长 18.2%。其中接待国内游客 65.63 万人次，增长 17.2%，实现国内旅游收入 5.15 亿元，增长 17.8%；接待入境游客 0.63 万人次，增长 19.8%，旅游创汇 140.75 万美元，增长 22.0%。全县共有旅行社 9 家；旅游星级（涉外）宾馆 8 家。

2004 年，全县共接待海内外游客 114.91 万人次，比上年增长 73.4%，实现旅游业总收入 9.16 亿元，增长 73.8%。其中接待国内游客 113.91 万人次，增长 73.6%，实现国内旅游收入 8.94 亿元，增长 73.6%；接待入境游客 10 039 人次，增长 58.2%，旅游创汇 267.39 万美元，增长 90.0%。全县共有旅行社 8 家；旅游星级（涉外）宾馆 9 家。

2005 年，全县共接待海内外游客 170.27 万人次，比上年增长 48.2%，实现旅游业总收入 13.68 亿元，增长 49.3%。其中接待国内游客 168.88 万人次，增长 48.3%，实现国内旅游收入 13.26 亿元，增长 48.3%；接待入境游客 13 859 人次，增长 38.1%，旅游创汇 523 万美元，增长 95.6%。全县共有旅行社 11 家；旅游星级（涉外）宾馆 10 家。全年累计投入旅游资金 8 866 万元，其中用于景区开发4 154万元。

2006年，全县共接待海内外游客181.56万人次，比上年增长7.0%，实现旅游业总收入14.60亿元，增长7.0%。其中接待国内游客180.04万人次，增长7.0%，实现国内旅游收入14.13亿元，增长7.0%；接待入境游客15 178人次，增长10.0%，旅游创汇575.44万美元，增长10.0%。全县共有旅行社13家；旅游星级（涉外）宾馆7家。全年累计投入旅游景区开发资金1.7亿元。

2007年，成功举办文旦飘香游，大鹿岛升格为国家4A级景区。全县共接待海内外游客203.95万人次，比上年增长12.3%，实现旅游业总收入16.41亿元，增长12.4%。其中接待国内游客202.07万人次，增长12.2%，实现国内旅游收入15.86亿元，增长12.2%；接待入境游客18 810人次，增长23.9%，旅游创汇733.85万美元，增长27.5%。全县共有旅行社12家；旅游星级（涉外）宾馆7家。全年累计投入旅游开发建设资金1.84亿元，其中投入旅游景区开发资金3 900万元，新建星级饭店投入资金1.1亿元。

2010年，以打造“中国休闲渔都”品牌为主线，完善基础设施配套，着力开展宣传促销，努力加快旅游资源整合及开发。全年共接待海内外游客289.77万人次，比上年增长12.4%，实现旅游业总收入23.96亿元，增长17.4%。其中接待国内游客287.91万人次，增长12.4%，实现国内旅游收入23.6亿元，增长17.4%；接待入境游客18 547人次，增长9.9%，旅游创汇522.71万美元，增长20.3%。2010年积极推进对台海上直航旅游组客，成功组织51批共23 920多人次赴台旅游。全县共有旅行社15家；旅游星级（涉外）宾馆7家。全年累计投入旅游开发建设资金3.52亿元，其中投入旅游景区开发资金9 570万元，新建星级饭店投入资金2.56亿元。

2011年，全县共接待海内外游客351.01万人次，比上年增长21.1%，实现旅游业总收入28.94亿元，增长20.8%。其中接待国内游客348.78万人次，增长21.1%，实现国内旅游收入28.6亿元，增长21.1%；接待入境游客22 317人次，增长20.2%，旅游创汇530.84万美元，增长1.6%。积极开展对台直航常态化运营的客源组织、旅游推介、旅客纠纷处理等相关工作，全年安全运送旅客达33 718人次。全县共有旅行社18家；旅游星级（涉外）宾馆7家。全年累计投入旅游开发建设资金2.37亿元，其中投入旅游景区开发资金7 165万元，新建星级饭店投入资金1.65亿元。

2012年，海岛旅游发展加快，漩门湾观光农业园升格为国家4A级景区，清港成为省旅游强镇，美丽乡村动漫文化节、香甜文旦旅游节成功举办。2012年，全县共接待旅游总人数403.51万人次，比上年增长15.0%，实现旅游业总收入36.79亿元，比上年增长27.1%。其中，接待国内旅游人数400.94万人次，增长15.0%，实现国内旅游收入36.49亿元，增长27.6%；接待入境游客25 706

人次，增长 15.2%，旅游创汇 486.6 万美元，下降 8.3%。积极开展对台直航常态化运营的客源组织、旅游推介、旅客纠纷处理等相关工作，全年对台直航客流量累计近 9 万人次。全县共有旅行社 19 家，其中四星级品质旅行社 3 家。旅行社服务网点 9 家。旅游星级饭店 6 家，绿色旅游饭店 5 家。社会星级餐馆 2 家。国家 4A 级旅游景区 2 家，其中大鹿岛景区再次被评为省级风景名胜区、省级森林公园。国家级湿地公园 1 家。全年累计投入旅游开发建设资金 3.59 亿元，其中投入旅游景区开发资金 5 982 万元，新建星级饭店投入资金 2.99 亿元。

7.1.9 洞头县

洞头县是全国 14 个海岛县（区）之一，全县拥有大小岛屿 168 个，其中有居民海岛 14 个，无居民海岛 154 个，素称“百岛之县”。洞头是目前全国唯一以县域命名的 4A 级旅游区、全国海钓基地和浙江省最值得去的 50 个景区之一，共有 8 大景区 400 多个景点，与雁荡山、楠溪江共同构成“山江海旅游金三角”，已顺利跻身省级旅游经济强县。海岛生态保持良好，空气、环境质量均保持国家一级标准，生态环境质量评价指数排名全省第八位，先后荣获国家级生态示范区、省级生态县。

2002 年，按照启动大旅游的要求，继续加快完善旅游设施建设和推进旅游品牌建设，不断规范旅游市场秩序，以“2002 年中国民间艺术游”为契机，加强旅游宣传促销，加大旅游开放度，海岛旅游持续升温。全年接待国内外游客 28 万人次，比上年增长 31.7%；社会旅游总收入 11 205 万元，增长 36.6%。

2003 年，继续加快完善旅游设施建设和推进旅游品牌建设，加强旅游宣传促销，加大旅游开放度，不断规范旅游市场秩序，海岛旅游持续升温，有力拉动洞头县商品市场消费和餐饮、宾馆、交通运输等服务行业发展。全年共接待游客 31.06 万人次，社会旅游总收入 1.24 亿元，均增长 10.9%。

2004 年，旅游业增速有所放慢。紧紧围绕“百姓生活游”旅游主题，完善旅游设施建设，强化旅游宣传促销，在受台风等灾害天气不利因素影响下，洞头县旅游业仍然保持稳步发展，但增长速度总体放慢，全年共接待游客 33.5 万人次，比上年仅增加 3.4 万人次，社会旅游总收入 1.34 亿元，仅增长 7.9%。

2005 年，旅游业平稳发展，区域竞争力有所增强。紧紧围绕“发展半岛旅游经济”主线，强化旅游宣传促销，大力改善旅游基础环境，加强旅游产品和旅游市场开发，调整旅游产业结构，不断提升旅游产业层次，全年共接待游客 35 万人次，旅游综合收入 1.4 亿元，均增长 4.9%。5 年累计接待游客 150 万人次，比“九五”时期翻了一番，年均增长 16.7%，累计旅游综合收入 6 亿元，比“九五”时期增长 160%。

2006 年，半岛旅游初见成效，旅游经济显现新景象。突出抓好旅游软硬件建设，加大产业政策引导、景区综合开发和宣传促销力度，在半岛通车积极因素驱动下，旅游业实现了历史性新跨越，旅游效益、产业投资、就业带动、创惠于民成效显著，全年共接待国内外游客135.1万人次，旅游综合收入5.4亿元，均增长284.5%，超过了过去4年总和。

2007年，半岛旅游推陈出新。通过坚持科学规划、注重品牌打造、强化宣传促销、突出以节促旅、优化招商选资、完善基础设施、提升管理水平等一系列措施，稳步推进海岛旅游的新发展。全年共接待国内外游客145万人次，旅游综合收入5.8亿元，均增长7.4%。围绕国家4A旅游区创建工作，加大资金投入，完善景区配套功能，成立县旅游开发有限公司，投入使用旅游集散中心，开放望海楼一期工程，正式运行直达景区的环景区旅游巴士。

2008年，旅游创强健康发展。以创建国家4A级旅游景区为抓手，创新旅游发展思路，全年旅游接待人数达160.15万人次，社会旅游综合收入6.41亿元，分别增长10.4%和10.5%。精心举办以“海上桃源，风情百岛”为主题的渔家乐民俗风情旅游节，大大提升洞头形象。乡村休闲游、渔家乐体验游依然是洞头旅游重头戏和主要特色，全年共接待体验渔家乐旅游的游客达46万人次。旅游接待服务不断提升，现有星级宾馆两家，百姓旅业56家，餐饮280家，可一次性接待用餐人数达1万人。

2009年，旅游创强成效凸显。不断加大旅游基础建设力度，积极筹办各类旅游节庆活动，争取“中国最佳海岸摄影基地”落户，开展第二届中国国际矶钓邀请赛暨全国海钓锦标赛总决赛等主题活动，进一步提升旅游整体形象。顺利通过国家旅游局的考评，成为全国唯一以县域全境命名的4A旅游景区；北岙镇和东屏镇东岙顶村分别通过省级旅游强镇和省级特色旅游村的考评。全年共接待国内外游客176万人次，其中海外游客1 010人；实现社会旅游总收入7.07亿元，较上年均增长10.2%。

2010年，积极实施旅游精品工程，狠抓旅游重点项目攻坚和省级旅游经济强县创建两大载体，做强做特做活旅游产业。全年完成接待游客213万人次，同比增长20.6%，实现社会旅游综合收入达9.16亿元。2006年半岛通车，洞头县旅游业呈现“井喷式”发展，当年游客接待量超过前四年总和；2009年通过国家旅游局考评，成为全国唯一以县域命名的4A级旅游景区；5年期间，全县各旅游景区（点）累计接待829万人次。

2011年，积极实施建设国际性旅游休闲岛总战略，以“六城联创”为推手，加大旅游基础设施投入，望海楼景区基本建成，金海岸开元度假村建成试营业，举办渔家乐风情旅游节、海姐大赛等节庆活动，创成省级旅游经济强县，成功入选省旅游综合改革试点。不断开拓新客源地，旅游业呈较快发展，全年共接待游客246.4万人次，同比增长15.8%，实现社会旅游综合收入达11.13亿元，同比增长 21.6%；其中国际旅游者 1 588 人次。

7.1.10 平潭县

平潭素有“千礁岛县”之称，全县境内有名称的岛屿 126 个，岩礁 702 个。宽阔的海域与外海大洋相连，众多的岛礁点缀其间，使海岛自然拥有秀丽迷人的海域风光。由于地质构造和海水侵蚀的影响，发育众多奇特壮观的海蚀地貌形态，既有平坦宽阔的海滨沙滩，又有数不胜数的象形奇异岩石。湖、海、沙、石相映成趣，奇、幽、险、俏引人入胜，构成独具特色的海岛风景线，博得文人墨客的吟咏赞叹。

平潭发挥其旅游资源优势，加强两岸旅游合作，推动旅游线路对接延伸，共同打造“海峡旅游”品牌，将平潭建设成为国际知名的海岛旅游休闲目的地。构建“四区一中心”旅游空间格局。四区指海滨度假旅游区、生态人文旅游区、新城乐活旅游区、离岛主题旅游区；一中心指潭城旅游集散中心、接待服务中心。

7.1.11 东山县

东山旅游资源丰富。滨海风光令人神往，岛上风光旖旎，“天蓝水碧海湾美，沙白林绿岛礁奇”，东南沿岸 7 个月牙形海湾首尾相连，绵延超过 30 km，主岛周边的小岛形态奇特，龙屿、狮屿、虎屿、象屿神形兼备；在 6 大类、74 种旅游资源中，具备 6 大类、48 种；国家 4A 级“风动石－塔屿”景区、马銮湾景区等一批风景名胜享誉海内外；东山具有深厚的历史文化底蕴，是理学家黄道周的出生地，是戚继光抗倭扎寨的练兵地，是郑成功、施琅收复台湾的出征地，是东山保卫战的发生地，是谷文昌精神的发祥地。东山是一座最适合旅游度假休闲不可多得的海岛。

2003 年，旅游业受“非典”影响，先抑后扬，后半年明显回升。在风动石景区荣膺国家 4A 级旅游区的基础上，着手国家级风景名胜区各项申报工作。《东山县旅游发展规划》编制完成并通过评审。旅游项目建设投入增加，旅游公厕、停车场及马銮湾游客服务中心等基础设施得到配套。据旅游部门统计调查，全年共接待境内外游客 72.23 万人次，实现旅游收入 3.49 亿元，相当于全县生产总值的 9.6% 和第三产业增加值的 24.4%。风动石、马銮湾、东门屿景区接待游客量分别达到 54 万人次、38 万人次和 32 万人次。

2004 年，旅游业整合现有资源，以谷文昌纪念馆开馆为契机，开发“红色之旅”，建立与东莞、厦门合作机制，成功举办第十三届关帝文化节暨东山关帝庙神像直航赴台巡游十年庆活动，逐步凸显出旅游业的支柱产业地位。旅游部门调查数据表明，各项指标恢复性大幅度增长。全年旅游总收入 4.56 亿元，比上年增长 30.7%，相当于全县国内生产总值的 11.3% 和第三产业增加值的 28.5%。

全年共接待境内外游客84.2万人次，比上年增长16.9%。其中，风动石、马銮湾、东门屿三个主要景区接待游客量分别达到56.4万人次、42万人次和35万人次。旅游从业人数、旅游商品创汇均有不同程度增长。

2005年，旅游业加快发展。“双申”（创建中国优秀旅游县、创建国家级重点风景名胜区）创建工作继续推进，旅游区域合作进一步加强。“一日游”、“黄金周”市场明显好于往年。全年共接待境内外游客81.23万人次，增长6.7%；实现旅游收入2.87亿元，增长16.2%。宾馆接待境外过夜游客10.91万人次，其中，外国游客2 393人次，港澳同胞260人次，台湾同胞6 456人次。

2006年，在假日经济的推动下，休闲旅游成为一大特色，海峡两岸（福建东山）关帝文化旅游节的成功举办又给东山的旅游业注入新的活力。全年全县旅游接待达到88.7万人次，比上年增长9.2%，旅游收入3.3亿元，增长15%。在统旅馆接待过夜游客12.3万人次，同比增长13%，国内游客大幅度上升成为新的看点。

2007年，旅游品牌影响力持续扩大。成功举办漳州首届旅游节、第十六届海峡两岸（福建东山）关帝文化旅游节暨闽台水产品博览会。金殿海景大酒店通过四星级验收授牌。全年全县旅游接待达到102.6万人次，比上年增长14.6%，旅游收入3.76亿元，增长13.0%。在统旅馆接待过夜游客14.2万人次，比增15.0%。

2008年，跻身全市首个、全省第六个优秀中国旅游县加快了东山旅游产业的发展。2008年东山县高分通过“创建中国优秀旅游县”。6月15—17日成功举办第二届漳州旅游节、第十七届海峡两岸（福建东山）关帝文化旅游节暨闽台水产品博览会，举办了寓意两岸交相辉映的“海峡情”焰火文艺晚会。成功举办首届全国帆船帆板（福建东山）邀请赛，有效增强了东山旅游的吸引力，提升了东山旅游的知名度，且获评“福建省最佳旅游目的地”。全面推进旅游项目建设，中信海峡论坛项目完成部分征地，金紫荆温泉海岸项目到资7 600万港币。全年全县旅游接待达到118万人次，比上年增长15%，旅游收入4.27亿元，增长13.6%，在统旅馆接待过夜游客11.4万人。

2009年，发展旅游形成共识，制定了《建设国际旅游海岛行动计划》；第十八届海峡西岸（福建东山）关帝文化旅游节暨闽台水产品博览会和2009年东山国际帆船文化节成功举办；按三星级标准改造的金阳光、金沙大酒店开业，五星级金殿主楼和四星级华夏大酒店开工在建，已签约4个酒店项目中庄园、马里兰2家奠基，九仙山景区综合开发项目正式启动，风动石与马銮湾景区绿化通道和海滨步行道完成改造；旅行社新批3家，累计10家，是漳州市旅行社最多的县份，其中新典旅行社成为漳州市首家县级国际旅行社；东山旅游形象宣传广告首次进入中央电视台与台湾东森电视台播放。全年全县旅游接待达到137.2万人次，比增 16.3%；实现旅游收入 4.94 亿元，比增 15.6%。

2010 年，旅游产业定位进一步明确。全县正式启动、实施《东山国际旅游海岛建设行动计划》，积极开展“旅游建设年”活动，积极推动东山建设国际旅游岛列入省“十二五”规划和省“十二五”旅游规划。旅游投入明显加快。全年引进在建和签约的 8 个高端旅游项目总投资 108 亿元，庄园、马里兰大酒店等一批五星级酒店落户投建，建成马銮湾景区景观大道及沙生植物园新景区配套，风动石景区入口广场、九仙山景区首期工程开工建设。成功举办第十九届关帝文化旅游节、全国帆船冠军赛、中国·东山国际帆船文化节和第四届“中国县域旅游经济论坛暨东山国际旅游海岛发展研讨会”，《中国旅游报》、旅游卫视等媒体广泛宣传东山，旅游人气有效提升。全年接待境内外游客 161.14 万人次，增长 17.5%；旅游收入 6.26 亿元，增长 26.7%。

7.1.12 南澳县

南澳县位于闽、粤、台三省海面交叉点，是广东省唯一的海岛县。它由主岛南澳岛和附近 22 个岛屿组成，总面积 130.91 km^2，其中主岛面积 128 km^2，海域面积 4 600 km^2，总人口 72 449 人，素有“粤东海上明珠”的美誉。

2004 年，旅游业持续发展，创建 4A 级旅游区步伐加快，新投入旅游项目资金 1 000 万元。至 2004 年年底，全县共有宾馆（酒店）52 家，床位 2 574 张，其中涉外宾馆（酒店）4 家，床位 664 张。全县 6 家主要宾馆全年接待国内外游客 67 686 人次，营业收入 1 035 万元，其中涉外宾馆接待国内外游客 49 491 人次。

2005 年，创建 4A 级旅游区的成果进一步巩固，2005 年新投入旅游项目资金 500 万元。至 2005 年年底，全县共有宾馆（酒店）52 家，床位 2574 张，其中涉外宾馆（酒店）4 家，床位 664 张。全县 6 家主要宾馆全年接待国内外游客 7 人次，营业收入 1 100 万元，其中涉外宾馆接待国内外游客 5 万人次。旅游进岛人数 54.8 万人次，旅游综合收入 1.71 亿元。

7.2 旅游业现状分析

7.2.1 中国海岛县（区）旅游资源开发现状分析

（1）自然风光丰富多彩

1）山海天象，气候宜人

海岛海天相映，岛上时有云缠雾绕，流泻飘逸，景色变幻万千。山海天象胜景给人以虚无缥缈的美学享受，还有独特的自然景观海市蜃楼，这些使海岛的旅游资源具有独特的魅力。如长岛县的“海市蜃楼，海滋倩影，平流雾景”和崇明县的“海天浴日，水格分涛”等，各海岛县都具有丰富的山海胜象。海岛具有典型的海洋性气候特征，这种气候特点对开展游览、海泳和其他海上活动十分有利，如东山县的水上活动中心。

2）岛幽湾秀，碧海金沙

我国海岛都有着曲折的海湾和峻峭的山峦。登山远眺，极目之处水天一色、绿波万顷，海鸟翱翔、浪花飞溅。清晨登山望日出，远岛近水皆沐浴在金色的霞霭里，红霞满天，入夜岛上万籁俱寂，松涛阵阵、月光如水、洒向海面。偶遇大风过境，海面浪潮汹涌，惊涛拍岸，声如雷霆，气势磅礴，如置身于金鼓齐鸣、万马奔腾的古沙场，使人震撼。

长海县各岛屿共有大小海滨沙滩 15 处；山东长岛月亮湾卵石海滩有三个海湾沙滩；东海是我国海岛沙滩的主要分布区，单个最大的沙滩为岱山“蓬莱十景”之一的“鹿栏晴沙”；广东南澳岛的青澳湾为省 A 级海滩，海岛阳光充足，众多海岛沙滩细软洁净，金色沙滩与湛蓝的大海结合，很适合海水运动、海洋娱乐、海滨疗养等多项旅游活动。

3）山石形胜，千姿百态

孤悬海中的岩岛受强烈的波浪动力作用，形成了各种海蚀崖、柱、洞穴、平台等奇礁异石的海蚀景观，造型上似人似兽，或景或物，个个栩栩如生，惟妙惟肖。如岱山县的“燕窝石笋”；普陀区的“盘陀金刚石，二龟听法石，一叶扁舟石，二洞潮声”；玉环县的“八仙过海，八百罗汉，雄师观涛”；长岛县的“九丈崖，龙爪山，水晶洞，聚仙洞，大顶洞，九门洞”及嵊泗县的海蚀地貌景观等。

4）海珍特产，生物乐园

海岛附近水域水簇海珍丰富，如舟山群岛为我国最大渔场，盛产大黄鱼、小黄鱼、带鱼、墨鱼等。四面环水的海岛受外界干扰少，保持着淳朴的自然原始生态，从而为珍稀、濒危动植物留下了一方乐土。如普陀山古稀名木有 1 329 株，其中佛顶山鹅耳枥为世界珍稀树种；南澳岛上有 1 400 多种热带、亚热带植物的国家森林公园和长海县的青龙山森林公园。

（2）人文景观光辉灿烂

1）历史遗迹，资源丰富

我国沿海岛屿上广泛分布着从新石器时代到青铜器时代的古遗迹，如舟山群岛岱山县大舜庙后墩新石器时代遗址，这些出土文物及其遗址，既是历史考古学家的研究领域，又可开展文物古迹专项旅游。

从春秋战国时代到封建王朝覆灭的 2 000 多年的历程中，历史名人在海岛上遗留下众多的遗迹。如广东南澳是当时宋军海路逃亡途经驻扎之地，留下了南澳太子楼遗址；定海区的复翁堂、平倭碑和鸦片战争遗址；嵊泗县的花鸟山灯塔、马关白节山灯塔、马迹山日军大炮台遗址、日军鱼雷洞遗址等侵华遗址以及岱山县的金维英故居和定海区的三毛祖居地等，这些构成了具有我国特色的人文景观。

2）宗教庙堂，山海奇观

宗教庙堂建筑一般都因地制宜，在选址、布局、造型、用材方面都巧妙地利用自然环境，形成强烈的宗教氛围。如中国四大佛教名山之一的普陀山，寺庙、庵院、雕塑、碑亭、石刻等具有浓郁宗教气氛的人文景观和沙滩、石景、潮音、古洞、名树等自然景观融为一体，交相辉映，有“海天佛国”之誉，驰名海内外；岱山县的观音寺也是著名的宗教庙堂。

3）渔乡风情，地方特色

我国海岛具有独特风情的渔港、渔村，扬帆捕捞、海上养殖、退潮赶海、坐船垂钓、捕鱼捉蟹等鱼汛渔俗，加之渔民大海般的胸怀和粗犷豪放的性格，淳朴热情的待客传统，都能满足人们猎奇、尝鲜、垂钓、购物等不同层次的需求。

普陀区的桃花岛具有浓郁的渔乡风情；具有东方“渔都”之称的沈家门十里港湾，桅杆林立，入夜数万渔火齐放华光。红黄绿白，交相辉映，十足的渔乡风情；定海区的海岛文化艺术和民情风俗都有其独特的魅力。

7.2.2 中国海岛县（区）旅游效益分析

旅游业的发展会带来极大的效益，旅游业是一个朝阳产业，蕴藏着巨大的经济潜力和广阔的市场前景，将成为21世纪世界经济的牵引力。旅游业的发展为中国海岛县经济的快速发展注入了活力，带来了巨大的经济效益。首先增加了外汇收入，扩大了对外开放。其次产生了巨大的地域经济效益。海岛旅游的发展提供了许多就业机会，提高了人民的生活水平，同时海岛旅游业的发展为其他行业提供了巨大市场，带动并促进了交通运输业、饮食、金融、保险、房地产等第三产业的发展。到目前为止，我国共有14个海岛县，为确保数据资料收集的完整性，本文仅对其中12个海岛县进行分析（表7－2，表7－3）。

由表7－3可以看出，2005年12个海岛县旅游总收入为71.76亿元，接待游客总人数为1 331.88万人，旅游收入占国内生产总值的比重为11.48%，旅游业已经成为海岛县的支柱产业。各海岛县的旅游收入占地区国内生产总值的比重都比较大，除了崇明和平潭分别为1.99%和2.27%外，其余10个海岛县的旅游收入占地区国内生产总值的比重都在7%以上，最高的普陀和南澳县甚至达到了30.49%和34.76%。可见旅游业对于海岛发展的重大意义，旅游业已成为海岛县的支柱产业。因此，研究海岛县旅游业的发展将对海岛县经济社会发展具有重要的意义。

表7-2　各海岛县历年旅游业绩情况

年份	旅游业绩	长海	长岛	崇明	定海	普陀	岱山	嵊泗	玉环	洞头	平潭	东山	南澳
2002	旅游收入/亿元	—	—	1.02	—	10.52	—	—	—	1.12	—	—	—
	旅客人数/万人	—	—	56.8	—	252.3	35	—	—	28	—	—	—
2003	旅游收入/亿元	—	—	1.1	5.93	16.56	2.24	3.01	5.27	1.24	—	3.49	—
	旅客人数/万人	—	—	72	100.8	276.04	40	54.5	66.27	31.06	—	72.2	—
2004	旅游收入/亿元	—	—	1.5	8.52	22.15	2.97	3.79	9.16	1.34	—	4.56	—
	旅客人数/万人	—	—	77.2	134.8	346.39	58.23	67.7	114.91	33.5	—	84.2	—
2005	旅游收入/亿元	1.75	—	1.9	10.3	26.42	4.41	5.22	13.68	1.4	—	2.87	1.71
	旅客人数/万人	60	115	79.2	169	409.09	77.5	89	170.27	35	—	81.2	54.8
2006	旅游收入/亿元	—	6.8	2.1	12.15	30.65	5.47	6.2	14.60	5.4	—	3.3	—
	旅客人数/万人	—	128	85.9	201.1	464.68	94.38	105.74	181.56	135.1	—	88.7	—
2007	旅游收入/亿元	—	4.5	2.5	—	36.65	6.86	7.06	16.41	5.8	—	3.76	—
	旅客人数/万人	—	146	101.6	—	525.58	111.3	120.62	203.95	145	—	102	—
2008	旅游收入/亿元	3.6	6.9	2.8	—	67.65	8.38	8.82	—	6.41	—	4.27	—
	旅客人数/万人	81.4	150	113.0	—	990.78	130.25	135.05	—	160.2	—	118	—
2009	旅游收入/亿元	—	—	3.3	20.81	73.81	10.15	10.42	—	7.07	—	4.94	—
	旅客人数/万人	—	170	264.3	302.2	1135.37	156.01	159.32	—	176	—	137	—
2010	旅游收入/亿元	—	11.2	4.5	26.16	89.47	12.83	12.38	23.96	9.16	—	6.26	—
	旅客人数/万人	—	200	432.5	381.2	1 378.11	191.39	188.30	289.77	213	—	161	—
2011	旅游收入/亿元	—	15.1	5.4	44.89	132.95	22	20.0	28.94	11.13	—	—	—
	旅客人数/万人	—	240	337.8	458.5	1 546.73	231	223.30	351.01	246.4	—	—	—
2012	旅游收入/亿元	—	17.3	6.1	53.9	150.01	25.52	25.47	36.79	—	—	—	—
	旅客人数/万人	—	242	370	545.36	1 691.46	264	270.20	403.51	—	—	—	—

数据来源：各海岛县统计局历年统计数据。

表 7－3　2005 年中国海岛县旅游业发展情况

海岛县	国内生产总值/亿元	旅游收入/亿元	同比增长（%）	旅客人数/万人	同比增长（%）	旅游收入占国内生产总值比重（%）
长海	21.9	1.75	16.7	60.4	13.6	7.99
长岛	20.86	3.0	58.73	115	9.52	14.38
崇明	95.7	1.9	27.3	79.2	2.6	1.99
定海	78.41	8.52	42.7	134.79	33.7	10.87
普陀	86.65	26.42	21	409.01	48.17	30.49
岱山	44.35	4.41	46.3	77.5	33.1	9.94
嵊泗	33.51	5.22	30.0	89.0	31.5	15.58
玉环	148.53	13.64	49.3	169.68	47.55	9.18
洞头	19.34	1.4	4.9	35.0	4.9	7.24
平潭	39.66	0.9	—	20.0	—	2.27
东山	31.5	2.89	17.0	87.5	14.98	9.17
南澳	4.92	1.71	12.0	54.8	0.8	34.76
合计	625.33	71.76	—	1 331.88	—	11.48

资料来源：2005 年各海岛县统计局历年统计数据。

从表 7－2 和表 7－3 还可以看出，各海岛县旅游收入和接待游客总人数同比增长都比较大，可见海岛县旅游业发展态势很好，海岛县旅游业将保持持续、稳定、快速地增长，实现更大的收益。旅游效益不仅表现在经济效益上，还应看到旅游开发给海岛县带来的社会效益和环境效益。旅游会给海岛带来科技、人才、信息等社会效益；对促进贫困地区脱贫致富，对调整全市产业结构，对经济开放搞活等，都有直接或间接的影响。旅游的发展提供了许多就业机会，提高了人民的生活水平，同时为海岛旅游业的发展提供了巨大市场，带动并促进了交通运输业、餐饮等第三产业的发展。同时海岛旅游业的发展促使海岛加强社会环境建设，这为海岛带来了良好的社会效益，并形成了良性循环。第三旅游业的发展带来各地各国的客人，也带来了新的思想与理念，促进了海岛县文化的发展。

在这 12 个海岛县中，普陀、玉环和定海 3 个海岛县的旅游收入分别为 26.42 亿元、13.68 亿元、10.3 亿元，占海岛县旅游总收入的 67.70%。而在接待游客总人数方面，这 3 个海岛县分别接待了 409.09 万人、170.27 万人和 169 万人，占海岛县接待游客总人数的 53.57%。可见，这 3 个海岛县占据了旅游收入的半壁江山，也接待了海岛县半数以上的游客，说明了各海岛县旅游业的发展具有不平衡性。

根据表 7－2，由于 2005 年是数据最充分的一年，因此选择 2005 年进行分析，具体见表 7－3。

7.3　旅游业问题分析

7.3.1　海岛旅游粗放开发，产品雷同

现在正值我国海岛旅游蓬勃兴起之际，各地旅游部门加大海岛旅游开发的力度。但在规模开发的同时，出现了海岛旅游开发模式雷同，只注重开发的规模和数量而忽略了开发的品质与特色的问题。在这些广泛兴建的海岛中，除了气候和自然环境外，无论是从旅游项目到服务方式，还是从建筑到人文环境上，都缺乏自己的特色。大多数岛屿的开发停留在粗放开发的模式下，伴随各地岛屿开发数量增长的是千篇一律的海滨游泳，渔家风情，缺少对各自历史文化底蕴、自然文化景观等独特性资源做深入的研究、详细的策划与精致的开发，缺乏对各自主题和灵魂的发挥。没有主体与灵魂的海岛旅游产品，便不能使游客体味到其中的精髓，不具备长久的吸引力，不能吸引更广泛的游客驻足，不能让游客获得心灵上的享受，让游客去了一个岛屿后便没有去其他海岛旅游的愿望，甚至宁愿选择成本较低的海湾度假；加上近几年的出境游的规范与发展，使一些高端游客选择了国外的海岛旅游。可以说，这种粗放的开发模式严重影响了我国海岛旅游业的进一步发展。

7.3.2　宣传力度不足，品牌意识薄弱

现阶段提到中国的海岛旅游，很难让国人立刻想到哪个知名的岛屿；而国外游客对中国的旅游更是建立在文明古国的基础上，对于中国颇具时尚与休闲意义的海岛度假胜地所知甚少。中国海岛旅游要想吸引国内外广大消费者的眼球，要想打造世界级的知名度，要想创造国际性的旅游休闲胜地，除了要发掘其天然景观的个性外，还必须加大宣传力度，不断地精心策划一些别开生面的活动，通过丰富多彩的宣传活动将消费者的胃口调动起来，达到增强吸引力和广泛宣传的效果。但目前我国的海岛旅游基本上处在粗放开发的阶段，缺少精品工程，没有用心于品牌策划，更没有什么特别的海岛旅游项目。此外，品牌的创造还要注重细节，尤其在服务管理方面，如果细节不够到位，游客便感受不到体贴与细致以及心灵上的温馨。旅游是一种精神消费产品，尤其是海岛旅游，因为它针对的旅游群体是以休闲、度假和疗养为目的的旅游者。只有细节做到位，游客的满意度提高，旧地重游的几率才会增加，但目前我国在此方面的强调还不够，没能引起足够的重视。

7.3.3 海岛基础设施薄弱，交通条件相对不便

由于大多数海岛远离城市，本身发展就比较落后，且我国海岛旅游业起步也相对较晚，所以基础设施比较薄弱。而海岛基础设施建设有着大投入、高成本、高风险的特点，岛上的淡水、用电都比陆地成本高、难度大，要将岛容岛貌做得上档次，没有大规模的投入难度将相当大，而大部分海岛不具备这样的资金基础。所以，现阶段，我国许多海岛的基础设施建设还处于滞后状态，供电供水等配套设施还不完善，房屋也停留在农舍状态，游客不能够在此得到较高层次的物质与精神享受。另外，海岛与外界往来的交通联系比较单一，一般靠海上运输来承担。这使得旅行的行程受天气状况影响较大，一旦遇到大风大雾就得停航，这也是很多旅行社对海岛旅游开发不够活跃的原因之一。尤其对于那些远离大陆的岛屿，乘船颠簸时间较长，游客感到疲惫不堪，这就使海岛旅游脱离了休闲度假游的基本意义。所以说，游艇、邮轮、飞机等多种先进交通工具的丰富，无疑对海岛旅游的发展具有重要的现实意义；而现阶段，我国海岛旅游对这些交通设施的完善还略显不足。

7.3.4 缺少统筹安排，缺乏相互协作

目前，我国海岛旅游产品开发、设计单一雷同，大多数停留在滨海游或是渔家游阶段，而沙滩游泳在海滨旅游就可以实现，渔家体验更是屡见不鲜的滨海旅游项目，海岛旅游的开发略显单调。此外，区域内景区风格重复建设的现象比较严重，从而形成了一些不必要的竞争；也无法使游客获得更多的体验，海岛旅游的收获甚微。很多海岛旅游产品缺乏个性包装和品牌策划，竞争能力不强。各海岛间也缺少相互协作，只顾独自的开发和彼此间的竞争，重复建设现象较为严重，没能做到统筹规划，发掘各自的特色，从整体上推进我国海岛旅游事业的发展。

7.4 旅游业发展建议

7.4.1 加强学术交流，实行人才战略

由于海岛地区一般远离城市中心，加上我国海岛发展尚处在起步阶段，海岛上的各项基础设施建设尚不完善，经济、文化发展相对落后，衣、食、住、行等方面生活并不是很方便，因此，缺少对于人才的吸引力，很难吸引到相关方面的优秀人才到岛上发展。而我国海岛旅游业正处在发展阶段，恰好需要大量的人才，支持海岛旅游产业科学、健康、快速地发展。所以，我们要进一步加强科研

学术交流，加大人才培养力度，广纳贤才，群策群力，共建海岛旅游事业。

（1）加强学术研究交流

对于海岛旅游业尚处于发展阶段的我们，要充分贯彻“走出去，引进来”的思想。要学习国外海岛旅游发达地区的成熟经验，加强学术交流，深入海岛旅游成熟地区考察研究，引进相关地区的先进理念、先进成果、先进设备，因地制宜地发展我国海岛旅游业。

（2）加强人才培养力度

海岛旅游业的有效开发和可持续发展，优秀人才必不可缺。我国岛屿多数处在东南沿海区域，该地区是我国经济较为发达地区，高校、培训机构在此也比较密集，具备人才培养的腹地基础优势。因此，如果能够充分发挥该项优势，一方面从招生渠道上入手，扩大与海岛旅游开发有关专业在海岛地区的招生数量，定向培养，鼓励学生毕业后回家乡发展；另一方面，从高校人才培养方向和学科建设目标上着手，加大海岛旅游开发建设方面的高端人才培养力度。如此可以有效地培养出大批能够为海岛旅游发展献策献力的高素质人才，促进我国海岛旅游事业发展。

（3）完善人才引进机制

海岛旅游发展建设，需要因地制宜地研究开发策略，也需要各行各业的高素质人才积极投入其中。由于海岛的地理位置相对孤立，各方面发展也相对落后，岛上缺乏发展所需的大量优秀人才。因此，需要加强人才建设和人才储备，完善约束激励机制，加大旅游人才的引进，以提高海岛旅游人才队伍的素质。沿海地区要制定有利于海岛地区吸引人才、留住人才、鼓励人才创业的相关政策，逐步提高海岛地区工作人员的收入水平，创造舒适的生活和工作条件，以招揽大量的优秀人才。

（4）重视专业人员培训

一个行业的发展，很大程度上取决于该领域人才的力量，因此，我们需要注重对从业人员的培养力度。要开拓市场开发人员的眼界，不定期地组织学习和考察；要对海岛上的高级管理人员灌输国际先进的旅游管理理念，经常开展充电培训和进行知识更新；要对景区的专项工作人员，进行严格的岗前培训，考察合格后上岗；对从事服务工作的人员，要培养服务意识，进行服务满意度考评。

7.4.2 发挥政府职能作用，加强政策支持力度

一些海岛旅游开发取得成功的地区，与当地政府强有力的支持密不可分。政府要从战略的高度，明确海岛旅游发展的方向，做出科学而详尽的规划，提供政

策支持，实现主导下的资源有机配置，使海岛旅游业良性发展。

（1）科学规划先行

海岛旅游开发要强调规划先行，要使开发建设具有计划性、有序性、合理性及兼顾重点等特性。为此：①要有一个完整的统筹规划。要处理好海岛开发建设与环境保护的关系；要处理好海岛旅游业与水产养殖、港口建设等之间的关系；既要根据每个海岛的自然景观和文化景观的特点，确定其主要功能，保留和发挥其个性特点，又要符合整体协调原则，形成一个区域旅游的整体。②要注意各岛屿间的优势特色互补，周边岛屿间的协调发展，避免盲目、无序的开发。在做我国海岛旅游整体规划时，可以借鉴马尔代夫“一岛一特色”的开发模式，注意发掘各个海岛的自然特色、资源优势以及文化内涵，使各地的旅游产品独具特色，相互间交相辉映，而不是盲目、雷同地开发。力争逐步推出一批“人无我有、人有我精”的海岛度假旅游精品，使海岛旅游更具竞争力和生命力。

（2）完善监督管理

政府部门在海岛规划开发过程中的作用巨大，在后期的监督管理作用也十分重要。在开发初期，要由政府出面，做海岛的整体规划，并由政府组织提供启动资金搞基础设施建设，并完善交通运输体系，待投资环境初步形成后，再将土地转让给投资者，并规定投资者要严格按照规划的要求进行建设；另外，政府可将出让土地的收入投入再发展中，使海岛旅游发展建设步入良性循环。在后期的发展过程中，要注意完善各个监督管理部门的职责，注意各个项目建设的有序性和规范性，对建设的标准、范围要做出具体统一的规划；还要注重对开发项目进行定期或不定期的检查，尤其要注重对环境的保护程度，对违反规定的要严惩以警戒，从而保证海岛旅游业健康持续的发展。

（3）加大政策支持

政府提供必要的政策支持对海岛旅游产业发展具有关键性的作用。因此，我国政府需要对海岛旅游业的发展提供一系列的优惠和扶持政策，把其纳入经济发展的重点战略和项目，创造良好的投资环境，吸引更多企业参与海岛旅游开发建设中去。首先，要贯彻“谁投资、谁受益”的思想，对投资商给予贷款和税收方面的优惠，以吸引更多人来到岛上投资。其次，在海岛旅游发展的初级阶段，要允许采取承包、租赁、独资、合资、合作等多种开发形式，多样化发展海岛旅游。另外，要全方位开放旅游市场，特别在对重点景区开发和重大项目经营上实行面向社会对外招商、公开竞标的方法，吸引一些真正有实力有经验的大企业参与到建设中去，以改变投资规模小，基础设施建设不到位，旅游产品档次低的缺点。

（4）提供资金保障

面对我国海岛旅游业发展初级阶段所需要的大量资金，政府需要营造多元化的筹资环境，充分借鉴国外海岛发展的筹资经验，帮助海岛开发部门和企业解决资金难题。具体而言，海岛当地政府可以采用 TDC 形式，即组建政府旅游发展公司，以政府的直接投入作基础，吸纳社会资本参股，待开发成熟阶段，政府逐步退出，转向全面市场化；或采用国际上通行的 BOT（Build – Operate – Transfer）方式或者以项目开发部分收益为代价，赢得国际跨国公司的项目投资进行海岛旅游开发建设；或者让出海岛若干年的土地使用权获取旅游开发建设资金；或发行旅游国债募集海岛旅游发展资金等。另外，政府需要加大财政拨款，在制定行业发展规划及专项资金安排时，要充分体现对海岛旅游事业发展的支持；对从事海岛旅游开发基础设施建设的相关企业，要给予优惠的贷款政策；支持旅游部门或行业协会成立专项基金，扶持海岛旅游业发展。

7.4.3 完善基础设施建设，创造和谐旅游环境

海岛旅游开发，除了要发掘各个海岛自然特色、分析资源情况，更要注重相关配套设施的完善，服务水平的提高，保护原有资源和生态环境，走可持续发展之路。

（1）完善交通运输环境

交通的运输能力和便捷能力对海岛旅游来说尤为关键，它是海岛与大陆连接的纽带，是海岛旅游发展的命脉，是游客选择出行地的重要参考因素。而我国经济正处在发展阶段，交通建设尚不完善，对于远离大陆的岛屿来说，交通问题已成为制约其旅游业发展的“瓶颈”。因此，要大力改善海岛的交通运输环境，打造一个方便、快捷、安全的交通运输网络。在空运方面，要保证航班正常、准时运行；增加小型直升机运载方式，方便沿途观光旅游。在海运方面，要追求游船的速度与稳健；引进豪华游艇，满足不同层次游客需求，发展高端旅游。在陆运方面，可以考虑在岛屿与大陆之间建设高架桥，开辟海岛旅游新途径，满足自驾车游客的需求。

（2）提高住宿接待环境

我国海岛旅游业各项基础设施建设还不完善，尤其是岛上住宿条件相对落后，多是渔家风情的小屋，缺少星级酒店和风格各异的建筑。因此，要努力改善我国海岛的住宿条件和建筑风格。在酒店建设上，政府要鼓励在岛上建立星级酒店，改善住宿条件，提高酒店接待人员的素质，满足高端旅游市场的需求。在海岛建筑风格上，可以借鉴坎昆的追求风格各异的建筑思想，结合我国各地海岛的人文与地理特色，因地制宜，巧妙设计，造出风格各异的建筑，让游客有新奇的

视觉享受。

(3) 改善服务软环境

我国海岛旅游的服务，需要学习夏威夷式的热情好客，努力为游客创造出一种温馨与舒适的感觉，让游客“高兴而来，满意而归”。①加强岛上服务人员的素质培训，灌输工作人员的服务理念，培养岛上居民热情好客的风俗习惯。②加强服务监管的力度，经常抽查岛上公共场所的服务质量，公布游客监督、举报的投诉电话，方便游客反映问题。此外，要注重细节服务，如为游客派发地图和宣传手册，增加英文标识，建立休息站和货币兑换场所等。

(4) 创造生态旅游环境

由于海岛生态环境极其脆弱，因此，尤其要强调保护它的生态环境和可持续发展。在发展海岛旅游业时，要以“生态、绿色”为理念，以生态旅游市场为导向，以旅游资源为基础，以保护生态环境为中心，兼顾海岛旅游的可持续发展潜力。一方面，要注意岛上原有生态环境的保护。在建设过程中要注意因地制宜，不要轻易破坏原有地形、地貌与植被，建筑风格也应与周围环境相协调，尽可能保持岛上的自然风格，创造和谐的海岛生态旅游环境。另一方面，要注意防止过度开发。因此，在海岛开发过程中首先要把好审批关。另外，可借鉴马尔代夫的“三低一高”的开发原则，针对海岛不同区位特色和环境容量，采取相应的保护措施，限制海岛开发强度，避免资源过度开发，以确保海岛生态环境不会因过度开发而受到损害，为游客带来舒适放松的享受。

7.4.4 突出特色丰富产品，追求高端旅游品质

现今，世界许多国家海岛旅游业已发展成熟，而我国海岛旅游产品尚不具备同这些地区竞争的实力，因此，我国要因地制宜，发展我国自己的海岛旅游品牌，要在注重海岛旅游开发环境的基础上，加大人才培养力度，强化政府职能，开发“特色、多样、高端”的海岛旅游产品。

(1) 突出特色发展

在海岛旅游的发展过程中，要注意满足风格各异的品位需求，满足不同档次的消费需求，注意海岛旅游市场的多元化发展，注重海岛建设的个性化发展。借鉴世界各著名岛屿的发展特色与发展风格，坚持“一岛一特色”的旅游开发理念，充分发掘各地方的资源环境特点、风俗习惯特点、饮食文化特点以及建筑风格特点，把我国丰富的岛屿资源打造成特色鲜明的海岛旅游胜地。世界海洋旅游业的发展，在经历了三个阶段后，正在向第四个阶段（即海洋文化生态旅游阶段）发展，而我国正是一个有着悠久和灿烂文化的文明古国，因此可以充分发掘我国旅游的文化内涵，适应世界这一新的趋势。另外，我国的海岛旅游业起步较

晚，相比世界其他海岛旅游胜地，在设施和管理等方面都存在较大差距，因此，要扬长避短，尤其要注重特色的发展，发挥文化生态旅游的优势，做细海岛旅游市场，满足广大游客的多元需求，以在国际海岛旅游市场竞争中占有一席之地。

（2）丰富旅游项目

海岛是休闲、度假的理想去处，但是海岛旅游的功能定位不能仅限于此。海岛旅游的开发、策划应该多方位多角度去着手，海岛旅游的产品也应丰富多彩，要用各种娱乐项目去增强海岛休闲旅游的品质，同时也用休闲度假的主体功能带动其他旅游产品的发展，使游客在岛中既游又玩，既休闲又娱乐。因此，要善于利用海岛良好的环境资源和独特的“封闭性”，从海面、海岛、天空等多方面进行多种类型的开发。比如，自然风光、文物古迹、民族风情、人造景观等观光型旅游产品；“3S”（Sun，Sand，Sea）享受、美食旅游、豪华游船等度假型旅游产品；展览、办公、会议等商务会展型旅游产品；民俗、博物馆、寻古、学术等文化型旅游产品；自然旅游、观鸟旅游、海洋公园等绿色生态型旅游产品；水上运动、温泉康复、高尔夫等健身康复型旅游产品；探险游、海底游、极限运动等猎奇刺激型旅游产品。用这些丰富多彩的海岛旅游产品，让海岛旅游具有自己的独特魅力，拥有持久的生命力，以吸引大量的海内外游客，让游客乐在其中，流连忘返。

（3）打造高端旅游

海岛旅游一般以“休闲度假”为主题，休闲度假往往追求高水平的旅游品质，属于高端旅游产品。而随着人们生活水平的提高，经济负担能力增强，越来越多的人们拥有了“精品旅游”的意识，选择到风景、餐饮、娱乐、购物等各项旅游要素都完善的景区旅游。另外，与普通旅游相比，高端旅游的利润达到20%～30%甚至更多，市场潜力巨大。因此，我国海岛旅游业要向高端旅游市场发展，实施精品战略，突出重点，精心设计旅游产品，积极开发旅游景点，发掘景区文化内涵，完善硬件设施，提高服务水平，加强国际合作，发展综合休闲度假旅游，打造高端的海岛旅游市场。

第 3 篇　区域篇

第 8 章　环渤海海域的海岛县(区)产业布局

8.1　长岛县产业布局

8.1.1　基本情况概述

长岛是我国著名的 14 个海岛之一。它由 32 个岛屿组成，其中以南、北长山两岛为主岛，并以大桥相连接。岛陆面积 56 km^2，海域面积 8 700 km^2，海岸线长 146 km。

长岛古为莱夷之地，秦朝属黄县 1929 年设长山岛行政区，隶属山东省府。1945 年 8 月，成立长山岛特区，隶属北海专属。1949 年 8 月长岛解放后，仍设长山岛特区。1956 年 5 月，长岛县隶属莱阳专区，后隶属烟台专区。1963 年 10 月恢复长岛县，隶属烟台专区。1983 年 11 月隶属烟台市。长岛东西窄，南北长，从地图上看又瘦又长，所以叫长岛。

长岛 32 个岛屿南北纵列于渤海海峡，系京津门户、渤海咽喉，在海事安全、生态环保、文化研究等诸多方面均具有成为国家要地的潜力，战略位置极为重要。①长岛是环渤海地区海上通道必经之地，周边有 5 条国际及国内的航道，每日过往的船舶达 200 艘，处于渤海湾海上抢险救助、防灾救灾中心位置。②长岛是环渤海经济圈海域生态的重要屏障，并被列为我国北方气象和海洋生态、海洋环境监测研究站点，在海洋生态环境监测、研究和保护方面具有特殊的重要作用。③长岛的海洋文化底蕴丰厚，拥有中国北方最古老、最有影响的妈祖官庙，八仙过海和海市蜃楼就发生在这里，是研究我国北方海洋文化的典型代表。

长岛自然风光秀丽、气候宜人，岛屿周围有星罗棋布的港湾，众多的海水浴场，还有千姿百态的奇礁异石，素有“海上仙境”之称，它与蓬莱被列为蓬莱长岛国家级风景名胜区。长岛无岛不秀，无岛不奇，是一处天然的海上大花园。著名的景点有：九丈崖（月牙湾）、庙岛、龙爪山、宝塔礁、珍珠门、砣矶岛、万鸟岛等。长岛历史悠久，民风纯朴，并且拥有众多的人文历史遗迹，有中华民族悠久历史文化的重要发祥地之一，距今 6 000 多年，历史被誉为“东半坡”文化的大黑山北庄遗址；有中国北方建造最早的妈祖庙——距今

880多年的庙岛显应宫等。为加速长岛旅游事业的发展，一批新的景点如林海峰山景区、望福礁民俗风情公园等也相继向游人开放。

目前，长岛是中国唯一的海岛国家地质公园、中国十大最美海岛之一、最佳避暑胜地和国家级重点风景名胜区。由于长岛属于亚洲东部季风区大陆性气候，因此具有冬暖夏凉的特点，年平均气温为11.9℃，无霜期为243天。长岛县大气环境质量达到国家一级标准，空气中负氧离子含量高达2万/cm^3，是天然的“氧吧”。同时，长岛县素有“海上仙山、候鸟驿站”之美誉。全县森林覆盖率53.2%，具有独特的地理位置和优越的自然条件，使长岛县成为候鸟迁徙的必经之地，每年途经此地的候鸟有200余种，数量达到百万只之多，享有候鸟“驿站”的美誉，被列为国家级自然保护区。长岛海域辽阔，旅游资源、海洋资源和环境生态资源既独特又丰富。海岛生态环境优良，岛屿海岸风光秀丽，气候宜人，既为发展旅游休闲度假产业提供了原生态、高品质的山海人文景观，也为物种繁衍创造了绝佳的自然环境。长岛周围海域一直保持着国家一类海水标准，水产资源丰富，特别是海参、鲍鱼、海胆等海珍品，在国内外享有盛誉，被命名为“中国鲍鱼之乡、中国扇贝之乡、中国海带之乡”，是我国重要的海珍品生产和出口基地。长岛岛屿深水岸线和港口资源优势明显，随着环渤海经济圈和山东省“一体两翼”战略的逐步实施，可以建设成为辐射胶东半岛、辽东半岛与天津沿海广大腹地的规模较大的物流中心。依托良好的资源优势，海岛居民生活普遍富裕，收入处于全国的较高水平。

8.1.2 产业发展情况概述

（1）农业

长岛县拥有机动渔船2 645艘，其中捕捞机动船474艘，养殖机动船2 156艘。机动渔船总吨位达13 746 t，总功率43 077 kW。2012年水产品总产量达38.8×10^4t，同比减少0.7%，其中养殖产量26.5×10^4t，比2011年减少6.2%，捕捞产量12.3×10^4t，比2011年增长13.8%。实现农业总产值625 511万元，比2011年增长5.6%，其中渔业产值564 012万元，比2011年增长5.6%。长岛县2012年耕地面积295 hm^2，与2011年持平。主要农产品产量：粮食总产量444 t，比2011年增长1.8%；水果604 t，比2011年增长34.2%；肉类总产量101 t，比2011年增长5.9%；禽蛋类629 t，比2011年增长34%。

2012年农、林、牧、渔业增加值达到364 797万元，比2011年增长5.4%。其中，农业增加值248万元，比2011年增长6.8%；林业增加值489万元，比2011年减少0.6%；牧业增加值386万元，比2011年增长12.7%；

渔业增加值 329 326 万元，比 2011 年增长 5.5%；农林牧渔服务业增加值 34 348 万元，比 2011 年增长 4.9%。

（2）工业和建筑业

长岛县在 2012 年全部工业实现增加值 37 742 万元，比 2011 年增长 7%。全县规模以上工业企业（年主营业务收入 2 000 万元及以上的工业法人企业）8 家。规模以上工业实现增加值 7 825 万元，比 2011 年减少 10.3%；实现工业总产值 33 459 万元，比 2011 年减少 8.8%；产品销售收入 31 893 万元，比 2011 年减少 11.1%；利润 1 841 万元，比 2011 年减少 46%；利税 3 427 万元，比 2011 年减少 37.6%。全县用电量 $9\ 400 \times 10^4$ kW·h，比 2011 年增长 15.1%，其中工业用电 $2\ 102 \times 10^4$ kW·h，比上年增长 21.8%。长岛县建筑业在 2012 年实现增加值 16 258 万元，比 2011 年增长 2.2%。

（3）固定资产投资、交通运输和邮电业

长岛县 2012 年完成固定资产投资 44 516 万元，比 2011 年增长 19.8%；其中城镇固定资产投资 40 610 万元，比 2011 年增长 14.4%；房地产开发投资完成 5 481 万元，比 2011 年增长 299.2%。

全县交通运输仓储和邮政业完成增加值 65 578 万元，比 2011 年增长 17.9%。全年完成旅客运输量 474.9 万人次，比 2011 年增长 18.9%。其中，公路 257.5 万人次，比 2011 年增长 5.8%；水路 217.4 万人次，比 2011 年增长 39.2%。全年货物运输量 517.5×10^4t，比 2011 年增长 29.3%。其中，公路 239.8×10^4t，比 2011 年增长 12.5%；水路 277.7×10^4t，比 2011 年增长 48.4%。2012 年完成公路和水运客运周转量 7 395.6 万人·km，比 2011 年增长 54.5%；完成货运周转量 $117\ 261.8 \times 10^4$ t·km，比 2011 年增长 150.5%。

2012 年完成邮电营业收入 6 520 万元，比 2011 年增长 4.8%，其中邮政营业收入 855 万元，比 2011 年增长 1.1%；本地电话年末用户 16 749 户，比 2011 年减少 6.2%，其中住宅电话用户 8 740 户；移动电话 77 742 部，比 2011 年增长 5.5%，移动电话普及率达 181 部/百人，比 2011 年增长 5.8%。国际互联网用户达 9 097 户，比 2011 年增长 3.4%。

（4）旅游业与对外贸易

长岛县 2012 年实现综合门票收入 7 000 万元，比 2011 年增长 30%，旅游总收入 17.3 亿元，比 2011 年增长 14.6%。全年接待海内外旅游者 242 万人次，比 2011 年增长 30%。2012 年末全县拥有旅游星级宾馆饭店 8 家和各类旅行社 8 家，长岛景区晋升为国家 4A 级旅游景区。全年消费品零售额达到 135 174 万元，比 2011 年增长 13.9%，其中城镇实现零售额 94 168 万元，比 2011 年增长 13.9%；农村实现零售额 41 006 万元，均比 2011 年增长 13.8%。

全年实现服务业完成增加值 196 802 万元，增长 9.5%。2012 年实现进出口 4 012 万美元，比 2011 年增长 10.9%，其中出口创汇总额 3 394 万美元，比 2011 年增长 6.8%。合同利用外资 580 万美元，比 2011 年增长 38.1%；实际利用外资 411 万美元，比 2011 年增长 107.6%；实际利用内资 12 400 万元，比 2011 年增长 10%。

（5）财政与税收

长岛县 2012 年公共财政预算内收入完成 8 058 万元，比 2011 年减少 33.5%，公共财政预算支出 47 414 万元，比 2011 年增长 11.4%。基金收入 6 644 万元，比 2011 年减少 69.3%；基金支出 9 891 万元，比 2011 年少减 54.1%。实现境内税收收入 13 075 万元，比 2011 年增长 5.6%，其中地税系统税收 8 406 万元，比 2011 年增长 2%；国税系统税收 4 669 万元，比 2011 年增长 12.8%。境内税收中二产税收 4 972 万元，比 2011 年减少 6%；三产税收 7 933 万元，比 2011 年增长 15.8%。

2012 年年末金融机构各项存款余额 299 428 万元，比 2011 年增长 10%，其中居民储蓄存款 219 818 万元，比 2011 年增长 9.2%；金融机构各项贷款余额 115 319 万元，比 2011 年减少 2.2%。

（6）人口和人民生活

长岛县 2012 年年末总户数 15 701 户，2012 年年末总人口为 42 762 人（女 21 699 人），其中非农业人口为 16 871 人。出生人口 225 人（女 106 人），死亡人口 412 人（女 198 人），出生率 5.24‰，死亡率 9.6‰，自然增长率为 -4.36‰。

据农村住户抽样调查，2012 年全县农民人均纯收入达 15 048 元，比 2011 年增长 10.1%。农村居民人均生活消费支出 7 127.7 元，比 2011 年增长 10.9%。农村居民家庭食品消费支出占消费总支出（恩格尔系数）的比重为 44.1%。2012 年年末每百户农民家庭拥有彩电 122 台、摩托车 28 辆、空调机 24 台、微波炉 20 台、家用计算机 50 台、电冰箱 110 台、汽车（生活用）8 辆、摄像机 2 台、照相机 30 架。

2012 年年末全县单位从业人员 5 269 人，减少 0.7%。全部单位职工工资总额 21 517 万元，增长 11.2%，职工年平均工资 38 530 元，比 2011 年增长 11.1%。2012 年年末全县城镇登记失业率控制在 1.36% 以内。

2012 年长岛县国民经济主要统计数据见表 8－1。

表 8－1　2012 年长岛县国民经济主要统计数据

	2012 年累计	较同期 ± %		2012 年累计	较同期 ± %		2012 年累计	较同期 ± %
一、综合			三、工业			六、投资、交通、旅游		
地区生产总值/万元	615 599	6.7	工业总产值/万元	37 742	7	固定资产投资总额（规模以上）/万元	44 516	19.8
第一产业/万元	364 797	5.4	工业销售收入/万元	31 893	－11.1	其中：城镇投资额/万元	40 610	14.4
第二产业/万元	54 000	5.7	工业利税总额/万元	3 427	－37.6	房地产开发投资/万元	5 481	299.2
其中：工业/万元	35 383	0.5	工业利润总额/万元	1 841	－46	客运周转量/万人·km	7 395.6	54.5
第三产业/万元	196 802	9.5	工业销售产值/万元	36 235	3.6	货运量/ $\times 10^4$t	517.5	29.3
乡村经济总收入/万元	408 504	10.8	工业增加值/万元	8 114	6.6	货运周转量/ $\times 10^4$ t·km	117 261.8	150.5
消费品价格指数（%）	104.2	1.9	高新技术产业产值/万元	6 230	－9.4	旅游年接待人数/万人次	242	30
全县总人口/人	43 040	0.00	全县用电量/ $\times 10^4$ kW·h	9 400	15.1	旅游门票收入/万元	7 000	30
人均国内生产总值/元	143 493	7.1	四、商业外贸			七、劳动工资		
二、农业			消费品零售额/万元	116 493	13.3	年末从业人员数	5 269	－0.7
农业总产值/万元	566 041	10.8	出口创汇总额/万美元	3 164	42.0	单位职工工资总额/万元	21 517	11.2
渔业总产值/万元	564 197	10.9	实际利用外资/万美元	198	0	职工年平均工资/元	38 530	11.1
水产品总产量/ $\times 10^4$t	38.8	－0.7	五、财政金融			八、人口和人民生活		
养殖产量/ $\times 10^4$t	26.5	－6.2	地方财政收入/万元	8 058	－33.5	农村居民人均生活消费支出/元	7 127.7	10.9
捕捞产量/ $\times 10^4$t	12.3	13.8	公共财政预算支出/万元	47 414	11.4	全县单位从业人员	5 269	－0.7
耕地面积/hm^2	295	持平	年末金融机构各项存款余额/万元	299 428	10	职工年平均工资/元	38 530	11.1
粮食产量/t	444	1.8	金融机构贷款余额/万元	115 319	－2.2	农民人均纯收入/元	13 666	11.2
水果产量/t	604	34.2	城乡居民储蓄/万元	219 818	9.2	在岗职工人均工资/元	34 075	17.5

数据来源：2012 年长岛县国民经济和社会发展统计公报。

注：工业数字的统计范围为国有工业企业和销售收入 500 万元以上的非国有工业企业。

8.1.3 发展规划分析与建议

2008 年以来，长岛县政府按照“一个目标、两大布局、三大产业、四大工程”的发展思路进行规划，使得全县保持了平稳较快的增长。为了实现打造富裕长岛、魅力长岛、和谐长岛，将长岛建设为山东海上明珠的总目标，长岛县致力于统筹发展南五岛和北五岛两大区域板块。南五岛着力发展生态旅游业，打造旅游核心区和展示魅力长岛的重要窗口；北五岛大力发展生态渔业，打造各具特色生态养殖基地。首先优先发展生态旅游业。根据长岛县 2011 年 5 月公布的第六次全国人口普查数据显示，全县常住人口 4.40 万人。20 世纪 90 年代初，通过“耕海牧渔”发展战略，长岛县已成为全国较早的小康县。几经起伏，现在的海岛旅游产业进入良性发展轨道，成为长岛县支柱产业。2011 年，全年实现综合门票收入 5 327 万元，比上年增长 3.2%，旅游总收入 15.1 亿元，比上年增长 34.8%。长岛陆上以南长山岛东西 22 km 一静一动两条海岸带为发展轴线，对旅游资源进行全方位生态化改造；海上开通旅游观光通道，开辟环岛游和特色岩礁游等航线，推出游艇观光、海岛探奇和滨海体育运动，形成陆海联动、一体发展的生态旅游格局。其次兼顾做强生态渔业。实施渔业精品化战略，潜心研究自然生态、市场经济和组织体系规律，深入推进渔业科技化、产业化和品牌化，打造高效渔业、生态渔业和品牌渔业。最后做大做强生态工业。围绕海洋新能源、海洋物流、海洋生物制药和海洋机械制造等领域，加快推进海上风场、祥坤物流、科元生物制药、北长山工业园造船厂等项目，形成新的竞争优势。目前长岛县的发展已经取得了初步的成效：

（1）发展外部的环境不断优化

长岛县局部对外开放得到国务院、中央军委批准，庙岛大型妈祖露天塑像建设获得国家宗教局批复，长岛国际休闲度假岛建设纳入山东半岛蓝色经济区发展规划，累计争取支持政策 56 项、无偿资金 8.6 亿元。这些重大事项的成功突破，不仅为海岛科学发展营造了良好外部环境，同时为长岛县的长远发展构建了新的平台、奠定了坚实基础。

（2）特色产业加快转型升级，经济效益持续攀升

生态旅游综合竞争力得到提升，星级酒店建成运营，游客中心、特色文化街区等投入使用，“渔家乐”的经营逐渐规范化，旅游服务功能得以改善。陆上景区资源全面整合，海上游等项目策划推出，旅游产品吸引力不断增强。2011 年全县景区接待游客 240 万人次，实现门票收入 6 800 万元，年均分别增长 13% 和 19%。生态渔业规模和效益同步增长，良种繁育中心、国家级水产种质资源保护区相继建成，生态养殖模式逐步推广，水产品质量安全监管和品牌创建力度不断加大，6 件水产品获得国家地理标志证明商标，2011 年全县渔业实现产值53 亿元，年均增长 19.1%。海洋新能源开发前期工作积极推进，百万千瓦海上风场与海流能集成开发示范工程列入山东省“十二五”规划。2011 年全长岛县工业已实现增加值 4.2 亿元，年均增长 11.9%。航运产业运力规模快速增长，经营领域不断拓展，成为推动经济发展新生力量和财政增收重要来源。海上运力由 4 000 t 增加到 5.4×10^4 t，实现税收年均增长 20%。

(3) 城乡建设进程加快，人居环境进一步改善

长岛县开发改造力度不断加大，完成拆迁 18×10^4 m^2，旧城旧村改造和房地产开发 37×10^4 m^2，实施了滨海和临街建筑立面景观改造、城区主干路亮化升级等工程，城市面貌明显改善。海岸带综合开发启动实施，西海岸护岸和陆域吹填工程开工建设。城市配套设施进一步完善，新增供暖面积 11×10^4 m^2，敷设供气管道 14 km，改造供水管网 12 km，实施了排水系统、通信网络和有线电视光缆改造等工程，城市功能不断提升。基础设施建设加快推进，建设中心渔港和陆岛交通码头 7 处，改建省道 263 线和县乡道路 65 km，乡镇主干路全部亮化，陆岛交通条件进一步改善；长砣海缆全线更新，蓬长双回路工程开工建设，供电可靠性得到增强；完成了 8 处淡化站和 32 个渔村自来水管网改造，渔村饮水安全问题得以缓解。生态环境保护不断加强，造林绿化和岸线修复力度加大，烟气脱硫、污水集中处理、垃圾压缩外运、雨水集蓄利用等设施投入使用，海岛生态环境进一步优化。

(4) 企业股份制深化改革，渔村经济体制推进改革

长岛县“渔家乐”等旅游体制改革初见成效，同时对民营企业的支持力度进一步加大，出台了一系列减负增效优惠政策，民营经济实现快速发展。2011 年年长岛县全年实现增加值 7 亿元，年均增长 31.2%。医药卫生体制改革启动实施，基层医疗卫生机构全面实行基本药物制度和零差率销售，药品价格平均下降 38%。

(5) 财政金融的高效运行，支撑保障力度进一步提高

长岛县加强税收征管有效运筹国有资产和资源，积极争取上级支持，地方财力突破 4 亿元，保障了基础设施建设、民生工程实施、社会事业发展等资金需求。金融生态环境明显优化，积极剥离不良贷款，努力化解金融风险，信贷投放力度进一步加大，为服务经济发展发挥了重要作用。2011 年年底，全县金融机构各项存款余额 29 亿元，年均增长 12.9%；各项贷款余额 11.6 亿元，年均增长 24.9%。

(6) 民生工程不断推进，社会事业全面进步

目前，长岛县民生工程累计投入资金 4.8 亿元，交通运输、公共服务等问题已经得到有力缓解。完成了高抗风等级船舶、危化品运输船舶建造，新增北五岛和西三岛客货运船舶5艘，制定出台船舶运营补偿机制，通航状况不断改善。公共服务设施进一步完善，就业和社会保障不断加强，城镇登记失业率控制在1.4%；新型渔村养老保险、城镇居民养老保险和基本医疗保险顺利推行，养老、医疗保险实现全覆盖，新型渔村合作医疗政府补助标准和报销比例逐年提高，城乡低保提标扩面，城镇低保标准增长68%，农村低保标准增长82%，廉租住房补贴实现应补尽补。社会救助力度进一步加大，发放各类救助资金1 600多万元。教育和医疗卫生投入持续增加，完成了城乡中小学校舍加固、教学仪器设备更新等工程，办学条件明显改善；实施了县医院改扩建、乡镇卫生院和村级卫生室标准化改造，配备了必要的救治设施，开通与省立医院远程会诊，医疗救治水平进一步提高。文体事业加快发展，国家地质公园揭牌开园，中华妈祖文化节和海岛经济论坛成功举办，“长岛渔号”列入国家级非物质文化遗产名录；乡镇综合文化站、渔村文化大院、渔家书屋基本改造完成。科技创新能力不断增强，获得国家和省科技进步奖两项。气象地震、外事侨务、史志档案、广播电视、国防后备建设等工作都取得新的进步。

长岛县的经济社会的发展仍然存在着一些亟待解决的困难和问题，主要表现为：基础设施建设相对滞后，海岛承载能力有待加强，特别是水电、交通等瓶颈制约仍未从根本上解决；经济发展的水平和质量不高，产业规模小，科技含量低，三次产业结构性矛盾比较突出，难以形成对经济发展的有效拉动；民生改善力度需要进一步加大，一些涉及群众生活的热点难点问题还没有很好解决，特别是北岛群众出行、能源物资保障困难等问题还很突出；生态保护意识还不够强，传统渔业的粗放式生产与发展生态渔业和休闲度假产业的要求不相适应，海上油污染等生态突发事件应急处置机制还不健全。因此，针对长岛县存在的问题进行下一步的合理规划是十分有必要的。

长岛县政府部门的“十二五”规划方案的奋斗目标为：依靠科学技术，提高全县社会、经济发展的总体水平。建设长岛县科技创新园区，重点打造长岛县海洋新能源研究开发中心和海洋生态工程技术中心。到“十二五”末，长岛县达到省级以上工程技术研究中心和技术中心标准的有3家，有条件的企业普遍建立技术研究开发机构。海洋渔业技术，开展海水增养殖、生物资源保障、远洋渔业等技术成果集成与转化，重点加强优良品种培育、病害快速诊断及其综合防治、渔业资源评估及可持续利用等关键技术的成果转化。扩大环境友好型养殖、深水抗风浪网箱养殖、水产品质量安全保障等技术的应用规模；推动海洋水产品加工、贮藏、运输等关键技术应用以及环境友好型捕捞装备和现场综合加工技术开发。工业方面，重点进行水产品深加工、旅游特色产品开发、风资源开发利用等领域技术研究，加速推进高新技术产业化。在对新技术开发与成果推广应用及基础性科学研究的同时，全面推进科技兴海、兴工、兴社会的进程，努力使长岛的经济发展和社会进步建立在依靠科技进步的基础上，加大科技进步在长岛县经济增长中所占的比重。全社会 R&D 经费占国内生产总值比重达到2%以上，科技活动投入占国内生产总值比重达到4%以上。建立稳定的财政科技投入增长机制，确保财政科技投入增幅高于财政收入增幅。工业固体废弃物综合利用率达到90%；工业用水重复利用率达到75%；万元国内生产总值能耗下降到0.8 t标准煤以下；万元国内生产总值耗水降到90 m^3以下，生态环境质量得到进一步优化。加强科技人才队伍建设，使得长岛县专业技术人才队伍达到3 000 人，从事科技活动人员达到900 人以上，大专以上人口占总人口比例达到12%，具备基本科学素养的公众比例达到4.5%，基本达到全面小康水平的人口素质要求。针对现有情况，长岛县的进一步发展可以从以下几个方面考虑。

（1）产业结构不断优化、产业格局特色突出，为国际休闲度假岛建设夯实经济基础

充分发挥资源优势，促进产业联动发展，形成以休闲度假服务业为主导，生态渔业、文化产业、海洋新能源为支撑的“1+3”海洋优势产业格局。到2016 年，农业、工业与服务产业的比例调整为40:9:51。优先发展休闲度假服务产业。加快开发特色旅游产品，陆上重点提升南北长山岛主景区休闲娱乐、餐饮购物等功能，建设休闲度假服务聚集区；海上重点建设庙岛湾游艇港湾，发展游艇、海钓、潜水等海上运动，开发渔事体验、水产科普等项目，实现观光型向休闲度假型转变；推出生态旅行、海岛探秘等特色项目，打造海岛独有的旅游品牌。大力发展度假产业，建设南北长山岛主题度假酒店和休闲度假区，推进大小黑山岛、螳螂岛等海岛高端度假产业开发，集中建设体现渔家风情的特色小镇和渔俗文化度假村，引导“渔家乐”提档升级；开通南五岛海岸观光和海上观光通道，形成慢行观光、游憩休闲的靓丽风景线。不断开拓高端市场，积极参与区域间旅游合作交流，融入“蓬长龙”旅游一体化发展，树立长岛休闲度假目的地形象，打造北方海岛休闲度假中心。到2016 年，旅游收入争取达到50 亿元。做大做强生态渔业。

以北五岛为重点，按照生态、优质、高效的要求，全面提升渔业科技化、品牌化、产业化水平，打造生态渔业示范区。引进培育优良品种和升级换代现有品种，推进海洋牧场建设示范工程，引导渔民科学健康养殖，提升渔业科技化水平。建立健全水产品质量安全体系，加强国家地理标志证明商标宣传保护和开发利用，培育一批名牌水产品和驰名商标，提升渔业品牌化水平。通过融入烟台国际冷链物流基地建设，着力培植水产养殖、精深加工等渔业骨干企业，支持发展远洋渔业，积极发展渔业社会化服务组织和专业合作组织，实现分散粗放型向规模集约型转变，提升渔业产业化水平。以南五岛为重点，科学规划用海布局，依法规范用海秩序，通过政策扶持、配套服务等措施，引导渔民转产转业，积极发展休闲渔业，实现渔业与旅游业互促发展。到2016年，水产品产值达到70亿元。

突破发展文化产业。挖掘、整理、提升海岛的文化资源，规划建设庙岛宗教文化区、北庄史前遗址文化公园等文化园区，申报建设世界地质公园，创建海洋文化创意产业基地和书画、摄影等艺术创作基地，搭建特色文化街区、公共文化广场等文化产品展示交易平台，引进文化创意企业和各类艺术人才，培育新型文化发展市场主体，创作反映长岛题材、彰显海岛魅力的文化作品，推动文化产业与休闲度假产业融合发展，打响北方海洋文化品牌。到2016年，文化产业增加值达到3亿元。加快发展海洋新能源产业，积极与国内外有实力风电企业合作，推进海上风电场、海洋能独立电力系统和海流能开发示范工程建设。整合长岛县修造船资源，推动修造船业转型发展。引进大型航运企业进岛发展，引导本地航运企业扩大运力规模，培植海洋经济新的增长点。到2016年，工业增加值达到7亿元。

（2）破解基础设施“瓶颈”制约

完成南北长山引水济岛工程，从根本上解决城区供水问题；扩容改造其他岛屿海水淡化站和供水管网设施，满足群众基本生产生活需要。完成各有居民岛屿双回路供电系统建设，形成全域双回路供电，切实提高供电可靠性。改扩建蓬长港口，发展高档旅游船舶，全面提升旅游交通服务水平；改造升级陆岛交通码头，建造适航船舶，增加北五岛和西三岛通航率，大幅提升陆岛交通保障水平；建成南北长山大桥，积极推进连岛连陆工程，逐步构建海陆联动、安全快捷的交通网络。

城市建设与管理制定更高标准。按照一岛一品、各具特色的开发格局，推动南五岛整岛开发，建设环境优美、功能完善、管理科学、宜居宜游的新岛城。实施南长山岛东西两海岸综合开发，打造东海岸休闲养生度假区和西海岸旅游娱乐商务区。配套公共交通、供暖供气、数字信息等设施，提升与休闲度假相适应的城市综合服务功能。完善环境卫生、市场建设等城市管理体制，塑造现代文明城市形象，大力推进乡村建设。

加快南五岛城乡一体化进程，全面推进“城中村”和旧村改造，改变城乡面貌，完善公共服务功能，提升群众生活质量。加快北五岛新型社区建设步伐，扩大公共财政覆盖渔村范围，建设污水垃圾一体化处理设施，实施道路改造和亮化美化工程，配套科技教育、文化卫生、便民服务、能源供应等设施，优化村落布局，美化渔村环境，改善群众居住条件。着力优化生态环境。全面加强各类保护区建设，巩固扩大造林绿化成果，保护海岛球石、地下水和珍稀动物等资源。

编制海域使用规划和海岛海岸修复规划，推进南五岛海岸带和无居民岛生态保护修复工程，创建国家级海洋公园。开展以种质资源保护区、人工鱼礁群建设为重点的渔业资源修复行动，有效保护海洋渔业资源。建设国家级海洋气象观测基地，设立海上监测预报和污染防治中心，健全海洋污染、自然灾害等应急处置机制，增强防灾减灾能力。大力推行节能减排，积极开发利用太阳能、天然气、海水源等清洁能源，倡导绿色节能的生活方式，打造环保低碳海岛。

（3）开发海洋高新技术，大力发展海洋新兴产业

开发重要海水养殖经济品种饲料。针对长岛县主要海水养殖品种，开发适用于不同发育阶段的环保型高效配合饵料。

加强船舶修造及配套技术集成开发力度，研究海洋工程船、远洋捕捞及加工船等船型开发、设计、建造和修理改装技术。

研究远洋捕捞及海产品加工储藏技术，推广应用远洋卫星导航技术与远洋渔业信息与服务系统技术设备等。

成立长岛县海洋药物研发中心，研究开发海洋天然药物有效成分提取技术、新药筛选技术和新型中药制剂技术，重点发展基因工程生物药物、新型中药制剂，建设海洋生物医药产业簇群。

引进生物技术提升食品加工产业，从食品加工工艺、下脚料处理、贮藏保鲜、品质检测和新型食品添加剂的开发等角度入手，在食品加工各个环节引入基因工程、细胞工程、酶工程、发酵工程，研究开发膜技术、生物酶制剂筛选与应用、超微粉碎等先进食品加工技术，促进海洋药物和食品加工产业由外延型膨胀模式向内涵型裂变模式转变。

（4）发展科技服务业平台，建设共享型社会

运用现代信息技术提升改造长岛县的信息服务、咨询、金融、保险、医疗卫生、交通运输、旅游和商贸业，加快发展电子商贸、远程教育、远程医疗、信息咨询等新兴服务业，提高第三产业的科技含量和经济社会效益。

研究制定统一订购制度和数据采集加工的规范与标准，扩充、集成科技文献资源，建设区域特色数字化科技文献资源库，搭建科技图书、专利、标准等文献资源共建共享服务平台，实现长岛县及与外省市、国家文献网络系统的对接和共享，提高科技文献资源利用率。

利用网络关键技术，建设实时多媒体网络科研协同环境、远程网络实验环境和网络科学计算环境。整合集成长岛县相关部门和行业长期持续积累的科学数据资源以及科技计划项目数据，构建科学数据共享平台。研究开发科学数据库群，进一步提高与省的科学数据信息交换能力。

开展现有农作物、微生物、地方畜禽、林木、果树、海洋生物等资源的系统调查，重点建设农作物种子、中药材、植物离体材料、微生物、畜禽、海洋生物种质资源库，形成重要种质资源虚拟博物馆。

研究制定人身健康、食品安全、环境保护、新材料、新能源、新工艺、生物技术、大型工程等领域的在线、快速测试技术标准。建立技术法规、技术标准、合格评定程序信息共享服务系统。

以科普场馆为基地，加强与科技普及、文化传播相关的技术研究，利用信息化提升科普事业。

8.2 长海县产业布局

8.2.1 基本情况概述

辽宁省大连市长海县地处辽东半岛东侧，黄海北部海域，东与朝鲜半岛相望，西南与山东省庙岛相对，西部和北部海域毗邻大连市城区及普兰店市、庄河市，为大连地区距离日本、韩国最近的区域。是我国八大群岛之一，也是东北地区唯一的海岛县，更是中国唯一的一个海岛边境县。长海县辖2个镇、3个乡：大长山岛镇、獐子镇、小长山乡、广鹿乡、海洋乡。长海县处于边防要地，是东北地区的屏障、京津的门户。地处38°55′—39°35′N，122°17′—123°13′E之间。全县人口约11.2万人，乡村人口7.5万人。有汉、满、蒙、苗、达斡尔、朝鲜、藏、维吾尔和锡伯族等民族。

长海县历史悠久。据考证，早在6 000年前的新石器时代，就有人在岛上渔猎耕耘，繁衍生息。其后，经过历代王朝兴衰更替，疆域设治屡次变更。东晋十六国时，被高句丽占据。唐太宗李世民和唐高宗李治两世六伐高句丽，长山列岛重入唐朝版图。1894年中日甲午战争后，被日本侵占。1945年8月抗日战争胜利后，大长山岛、小长山岛、广鹿岛、獐子岛及附属小岛成立了长山区，划为新金县管辖。石城岛、大王家岛、海洋岛成立了石城区，划为庄河县管辖。1945年12月，中共新金县委派武装工作队到长山岛，建立了第一个人民民主政权——长山区公所。1946年年初，长山区公所改称长山区政府，隶属新金县人民政府。长山之名是以此地位于长山列岛而得名。1945年设长山区，1949年建长山县。因与山东省长山县重名，1953年1月31日，经中央人民政府内务部批复，长山县改称为长海县。“长”字取“长山群岛”首字，“海”字，是因为群岛深居大海之中，遂命名为长海县。1950年成立旅大市，长海县归旅大市领导。1981 年 2 月旅大市改称大连市，行政归属不变。1981 年 3 月，长海县召开第九届人代会，将长海县革委会改为长海县人民政府并一直沿用至今。

长海县是一个四面环海的岛屿县，由 252 个岛、坨、礁（有户籍人口的岛屿有 18 个）组成，统称外长山列岛。陆域面积 119 km^2，海域面积 7 720 km^2，海岸线长 359 km，海岸线曲折且港湾众多。岛上丘陵起伏，丘陵面积占陆地面积的 90%。海域面积广阔，水深 10 ~ 40 m，海底平坦，水质清新。海湾、水道、滩涂和渔场众多，有适宜浮筏养殖海域近 40 万亩，适宜海参、鲍鱼等海珍品底播增殖海域近 300 万亩，适宜鱼类放流增殖的潮下带 135 万亩。贝、鱼、虾、蟹、藻等海洋生物资源丰富，素有天然鱼仓之美誉。拥有各种经济鱼类近百种，可食用藻类数十种，经济贝类十几种。尤以盛产优质刺参、皱纹盘鲍等海珍品闻名海内外。海岛风光秀美，旅游资源独特，奇礁、异石、港湾、沙滩等海蚀、海积地貌景观遍布诸岛。海水始终保持国家一类水质，森林覆盖率达 43.4%，被确定为国家级海岛森林公园和省级风景名胜区，通过了国家级生态示范区验收。石城岛上的“海上石林”、王家岛上的海王九岛风景区、小长山岛的狮子石、大长山岛的“万年古船”及“美人礁”等 60 余处自然景观，在大陆沿海均属罕见。大长山岛上林木茂盛，空气清新，奇礁异石千姿百态，沿岸海水洁净，是天然浴场。是避暑、旅游、疗养的胜地。

长海县地处 39°N，属南温带亚湿润季风气候区，具有海洋性气候特征，四季分明，冬暖夏凉，日照充足，空气潮湿，季风明显。春季为 3—5 月，气温回暖快，降水少，风速大，气候干燥。夏季为 6—8 月，气温高，湿度大，降水集中，气候湿热。秋季为 9—11 月，气温下降，雨量骤减，天高气爽。冬季为 12 月至翌年 2 月，雨雪较少，寒冷干燥。年平均气温在 10.5℃，年均降水量为 584.1 mm，多集中在 6—9 月份，年平均相对湿度为 69%。同时，长海县空气质量良好，被誉为天然“氧吧”。海水清澈，始终保持国家一类水质标准。沙滩绵延、礁石奇峻、风光秀美，景致自然天成。植被茂密，森林覆盖率 43.4%，是国家级海岛森林公园、省级风景名胜区和国家级生态示范区。海洋旅游资源独特，境内空气湿润，气候宜人，不可再生的海积、海蚀地貌景观遍布诸岛，拥有黄渤海区域最好的海水水质、全国一级标准的大气环境和 60% 的森林覆盖率，加之古远的人文历史内涵，可谓集海洋景观与陆地景观于一体，汇自然景观与人文景观于一身，是东北地区海洋旅游资源最为丰富的地区，已被确定为国家级海岛森林公园、国家级海钓基地和省级风景名胜区。

长海县的基础设施日趋完善，全县共有港口码头 20 余座，其中国家二类开放港口一座。全县公路基本实现钢性化。以县镇为中心的县内外海陆交通网络基本形成。邮电通信与国际接轨，被命名为“中国电话第一岛”和“辽宁电信第一县”。全县村级以上岛屿全部接通了大陆电网。水源开发利用步伐加快，建设了海水淡化工程，从大陆跨海引水工程已经建设完成。城乡面貌不断改观，海岛城市化、现代化程度日趋提高。另外，我国首个县级民用机场——大连长海机场，于2008年2月2日正式复航。正式通航后，长海机场方面表示，相关部门正在酝酿一个“外长山列岛穿梭航线”计划。就獐子岛、海洋岛等海岛而言，交通不便，坐船到大连市区一般在三四个小时以上，却又不具备建设机场的条件，相关部门计划采用可水上着陆的飞机穿梭岛际之间。这样獐子岛、海洋岛到大连市区的时间可能只需40分钟。同时，相关部门计划依托机场复航，在旅游旺季推出“空中看长海”的旅游项目，在安全飞行高度下旅客可在空中俯瞰海岛样貌。为满足建设“长山群岛国际旅游度假区”对航空运力的需求，大连市政府与大连机场集团公司签订的战略合作框架协议决定未来几年进一步提升大连长海县机场功能：①扩建长海机场，将目前的800 m长跑道拓展到1 800 m，配备先进的导航、通信等空管助航设备，以满足新舟60型支线飞机起降要求，把长海机场建设成大连乃至东北地区具有海岛区位优势和特色的重要的旅游性支线机场。②开辟新航线，在做大做强大连至长海航线的基础上，开辟长海至东北、京津地区及日韩等空中旅游航线，并选择新机型，开发长山列岛岛屿空中穿梭航线，实现“岛岛通飞机”，全面提升海岛旅游的交通条件。③实施客货并重的发展战略，推进海岛航空综合物流园建设，大力开展货运包机业务，满足海岛鲜活水产品等高端货物的快速运输，实行客货互补的经营模式。

8.2.2 产业发展情况概述

2011年长海县各项主要经济指标超额完成年初计划。全县实现地区生产总值63.1亿元，同比增长18.7%；财政一般预算收入3.3亿元，增长32%；固定资产投资47亿元，可比增长24.5%；实际利用内资17.5亿元，增长72.9%；实际利用外资1.1亿美元，创造了增长10倍的骄人业绩；万元GDP综合能耗下降3.9%；社会消费品零售额9.2亿元，增长17%；渔农村人均纯收入2.21万元、城镇居民人均可支配收入1.91万元，分别增长10%和13%。作为以渔为主的海岛县，长海县的主导产业依海而展开，主要有海水增养殖业、海洋捕捞业、苗种业、水产品加工业、修造船业、港贸业和海岛旅游业。

近几年，长海县国民经济保持较快发展。2009年的统计数据显示，长海县实现地方生产总值420 823万元，按可比价格计算，同比增长10.4%。其中，第一产业增加值286 500万元，增长12.8%；第二产业增加值51 775万元，增长7.0%；第三产业增加值82 548万元，增长5.4%。三次产业构成比例为68.1∶12.3∶19.6。三次产业对经济增长的贡献率分别为74.0%、

7.7%和18.3%。从业人数基本稳定，按三次产业划分，第一产业30 278人，下降7.6%；第二产业4 895人，增长34.0%；第三产业18 961人，增长4.4%。由此可以清晰地看出，第一产业在国民经济中的地位，既拉动了当地经济的发展，也解决了就业问题。在第一产业总产值286 500万元中，渔业贡献258 535万元，占第一产业总产值的90.2%，主体地位突出。

纵观长海县的发展，不难发现第一产业的主体地位。1986—2011年，长海县的产业结构变化分为3个阶段；1986—1992年，第一产业的比重约为60%，第二产业的比重相对较高，这是因为该阶段非常重视发展乡镇企业；1993—2000年，第一产业的比重约为70%，该阶段第三产业发展相对缓慢；2001—2011年，第一产业的比重有不断上升的趋势。

（1）农业

长海县拥有丰富的海洋生物资源，农业经济以水产为主，有“天然鱼仓”之称，尤以盛产刺参、盘鲍、扇贝、对虾等海珍品名扬海内外，是辽宁省主要渔场和海珍品生产基地。全县跨海域面积7 800 km^2，有适于浮筏养殖浅海水面1.6×10^4 hm^2；适于底播增殖贝、藻类海底面积9.7×10^4 hm^2；适于鱼类人工放流增殖海域面积13×10^4 hm^2。整个长山群岛位于著名的海洋岛渔场之中，初级生产力资源丰富。鱼、虾、贝、藻类等海产品资源众多，因此长海县极具渔业生产和开发高新技术含量较高的海洋产业优势。水产品出口40余个品种，销往美国、日本、加拿大、德国、澳大利亚、芬兰等国家和地区。构成海洋捕捞、海水养殖、水产品加工三足鼎立之势，成为全县经济的主体。

海水增养殖业是长海县的支柱产业，全县增养殖规模200余万亩，是全国最大的海珍品增养殖基地之一。有海珍品育苗室46座、国家级海珍品良种基地3个，育苗总水体$15\times10^4 m^3$（m^2），年苗种生产能力120亿枚（头）。全县无公害水产品生产基地49家，规模100万亩；建成水产品健康养殖示范场28家，虾夷扇贝、海胆、鲍鱼等78个产品通过国家无公害产品认证。2008年，增养殖业完成产量19.5×10^4t，实现产值26.5亿元。

海洋捕捞业是长海的传统产业。长海县从事捕捞业渔民6 000余人，拥有捕捞渔船2 100余艘，总功率11×10^4kW。相继在印度尼西亚、几内亚、南太平洋建立远洋渔业生产基地，拥有远洋渔业资格企业两家、渔业项目3个、作业渔船90余艘；近海捕捞拥有作业渔船400艘，其中获准进入韩国专属经济区水域作业56艘，渔货量配额2 800 t；获准进入中日暂定措施水域捕捞生产104艘；沿岸捕捞不断加大转产专业力度，发展休闲渔业船舶100艘，现有作业渔船1 600艘。2008年，捕捞业完成产量17.5×10^4t，实现产值10.4亿元。

另一方面，由于长海岛上耕地较少且多坡地，土质差，但气候雨量适中，农作物生产主要为玉米、大豆，而水果主要是苹果。

（2）工业

水产品加工业是长海县海岛工业的主体，现有加工企业38家，年加工量 2.7×10^4t。有省市名牌3个、省著名商标两个。渔业龙头企业大连獐子岛渔业集团成功上市，先后获得国家级农业产业化重点龙头企业、中国渔业的领军企业、达沃斯全球成长型公司创始会员、福布斯中国潜力企业百强等荣誉，“獐子岛牌”荣获国内水产品加工企业中首枚“中国驰名商标”。为加快工业发展，2005年在普兰店市皮口镇购买了4 km^2 土地，用于建设渔业加工区，目前已具备企业入驻条件。2008年，完成水产品加工量 2.8×10^4t，实现产值10.7亿元。

同时，长海县岛岸线长359 km，大小港湾近百处，水道纵横，水深池阔，终年不冻，适宜兴建深水港，加之大长山四块石港二类口岸政策的实施，为发展保税、仓储、转口贸易、船舶修造和海运业为主的港口经济创造了优越条件。造船业作为传统的工业仍在长海县发挥着独特的优势。长海县水道纵横，港湾众多，海运航线四通八达。全县有40余个客货运输港口，与辽宁、山东、江苏、广东等15个省、市、县的20多个港口通航。岛上县乡公路10余条，村村通公路。各乡镇与县里每日通航，岛与大连市每日有多次航班。同时长海至大连的空中客运开通，成为我国县级民用机场开通航班的第一县。而长海县的矿产资源主要有铁、金刚砂和白黏土等。

长海县拥有各类捕捞渔船2 300艘，其中从事境外远洋作业船舶达82艘，居全市各县市区之首。拥有各类贝藻养殖浮筏11万台，底播增殖海珍品面积存量 5×10^4 hm^2，年滚动收获近 3×10^4 hm^2；网箱养鱼3 000多箱，拥有各类育苗室40座，培育水体近 $3\times10^4 m^3$。拥有规模较大的水产品加工企业34家，加工制品70多种，畅销国内外市场。拥有县内外海上客运航线25条，客运船舶23艘。因此，全县的海洋产业也初具规模。

（3）海岛旅游业

海岛旅游业呈现较快发展态势，全县建有各类旅游景点30余处，发展旅游休闲船舶130艘，拥有渔家旅店300户、宾馆和度假村180家，一次性可接待游客1.2万人，已成为中国北方知名的海岛旅游目的地。2008年，旅游人数81.4万人次，实现旅游综合收入3.6亿元。长海县政府修订完善了加快旅游业发展优惠政策，开展了形式多样的旅游宣传促销活动。国际海钓基地项目建设全面启动，国家2A级旅游景区创建和特色旅游乡镇及旅游专业村建设进展顺利，浴场改造续建和渔家乐等特色项目建设步伐加快。长海县的旅游业发展迅猛蓬勃。国际旅游避暑胜地建设取得突破性进展。编制完成了长山群岛海洋生态经济区规划、县乡土地利用总体规划和小长山乡、广鹿乡总体规划及大长山岛中、东部控制性详细规划与城市设计。目前长海县已完成了8个以旅游综合开发项目和旧区改造为重点的修建性详细规划及大长山饮牛湾区域“渔家乐”项目整体改造策划。

8.2.3 发展规划分析与建议

目前，长海县的产业整体发展的特点是：①第一产业占主体地位，养殖业比重上升。海岛县的经济发展主要是依靠海洋生物资源、滨海旅游资源和港口资源等，是一种“资源依赖型”经济，依靠生产要素，低成本发展。也就是说，第一产业是长海县经济发展的依托。从1983年第一产业占据62.3%，至今第一产业比例为68.1%，第一产业比重一直在50%以上。渔业一直是长海县的传统产业和优势产业，在第一产业中占绝对地位。凭借天然的优势，顺势而为，渔业经济高速发展，但由于资源数量有限，人们开发手段粗犷，过分依赖渔业将不利于长海县的可持续发展。一方面，捕捞业在渔业中比重下降，很多中小船只无法从事远洋捕捞，从而退出渔业市场。另一方面，养殖业比重上升，从2005年开始海水养殖业产值已明显超过了海洋捕捞业产值，海水养殖业成为长海县渔业经济发展的主要选择。②第二产业显著落后，建筑业增势强劲。海岛县独特的区位环境是其产业结构形成的主要原因。凭借自然优势，长期以来，长海县一直以第一产业为主导产业，第二产业发展滞后，这种情况主要是因为海岛陆地面积有限，淡水短缺，运输成本高，不宜大规模发展工业，因此，工业基础薄弱，生产规模小，第二产业增长速度慢。其经济虽取得了较快的发展，但与其他海岛相比还有不小的差距。③第三产业发展逐步加快，旅游业势头强劲。近年来，现代服务业在海岛县呈现快速发展的势头，这些服务业具有鲜明的海岛特色，已成为其新的经济增长点。据资料显示，2009年长海县第三产业增加值达到82 548万元，占国内生产总值比重的19.6%。长海县的交通运输业、批发与零售业、住宿与餐饮业等传统服务业在整合和创新中得到发展提升，港口物流、旅游、房地产、金融业、信息咨询等海岛现代服务业迅速崛起，发展了一大批在规模和实力上都有巨大潜力的海岛服务业企业，提升了长海县的海岛服务业的质量和水平，增强了产业竞争力。在第三产业中，以旅游业发展势头最猛。凭借优美的海边环境和独特的区位优势，长海县将“旅游兴县”提升到全县经济发展战略的高度，以“海景、海鲜、民俗”为特色，共同筑起了长海县海岛旅游的基础，吸引了大量国内外游客，推动了经济的发展。

长海县2011年社会经济发展主要指标见表8-2。

表 8-2　长海县 2011 年社会经济发展主要指标

指标	2011 年	指标	2011 年
一、人口与就业		建筑业	
年末总人口/万人	7.3	建筑业企业个数/个	9
乡村人口/万人	6.3	期末从业人员数/人	1 307
年末总户数/户	26 255	四、交通运输、邮电通信	
乡村户数/户	21 618	境内公路里程/km	283
年末单位从业人员数/人	9574	境内铁路营业里程/km	0
第二产业/人	413	本地电话年末用户/户	24500
第三产业/人	4 290	乡村电话用户/户	18 800
二、综合经济		五、贸易、外经	
（一）地区生产总值/万元	648 235	限额以上批零销售总额/万元	18 354
第一产业增加值/万元	409 364	出口总额/万美元	9 207
第二产业增加值/万元	74 019	当年实际使用外企金额/万美元	11 000
第三产业增加值/万元	164 852	六、固定资产投资	
（二）财政、金融		城镇固定资产投资完成额/万元	235 175
财政总收入/万元	93 661	城镇新增固定资产/万元	154 332
地方财政一般预算收入/万元	33 001	城镇固定资产投资项目数/个	79
地方财政一般预算支出/万元	57 496	房地产开发投资完成额/万元	7 613
金融机构各项存款余额/万元	387 418	住宅/万元	7 117
城乡居民储蓄存款余额/万元	293 178	七、文教、卫生	
金融机构各项贷款余额/万元	167 353	普通中学数/所	7
三、工业及建筑业		小学数/所	12
规模以上工业企业		普通中学在校学生数/人	3 722
工业企业数/个	6	小学在校学生数/人	4 040
工业总产值（现价）/万元	126 091	医院、卫生院数/所	8
内资企业/万元	120 505	医院、卫生院床位数/床	278
港、澳、台商投资企业/万元	5 586	执业（助理）医生/人	114
外资投资企业/万元	0	八、人民生活	
从业人员年平均数/人	1 030	城镇在岗职工年平均人数/人	7 709
固定资产净值/万元	11 875	城镇在岗职工工资总额/万元	33 269
主营业务收入/万元	113 462	农村居民人均纯收入/元	22 192

数据来源：大连统计年鉴。

长海县的产业发展模式为“一三二”，这种结构不利于长海县的长远发展，优化海岛产业结构势在必行。长海县政府对于长海县的进一步发展，制定的“十二五”规划具体如下。

（1）加强渔业发展，发挥海洋牧场先导作用

在对海水养殖业的开发利用上科学合理地配置有限的海域资源。发挥獐子岛渔业的龙头作用及海洋岛集团、财神岛集团等企业的带动作用，大力推进集团化、公司化用海，不断提高渔民组织化程度和生产经营规模。加快新品种引进和研发成果转化，加强原良种基地建设，提高苗种质量和良种覆盖率。积极推行多品种、多形式健康养殖模式，不断普及养殖生产技术规范，提高海域生态环境质量。重视现代海洋牧场建设的科技投入，加快建立科技创新体系，拓展海洋资源开发利用的深度和广度。完善深水海域开发利用工作。强化海洋生态环境保护工作，加快建立海域环境防护体系。出台人工鱼礁建设项目实施意见，扩大人工鱼礁增殖区规模。实施大长山、小长山国家级海岛生态修复项目，完成海洋岛生态整治和修复工程。捕捞业要进一步压缩沿岸、近海捕捞规模，巩固过洋渔业，加快发展大洋渔业。提升捕捞业装备水平，加强渔船管理，坚决制止越界捕捞事件发生。水产品加工业要积极鼓励企业调整产品结构，推行标准化生产，引导和鼓励技术创新，提高资源利用率和转化率，提升产业效益、丰厚度和竞争力，努力构建知名品牌多、链条延伸长、产品附加值高的产业格局。海水增养殖业、捕捞业、水产品加工业产值要分别增长 20%、15% 和 20% 以上。

（2）加强工业的可持续发展

对长海县来说，第二产业比重严重不足。然而第二产业的发展与海岛县的发展之间是对立统一的：一方面，第二产业的发展对经济的发展具有巨大的推动作用；另一方面，海岛县的自然条件不适合大规模工业的发展，不正确地发展工业会给海岛县的生态系统带来压力。因此，一方面，要结合现代科学技术，大力发展第二产业，增大第二产业在经济中的比重，提高长海县的经济竞争力；另一方面，对第二产业的发展要设定严格的环境标准，要以对环境友好为前提，以生态产业为方向，以实现社会效益、经济效益和生态效益的统一为目标。体现在：保证水产品加工业的主导地位，并继续发挥其对经济增长的促进作用；对一些新兴工业，如造船业、临港工业、海产品精深加工等，要采取可持续的发展策略；利用独特的区位条件，发展能源工业；充分利用海产品的营养价值，引进新技术，发展海洋药业；加快建筑行业的发展。

（3）加强重大项目建设，提升旅游业发展水平

推进长山大桥工程的开展实施，推进机场扩建工程，力争完成环岛路大长山段和广鹿段建设任务，启动小长山段建设。同时，完成跨海引水工程建设，大长山鸳鸯港客运站投入使用，广鹿北小圈港和獐子岛沙包子港客运站要完成建设任务。完成广鹿至大长山 66 kV 输变电工程，实施 66 kV 长海变电站和 35 kV 小长山房身输变电改造工程。加快海底观光潜艇、豪华钓船等高端旅游项目的规划、建设和引进工作。探索构建多元化、复合型休闲渔业体系，促进海上休闲垂钓的产业化、规模化、规范化发展。建立旅游发展专项扶持基金，鼓励旅游产业提档升级。

依托海洋资源和适宜的气候，长海县成为人们向往的“天堂”。目前，长海县第三产业的发展主要是在旅游业和服务业。近年来，长海县已经开展了许多休闲渔业活动，也取得了一定的发展，但总体来说仍不尽如人意。该县活动与其他海岛县活动相似且地方行业间无序竞争严重，这严重影响其发展。为此应该充分利用其区位的独特性及人口的复杂性，发展特色休闲渔业，提供特色服务，吸引更多游客，促进第三产业的发展。

此外，随着人们生活水平的提高，对服务业的要求也越来越高。在享受海边旅游带来的舒适时，人们也希望享受到高端的服务。发展高端旅游服务业，既会刺激当地经济的快速增长，也能提升海岛形象。比如：向以海洋物流、海洋休闲旅游为主的现代服务业转变；发展海岛养生旅游，利用原始海岛风貌、纯净的海洋环境、纯美的海鲜。以旅游服务业为核心，发展生产性服务业、生活性服务业，大力发展国际金融服务，发展转口贸易，着力实现产业结构升级和优化；完善金融服务体系，建立健全群岛自由的金融服务政策，逐步实现国民汇兑外币自由，国外游客享受国民待遇；完善物流运输服务体系，建成以海运、空运为主，以陆上公路运输为辅的海、陆、空立体交通网络，实现海、陆、空一体化；加强文化建设，形成海岛独特的文化产业。

第 9 章　东海海域的海岛县（区）产业布局

9.1　崇明县产业布局

9.1.1　基本情况概述

崇明县，现隶属上海市，位于长江入海口，全县地势平坦，由崇明、长兴、横沙三岛组成，其中崇明岛是世界上最大的河口冲积岛。崇明县总面积 1 411 km^2，素有“长江门户”、“东海瀛洲”之美誉，是仅次于台湾岛、海南岛的中国第三大岛，陆域总面积 1 267 km^2。长兴岛位于吴淞口外长江南支水道，陆域总面积 88 km^2。横沙岛是长江入海口最东端的一个岛，陆域总面积 56 km^2。崇明、长兴、横沙三岛互成犄角之势，组成了现在的上海市崇明县，下辖 16 个镇和 2 个乡，县政府所在地城桥镇是全县的政治、经济和文化中心。三岛户籍人口总量为 68.8 万人。县内除汉族外，还有蒙古族、回族等少数民族居住。崇明有 1 300 多年的历史，历经五代，文化、历史底蕴深厚。崇明县也是中国上海市所辖唯一的一个县。“崇”取高义，“明”取清明义，“崇明”意为高出水面而又平坦宽阔的明净平地。

距今 1 300 多年的唐武德年间，崇明岛露出江面，时称东沙和西沙。公元 696 年（唐万岁通天元年），始有人上岛垦殖居住。公元 705 年（唐神龙元年），在西沙设镇，取名为崇明。公元 1277 年（元至元十四年），崇明正式建州。1396 年（明洪武二十九年），改州为县。民国时期，先后隶属江苏南通、松江。新中国成立后，隶属江苏南通专区。1958 年 12 月 1 日起改隶上海市。长兴、横沙原属上海市宝山区，2005 年 5 月，经国务院正式批复划归崇明县管辖。

崇明三岛位于西太平洋沿岸中国海岸线的中点，是万里长江东流入海的门户，历来是我国东部沿海地区水路交通的重要十字路口，古时就有“外捍百岛、内障三吴”之称。2009 年 10 月 31 日，世界上规模最大的桥隧结合工程——上海长江隧桥建成通车，崇明、长兴两岛与上海陆域实现陆上连通。崇明本岛距离上海市中心人民广场 45 km，浦东国际航空港 40 km，车程均在 40 分钟以内。2011 年年底，连接崇明和江苏启东的崇启大桥也已贯通。

崇明县地处北半球亚热带，是典型的海洋性气候，温和湿润，全年的日照数

2 094.2 h，年平均气温15.2℃，无霜期229天。崇明环江靠海，雨水充沛，年平均降雨量1 025 mL，空气相对湿度常年保持在80%，空气中的负氧离子含量为1 000～2 000个/cm^3，堪称天然的大“氧吧”。全县林地总面积40多万亩，三岛森林覆盖率达20.5%。全县生活垃圾无害化处理率达98%以上，相继建成5大污水处理厂，污水处理率达80%以上。因此，崇明县享有国家可持续发展试验区、中国长寿之乡、全国绿化模范县、全国科普示范县、上海低碳经济示范区等诸多荣誉。

2010年国家科技部批准崇明为国家可持续发展试验区。国家可持续发展试验区创建是由国家科技部和地方政府共同推动的一项地方性可持续发展综合示范试点工作，旨在依靠科技进步、机制创新和制度建设，全面提高实验区可持续发展能力，探索不同地区的经济、社会和资源环境协调发展的机制和模式，为不同地区实施可持续发展战略提供示范。其主要的发展目标是：不断凸显生态文明导向发展模式转型的战略选择，以发展低碳经济为引擎，体现世界生态科技领先水平的“社会和谐、经济发展、环境友好、生态文明、管理科学”五大领域的功能实现。崇明县的重点发展领域包括“调整产业结构，发展低碳经济；促进社会进步，营造社会和谐；加强环境治理，提升环境和谐；加强生态理念，保障生态功能；树立低碳生活理念，倡导低碳生活方式”五个方面。

目前，崇明百岁老人有118位，百岁及以上老人占总人口的十万分之十七。全县人口平均寿命达到了80.26岁，高出全国平均水平8.26岁。因此，2010年崇明成为全国第十五个“中国长寿之乡”，第一个“长寿之岛”。“中国长寿之乡”是一个综合性的社会品牌，是一个地区社会文明程度和发展水平的重要标志。崇明将依托“中国长寿之乡”的品牌，继续推进健康养老产业、长寿旅游产业、长寿食品产业乃至整个区域经济和社会的协调发展。

9.1.2 产业发展情况概述

“十一五”时期，崇明县增加值年均增长15.2%，2010年达194.2亿元。县级财政收入年均增长15.0%，2010年达28亿元。社会消费品零售总额年均增长13.8%，2010年达46.2亿元。全社会固定资产投资总额年均增长30.7%，2010年达105.8亿元。三次产业进一步融合发展，三次产业增加值占全县增加值的比例由“十五”期末的16.7∶45.9∶37.4调整到“十一五”期末的9.3∶56.1∶34.6。高效生态农业在全市农业发展中的地位日益凸显。全县基本农田保有量110万亩，占全市基本农田总面积约1/3。北部现代高效生态农业实验区、现代农业基地、现代农业园区建设取得阶段性进展。农业设施化、组织化、市场化、品牌化建设不断加强。“一体两翼”工业格局基本形成，长兴海洋装备产业基地、崇明工业园区、上海富盛经济开发区进一步发展。长兴海洋装备岛成为“国家战略，上海重点，崇明关键”。2010 年，全县海洋装备产业总产值达到 240.3 亿元，占全县工业总产值的 63.8%。生态休闲旅游业加快发展，以陈家镇·东滩地区、森林公园及周边地区、明珠湖及周边地区为核心的东、中、西部旅游联动发展格局逐步形成。“十一五”时期，全县接待游客近 950 万人次。商贸业态不断得到培育，城乡商业服务体系基本形成。生产性服务业、会议度假等现代服务业得到发展。

在“十一五”期间，崇明县实施“三岛联动、三次产业融合发展、经济社会民生三管齐下”发展战略，并且圆满完成“十一五”规划所确定的目标。2012 年，崇明县的国民经济持续较快发展。全县实现增加值 224.1 亿元，较 2011 年增长 15.3%。其中，第一产业增加值为 20.7 亿元，比 2011 年增加 9.5%；第二产业增加值为 126.6 亿元，较 2011 年增加 16.9%；第三产业增加值为 76.8 亿元，比 2011 年增加 14.2%。农业基础地位进一步巩固，基础设施建设力度不断加大，规模化、标准化、组织化程度进一步提高。积极抓好农产品市场营销，加强“农标”对接，使崇明县逐步成为上海重要的农产品供应基地。“一体两翼”工业发展格局基本形成。2012 年粮食总产量为 30.9×10^4t，棉花的产量为 557×10^4t。

崇明县结合三岛功能定位和现代化生态岛建设要求，提出构建“一体两翼”的工业发展格局，其中“一体”是指长兴海洋装备基地，主要是全力支持中船长兴、中海长兴和振华重工三大央企发展，积极配合中船长兴二期工程等重大项目建设。2012 年崇明县工业增加值为 101.2 亿元，比 2011 年增加 18.2%。着力推进园区内落户企业建设，加快高端配套产品的研发和投产，延伸、优化海洋装配产业链。到 2015 年，力争海洋装备产业总产值达到 600 亿元。“两翼”是指崇明工业园区及上海富盛经济开发区，主要发展目标是结合崇明实际和现有产业基础，积极培育发展汽车零部件制造业，重点发展汽车安全零部件、汽车视觉安全系统、汽车标准件等行业。积极培育发展生物医药制造业，重点发展高端中药产品，探索发展生物诊断试剂、疫苗等行业。

长兴海洋装备岛作为“国家战略、上海重点、崇明关键”，先后被列为国家船舶与海洋工程装备新型工业化产业示范基地和国家船舶出口基地。长兴海洋装备产业基地形态开发和功能开发步伐加快。崇明工业园区和上海富盛经济开发区建设稳步推进。陈家镇生产性服务业功能区获市批复。上海智慧岛数据产业园正式揭牌。旅游业有新的发展。为迎接上海长江隧桥和崇启大桥开通，加强旅游基础设施和配套服务设施“扩容增量提质”工作，西沙湿地申报国家湿地公园成功，成功创建了一批 4A 级和 3A 级景区，来崇休闲度假旅游的游客持续增多。养老产业开始起步。房地、商贸、金融等行业保持良好发展势头。2012 年地方财务收入为 66.4 亿元，较 2011 年增加 22.9%。2012 年地方财政支出为 97.9 亿元，较2011年增加25.2%。

崇明岛现在和未来重点发展的产业主要有现代服务业，先进制造业和高效生态农业。现代服务业重点发展生态休闲旅游业、生产性服务业、会议度假产业、现代商贸业、中高端养老产业、国际教育产业、康体疗养产业、休闲运动产业等。先进制造业是以长兴岛国家新型工业化产业示范基地建设为契机，进一步构建“一体两翼”工业格局，着力发展海洋装备产业，积极培养发展汽车零部件、生物医药等新兴产业。高效生态农业坚持“向高处走、向宽处扩、向远处望”的发展思路，加强农业产业化、标准化、市场化、组织化建设，使崇明成为全市农产品的重要生产基地。

9.1.3 发展规划分析与建议

崇明县的发展主要体现在：生态领域的保护及建设力度的加大、基础设施建设的步伐加快、人民生活水平的提高。

（1）生态环境保护和建设力度继续加大

2010年1月，市政府正式发布《崇明生态岛建设纲要（2010—2020年）》，并成立崇明生态岛建设专家咨询委员会，标志着崇明生态岛建设迈上新的台阶。围绕“水”、“土”、“林”等重点领域，加强河道整治、污水处理、绿化造林、环境监测等项目建设。积极开展国家可持续发展实验区创建工作。国家生态县创建通过国家环保部技术核查。建成城桥、长兴、堡镇、新河污水处理厂以及11座乡镇集镇生活污水处理站，全县城镇污水处理率达到82.8%。继续实施市、县和乡镇三级水系整治工程。全国绿化模范县创建成功。新增林地3.9万亩，森林覆盖率20.5%。新增城乡公共绿地$173 \times 10^4 m^2$。实现三岛生活垃圾处置全覆盖，建成崇明餐厨垃圾处理厂，开展生活垃圾分类处理试点工作。规范渣土清运管理，全面推行废弃油脂特许处置。积极治理农业面源污染。圆满完成“十一五”节能减排任务，“十一五”期末全县万元增加值综合能耗比“十五”期末下降了25.2%。大力发展以风能、太阳能、生物质能等为主的可再生能源，成功获批国家绿色能源示范县、全国可再生能源建筑应用示范县。

（2）重点地区和基础设施建设步伐加快

修编完成长兴、陈家镇、城桥新城三大重点地区总体规划。长兴地区凤凰商城等一批功能性项目建成投用，潘圆公路改建工程加快推进。陈家镇地区东滩大道、中滨路等骨架道路建成通车，裕安现代社区主干道路环网初步形成，滨江休闲运动区建设全面推进，上海外国语大学贤达经济人文学院建成启用。城桥新城地区中央核心区道路网格基本形成，新城会议中心、行政服务中心、规划展示馆、新城公园等一批功能性项目建成启用，文化科技中心一期工程即将竣工。基础设施建设继续推进。上海长江隧桥和崇启大桥先后建成通车，沪崇苏大通道全线贯通。开通9条市通郊公交线路。如期实现“村村通公交”目标。东风西沙水库开工建设，城桥水厂、陈家镇水厂一期建成运行，归并10家小水厂，供水集约化得到推进。建成上海—长兴—崇明220 kV电网联网工程。上海申能崇明燃气电厂正在抓紧建设。以政务内网、外网及政府网站为重点的电子政务系统不断完善。新农村建设全面推进，积极实施农户改厕、棚舍整治、沟河清洁、庭院绿化等新农村专项建设，完成28个村的村庄改造，建设农村公路2 208 km、农村道路3 205 km，改造农村危桥1 281座，一批农村基础设施和公共服务设施得到改善。

（3）人民生活水平继续提高

崇明县农村居民家庭人均可支配收入10 840元，5年年均增长10.7%。政府促进就业的责任体系和政策措施继续完善，就业服务和职业技能培训不断加强。5年来，全县累计新增就业52 403人，城镇失业登记人数始终控制在市下达的指标数以内，职业技能培训52 145人。农村社会养老保险参保率99.0%，农村社会养老保险金领取标准从2006年的平均每人每月70元提高至目前的370元。农村合作医疗保险参保率99.7%，人均筹资水平从2006年的164元提高至目前的785元。县、乡镇两级医疗机构和村卫生室均实现网上实时结报。688种基本药物实行“零差率”销售。健全和完善城乡低保标准自然增长机制，城镇低保标准从2006年的每人每月320元提高至目前的505元，农村低保标准从2006年的每人每年2 560元提高至目前的4 320元。积极推进经济适用住房建设和申请供应工作。全县享受廉租住房家庭278户。组建公共租赁住房建设运营管理公司，加强保障性住房建设和管理。完成5 235户农村困难和低收入家庭危旧房改造。建立“一口上下”社会救助机制。慈善事业继续发展。残疾人事业取得进步，被授予“全国残疾人工作示范城市达标县”称号。启动实施乡镇养老院标准化建设。2010年，崇明县成功获批“中国长寿之乡”。

同时，崇明县的发展过程中也存在着有待改进之处，主要体现在：经济发展的基础还需进一步夯实，产业结构调整和促进转型发展的任务十分艰巨。全县财力仍然比较薄弱，融资难度增大，重大基础设施建设资金筹措困难。城乡就业结构性矛盾日益显现，居民收入持续增长的压力加大，部分群众生活仍然比较困难。随着崇明对外交通改善和重点地区开发建设进程加快，社会管理面临诸多新挑战，维护社会稳定的任务繁重。政府办事效率还需进一步提高，职能转变有待继续加快。崇明县围绕本县“十二五”规划目标，制定了科学合理的“十二五”规划指导体系，并且重点突出了经济的发展、生态的建设、民生的保障和公共服务的发展（表9-1）。

表9-1　崇明县“十二五”规划指标体系

分类	序号	指标名称	属性	目标
经济发展	1	全县增加值年均增长率	预期性	12%以上
	2	第三产业增加值年均增长率	预期性	14%以上
	3	县级财政收入年均增长率	预期性	10%以上
	4	全社会固定资产投资总额年均增长率	预期性	20%以上
	5	社会消费品零售总额年均增长率	预期性	16%以上
	6	全社会科技研究开发经费投入占全县增加值比重	预期性	2.5%以上
生态建设	7	环保投入占全县增加值比重	预期性	4%以上
	8	无公害、绿色、有机农产品认证面积占主要种植业面积比例（绿色和有机农产品认证比例）	预期性	达到70%（达到15%）
	9	化肥/农药施用强度	约束性	控制在350 kg/hm^2 以内/控制在10 kg/hm^2 以内
	10	骨干河道水质达到Ⅲ类水域比例	约束性	达到90%
	11	饮用水水源地水质达标率	约束性	达到90%
	12	城镇污水集中处理率	约束性	达到85%
	13	可再生能源建筑应用面积	预期性	$100\times10^4 m^2$ 左右
	14	可再生能源发电装机容量	预期性	达到 18×10^4 kW
	15	森林覆盖率	预期性	达到24%
	16	城镇人均公共绿地面积	预期性	达到12 m^2
	17	自然湿地保有率	约束性	达到43%
	18	生态保护地面积比例	约束性	达到77.4%
	19	万元增加值综合能耗	约束性	下降18%左右
	20	工业和生活化学需氧量（COD）排放总量	约束性	控制在7 116 t以内
	21	二氧化硫（SO_2）排放总量	约束性	控制在3 675 t以内
	22	生活垃圾资源化利用率	预期性	达到50%
	23	畜禽粪便资源化利用率	预期性	达到80%
	24	农作物秸秆资源化利用率	预期性	达到85%

续表

分类	序号	指标名称	属性	目标
民生保障	25	农村居民家庭人均可支配收入年均增长率	预期性	10%以上
	26	城镇居民家庭人均可支配收入年均增长率	预期性	9%以上
	27	新增就业	约束性	4.5万人以上
	28	农村社会养老保险金年均增长率	约束性	10%以上
公共服务	29	义务教育阶段生均事业经费支出	预期性	达到3万元
	30	每千人口床位数	预期性	达到5.7张
	31	人均公共文化设施面积	预期性	达到0.27 m^2
	32	人均公共体育场地设施面积	预期性	达到2.6 m^2
	33	享受机构养老服务人数占全县老年人口比例	预期性	达到3%
	34	户籍人口平均期望寿命	预期性	达到81.3岁

因此，崇明县的下一步发展主要围绕着：产业结构的调整，重点地区和基础设施建设的新发展，加强社会建设和管理，不断提高人民生活水平，初步形成支撑现代化生态岛建设的绿色产业体系，基本形成与现代化生态岛相匹配的生态环境体系、基础设施体系和民生保障体系，努力形成与现代化生态岛建设相适应的社会建设和管理新格局，为建设环境和谐优美、资源集约利用、经济社会协调发展的现代化生态岛奠定基础。主要的规划如下：

（1）进一步优化产业结构，促进国民经济协调健康发展

1）加快发展现代服务业

坚持现代服务业发展方向，不断拓展新领域，发展新业态，培育新热点，加快形成具有区域特色和优势的现代服务业框架。

大力发展生态休闲旅游业。完善旅游规划体系，编制崇明、长兴、横沙三岛旅游发展总体规划。实施国家地质公园世界河口博物馆等项目，申报崇明岛世界地质公园。继续推进东、中、西重点旅游区建设，重点打造崇东休闲运动会务旅游区，建设东滩湿地公园低碳旅游区等大型功能性项目。按照5A级景区标准，继续推进森林公园大众休闲娱乐旅游区建设，加快推进崇中南文化休闲旅游区建设。继续完善崇西明珠湖休闲度假旅游区配套服务设施，申报明珠湖－西沙湿地为国家4A级景区。加强旅游产业和其他产业融合发展，创新农业旅游发展模式，提升农业旅游品质；积极发展长兴岛工业旅游；依托长兴岛横沙门国家一级渔港建设，发展渔港风情旅游，联动发展横沙海岛休闲旅游；积极培育发展科普旅游和文化旅游等多元化旅游产品。加大旅游形象宣传力度，完善营销推广机制，优化旅游发展环境。积极培育旅游纪念品市场，延伸旅游产业链。到2015年，力争在引进大型旅游功能性项目上有所突破，游客接待量达500万人次。

积极发展生产性服务业。加快建设长兴海洋装备产业基地生产性服务业功能区，重点聚焦现代物流、科技研发、总集成总承包、商务、教育培训、咨询服务和节能环保服务等领域。着力打造陈家镇现代服务业集聚区，聚焦发展商务、科研教育、服务外包等现代服务业。依托崇明工业园区发展基础，加快培育总部型经济，启动建设崇明工业园区总部经济园。依托上海富盛经济开发区国际集装箱码头和岸线优势，适时发展以配套物流为主的物流业。以崇明现代农业园区农产品加工区建设为平台，大力发展农产品检测认证、仓储配送、贸易流通等服务业。

加快发展会议度假产业。以吸引商务会议（论坛）、地区性会议（论坛）和国际性会议（论坛）等入驻为目标，加快发展会议度假产业。结合规划布局和旅游资源分布，集中打造陈家镇·东滩地区、森林公园及周边地区、明珠湖及周边地区三个会议度假产业区域。加快建设若干会议中心和商务中心，构筑会议度假产业框架。积极引进会议专业服务机构，提升服务水平。到2015年，力争将崇明打造成长三角地区具有较强影响力的会议度假基地。

提升发展现代商贸业。强化商旅结合，结合交通格局变化和旅游资源分布，在主要交通节点和核心旅游景区，配置完善现代商业服务设施，完善和丰富现代商贸业态。结合重点城镇建设，积极配置综合购物中心、超市卖场和品牌专卖店等商业设施。进一步完善一般集镇商业设施，突出便利性和便民性，提升集镇服务功能。到2015年，力争社会消费品零售总额突破100亿元。

培育发展中高端养老产业。发挥“长寿之乡”品牌效应，依托存量资源和发展条件，在若干地区布局试点，规划建设中高端养老产业集聚区，同步发展老年医疗护理、老年咨询保健和老年文化娱乐等服务业。结合养老产业发展，积极开发系列养老产品，逐步延伸养老产业链。

加快引入国际教育产业。加强国际教育交流与合作，积极探索国际合作办学模式，打造陈家镇国际教育园区。努力引进国际课程，建立国际课程项目学校。发展国际化高等教育，积极引进国际知名高校在崇设立分校和研究机构。

探索发展康体疗养产业。依托生态优势，结合区域功能布局，探索发展以健康体检与休闲度假相结合的康体疗养产业。积极与高端健康体检服务机构、企业等合作，引进体检康复中心、知名疗养医院和养生机构等，逐步打造康体疗养基地。

积极发展休闲运动产业。努力提升自行车赛事影响力，将环岛自行车赛打造成宣传崇明、招商引资、休闲运动的平台，打造成上海市第七大国际赛事。加强赛事旅游产品开发。依托上海崇明国家级体育训练基地、陈家镇郊野体育公园等功能性项目，加强体旅结合，推动休闲运动产业发展。

2）大力发展先进制造业

结合三岛功能定位和现代化生态岛建设要求，以长兴岛国家新型工业化产业示范基地建设为契机，进一步构建“一体两翼”工业格局，不断夯实海洋装备产业主导地位，努力培育发展新兴产业，为现代化生态岛建设提供重要支撑。

进一步构筑“一体两翼”工业格局。着力推进长兴海洋装备产业基地建设，加快崇明工业园区和上海富盛经济开发区转型发展步伐，完善道路、电力等基础设施，推进生产、生活功能性配套项目建设。坚持土地节约集约利用，加快推进企业向园区集中，进一步完善、优化扶持政策，拓宽招商渠道，吸引优质企业入驻，健全、完善园区投资强度和产出指标的监督制约机制，提高园区竞争力。

着力发展海洋装备产业。全力支持中船长兴、中海长兴和振华重工三大企业发展，积极配合中船长兴二期工程等重大项目建设，进一步争取国家和上海装备制造业重大项目落地。推进长兴海洋装备产业基地落户企业建设，加快已落户企业的建设进程。鼓励企业进一步引用高新技术，加快高端配套产品的研发和投产，不断延伸、优化海洋装备产业链。到 2015 年，力争海洋装备产业总产值达到 600 亿元。

积极培育发展汽车零部件、生物医药等新兴产业。结合崇明实际和现有产业基础，积极培育发展汽车零部件制造业，重点发展汽车安全零部件、汽车视觉安全系统、汽车标准件等行业。积极培育发展生物医药制造业，重点发展高端中药产品，探索发展生物诊断试剂、疫苗等行业。结合国家和市发展战略性新兴产业契机，积极推进崇明生态岛智能电网产业示范基地建设。

3）积极发展高效生态农业

坚持“向高处走，向宽处扩，向远处望”的发展思路，加强农业产业化、标准化、市场化、组织化建设，使崇明成为全市农产品的重要生产基地。

推进产业化。强化农业区域布局，巩固崇明岛东部河蟹和特色蔬菜、中部优质大米、西部白山羊和经济林以及北部现代高效生态农业实验区为重点的农业生产格局。提升科技兴农水平，普及水稻育插秧机械化，培育发展种源农业。围绕国家可持续发展实验区建设，建成现代农业园区和东风西沙低碳农业园，加快低碳农业发展。积极引进和扶持壮大农业龙头企业，鼓励农产品加工企业向现代农业园区集中，加快发展绿色食品加工业。到 2015 年，力争绿色食品加工业产值达到 15 亿元。

推行标准化。进一步完善农业基础设施，加快推进标准化示范基地建设。完成 5 万亩高标准农田设施、1.6 万亩设施菜田建设。创建国家级蔬菜标准园 1 个、市级蔬菜标准园 3 ~ 5 个。修订 60 项左右有机、绿色、无公害农产品生产技术规程。加强质量监管体系建设，提高绿色、有机农产品生产能力。完成国家级生态农业标准化综合示范县创建工作。到2015年，力争无公害、绿色、有机农产品认证面积占主要种植业面积比例达到70%。其中，绿色和有机农产品认证比例达到15%。

突出市场化。以市场为导向，加强品牌建设和宣传。推广有机、绿色、无公害产品和国家地理标志保护产品认证，扩大认证产品规模，提高认证农产品的销售量和比重。培育壮大特色农产品品牌8个以上，鼓励、推广崇明优质特色农副产品使用绿联会标识，提高崇明农产品知名度。构建和完善农产品市场流通体系，加强“农超”对接，扩大市区营销网点规模，建设农产品网络销售平台。到2015年，力争在市区建立营销网点500个，销售额达到10亿元。

加强组织化。进一步整合优势资源，培育一批产业规模较大、运作较为规范、市场竞争力较强、带动作用明显的农民专业合作社。到2015年，力争创建50家市、县级农民专业合作社。推进农业管理体系现代化，形成以农民专业合作社为主要形式、与行业协会和社会中介相结合的农业生产、流通、服务体系。

（2）以崇明生态岛建设纲要为引领，加大生态环境保护和建设力度

对耕地、绿地、林地和滩涂湿地坚持保护与利用并举，发挥其综合生态功能。完善土地利用规划体系，合理配置土地资源。以东滩高碳汇自然生态系统示范区建设为抓手，推进湿地保护修复和合理开发。加强海洋资源保护和管理，促进海洋资源合理利用。

继续围绕“水”、“土”、“林”等重点领域，加强生态项目建设，滚动推进生态项目建设三年行动计划。加强南横引河东段、西段和县级骨干河道等综合整治，推进河道生态治理工程。完善城镇污水收集处置系统，加强污水管网建设，建成陈家镇污水处理厂。加快旧城区雨污水分流建设步伐。建设崇明固体废弃物处置综合利用中心。加强噪声污染防治，提升大气环境质量。继续加强化肥农药减量化工作，加大畜禽粪便污染治理力度，积极推行秸秆资源化利用，大力推广绿肥种植，切实控制农业面源污染。结合农田林网建设和河道、滩涂保护，建成一批生态公益林，建设青草沙水库生态涵养林。积极协调光明集团、上实公司等在崇市属企业共同推进绿化建设。加强城乡公共绿地建设，使得崇明县在2016年人均公共绿地达到12 m^2。建设涵盖水环境、大气环境、声环境、湿地生态系统等内容的生态监测预警和评估体系。

加强节能减排工作，进一步优化工业结构，继续淘汰高能耗、高污染、低效益企业。鼓励企业应用新技术、新工艺和新设备，提高能源利用率。严格执行新建和改扩建公共、居住建筑项目节能标准，鼓励引进、应用新能源汽车等环保交通工具，努力构建“低排放、低噪声、低耗能”的绿色城乡交通体系。加强污染物排放总量动态管理，严格实施排污许可证制度，加大对无证、超量排污企业的查处力度。进一步健全可再生能源利用激励机制，继续促进风能、太阳能、生物质能等可再生能源发展。

（3）聚焦重点地区建设，进一步统筹城乡发展

加快重点地区建设步伐。长兴地区要围绕“海洋装备、生态水源和景观旅游”功能定位，努力建设与世界先进的海洋装备岛相适应、功能齐全的现代化新市镇。着力推进道路、绿化、河道等基础设施建设，加快建设配套商品房，启动马家港老镇区改造，建成长兴江南造船集团职工医院等一批功能性项目。陈家镇地区要进一步加快功能开发步伐，基本建成以会议度假、休闲旅游、科技研发为特色的现代服务业集聚区，初步形成生态城镇形态。建成滨江休闲运动区、裕安现代社区，全面推进国际实验生态社区、国际论坛商务区建设。建成自行车公园、北郊迎宾馆等一批功能性项目。城桥新城地区要加快“中心开花带动两翼”的开发步伐，着力打造现代田园水城。建成中央核心区行政中心、司法中心和百联、绿地集团商贸、商务设施等功能性项目，启动新城东区建设，推进新城西区旧城区改造。

促进乡镇统筹发展。在集中发展长兴、陈家镇和城桥新城三大重点地区的同时，高度重视其他乡镇的产业发展和城镇建设，积极探索构筑多层次、区域化发展格局，推动乡镇分类、有序、联动发展。沪崇苏大通道区域、重点地区和旅游核心景区周边区域、市政设施和公共服务设施较为完善区域、未来新兴产业集聚区域的乡镇，要充分利用自身条件，立足崇明县的区位特征、自然禀赋、特色优势等，因地制宜，顺势而为，不断优化乡镇产业、人口和基础设施空间布局，有序推进乡镇形态和特色功能开发，打造特色风貌小镇。继续深入推进新农村建设。要逐步从专项建设向发展生产、整洁村容和加强管理等转变，努力形成新农村建设长效机制。引导广大农民群众充分发挥主体作用，积极建设美好家园。因地制宜、分类推进村庄改造工程，加大农村基础设施和公共服务设施管理力度，大力开展沟河清洁、庭院美化等村庄环境建设，改善村容村貌。集中建设一批特色经济示范村，大力发展民俗文化型、景区依托型、特色技艺展示型乡村旅游，促进农村经济发展。

继续加强基础设施建设。建成东风西沙水库及陆域输水管网，建成堡镇、崇西水厂，归并剩余23座小水厂，形成“一库四厂”供水格局，全面实现本岛供水集约化。协调推进长兴、横沙两岛供水集约化工程。推进江苏南通—崇明岛—长兴岛—浦东五号沟天然气主干网建设，实现沪崇苏天然气管网互联互通。深化崇明电力体制改革，优化三岛电源结构，关闭堡镇燃煤电厂，建成上海申能崇明燃气电厂，实施新一轮农村电网改造。改扩建陈海公路东段，建设花鸟路、鳌山路等一批市政道路。推动市区至崇明的轨道交通建设。进一步优化调整公交线网，启动建设陈家镇、长兴凤凰镇、城桥新城综合客运交通枢纽。实施“信息惠民”、“信息强政”、“信息助业”计划，推进信息基础设施集约化建设，促进信息技术在经济社会各领域的广泛应用。

9.2 洞头县产业布局

9.2.1 洞头基本概述

（1）地理环境

洞头是浙江省温州市辖县，地处浙南沿海，瓯江口外，全县总面积为892 km^2，其中陆地面积为100.3 km^2，总人口为12.5万人，设4街道1镇1乡。洞头县区位优越、资源丰富、人杰地灵，改革开放以来，凭借渔、港、景、油等优势，围绕建设海上国家公园的目标，全县面貌发生了翻天覆地的变化。全县由103个岛屿组成，故有“百岛县”之美称。百岛犹如百颗明珠撒播在万顷碧波之中，山明水秀，山海兼胜，人文荟萃，气候宜人，四季如春，海岛风光旖旎迷人，石奇、滩佳、礁美、洞幽、鱼丰、鸟多，古寺，小岛是个集绝壁奇礁、海上运动、渔乡风情于一体的海滨旅游度假胜地。

洞头县属于亚热带海洋型气候，气候温暖湿润，四季分明，气温年月差较小，冬暖夏凉。据1971年以来的气象资料统计：年平均气温为17.5℃，年平均降雨量为1 319.4 mm，年平均总蒸发量为1 538.3 mm，年总日照为1 932 h；多年平均降雨量自西北向东南由高到低呈明显的条带状分布，最大年降雨量为1990年的1 822.7 mm，最小年降雨量为1971年的647.9 mm，降雨多集中在3—6月和8—9月。每年7—10月，是台风频繁影响的季节，台风及台风带来的强降雨是影响本县最主要的灾害性气候。2005年第5号台风“海棠”在县境内的过程降雨量为472.5 mm，24小时降雨量为372.2 mm（7月19日12时至20日12时），1小时降雨量为76.3 mm（7月20日1时），均创有水文记录以来的最高值。

洞头是温州市唯一一个以县名冠名的省级重点风景名胜区，共有半屏山、仙叠岩、大瞿岛、霓屿岛、竹屿、大门岛、海中湖、东沙八大景区400多个各具特色的景点，遍布于40多个岛屿，景区面积超过200 km^2，与国家级风景名胜区雁荡山、楠溪江相得益彰，构成温州“山－江－海”旅游金三角。半屏山景区天然岩雕巨屏，被誉为“神州海上第一屏”，堪称中国一绝。景区内岛屿峋美，金沙碧海，风光迷离，独具魅力，恰如清朝诗人王步霄所赞美：“海外桃源别有天，此间小住亦神仙。”

（2）自然资源

洞头县虽是一个陆域小县、人口小县，但却是一个海洋资源丰富的县，主要表现在“渔、港、景、油、涂”等海岛海洋资源方面具有许多得天独厚的优势。

在“渔”方面，全县海域面积达792 km^2。洞头渔场是浙江的重要渔场，渔场面积超过4 800 km^2，常年洄游的鱼、虾、蟹类达300多种，其中常见的鱼类有40多种，渔业生产历史悠久。现在正逐步形成以羊栖菜、紫菜、网箱养殖为特色的养殖基地。

水产品总产量13.82×10^4t，实现人均1 t水产品。其中海洋捕捞产量11.86×10^4t，海水养殖产量0.74×10^4t。渔业机动船1 349艘，总吨位40 697 t，其中渔轮279艘（含外海单拖），19 895吨位。海水养殖面积发展到2.8万亩，有5大类28个养殖品种。羊栖菜养殖面积4 200亩，总产2 014 t，成为全国最大的羊栖菜生产加工出口基地。渔业总产值54 911万元。

在“港”方面，该县水道纵横、港湾多，建港条件比较优越的主要有六大港址，具有良好建港条件的岸线长逾30 km，其中可建万吨级以上泊位的深水岸线达15 km，可建各种泊位数百个，泊位吨级包涵瓯江小型船舶至10×10^4t级以上的巨轮，且水域条件十分理想，集疏运条件相当好，横穿洞头列岛中部的北水道是巨轮进出温州港的咽喉，南面黑牛湾是瓯江口外靠近远洋航线的最大天然锚地，上述深水港群地处温州港的外延位置，是温州市建设深水大港不可多得的港址。

在“景”方面，洞头县是全省唯一以县冠名的风景旅游名胜区，冬暖夏凉，风光旖旎，有石奇、滩佳、礁美、洞幽、岛多、鱼丰之特色，富有“海外桃源别有天”之意境，全县共有八大景区400多个景点，与温州雁荡山、楠溪江形成山、江、海旅游金三角。洞头县立足于海岛旅游资源优势，积极实施“旅游兴县”战略，加大旅游引资和景区开发力度，先后建成3个旅游度假区和仙叠岩娱乐活动中心、半屏山探险猎奇区、大瞿岛渔乡风情基地、竹屿岛野外生存旅游区以及具有军事旅游特色的国防教育基地，逐步形成吃、住、游、购、娱一条龙配套服务。

在“油”方面，洞头距正在开发的东海油田最近勘探点仅约10 km，良好的区位优势，丰富的深水港口资源，决定了洞头在东海油田勘探及开发方面将发挥重要作用。在洞头县小门岛上建有亚洲最大的天然液化石油气储运基地。

在“涂”方面，浅海滩涂资源十分丰富，10 m等深线以内浅海26.6万亩，潮间带滩涂10.16万亩，发展浅海滩涂养殖潜力很大，也为滩涂围垦拓展国土面积提供了条件。

另外，在对台贸易方面，洞头与台湾地理相近、语言相通、习俗相似、人缘相亲、民间贸易源远流长。目前设有活海鲜出口、对台贸易、劳务输出锚地，辟有对台专用港区。

全县跨世纪发展的奋斗目标是：到2010年，全县提前基本实现现代化，全面建设温州（洞头）半岛工程，成为温州市深水港区和旅游休闲基地，成为环境优美，经济社会发展协调，社会文明进步，人民生活富裕的海上国家公园。

（3）经济与社会发展状况

1）综合实力明显增强

“十一五”期间，全县经济保持较快发展态势，2011年全县实现生产总值为39.32亿元，较“十五”末翻一番，年均递增12.1%。其中，第一产业增加值为3.78亿元，第二产业增加值为15.78亿元，第三产业增加值为19.76亿元。人均生产总值达到30 554元，折算为4 731美元，年均递增13.3%（现价）。完成财政一般预算总收入为7.02亿元，年均递增23.8%。其中，地方财政收入为3.07亿元。

2005—2012年洞头人均国内生产总值如图9－1所示。

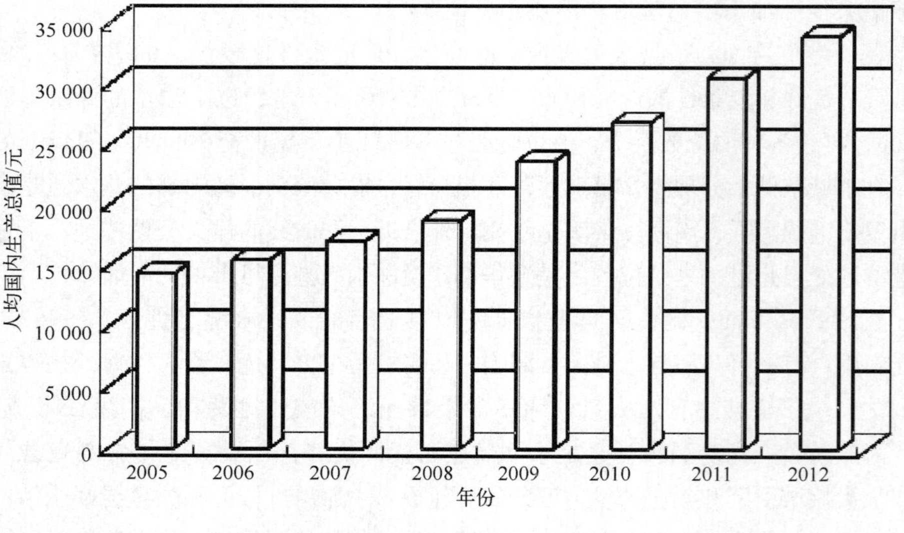

图9－1　2005—2012年洞头人均国内生产总值（元）

2）经济结构优化调整

“十一五”期间，加大经济结构调整力度，着力发展临港产业，提升现代服务业，稳定发展渔农业，三次产业结构由2005年的18∶34∶48调整为10∶38∶52。调整渔业结构，稳定近海捕捞生产，加大水产养殖新品种和新技术引进推广力度。优化工业结构，石油化工业快速发展，工业企业科技创新能力进一步提升，工业总产值达到48.33亿元，年均递增17.0%。提升现代服务业，旅游创强工作成效显著，状元岙深水港开港运营，港航服务业取得突破，商业、交通运输、金融、房地产、餐饮住宿等服务行业呈现欣欣向荣的景象（图9－2）。

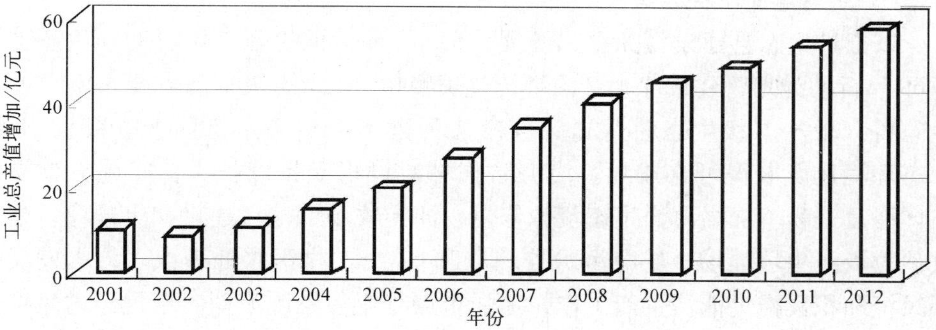

图 9－2　2005—2012 年洞头工业总产值

3）基础设施日益完善

全力推进“百项百亿”工程建设，基础设施建设取得新突破。“十一五”期间完成固定资产投资 89.51 亿元，为“十五”期间的 2.8 倍。建成温州（洞头）半岛工程灵霓北堤、陆域引（供）水（一期）工程、状元南片围垦、北岙后二期围垦、杨文二期围垦、大门及鹿西车渡码头等，基本建成连港环岛公路等关键性的基础设施项目。新城建设初具规模，基本建成新城一期道路、供水、排污等配套设施，建成县人民医院、新城客运站等配套项目。旧城改造稳步推进，完成旧城供水管网改造、北岙农贸市场改扩建和人民路节点改造。统筹城乡发展，改造农村电网，实施“千万农民饮用水安全工程”、“六六八”示范工程，渔农村面貌显著改善。

4）社会事业持续进步

不断推进区域科技创新体系建设，建立海洋藻类技术研发和工业技术转移中心、省级特色产业科技示范基地。坚持教育优先发展，基本普及十五年教育，创成省级教育强县。加强精神文明建设，获得省级“文明县城工作先进县”称号。健全医疗卫生服务网络，建成国家卫生县城。不断加强人口和计生工作，获得国家级“计划生育优质服务先进县”称号。加快公共文化设施建设，建成老干部（老年）活动中心、青少年（妇女、儿童）文化活动中心（一期）。挖掘保护民族民间文化资源，两个项目列入国家级非物质文化遗产名录，9 个项目列入省级非物质文化遗产名录。群众性文化活动丰富多彩，创建了一批省市县文化示范村和示范户，基本实现“村村建有健身苑点”。“平安洞头”扎实推进，完善社会治安防控体系，加强安全生产，建成省级食品安全示范县、省级农村药品“两网一规范”示范县、国家级双拥模范县。此外，民族宗教、外事、侨务、台湾事务、双拥、人防、气象、统计、档案等工作取得新进展，工会、青少年、妇女、儿童、老龄和残疾人等事业有了新进步。

5）生态建设逐步加强

以推进生态县建设为抓手，开展“811”环境保护新三年行动和生态建设“369”行动计划，建成3个全国环境优美乡镇、2个省级生态乡镇、42个市级生态村、29个县级生态村，先后被命名为国家级生态示范区、省级生态县，生态环境建设取得可喜成绩。沿海防护林建设规模持续扩大，实施大型裸露山体修复工程。加强海洋生态资源修复，海洋牧场示范区建设初具规模。建成寮顶垃圾卫生填埋场、城南污水处理厂和62个农村污水处理点。大力发展循环经济和积极推进清洁生产工作，加强重点行业污染源治理。单位国内生产总值综合能耗持续下降，工业固体废物综合利用率达100%，城镇生活污水集中处理率为75%，完成化学需氧量和二氧化硫减排指标，节能减排工作成效显著。

6）人民生活明显改善

2012年全县城镇居民人均可支配收入达25 737元，农村居民人均纯收入11 858元（图9－3，图9－4）。就业渠道不断拓宽，建成覆盖城乡的就业服务信息网络平台和劳动力市场，开展形式多样的创业培训和技能培训，实施城乡零就业家庭就业创业援助。社会保障体系健康发展，启动城乡居民基本养老保险工作，提高城乡居民最低生活保障水平，完善新型农村合作医疗保险制度，建立健全退渔渔民和被征地农民基本生活保障制度。社会福利和社会救助稳步发展，建成社会福利养老机构2家，扩大城镇廉租房住房租金补贴和农村困难群众住房救助惠及面，实施“残疾人共享小康工程”，大力发展慈善事业和扶贫事业。

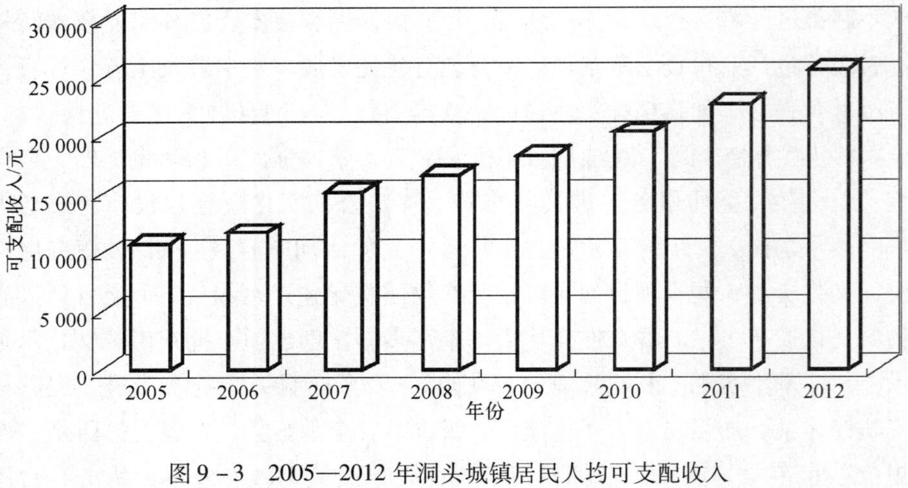

图9－3　2005—2012年洞头城镇居民人均可支配收入

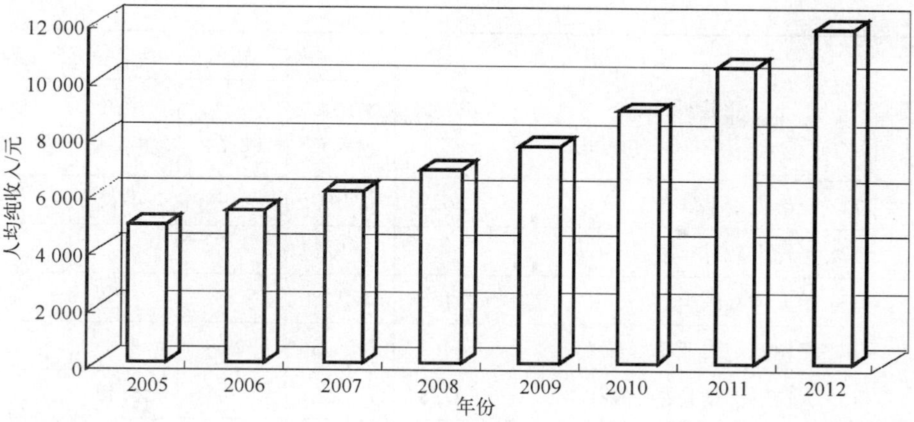

图9－4　2005—2012年洞头农村居民人均纯收入

在充分肯定成绩的同时，由于受到对外交通条件制约、内部基础设施薄弱、宏观经济波动、国际环境多变等因素的影响，“十一五”规划确定的地区生产总值、人均生产总值、工业总产值、海洋产业增加值、港口货物吞吐量、城市化水平、城镇登记失业率、农村家庭恩格尔系数、城镇生活污水集中处理率等指标未能如期完成（表9－2）。

表9－2　“十一五”主要指标完成情况

类别	指标	2005年	“十一五”规划		“十一五”实际	
			2010年目标值	年均递增（%）	2010年完成数	年均递增（%）
经济发展	1. 地区生产总值/亿元	16.9	41	13	34.35	12.1
	其中：第一产业/亿元	3.1	3	−2.5	3.34	−5.4
	第二产业/亿元	5.7	15	19	13.03	15.3
	工业/亿元	4.0	11	19	9.78	17.9
	第三产业/亿元	8.1	23	14	17.98	14.7
	2. 三次产业比重	18:34:48	7:37:56		10:38:52	
	3. 人均生产总值/元	14 389	29 300	13	26 889	13.3
	4. 财政一般预算收入/亿元	1.8	4.5	20	5.22	23.8
	5. 工业总产值/亿元	27.6	55	20	48.33	17.0
	6. 五年累计全社会投资 /亿元	—	80	—	89.51	—
	当年投资额/亿元	13.1	17.5	6	21.97	10.8
	7. 全社会消费品零售总额/亿元	4.4	8.9	15	10.99	19.9
	8. 外贸出口总额/万美元	2 373	4 000	11	5 433	18.0
	9. 海洋产业增加值/亿元	15.5	32	16	23.5	9
	10. 港口货物吞吐量/ $\times 10^4$ t	259	1 000	31	486	13.4

续表

类别	指标	2005 年	“十一五”规划		“十一五”实际	
			2010 年目标值	年均递增（%）	2010 年完成数	年均递增（%）
社会进步	11. 城市化水平（%）	36.5	50	—	41.5	—
	12. 平均受教育年限/年	7.8	9.5	—	9.5	—
	13. 千人拥有医生数/人	1.6	1.8	—	1.8	—
	14. 城镇登记失业率（%）	4.3	3	—	3.87	—
	15. 人口自然增长率（‰）	4.38	≤6	—	≤5.12	—
	16. 新型农村医保参保率（%）	53.9	>95	—	99.9	—
人民生活	17. 城镇居民人均可支配收入/元	10 812	19 050	12	20 307	13.4
	18. 农村居民人均纯收入/元	4 872	7 840	10	8 937	12.9
	19. 农村家庭恩格尔系数（%）	46.8	41	—	44.3	—
节能减排	20. 万元 GDP 综合能耗/吨标煤	—	0.9	—	0.9	—
	21. 化学需氧量/t	—	1 643	—	1 643	—
	22. 二氧化硫/t	—	823	—	823	—
	23. 城镇人均绿地面积/m^2	7.46	15	—	15	—
	24. 城镇生活污水集中处理率（%）	—	80	—	75	—
	25. 城镇生活垃圾无害化处理率（%）	—	100	—	100	—

9.2.2 产业发展概述

由图 9－5 可知，至 2005 年，三次产业在地区生产总值中的贡献率已明显展示了洞头县的产业发展体系，并且这种体系的趋势一直在增强。就 2005 年、2012 年看，三次产业结构由上年 16∶29∶54 调整为 9∶42∶49，第一产业增加值比重继续降低，第二产业上升至 42%，第三产业比重下降 5 个百分点。2012 年，

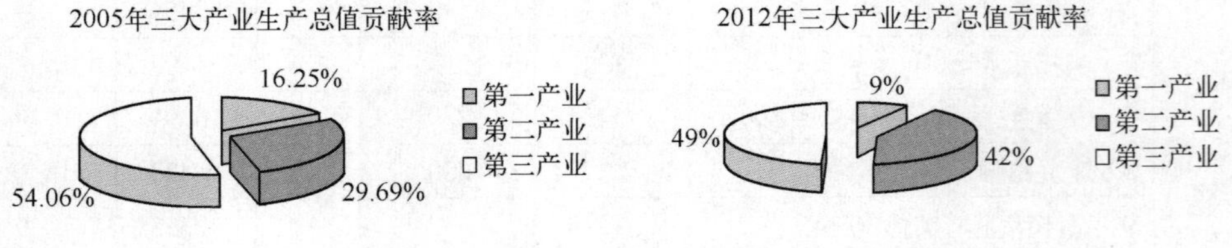

图 9－5 2005 年与 2012 年三大产业生产总值贡献率对比变化图

全县第一、二、三产业上升分别实现3.76亿元、18.68亿元、21.65亿元，三次产业结构由2000年31.8∶26.2∶42调整为9∶42∶49，三次产业结构在经济总量不断提升的基础上，得到优化调整。

（1）农业经济发展概述

洞头县90%左右的面积是丘陵和山地，耕地面积1.08万亩，不到全县总面积的10%；人均耕地面积约0.12亩，只有全国人均耕地面积的1/10。而且海岛特殊的天气条件给农业造成较大的影响，大门镇、鹿西乡近年来的干旱少雨极大地制约着农业的发展；台风等特殊的自然灾害能直接造成农业的减产绝收。

设施农业是集生物工程、农业工程、环境工程为一体，采用现代化农业工程和机械技术，以应用设施及环境调节为手段，为植物生产提供相对可控制甚至最适宜的温度、湿度、光照、水肥和气等环境条件，在一定程度上摆脱对自然环境的依赖而进行有效生产的农业。它能够改善种植环境，提高农产品质量，降低劳动强度，提高复种指数，同时打破农产品的季节性，实现农产品反季节销售，从而提高农产品价值，增加农民收入。

近年来，洞头县为了促进设施农业的可持续发展做了以下几点工作。

1）制订出台《洞头县精品农业十年规划》，做好战略性布局

根据洞头县的海岛实际，通过政策扶持、政策倾斜、资金聚集、动用相关资源，依托现有基础较好的农业龙头企业和农业合作社，预计通过10年的时间，打造基础设施完善、路、沟、渠配套的、符合现代农业发展需要的生产条件。通过10年努力，建成大门蔬菜精品园、鹿西蔬菜精品园、后寮蔬菜精品园。共计建设钢管大棚330亩、灌溉系统600亩，共计改造排水渠2 200 m、田间道路4 000 m。

2）出台惠农政策，扶持设施农业发展

洞头县政府高度重视农业发展和农民增收，把农业设施建设作为发展现代农业的重要抓手，洞头县出台一系列农业设施建设补助政策，对单体钢管、连栋大棚、连栋智能温室大棚的建设在资金上补助10～100元/m^2。鼓励规模化农业设施的发展，对新建面积达10 000 m^2以上、且投资强度不低于100元/m^2的标准化温室、设施连栋大棚，或新建固定资产投入100万元以上的农业重大项目，可再补贴建设资金的10%。在配套设施方面，再给予工程投资额30%的补助，而属于公共配套设施方面的建设，全部由县财政负担。

3）组织“设施农业栽培技术”培训班，推广设施农业

洞头县农业部门邀请科研单位技术专家，投入大量人力和物力，通过深入田间地头、现场指导等方式，对蔬菜种植大户、专业合作社、农村务农人员等开展蔬菜栽培、大棚生产、病虫害防治、测土配方施肥等管理技术的普及，使菜农更好地掌握了蔬菜及大棚生产实用技术，切实发挥设施农业的功效。

4）建设设施农业园，示范带动设施农业发展

洞头县设施农业园建设成绩突出，现已建成设施农业园1个——新希望生态农业园。新希望农业园占地面积8亩，通过连栋蔬菜大棚采用无土汽雾栽培技术，主要从事黑珍珠小番茄等高档无公害绿色蔬菜生产、种苗销售供应。它对设施农业示范作用明显，对农业科学技术的普及起到带头作用。

但是，设施农业发展过程中也存在着问题。

洞头县设施农业起步较晚，发展较慢，虽然出台了战略规划和资金扶持政策，但是和其他地区仍具有较大的差距，主要表现为以下几个方面。

1）生产队伍素质不高，对设施农业缺乏认识

目前县乡农业技术人员专业基础知识缺乏，知识老化，洞头县农业技术人员以初中级职称为主，高级技术人才匮乏。而且随着城市化进程的加快，大量青壮年农村劳动力向非农产业转移，文化程度低的老、妇群体成为农业生产的主力军，这部分人传统的生产观念和生产模式根深蒂固，对设施农业缺乏认识，参与意识不强，惯于小而全，多而杂的粗放的农业生产方式。

2）设施农业规模小，布局分散

设施农业是资金密集型和技术密集型的复合型产业。发展设施农业需要一定规模的连片土地，洞头县从事设施农业基本上是农户分散经营为主，农户无力高投入发展设施农业，同时种植大户迫切希望扩大生产规模，而土地流转难度较大，导致设施农业规模化、产业化水平较低。洞头县各乡镇空间分布分散，三个精品园分别处于三大海岛，导致设施农业布局分散，彼此间经验的交流学习带动作用不明显。

3）设施农业发展速度较慢，设施化程度低

截至2011年9月，洞头县在后寮蔬菜基地内建蔬菜大棚60亩，大门蔬菜精品园内建蔬菜大棚30亩，鹿西蔬菜精品园内建大棚20亩，共计110亩，其中大门大荆温山底连栋大棚为1亩，神农庄园连栋大棚为8亩，新希望生态农业园连栋大棚为8亩。在大荆、后寮等地推广节水灌溉设施共计500亩。洞头县设施化程度低。

4）农业设施档次较低，种植结构比较单一

洞头县设施农业的机械化程度较低，配套水平不高，除了小型拖拉机进行耕地作业外，基本上依靠人工，高温、高湿作业，劳动强度大，生产效率低。设施结构简易，标准化程度不高，绝大多数的设施农业装备还只是以简单、中等水平的塑料大棚为主，高档次、设施环境可控的、抗御自然灾害能力强的设施类型所占的比例极小，大部分谈不上对设施内光、温、肥、气等环境因子的有效调控，一旦受到恶劣条件的影响，蔬菜的产量和品质将受到严重冲击。从种植角度上来看，到目前为止绝大多数大棚设施种植常规瓜果和蔬菜，而具有高附加值的反季节种植经济作物却很少见。

（2）工业经济发展概述

由图9-6中显示，洞头县的工业基础相对薄弱，起步较晚，但经过这些年的发展，由于渔业的带动，工业尤其是制造业，也逐渐成为洞头经济的重要组成部分。洞头的工业总产值由2001年的10.39亿元至2012年增长了458.42%。洞头的工业日益蓬勃发展。

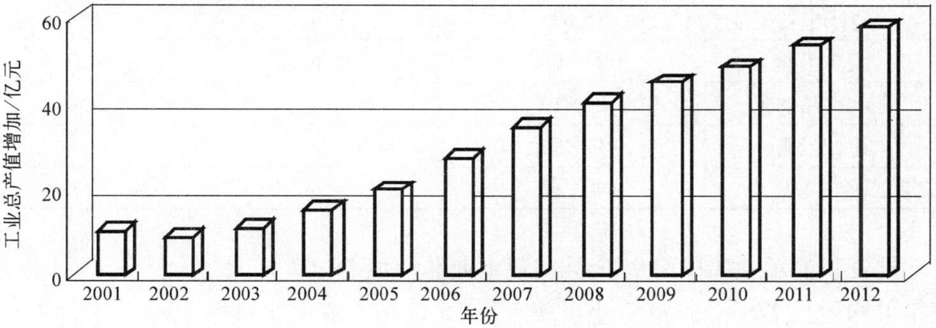

图9-6　2001—2012年洞头工业总产值增长变化情况

据表9-3统计，现在洞头的工业生产主要包括：水产食品加工、化学工业、机械工业、电子电器工业、建材工业、医药工业。据调查，另外还有鱼粉工业、电力工业、船舶工业、其他（冶炼、制绳织网、饮料、印刷等）。

表9-3　2006—2009年洞头县六大工业行业产值结构比（%）

年份	机械	电子	医药	化工	水产加工	建材
2006	7.33	9.46	5.53	64.17	6.25	7.27
2007	8.71	7.84	4.45	68.87	4.89	5.25
2008	10.74	6.78	3.41	69.78	4.47	4.82
2009	9.6	6.1	3.4	73.5	3.7	3.3

据历年洞头年鉴记载，新中国成立前的洞头工业只有水产品加工业和一些为渔业服务的修船、造船、制绳、织网、做蔑、打铁等手工业。新中国成立后，人民政府开始扶持工业生产的发展。1978年后，逐步形成了以电力、化工、制盐、水产食品加工、鱼粉饲料、机械电器、医药、建材、食品饮料、电子仪表为主要行业的工业体系。尤其是先进制造业的发展，取得卓著成效。

由上述资料可知，洞头县的工业是在其第一产业渔业的内需带动下逐步发展起来的，至2009年，与渔业相关的工业如水产品加工已经逐渐衰退，产值结构比仅为3.7%；而其他工业行业尤其是化学工业产业结构比高达73.5%。洞头的第二产业由第一产业发展而来并已经超越其基础，逐渐成为洞头经济的重心（表9-4）。

表 9－4　2012 年全县主要行业产值

行业	产值/万元	同比增长（%）	占总产值的（%）
六大行业小计	561 154	8.4	96.7
其中：化学工业	414 845	6.9	71.5
机械汽配	46 403	14.0	8.0
电子电器工业	35 695	9.5	6.2
医药工业	24 908	38.6	4.3
水产品加工	21 319	2.7	3.7
建材工业	17 984	1.6	3.1
临港工业	440 712	6.3	76.0

据资料显示，2012 年，全县实现工业总产值 58.02 亿元，“十一五”期间实现年平均增长 27%；临港工业实现产值 35 亿元，占工业总产值的 77%，“十一五”期间实现年均增长 27%。表 9－4 统计，石化工业、海洋医药业、机械汽配、电子电器、水产加工、建材工业六大特色行业实现工业总产值 56.1 亿元，占工业总产值的 96.7%。

资料显示，洞头县较大规模的工业企业数共 41 家，实现产值 34.61 亿元，占全县工业总产值的 76.9%。工业区建设步伐加快，杨文、南塘工业基地建设进展顺利，状元岙深水港实现开港，大门临港产业基地初具规模。

（3）第三产业经济发展概述

从图 9－7 中可以看出：自 1992—2005 年，洞头县服务业增加值呈逐年增长态势，由 1992 年的 0.69 亿元增加到 2005 年的 10.48 亿元，年平均增长率为 23.3%，增加了 15.2 倍。

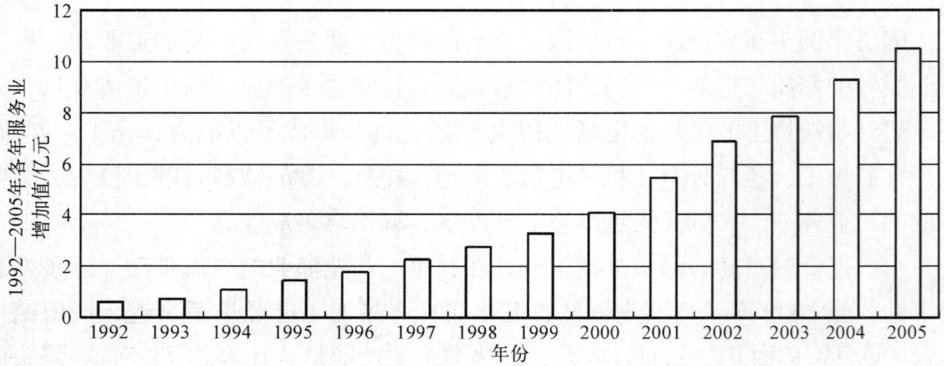

图 9－7　1992—2005 年各年的服务业增加值

从行业结构上来看，传统服务业仍占主流。从服务业内部结构来看，批零贸易、交通运输、住宿和餐饮业等传统产业仍占主流，占整个产业的比重约为60%以上；由信息传输、计算机服务和软件、金融保险业、房地产以及科教文体等组成的现代服务业比重为24%（表9－5）。

表9－5　2005年洞头县服务业增加值行业构成

	增加值/万元	构成（%）
总计	104 780	100
1. 交通运输业、仓储及邮政业	7 291	6.96
2. 信息传输、计算机服务和软件业	5 335	5.09
3. 批发和零售业	50 056	47.77
4. 住宿和餐饮业	2 095	2.00
5. 金融保险业	2 157	2.12
6. 房地产业	14 881	14.20
7. 租赁和商务服务业	649	0.62
8. 科学研究、技术服务和地质勘查业	798	0.76
9. 水利、环境和公共设施管理业	281	0.27
10. 居民服务和其他服务业	1 456	1.39
11. 教育	6 526	6.23
12. 卫生、社会保障和社会福利业	2 148	2.05
13. 文化、体育和娱乐业	781	0.75
14. 公共管理和社会组织	10 326	9.85

自2010年起，洞头县坚持把服务业提升作为转方式、调结构的关键措施，立足县情、统筹谋划、突出重点、强力推进，服务业保持健康发展势头。2012年，全县服务业增加值约为21.65亿元，同比增长8%，占国内生产总值比重为49.1%。

在发展重点上，着力抓好产业发展。以规划为引领，部门合力，推进港航服务、滨海旅游、金融等重点产业。2012年，港口货物吞吐量实现713×10^4t，较上年增长4.4%；2010年海运业实现营业税1 086万元，同比增长41.2%；实现社会旅游综合收入达9.16亿元，同比增长29.6%。截至12月末，金融机构存款余额为32.61亿元，贷款余额为27.96亿元，分别同比增长19.3%和25.6%。

在发展路径上，着力抓好内外结合。将发展服务业与招商选资相结合，全年全县实际到位内资4.51亿元，其中服务业3.93亿元，占实际到位内资的87.1%；将发展服务业与发展品牌经济相结合，目前全县累计拥有省著名商标7枚、市知名商标6枚、县名牌商标6枚；将发展服务业与城乡统筹相结合，大力开展“家电下乡”等活动，继续深入推进“千镇连锁超市”、“万村放心店”建设扩面、提质、增效工作。休闲渔业得到有力推动，乡村游成为独具洞头特色的旅游业态，也为渔农民转产转业开辟了途径；将服务业发展与洞头海洋文化相结合，开展了洞头先锋女子民兵连建连50周年活动、温州·高雄两岸半屏山旅游文化交流、浙江省首届海姐大赛、首届洞头·霓屿紫菜文化旅游节等一系列活动，提升了洞头对外影响力。

在发展举措上，着力抓好基础工作。贯彻落实《洞头县关于进一步加快发展服务业的实施意见》及相关配套措施，优化服务业发展环境，不断增强服务业发展活力和竞争力。推进服务业标准化建设，自省级旅游标准化试点县创建以来，制订了旅游标准规范16项，创建了旅游标准化示范单位15个。加快推进服务业项目建设，加大项目推介、包装及跟踪服务，基本建成望海楼景区，开工建设奥博游艇俱乐部等项目，杨文三大基地、东港休闲中心、垅头湾海洋度假中心项目进展顺利。努力破解投融资难题，打造了海岛电子商务新平台，扩大银企对接活动，不断加大金融创新力度，支持海域使用权抵押贷款、农房抵押贷款、渔轮抵押贷款等，首家小额贷款公司挂牌运行。着力解决招工难问题，开展“就业政策落实推进年”活动，拓展市场服务功能，提供就业岗位2 263个，并将服务业从业人员全员纳入工伤保险范围及“五费合征”，解决后顾之忧。此外，合理安排用地指标用于保障服务业发展，全年共落实760亩用地指标，并出台了《洞头企业用地退二进三处置意见》，进一步优化服务业用地资源配置。

9.2.3 产业发展规划

（1）体现统筹协调产业空间布局

按照统筹区域协调发展要求和“北生产、南生活”区域特点，合理引导生产力布局和要素流动，形成功能定位清晰、发展导向明确、城乡统筹发展、岛岛协同发展的县域经济发展新格局。依据区位条件、产业基础、生态环境及其发展趋势，着力构建“一核两带三区”开放式的空间布局框架。

一核：环海西湖商务休闲核心区。以新城区、环岛西片围垦区、三盘岛、状元岙南片围垦区及霓屿南片围垦区等为主体的环海西湖区域，重点发展旅游休闲、商务商贸、港航服务和科教研发等具有潜力和竞争力的高端服务业，打造成为洞头现代服务业集聚区和核心区。

两带：港口经济带和渔港经济带。在霓屿西部、元觉西北部等区域，依托状元岙深水港、交通区位等优势，以围垦拓展空间，重点发展港口物流、临港工业和高新技术产业，建设成为以临港产业为主导的港口经济带。以温州（洞头）中心渔港和东沙港为核心，以连港环岛公路为纽带，统筹海域、岸线和腹地的综合利用，重点发展旅游休闲、渔港经济、水产品交易和商务服务，建设成为以现代服务业为主导的渔港经济带。

三区：大门临港产业区、鹿西现代渔业区和离岛生态抚育区。依托大（小）门岛临港产业基础和大门大桥建成后的交通优势，纵深开发深水岸线资源，引进大型临港工业项目，建设临港产业区。发挥鹿西岛优势资源，推进渔业生产的规模化和专业化，延伸产业链，提升现代渔业发展水平。离岛大部分人口稀少或为无人岛，除大瞿、竹屿、南策、北策等少数岛屿适度发展海洋旅游休闲外，多数离岛以海洋生态保育为主。

（2）以业兴岛发展现代服务业

1）优先发展旅游休闲业

加快旅游休闲业转型升级，构建生态环境优质化、旅游设施现代化、旅游服务标准化、旅游特色鲜明化的旅游发展新格局，创建省级旅游经济强县，把洞头打造成为海洋旅游目的地、温州海上旅游休闲中心。

实施旅游休闲精品工程。按照“高起点，大手笔，出精品”的要求，全力整合海岛海洋旅游资源，精心打造旅游休闲精品工程和精品产品，科学布局景区景点，精心设计旅游线路，提升旅游服务能力和质量。整合仙叠岩、半屏山两大景区，加快连港蓝色海岸带建设，使之整体达到5A级旅游景区标准，成为核心品牌景区。推进环海西湖的农村文化节点、休闲节点、山景住宅节点、大桥观景节点的规划建设，打造环海西湖旅游休闲带，建设集人居、观光、休闲、度假、游乐、美食、演艺、运动为一体的休闲度假中心。拓展提升现有观光旅游产品，实施精品化改造，提升神州海上第一屏、望海楼、海霞、中普陀寺等旅游品牌。开发休闲度假、商务会展、海上运动、健康疗养、游艇邮轮等体验型休闲产品，重点推进东港奥博休闲中心、珑头湾海洋旅游度假中心、海钓中心、游艇俱乐部、中国滩涂嘉年华和国际邮轮泊港等项目的落地建设。打造旅游主题岛，划出若干个无居民岛屿作为旅游特殊监管区域，实行更加开放的旅游政策，进行深度整岛开发，发展高端旅游项目，强化海洋旅游差异化发展。

提升旅游休闲服务能力。围绕“吃、住、行、游、购、娱”六要素，完善旅游休闲产业体系，延伸旅游休闲产业链，促进旅游服务业和相关配套产业发展。打造一批有特色、高品位的旅游美食街、海鲜大排档和渔家乐，提升海岛美食影响力。加快发展旅游酒店业，实现高、中、低档酒店梯次配置。构建内畅外快的旅游交通体系，推进旅游景区通景公路和景区车辆换乘系统建设，加快景区周边停车场和码头建设。建设洞头旅游接待服务中心，规范旅行社行业服务，加强导游队伍建设。大力发展旅游商品，重点开发洞头特色的系列旅游商品。深度挖掘传统民俗表演，鼓励发展旅游娱乐业。

改善旅游休闲发展环境。把旅游、休闲元素全面融入海岛城市发展，按照旅游休闲的要求建设市政设施、整治城乡环境，形成新区特色明显、老区功能完善的发展格局，营造“处处是风景”、“处处可休闲”的海洋旅游休闲环境。重视城市规划和设计，挖掘洞头海洋文化、闽南与瓯越文化、民俗文化、宗教文化内涵，体现浓郁的海洋文化特质。树立社会化大旅游观念，发扬海岛群众热情好客的良好风尚，在全社会形成“人人会导游，人人促旅游”的旅游发展氛围。

2）重点发展港航物流业

加快推进港区配套设施建设，完善物流基础设施，营造良好的政策环境，构建现代物流服务体系，建设现代港口物流基地。“十二五”期间，重点建设状元岙临港物流园区，争取设立保税区或出口加工区，推进杨文三期物流基地建设。引进以第三方物流为主的大型港口物流企业，建设一批多式联运中转设施和连接两种以上运输方式的转运设施，推进异地“无水港”建设，拓展腹地物流货源。推进对台货运直航班轮发展，积极开辟欧洲、中东等远洋航线，逐步建设成为浙西南和闽东北的重要枢纽港、大宗货物的集散地。吸引海运、港口企业及其配套服务的口岸、港务、金融、保险、船务中介等机构进驻，提升港口物流的综合服务能力。

大力发展海洋运输业，调整优化运力结构，淘汰落后船舶，提高海洋运输业综合竞争力。水路货运重点发展散货船、油船和集装箱船。水路客运重点发展适应陆岛、岛际运输的客滚船、标准化渡船、高速客船、高档次旅游船。

3）提升发展商贸服务业

差异化发展商贸业。大力培育新城区商贸中心，改造提升老城区商贸区，引进综合超市、连锁店、专卖店、专业店等现代商业业态，发展具有错位互补功能的批发市场或专业市场、特色街（店），提升新老城区商贸服务功能。加快建设温州（洞头）水产品交易中心市场，使之成为功能完善、设施齐全的现代化水产品交易平台和区域集散中心。利用大门大桥建设的契机，培育一批大宗原材料和大宗商品批发中转的商品交易市场，重点承接温州区域生产资料商品市场转移。加快旅游景区出入口商业网点建设，培育旅游商圈。

健全城乡商贸网络。积极实施“万村千乡市场工程”、“双百市场工程”、“新农村现代流通服务网络工程”，大力发展集农资供应和消费品供应为一体的渔农村商业网络，大门、元觉、霓屿和鹿西等分别建设“乡镇配送中心＋乡村农家店”的配送销售网络。在老城区、新城区、大门、东屏等主要居住区规划建设集居民购物、休闲、娱乐、文化等功能为一体的社区商业中心。加快交通节点商业设施建设，重点提升发展港口码头、干道车站的商业网点建设。积极发展物流配送、电子商务等新型流通业态和现代营销方式，优化供应链体系。

4）努力培育特色服务业

商务服务业。优化发展环境、政策机制和服务体系，引进国内外大型企业的非生产性公司总部、区域总部和分支机构，重点引进海运、建筑、石化等行业的企业总部落户，逐步形成布局合理、定位清晰、特色鲜明、衔接紧密的总部经济发展格局。积极争取国内外商业银行、保险机构在洞头开设分支机构，大力发展地方法人金融机构。鼓励法律、会计、审计、工业设计、工程服务、租赁、广告、咨询、会展服务等专业服务机构进驻洞头，建设集度假休闲、商务会展和高端商务为一体的综合商务聚集区。

文化产业。整合各类教育培训资源，充实培训机构，增强培训力量，发展职业技能培训市场，满足高素质人才培训需求。积极发展以体育健身娱乐、竞赛表演为重点的体育市场，大力培育体育产业。发展群众参与性强的娱乐活动，大力支持民间文化娱乐表演团队发展，挖掘和开发民间文化艺术，发展与旅游休闲业相配套的文化娱乐市场，打造文化创意产业。

健康产业。引进优质医疗卫生服务资源，按照产业高端、特色突出的定位，引进大型健康服务企业和带动能力强的重大项目，重点发展健康保健、养生康复、健康管理、健康旅游和健康培训咨询等健康服务业，努力形成具有市场竞争力的健康服务聚集地。

海钓产业。发挥渔业资源优势，发展岸矶钓、滩地钓、筏台钓、近海船钓和深海船钓等多种形式的海钓项目，强化专业海钓和旅游海钓发展相结合，延伸产业链，培育钓具钓饵生产销售、船艇租赁、导钓服务、渔家食宿、水上餐厅等配套产业，重点建设大众化游客岸钓基地，开发一批岛礁景点作为专业钓场，发展休闲海钓俱乐部，组织培训导钓队伍。支持世界海钓中心和国内外钓鱼赛事落户，扩大洞头海钓影响力，努力将“全国海钓基地”建设成为特色化、规范化、规模化、品牌化的国际海钓基地。

（3）以港强县发展临港型工业

1）大力发展临港型工业

发展临港型工业是洞头推进工业化的核心任务，也是发展海洋经济的突破口。通过清洁生产、资源节约、污染治理和绿色经营等手段，控制资源消耗和环境污染，保障临港型工业的可持续发展。

临港化工业。择优发展石化工业，集聚精细化工业。加快推进大小门临港产业起步区建设，重点发展新型石化，引进国内外大型节能环保的炼化一体化项目，构筑完整的化工产业链。

船舶修造业。整合现有船舶修造企业，引进大型船舶修理企业，优先发展特色游艇制造业及船舶配套工业。

物流加工业。发挥深水港的大宗货物集散和中转优势，发展与物流园区、保税区或出口加工区相配套的临港装配加工业、两头在外的加工组装业，努力构筑物流加工聚集区。

2）努力提升传统工业

运用高新技术与先进适用技术改造提升传统产业，加快传统工业转型升级，提高传统产业的竞争力。

机械汽配业。围绕产业链、产业集群、产业基地的发展方向，引导现有机械汽配企业上规模、上水平，力争引进科技水平高、创新能力强的大型企业及相关配套项目，形成产成品与零部件生产分工协作、龙头企业与配套企业共同发展的产业体系。

电子电器业。引进具有竞争力的骨干企业，鼓励现有电子电器行业整合提升、抱团发展，向联合型、规模化、配套厂方向发展。

水产加工业。立足水产品加工业的现有基础，优化资源和要素配置，加大产品结构和产业结构的调整力度，大力发展水产品精深加工和水产品贸易，注重特色，提升层次，打响品牌。

医药工业。加大技术改造投入，改造传统生产工艺，扩大具有竞争力的原料药、中间体、针剂、胶囊的生产规模，积极发展新型制剂，提升产品附加值。积极扶持企业做强做大，鼓励成长型重点企业整合上市。

3）积极培育海洋新兴工业

积极发展海洋生物、装备制造、海洋新能源等新兴工业，增强产业创新发展能力，为产业转型升级提供支持。

海洋生物产业。发挥海洋生物资源优势，利用海洋生物活性物质和生物技术手段，重点扶持发展海洋生物制药、海洋生物保健食品开发和海洋生物资源加工。

装备制造业。抓住国家重大基础设施建设和扶持装备制造的发展机遇，重点引进生产数控机床、光机电一体化设备、仪器仪表与自动化控制设备、电力设备、石化设备、环保设备、海水淡化设备等装备制造企业。

海洋新能源产业。积极布局海洋新能源产业，重点发展海洋风能、海洋潮汐能、海洋生物质能的开发和利用。

4）全力建设临港产业聚集区

按照“整体规划，分期实施，基础先行，局部启动”的思路，突出专业基地建设，促进临港产业聚集，建设成为以港口物流、临港工业为主导的临港产业基地。

大小门临港产业基地：包括大门镇所辖行政区域，远期规划陆域面积约为60 km^2，其中围垦面积约为30 km^2。“十二五”期间，重点启动包括小门岛及大门岛山体以北、以西的规划围垦区域，努力建成面积为2 km^2 的临港产业起步区。加快引进以新型石化为主导的重化项目，打造临港工业精品区和循环经济示范区，成为洞头工业转变发展方式、实现跨越发展的重要支撑。

霓屿临港产业示范区：规划面积1.3万亩，重点发展机械装备等先进制造业，旅游纪念品、钓具等特色产业，新型医药产业、电子信息产业等高新技术产业，建设成为工业转型升级发展的重要平台。

洞头本岛工业基地：依托杨文和南塘工业基地，重点推进电子电器、机械汽配、医药化工、泵阀等产业区块发展，促进企业规模发展、聚集发展。

（4）以海富民发展特色渔农业

1）发展现代渔业

海洋捕捞业。完善海洋捕捞准入制度，严格执行休渔期、禁渔区制度，控制近海捕捞强度。巩固鹿西渔业基地，调整捕捞结构，改进捕捞作业方式。探索发展远洋捕捞，开辟新渔场。健全捕捞基地通信服务网络，加强信息交流合作，形成产加销一体化的生产经营格局。

海水养殖业。优化海水养殖结构，巩固发展羊栖菜、紫菜等优势养殖业，积极探索新型养殖方式，推进健康养殖和无公害生产。挖掘养殖区潜力，拓展养殖空间，鼓励由浅海海域向深水海域发展，支持域外养殖，开辟养殖新渠道。着力抓好新品种新技术引进推广、优质种苗繁育、深水海域养殖三大工程。

渔港经济。加快中心渔港、东沙渔港、鹿西渔港及其后方陆域配套工程建设，提高防汛避风能力，建设成为以中心渔港为主、以东沙渔港和鹿西渔港为辅，集渔船安全避风、水产品流通加工、休闲渔业发展、渔业后方补给及管理等功能为一体的现代化综合性渔港，形成生态环境优美、三次产业互相促进、产业层次较高的现代化渔港经济带。突出发展生态观光养殖、海钓、滩涂旅游等多种休闲渔业，培育一批集观光、养殖、垂钓、餐饮、住宿于一体的“渔家乐”。

2）打造精品农业

从海岛实际出发，挖掘农林牧业的生产潜力，加强以农田水利为重点的农业基础设施建设，调整农牧业结构，大力发展节水、高效、特色、生态农牧业，重点扶持设施农牧业、绿色农牧业和新兴农牧业，推广标准化生产，提升农牧产品质量安全水平。积极保护耕地，发展蔬菜、瓜果等种植业。稳步发展畜牧产业，扶持规模养殖场，推广生态养殖技术，发展特色养殖业。重视林地林木保护、野生动物保护，大力发展公益性生态林，推进封山育林工程，鼓励发展苗木花卉等经济林。按照农牧业转型、提升和拓展的要求，建设大门、东屏、鹿西等特色农业精品园。

3）强化支撑体系

加强渔农业科技推广服务体系建设，提高渔农业科技成果转化与推广水平。推行渔农业标准化生产，完善渔农产品质量安全检验检测体系。强化动植物保护体系建设，完善农作物病虫害监测预警防控系统。全面推进渔农村信息服务体系建设，继续建设渔农村信息化公共平台工程，保障渔农村通信畅通。大力发展渔农业产业化经营，培育壮大一批成长性好、带动力强的龙头企业，鼓励创办渔农民专业服务公司、专业合作社和专业技术协会，提高渔农业组织化程度。

9.3 玉环县产业布局

9.3.1 基本概述

（1）地理环境

玉环县得名于“晨雾绕岛，形状如环；上有流水，洁白如玉”。东临东海，西靠乐清湾，北部与温岭市相连，南部与温州市洞头县隔海相望。玉环县陆地面积为378 km^2，由楚门－玉环半岛以及鸡山、披山、大鹿山、茅埏岛等大小55个岛屿组成。

玉环位于浙江省东南沿海黄金海岸线中段，28°N、121°E。地处亚热带季风气候区，2010年平均气温为17.5℃，年总降水量为1 743.9 mm，无霜期为300天。县域总面积为2 279 km^2，其中陆域面积为378 km^2，是全国14个海岛县之一。全县总人口为41.96万人。辖玉城街道办事处、坎门街道办事处、大麦屿街道办事处、楚门镇、清港镇、芦浦镇、干江镇、沙门镇、龙溪乡、鸡山乡、海山乡3街道5镇3乡，其中，楚门镇入选浙江省省级小城市培育试点镇，沙门镇为浙江省省级中心镇。

（2）自然资源

旅游资源：玉环县大鹿岛是浙江省省级海上森林公园，是一个独具风姿的避暑、疗养、游览胜地。龙潭坑与三合潭古迹不仅有新石器晚期等古文化遗址，而且域内峰峦起伏，风景如画。坎门后沙是台州地区唯一的居于城镇中心而又背山面海的沙滩，两侧礁石景观独特，海岛风貌别具一格。每年5月柚子开花期和10月柚子成熟期，届时"世界名柚园"景色宜人，香气四溢。

海洋港口资源：全县海岸线长329.14 km，大麦屿港为国家一类口岸，是中国航海学会推荐的中国沿海8个天然避风港湾之一，也是浙中南及闽北沿海唯一可进第三代以上集装箱船的深水良港，该港地处我国黄金海岸线中部，位于温州瓯江口外、乐清湾内，离台湾基隆163海里、上海296海里、宁波189海里。该港口可用岸线30 km，自然水深－13 m至－20 m不等，－10 m水深以上的港口水域面积约62 km^2，常年不淤不冻。进港航道最小水深处为－10.8 m，3×10^4t级船舶全天候进出，10×10^4t级船舶可乘潮通行，是一个可建1×10^4～10×10^4 t泊位的理想港址。县东南的坎门渔港开埠甚早，是国家一级渔港，也是辽、鲁、江、浙、沪、闽、台等地渔民销售、避风、补给的大型基地和停靠的主要港口，已投入使用。境内海岸线曲折，资质肥沃，是鱼、虾、贝、藻等繁殖和栖息的优良场所。玉环岛西面的乐清湾是全国重要的水产资源繁殖基地，东南面的披山洋是浙江省重要的渔场，全县水产品年产量达20×10^4t以上，目前浅海滩涂开发利用率不足1/3。

农林资源：玉环县是国家级文旦商品基地，现文旦种植面积为3.27万亩。玉环柚（又名楚门文旦）是世界四大名柚之一，以果大形美、香气浓郁、脆嫩多汁、酸甜适中的独特风味和良好的贮运性能风靡神州，在全国柚类质量评比会上连续夺魁。主要农副产品有粮食、棉花、甘蔗、油菜籽、花生、蔬菜、西瓜、茶叶等。

矿产资源：非金属矿产是玉环县的主要矿产资源，占全县矿产总数的85%，并以花岗石为优势矿种。境内花岗石可采量为$1\ 500\times10^4 m^3$，品种有黑、青、浅红，也是石雕工艺品的重要原料，加工出口前景广阔。

可再生能源：玉环沿海属于强潮区，蕴藏着极丰富的潮汐可再生能源。特别是乐清湾海域，是我国潮汐丰富的海区之一，此外，玉环外围岛屿风能可再生能源丰富。

（3）经济与社会发展状况

玉环县是浙江省股份合作制的发祥地之一，商品经济发达，民间资本实力强大。近年来，玉环八度跻身“中国综合实力百强县”行列。被评为全国综合改革试点县、生态示范区建设试点县以及浙江省首批“小康县”、经济强县，被确定为浙江省扩权经济强县，列为浙江省首批基本实现现代化的县和规划发展的中等城市之一。

在“十一五”期间，全县综合实力显著提升。全县生产总值和人均生产总值分别从 2005 年的 148.53 亿元、37 431 元增加到 2010 年的 308.21 亿元、73 892 元，分别年均增长 13.4%、12.3%。财政总收入和地方财政收入分别从 2005 年的 18.01 亿元、7.5 亿元增加到 2010 年的 40.14 亿元、18.25 亿元，分别年均增长 17.4%、19.5%。2010 年在全国中小城市综合实力百强中位列第 25 位。

另外，全县基础设施推进速度加快。一批重大基础设施相继建成投用，经济社会发展环境进一步优化。交通一体化大力推进，“五纵四连三干线”的交通网络体系加快形成，区域交通状况明显改观。大麦屿港区获国务院批准对外国籍船舶扩大开放，实现对台常态化直航。供电一体化得到推进，电力主网架建设实现适度超前，电力供应从末端变为源头。供水一体化显著推进，县外引水工程全面完成，长期制约玉环发展的用水瓶颈得以破解。

同时，城市化水平不断提高，玉环新城建设启动，城市品质不断提升，建成区面积不断扩大，楚门镇被列为全省培育小城市试点镇，沙门镇被列为第二批省级中心镇，城乡节点建设效果明显，主城区改造持续推进，城乡布局更趋合理。新农村建设政策扶持力度进一步加大，2009 年玉环县城乡统筹发展综合评价位居全省县（市）第 8 位、全市第 1 位。

在经济发展的同时，生态环境不断优化，民生社会更趋和谐。以建设生态县、创建文明卫生城市和“清洁家园、和谐乡村（社区）”活动为抓手，加大环境整治力度，推进节能减排，生态文明建设成效显著，万元生产总值综合能耗继续下降，化学需氧量和二氧化硫排放量明显减少。“十村示范、百村整治”工程深入实施。“811”环保新三年行动深入开展，规模以上企业废水达标整治完成，通过清洁生产审核的企业总数居全市第一。人民生活水平不断提高，城镇居民人均可支配收入和农村居民人均纯收入分别从 2005 年的 22 220 元、8 621 元增加到 2012 年的 40 665 元、18 257 元，分别年均增长 10.38%、13.97%。坚持把每年新增财力的 2/3 用于民生改善，对教育、卫生、文化、社会保障等方面的投入不断加大，群众“上学难、看病难、养老难、出行难”等难题有效缓解（表 9－6，表 9－7）。

表 9－6　“十一五”规划主要目标完成情况

		指标名称	单位	2005 年基数	2010 年预期目标	2009 年完成情况	2010 年完成情况	完成否	指标属性
经济发展		全县生产总值	亿元	148.53	267	243.3	308.21	已完成	预期性
经济发展	其中	第一产业增加值	亿元	12.19	12	16.4	19.79	已完成	预期性
经济发展	其中	第二产业增加值	亿元	91.96	162	151.9	196.73	已完成	预期性
经济发展	其中	其中：工业增加值	亿元	85.04	150	143.2	188.16	已完成	预期性
经济发展	其中	第三产业增加值	亿元	44.38	93	75	91.69	未完成	预期性
经济发展		三次产业比重	由 8.2:61.9:29.9 调为 4.5:60.7:34.8		6.74:62.43:30.83	6.42:63.83:29.75		未完成	预期性
经济发展		人均生产总值	元	37 431	64 860	59 287	73 892	已完成	预期性
经济发展		社会消费品零售总额	亿元	37.16	78	68.9	75.66	未完成	预期性
经济发展		自营出口	亿美元	8.86	33	19.6	27.39	未完成	预期性
经济发展		财政总收入	亿元	18.01	33.2	37	40.14	已完成	预期性
经济发展		地方财政收入	亿元	7.5	13.8	16.6	18.25	已完成	预期性
经济发展		全社会固定资产投资总额（五年合计）	亿元	230.13	580	311.8（四年累计）	385.9	未完成	预期性
经济发展		城市化水平	%	56.39	65	64	65	已完成	预期性
经济发展		二、三产业从业人员比重	%	82.3	86	89.12	90	已完成	预期性

续表

指标名称		单位	2005 年基数	2010 年预期目标	2009 年完成情况	2010 年完成情况	完成否	指标属性
人民生活	城镇居民人均可支配收入	元	22 220	32 600	28 454	32 930	已完成	预期性
	农村居民人均纯收入	元	8 621	11 500	12 192	14 161	已完成	预期性
	住房成套率	%	70. 56	80	81. 6	82. 3	已完成	预期性
	社会保障覆盖率	%	69. 22	75	56. 56	57. 6	未完成	约束性
	新型农村合作医疗覆盖率	%	79. 09	90	99	99. 3	已完成	约束性
	低收入家庭所占比例	%	6	2	3. 6	3. 5	未完成	约束性
	低收入家庭恩格尔系数	%	47. 94	46	44	43	已完成	约束性
	基尼系数		0. 35	<0. 35	0. 343	0. 33	已完成	预期性
	文娱支出占消费支出比重	%	15. 04	19	20. 2	21. 3	已完成	预期性
社会民生事业	城镇登记失业率	%	3. 6	<4. 0	3. 7	3. 7	已完成	约束性
	年末户籍总人口	万人	39. 86	41. 2	41. 5	41. 9	已完成	预期性
	人口自然增长率	‰	6. 85	< 6. 5	5. 56	6	已完成	预期性
	科技经费投入占生产总值比重	%	1. 8	4. 2	1. 36	1. 38	未完成	预期性
	平均受教育年限	年	7. 75	10	10. 2	10. 3	已完成	预期性
	高等教育毛入学率	%	32. 8	40	43. 26	45. 6	已完成	预期性
	每千人执业医生数	人	1. 5	1. 7	1. 88	1. 9	已完成	约束性

续表

指标名称		单位	2005年基数	2010年预期目标	2009年完成情况	2010年完成情况	完成否	指标属性
生态环境	环境质量综合指数	%	60	90	64.3	65.6	未完成	约束性
	规模以上工业万元产值综合能耗	吨标准煤/万元	0.0669	0.057	0.0648	0.0602	未完成	约束性
	森林覆盖率	%	47	50	42.1	44.5	未完成	预期性
	城市人均公共绿地面积	m^2	5.37	8	8.9	8.97	已完成	约束性
	工业三废治理率	%	78.1	95	95.2	95.6	已完成	约束性
	城镇生活污水处理率	%	36	60	45.42	46.4	未完成	约束性
	城镇生活垃圾无害化处理率	%	90	90	99.4	99.6	已完成	约束性

注：生产总值等指标绝对值为当年价；预期性指标：是指凝聚了人民意愿的政府战略意图，体现了人民的根本利益和长远利益，有一定的实现幅度；约束性指标：是指政府向人民做出的承诺，是对政府有关部门和下级政府提出的工作要求，是在预期性基础上进一步强化了政府意图的指标，政府须通过合理配置公共资源和有效运用行政力量来确保实现。

表 9-7 历年国内生产总值、财政总收入、农民年人均纯收入

年份	国内生产总值/万元	财政总收入/万元	农民人均纯收入/元
2003	1 112 245	122 142	7 225
2004	1 275 326	106 148	8 016
2005	1 486 704	180 100	8 621
2006	1 795 717	239 762	9 261
2007	2 225 061	308 300	10 252
2008	2 528 123	356 478	11 258
2009	2 447 637	370 059	12 192
2010	3 082 176	401 427	14 161
2011	3 615 191	466 622	16 455
2012	3 748 900	552 100	18 257

9.3.2 产业发展概述

(1) 农业经济概述

截至2012年年初，全县农业龙头企业共有81家，其中省级有3家、市级有27家；农民专业合作社有205家，其中省级示范性农民专业合作社有13家、市级规模型合作社有42家、市级规范化合作社有77家；无公害农产品有20个，绿色食品有7个，省级无公害农产品产地认证面积为3.2万亩；“楚门文旦”、“定海针”牌冻虾仁、“龙生”牌冷冻鱼糜、“亚达”牌醉仙泥螺和“宏大”牌鲜卤黄花鱼等13个产品曾获省农博会金奖。2012年，全县完成粮食播种面积为10 609 hm^2，比上年减少0.3%，其中粮食播种面积为4 274 hm^2，增长0.6%；蔬菜播种面积为4 219 hm^2，下降3.8%；果用瓜为997 hm^2，增长4.8%；花卉苗木为111 hm^2，下降3.5%。建设万元田投入1 398万元，新增土地流转面积16 549亩，实现农业总产值为30.5亿元，其中种植业产值为4.07亿元；畜牧业产值为1.74亿元。村级集体经济收入为1.99亿元；农民人均纯收入为12 192元。

(2) 工业经济概述

截至2010年12月，全县工业企业有11 658家，其中有限责任公司为2 474家，股份合作企业为2 558家，规模企业为1 254家，超亿元企业为111家。现有中国名牌产品2个、浙江名牌产品40个、台州名牌产品88个，中国驰名商标18个，浙江省著名商标29个，台州市著名商标70个，省级商标品牌基地3个，市级商标品牌基地3个。2010年实现工业产值为1 077亿元，同比增36%，其中规模工业实现产值为635亿元，同比增44%。

近年来，玉环围绕打造先进特色制造业基地目标，大力拓展发展空间，破解要素瓶颈制约，形成了汽摩配、阀门水暖、金属制品、家具、眼镜配件、药械包装、机床等特色产业集群，机械装备、海洋生化、新能源等新兴产业迅速发展，成为浙江省重要的制造业基地，先后被授予中国阀门之都、中国汽车零部件产业基地、中国新古典家具精品生产（采购）基地、中国欧式古典家具生产基地等10大国字号区域品牌。并建有家具、阀门、汽摩配、眼镜配件、药械包装、机床等行业协会以及浙江省阀门水暖产品质量检验中心、台州市汽车配件质量监督检测中心和台州市家具质量监督检测中心（玉环）。2007年6月26日，浙江大学台州研究院汽摩配研究所在玉环正式成立。2008年6月24日，挂牌成立玉环县高校（院所）联合研究院。2010年6月23日，中国汽车工程研究院浙江分公司在玉环正式成立。

玉环县围绕打造先进制造业特色基地，大力拓展发展空间，形成了汽摩配、水暖阀门、家具、金属制品、眼镜配件、药械包装这六大产业集群，机械装备、海洋生化等发展迅速，并建有汽摩配、阀门、家具、机床、眼镜配件、药械包装等行业协会。

汽摩配产业：汽摩配产业是玉环县的第一产业，有生产企业2 300多家，拥有齿轮、减震器、方向盘等各种类型产品6 000多种。2010年，玉环县汽摩配行业实现产值为363亿元，占全县工业总产值的30%以上，占全国汽摩配行业产值的15%左右。

水暖阀门产业：水暖阀门产业是玉环县的第二大产业，有生产企业1 100多家，其中年销售收入超亿元企业有47家，拥有阀门及配件、水暖件、柱塞阀三大系列，水嘴、龙头、管件等100多个品种1 000多种规格。2009年全县水暖阀门行业产值为160. 37亿元。

家具产业：家具是玉环工业的特色产业，起步于20世纪90年代初期，经过10多年的发展，已从手工制造迈入机械化生产。全县现有家具生产企业300家左右，其中年产值5 000万元以上的企业为21家，超亿元企业为9家，从业人员为3万多人，年生产能力为40万套。

眼镜零配件产业：眼镜零配件是玉环的特色工业产业。现有企业300多家，年产值5 000万元以上的企业有2家。拥有产品2 000多种，其中30多个产品已获国家专利。全县眼镜配件行业产值占全国眼镜配件总量的60%左右，已成为玉环县工业经济发展中一个新的增长点。

药械包装产业：药械包装是玉环的特色产业，现有企业100多家，其中产值1 000万以上的企业为32家，超亿元企业为4家，国家级高新技术企业为1家。2010年药械包装行业产值为16. 2亿元。

机床产业：机床产业是玉环的新兴产业，也是发展较快的一个行业。从事机床设备及相关附件生产销售的企业和个体工商户近200家，其中直接从事整机和附件生产的企业有80多家。2010年，全县各类机床生产企业的产销量达到了20多万台，规模以上机床企业达20家。全县机床行业实现产值为50亿元，比上年翻了一番，各类经济型数控机床及专用机床产量达20多万台左右，占全国1/4强。

（3）第三产业经济概述

2012年，全县服务业取得了较快发展，第三产业实现增加值为124.2亿元，比上年同期增长10.3%；实现社会消费品零售总额为106.08亿元，比上年增长17.3%。大麦屿港口成功通过国家一类口岸验收，成为浙江唯一县级港区一类口岸。玉环县海峡两岸商品交易物流中心被列入2011年浙江省服务业重大项目计划首位，玉环大麦屿港口物流集聚区项目进入全省重点服务业集聚区正选序列，并被列为2011年度台州市现代服务业集聚区。世贸中心大酒店进展顺利，喜来登·福朋酒店成功实现主体结顶并转入内部装修。漩门湾湿地公园通过国家级评定，成为浙江省唯一的滨海型国家级湿地公园。

9.3.3 产业发展规划

（1）积极推进沿海产业发展

1）加大港口开发力度

①强化发展导向。抓住对台直航常态化机制建设的良好契机，依托深水港口优势，加快专业泊位和通用泊位规划建设，不断完善集疏运体系和信息支撑体系，打造浙东南重要能源物资储运中转基地、温台区域重要对外贸易物流基地、县域临港工业物流支撑基地。高起点规划、引进、建设一批港口物流项目，配套建设完善的港航基础设施，到“十二五”末，基本形成以大麦屿深水港口为特色的区域性港口物流中心，形成港口物流业的主体运作平台。②完善支撑体系。按照适度超前原则，加快推进以集疏运和信息网络为重点的支撑体系建设。加快疏港道路、水水及水陆交通节点规划建设，加大深水航道整治力度和锚地建设，进一步拓展环乐清湾区域的海运和空运航线，提高物流集疏运能力。加强口岸建设和港口综合管理服务体系建设，扩大开放领域，推进后勤补给体系建设，完善发展港口救助、引航、补给等支持系统，提高综合管理服务的能力和效率。③培育海运产业。重点扶持海运业发展，引导和支持海运企业在做大规模的同时，调整优化运力结构，大力发展一批现代物流企业，加快发展运输、仓储、货代、流通等企业，吸引现代物流企业特别是著名航运和船务公司进驻玉环，推动玉环以港口物流为重点的现代物流业融入国际物流体系，加快与先进水平接轨。

2）加大对台开发开放试点

以浙江省对台经济合作先行区为目标，重点打造“四大台资集聚区”。以沿海产业带为平台，承接台湾“第三次西进”投资热潮，打造省级台商投资集中区；以海峡两岸（玉环）商品交易物流中心获批为契机，加大招商引资力度，积极打造区域性两岸商品交易集散地，将其发展成为华东、华南地区台湾商品采购中心和集散地；发挥大麦屿港区建有全国最大的台湾渔轮专用停靠码头并可专门接待台轮和台湾渔民的优势，争取在大麦屿口岸设立台湾渔业合作基地，允许基地内的台湾远洋渔船享受大陆远洋渔船自捕鱼免税优惠政策，允许大麦屿口岸渔船鱼货易货交易，允许台湾渔船水产品实行加工贸易业务，促进对台贸易双向交易；争取设立乐清湾-台湾农业合作基地，引进大资本、新技术、管理和营销经验，带动产业化、现代化的发展，为浙江省建立农村合作组织与台湾农会的合作交流探索新平台。

3）加强海洋生态环境与资源保护

加强海洋污染防治。严格控制陆源污染物排海，陆源污染物排放必须达标。逐步实施重点海域污染物排海总量控制制度，“十二五”末，以海洋环境容量为基础的控制排污总量的海湾数达到98%。改善近岸海域环境质量，重点治理和保护河口、海湾及城市附近海域。加强入海江河的水环境治理，减少入海污染物。限期整治和关闭污染严重的入海排污口、废物倾倒区，严格限制重金属、有毒物质和难以降解污染物的排放。

4）保护和修复海洋生态环境

开展海草床、河口、滨海湿地、岛礁等特殊海洋生态系及其生物多样性的调查、研究与保护，加强现有海洋自然保护区的保护能力建设。到“十二五”末，滨海自然湿地保护率达到75%，海洋保护区覆盖率达到7%。加强环乐清湾、坎门、鸡山等重要生态功能区的修复和治理。加强海洋生态保护及开发利用示范工程建设。严格执行海洋开发利用环境影响评价制度。

5）保护海洋生物资源

控制和压缩近海传统渔业资源捕捞强度，继续实行禁渔区、禁渔期和休渔制度。继续实施增殖放流工程，投放保护性人工鱼礁，扩大放流品种与规模，增殖优质生物资源的种类与数量。加强珍稀濒危物种保护区的建设。

6）合理利用岸线资源

开展海岸调查评价，制定海岸利用与保护规划。深水岸线优先保证重要港口的建设需要。加强对具有特色的海岸自然和人文景观保护。推进沿海防护林建设，严禁非法采砂，加强侵蚀岸段的治理与保护。

（2）优先提升制造业

1）壮大两大支柱产业

汽摩配：依托中国汽车工程研究院浙江分公司、浙江大学台州研究院汽摩配研究所、浙江东南机床研究院和高校（院所）玉环联合研究院等主要创新平台，广泛开展技术和产品开发，加速产品制造向专精强方向转变、产品结构向关键零部件及总成品转变。

水暖阀门：重点支持太阳能厨卫系统、家庭水处理系统、家庭供暖系统、自动智能化水暖阀门、无铅水暖阀门等产品的发展。以中低压铜阀门为基点，向不锈钢制阀门、工业阀门、军工阀门领域拓展。深入建设“中国阀门之都”和“中国阀门出口基地”，打造具有国际竞争力的水暖阀门产销基地。

2）做强两大特色产业

家具：重点推进市场交易平台、雕花技工培训交流平台和家具外观设计中心、家具产品环保监测中心、新材料研发中心与家具物流中心的建设。积极开发可拆装、时尚化、现代化的板式家具，强化“玉环流派”在国内外家具市场中的影响力。培育一批营销网络健全、市场占有率高的知名家具集团。到“十二五”末，具有自主外观专利的家具产品比例达到50%以上，骨干企业全部设立产品设计中心。

眼镜配件：不断推进产品与技术升级，形成眼镜成品制造群体，构筑专业配套协作带，健全国际国内营销网络，建成我国较高专业制造水平、较大规模的眼镜配件产销基地。提高行业集中度，彰显特色。到“十二五”末，中高档产品、高附加值产品、技术密集型和新材料产品比重达到50%。

3）培育两大新兴产业

机床行业：建设机床装备产业园区，引导机床产业链向园区集聚。加快实现从中小型数控机床领域向大中型、重型、高端机床领域拓展，从单纯的数控机床制造向研发设计、市场销售等附加值较高的产业链环节延伸。到“十二五”末，机床产业总产值达到100亿元左右，年均增长速度达到16%左右；形成省级以上著名商标或名牌产品5个以上。

医疗器械：加快产业结构转型升级，重点开发一体式输液器和两件套注射器；加大技术创新，推进科研机构深度合作，整合无菌医疗器械自动化装备产业，逐步从单机自动组装向分段组合、一体化自动组装线发展。依托“中国无菌医疗器械自动化装备制造产业基地”的国字号区域品牌，加快产业集群培育。“十二五”时期，重点扶持3～5家行业代表性的领军企业，培育出3～5家产值规模超过5亿元以上的企业，并有1～2家企业成功上市。

4）构筑工业化发展平台

工业空间布局上以“两带四区”为依托，实行错位发展，即港口产业带、滨海产业带和城关－坎门产业片区、清港－楚门产业片区、机电（黄泥坎）产业片区、高技术及环保（漩门二期）产业片区四大区块。依托港口，向北通过疏港公路和76省道复线及南延段与温岭衔接；向南通过乐清湾跨海大桥（并预留第二通道），打造环乐清湾产业集聚区，主动融入温州都市经济圈。

产业空间整合上采取生产性集聚空间（工业园区）和非生产性集聚空间（办公园区）的“双园集聚”方式。包括家庭工厂的工业企业向工业园区整合集聚，设置入园门槛，促使城市工业有序集聚，设立小企业园集中发展区，逐步淘汰家庭工厂；企业办公、各种生产服务业、金融机构、研发机构、国际国内关联企业的分支机构向办公园区集聚，各自获得集聚经济效益。

产业政策上采取“双轨转型”战略即“制造业结构性转型+非生产性转型”。支持产业共性、关键技术和新技术、新工艺、新材料、新设备的开发和推广应用；立足目前的制造业优势，通过加强品牌建设和技术创新提高工业附加值，提高信息化与工业化的融合度；壮大企业规模，优化资源配置；选择规模大、技术基础好、管理水平高、产品竞争力强的优势企业，培育一批大企业、大集团，使其成为引领本行业经济发展的龙头；积极融入资本市场，加快企业上市和企业债券发行步伐，以资本市场为平台，以上市公司为龙头，实行股权置换、现金购买等形式，促进企业兼并重组；以节能减排和土地节约利用为基准，严格执行工业企业招拍挂、“零地”技改和“入园”门槛，依法逐步淘汰高能耗、高污染和低附加值企业；有序支持劳动密集型产业和低附加值的中小企业到外地投资，发展“飞地”经济。到“十二五”末，全县上市企业总数达到8家，力争达到10家；形成2家销售收入超百亿元的大企业、大集团，10家销售收入超10亿元的“小巨人”企业，200家销售收入超亿元的骨干企业。

（3）大力发展现代服务业

1）优先发展核心服务产业

优化发展海岛休闲旅游业。依托丰富的海岛旅游资源，学习借鉴国内外海岛城市发展旅游业的经验，加快推进玉环（漩门湾）水利风景区、大鹿岛省级风景名胜区、坎门渔都风情旅游区、玉环观光农业园（含世界名柚园）、大雷山森林公园、丫髻山风景名胜区、江岩岛旅游区、龙潭－西青山风景区、古城－石峰山风景区、披山海岛体验旅游区十大旅游景区建设，稳步推进大鹿、茅埏、大青、江岩、南排山、洋屿、鸡山、披山、大横床等岛体验旅游开发，开发休闲度假旅游、商务旅游、海岛古镇旅游、湿地生态旅游和渔都风情旅游五大旅游产品，建设国际游艇俱乐部和滨海休闲旅游基地。进一步开发海上、海岛特别是无居民海岛等滨海旅游资源，把海山乡打造成高档滨海旅游休闲岛。建设一批适应人流、车流增加的配套项目，包括高星级酒店、停车场、交通换乘节点、休闲购物娱乐设施等，提高旅游服务业的综合效益。大力发展富有特色的海岛饮食业，与海岛休闲旅游业、会展业相互匹配、融合发展。打造高星级宾馆、三星级宾馆、经济型宾馆、普通社会旅馆（包括乡村旅社）等多层次、融吃、住、玩、乐于一体的休闲旅游业，满足多样化需求。

重点发展现代物流业。以海峡两岸（玉环）商品交易物流中心获批和对台直航常态化为契机，依托大麦屿深水港口优势，加快专业泊位和通用泊位规划建设，不断完善集疏运体系和信息支撑体系，努力打造港口物流新平台。在加快港口、公路等物流基础设施建设的基础上，加快现代物流重点项目建设。引进和培育第三方、第四方物流企业，开工建设漩门二期物流中心等重点物流项目。加快现代物流信息平台建设，积极吸引物流产业链上游的货运交易、货运咨询、仓储、法律服务、保险、融资等现代服务机构进驻本县。

积极发展商贸流通业。积极发展连锁经营、特许经营、物流配送等现代流通方式和组织形式。通过参股、控股、兼并、收购、特许经营等形式，实现规模扩张，培育一批有实力、有竞争力的骨干流通企业，积极创造条件发展大型购物中心、超级市场、特色连锁等新型业态，初步建成适应全面小康生活要求的现代商业流通体系。

2）鼓励发展新型服务产业

拓展金融服务业。扩大村镇银行试点范围，规范小额贷款公司运行，深化农村资金互助社改革试点，完善农村金融服务体系。积极引进银行、保险、证券、期货、担保等分支机构，优化城区的金融网点布局。建立健全融资保障体制，积极搭建政府、银行和企业之间的常态化沟通平台，加强民间借贷资金的规范和监管以及地方融资平台的规范化建设，完善征信体系，优化金融生态环境，提升金融对经济的支持力度。

加快发展科技信息服务业。加快科技服务平台建设，鼓励中小企业积极运用第三方电子商务服务平台发展有线和无线通信、广电和卫星通讯等传输业务及基于传输网络的增值服务。整合现有网络资源，构建统一的电子政务平台，逐步建立以公民和企业为对象、以网络为基础、多种技术手段相结合的电子政务公共服务体系，推动服务型政府建设。加快开发对产业升级有重大带动作用的高新技术，畅通科技成果转化通道，推进科技服务业全面发展。

着力发展商务服务业。引导发展法律、会计、审计、公证、咨询、评估、广告、策划、调查、就业和劳务中介、经纪代理等中介组织。大力发展研发设计、知识产权、营销策划等服务业。积极发展各类农村合作经济组织，加快培育经纪人队伍。

3）保障民生服务产业

努力提升社区服务业。健全社区服务组织，开发社区就业岗位，培植社区服务骨干企业，加强服务企业管理，规范社区服务行为，进一步提高社区居民的生活质量，实现居民基本生活服务不出社区。加大社区服务业发展和再就业的资金投入，确保加强城区服务和扩大城市就业各项工作的顺利进行。

全面发展农村服务业。贯彻统筹城乡发展的基本方略，围绕农业生产的产前、产中、产后服务，加快构建和完善以生产销售服务、科技服务、信息服务和金融服务为主体的农村社会化服务体系。搞好农村劳动力培训，提高其素质，结合城镇化建设，积极推进农村富余劳动力实现转移就业。

巩固发展教育卫生服务业。建立适应玉环经济和社会发展需要的教育和卫生服务体系，基本形成功能完善、高效快捷、保障有力的卫生服务、卫生监督和城乡居民医疗保障体系。

4）引导发展机会服务产业

平稳发展房地产业。健全住房保障体系，调整商品房供应结构，增加中低价位、中小户型住房的供应，加快经济适用房、廉租房、限价房建设，优先满足中低收入家庭住房需求。积极引进著名房地产企业，精心打造房产品牌，提升房地产档次，增强楼盘的吸引力。加快旧城改造步伐，继续做好老城区改造升级工作。

培育文化创意产业。充分发挥现有的资源聚合优势，积极发展为产品工艺和包装、企业形象、建筑、服饰、广告以及赛事等提供文化内涵的创意设计业。发扬“面向大众、多出精品”的创业精神，突出抓好戏剧、影视、文学、演艺、书画等一批重点业态，改造提升一批适应时代需求的文化场馆，培育扶持一批具有一定影响力的文化产业企业，鼓励实行规模经营，促进文化市场的多元化发展。

5）建立完善服务业发展机制

强化服务业的政策支持。发挥服务业发展引导资金作用，通过定额补助、贷款贴息、参股等方式，引导服务业的投资方向。加大旅游、文化创意、物流、科技、金融、商务、信息等领域的对外开放，加快发展创业风险投资、研发、设计、知识产权、广告等服务业，大力引进投向基础设施、金融保险、现代物流、旅游、公共交通、文化、教育、医疗、体育、居民服务等服务领域的外资和民资，加快服务业的国际化、民营化进程。按照“搞好试点，稳步推进，扩大范围”的要求，大力推进城区“退二进三”步伐，针对本县服务业发展的重点领域，按照高起点谋划、高标准建设的思路，深入谋划和建设一批对全县服务业发展具有龙头带动作用的项目，充分体现重大项目对服务业发展的支撑作用。

优化服务业空间布局。提升主城区与玉环新城融合度，做大做强城市化平台，扩大服务业发展载体；依托“两翼”开发和建设，积极推进港口物流业和生产性服务业；依托“两区”保护和建设，积极培育海岛休闲旅游业和海洋服务业。建立相对稳定的服务业项目库，加快推进一批现代服务业建设项目；重点推进玉环新城科研大楼、总部经济大楼和大麦屿海峡两岸（玉环）商品交易物流中心等一批生产性服务业项目建设；重点推进玉环新城汽车城、台湾精品街、商业综合体、五星级酒店等一批商贸设施建设；重点推进玉环主城区、玉环新城、楚门小城市等一批商业住宅小区项目建设；重点推进漩门湾湿地公园、漩门湾观光农业园和大鹿岛、江岩岛等一批特色生态旅游项目建设。

(4) 发展生态特色农业

1) 大力发展优势主导产业

按照因地制宜和生态高效的原则，大力推进农业产业结构调整，着力挖掘农业的生产、生活和生态功能，引导和鼓励发展节水、高效、特色、生态农业。依托“中国文旦之乡”，积极开展玉环柚的良种培育，加大投入力度，不断拓宽新空间以广泛种植，并强化黄龙病防治和优质品种推广等工作，不断提升产品品质。巩固发展葡萄、玉橙、盘菜等特色产业。加大宣传推广力度，提升特色农产品品牌知名度，提高农产品的效益。依据市场供求，科学发展养殖业。大力发展农业休闲观光项目，拓展农业旅游功能，加快形成高效生态农业和休闲农业相结合的都市型农业。

2) 推进现代农业园区建设

以发展高效生态农业和观光休闲农业为重点，精心打造港南城郊精细农业发展区和港北高效设施农业发展区两大板块，突出玉环漩门湾省级现代农业综合区这一核心，依托省级主导产业示范区、特色农业精品园和省级粮食功能区、低丘缓坡农业区等载体，重点发展盘菜、文旦等优势产业（表9－8）。

表9－8 “十二五”玉环县现代农业园区建设

现代农业综合区	位置	主导产业示范区	特色农业精品园
玉环漩门湾现代农业综合区	漩门湾沿岸，总面积9 320亩，由苔山塘、楚北塘和楚南塘组成	设立水产养殖、文旦等2个主导产业示范区	设立文旦、梨、脐橙、葡萄、西瓜等特色农业精品园
玉环漩门二期现代农业综合区	玉环漩门二期围垦区	设立水产养殖、葡萄、文旦、盘菜等4个主导产业示范区	设立葡萄、文旦、玉橙、盘菜及其他蔬菜等特色农业精品园

3) 加快发展现代渔业

按照建成浙东南现代化渔业基地的目标，加快渔业结构战略性调整，推进渔农业规模化经营，积极发展渔农业专业合作经济组织，扶持壮大龙头企业，提高渔农业产业化发展水平，带动城乡产业结构整合调整，促进城乡经济一体化。以坎门国家级中心渔港、鸡山一级渔港和大麦屿二级渔港等为依托，建设富有玉环特色的渔港经济区，提高渔港综合经济效益，力争到“十二五”末，全县水产品总产量达到28×10^4t，渔业经济总产出达到42亿元；以国内捕捞和远洋船队为支撑，建设较高水平的海洋捕捞和远洋渔业基地；以水产品交易市场和水产品加工龙头企业为平台，建设区域性的水产品加工贸易基地；以优质高效生态为主攻目标，建设海岛特色海水养殖基地；以渔家乐为主打品牌，建设温台区域海岛型休闲渔业基地；以近海资源养护为重点，建设相关海洋生态修复示范基地；以现代工程技术和生物技术为依托，利用岛礁资源，建设海洋牧场，促进海洋农牧化开发。经过“十二五”时期的发展，基本形成富有玉环特色的现代渔业发展格局。

4）培育农业经营主体

规范农民专业合作社建设。通过强化合作社规范建设，着力促进合作社由数量型扩张向质量型发展；选择一批产业特色强、经营规模大、产品质量优、市场品牌响、示范作用好、带动效应广的农民专业合作社，精心培育和重点扶持，推动其做大做强。培育农业龙头企业。通过资金补助、参股投资和税收优惠等政策，培育一批内联基地、外拓市场、与当地特色农业产业发展结合紧密的农业龙头企业。加快农业经营组织创新体系建设，推广各类产业经营新模式，努力形成“公司＋专业合作社＋农户”、“公司＋基地＋农户”的产业经营新格局，增强农业抵御市场风险能力。

5）完善农业保障体系

加强农业基础设施建设，除险加固水库大坝，建设防洪排涝和农田水利工程，发展避灾型农业，抵御台风、洪涝等自然灾害。创新农技推广模式，加强农资管理和农技队伍建设，培育农业科技创新主体，积极扶持农业科技产业化，培育一批有较强竞争力的农业科技企业。完善农产品质量安全和检测体系，加快农产品产地环境认证、生产技术规范和产品质量安全标准的制定，进一步推进农业标准化生产，大力发展绿色农产品和有机农产品。探索建立农业保险体系，扩大农业政策性保险险种范围，提高主要农业保险险种费率的补贴标准，落实文旦等主要农产品市场风险调节基金。加强农产品现代物流基础设施建设，完善农产品物流配送网络，提高农业整体效益。

9.4 平潭县产业布局

9.4.1 基本概述

（1）地理环境

平潭，俗称“海山”，又名“海坛”，因其主岛在海上远望如坛而得名。岛上最高点——君山，常有岚气迷漫，故平潭又简称为“岚”。平潭县为福建省福州市辖县，地处中国福建省沿海中部，东临台湾海峡，距台湾新竹港仅68海里，是祖国大陆距台湾最近的县份，西临海坛海峡与福清市隔海相望，南近南日岛与莆田市秀屿区隔海相望，北望白犬列岛与长乐市隔海相望。全县辖7个镇、8个乡：潭城镇、苏澳镇、流水镇、澳前镇、北厝镇、平原镇、敖东镇、白青乡、屿头乡、大练乡、芦洋乡、中楼乡、东庠乡、岚城乡、南海乡。共有200个居委会、行政村。至2010年年底，平潭县户籍人口为40.1万人。平潭县位于福建省东部，属于南亚热带海洋性季风气候，冬暖夏凉，湿润温和，霜雪罕见，降雨时节分明。年平均气温为19.4℃，最高气温出现在7—8月，月平均气温为28℃左右；最冷月在1—2月，月平均气温为11℃左右，从未出现过低于零度的极端最低气温。平潭属于福建省少雨区之一，常年平均的年降水量为1 200 mm左右。春雨季（2—4月），占年降水量的26%；梅雨季（5—6月），占36%；台风雨季（7—9月），占26%；少雨季（10月至次年1月），占12%。由于平潭位于海坛海峡和台湾海峡之间，受大陆与台湾岛之间海峡上的“穿堂风”影响，因此，风速大，风向稳定，夏季盛行西南风，其余季节盛行东北风，全县年均风速为4.8 m/s。

平潭素有“千礁岛县”之称，全县由126个岛屿，702座岩礁组成。陆域面积为370.9 km^2，海域面积为6 064 km^2，海岸线长408 km，主岛海坛岛面积为267.13 km^2，为全国第五大岛、福建第一大岛。距福州128 km，东面与台湾省新竹港相距仅68 n mile，是祖国大陆距台湾最近处，成为我国东南海疆对台经贸和人文交往的重要窗口。岛屿南北长29 km，东西宽19 km，面积约为267.13 km^2，海域面积约为60 814 km^2。全岛海岸蜿蜒曲折，岸线长达408 km，其中逾100 km为优质海沙滩，北、东、南面的长江澳、海坛湾、坛南湾三大海滨沙滩，沙质细白，海水清澈湛蓝，而且面积大，相互连接，背后有葱郁的防护林带。海上有岛屿岩礁，组合条件好，湾向性好。该岛以形似坛、兀峙海中得名。岛上海蚀地貌十分典型，有罕见的花岗岩海蚀柱、风动石和球状风化花岗岩等，被誉为“海蚀地貌博物馆”。岛屿地势低平，中部略高，以丘陵，平原为主。岛屿拥有丰富的旅游资源，是我国东南沿海独具特色的兼具避暑度假、游览观赏、运动探险、娱乐休闲等多层次功能的海岛旅游胜地，亚热带季风气候，为国家重点风景名胜区。

（2）自然资源

矿产有花岗岩、石英砂、明矾、黄铁、铜、高岭土矿等，花岗岩储量约为$8\times10^8 m^3$；石英砂储量为10×10^8 t，含硅量高达96%以上。水生动物有鱼、虾、蟹等679种，其中海洋鱼类有242种，海水虾、蟹类有73种，海水软体动物（贝类）有169种，漂游生物有266种。

全县砂地面积82.330 9 km^2。由于波浪、风力的自然分选，颗粒适中，石英晶粒洁白，含硅量为96%，颗粒大小为0.1～0.8 mm，成为电子工业和建筑业的重要原料。全县已探明石英砂储量约为16×10^8 t。主要有两种类型，即咸水砂和淡水砂。咸水砂分布于潮间带的滨海地区，面积为21.188 1 km^2。淡水砂按成因分为海积砂和风积砂两种，风积砂多覆盖在海积砂上部。全县砂矿分布较集中，主要有北部的芦洋埔、东部的流水－龙凤头和南部的七里埔－洋中澳。这三大片砂矿占全县砂矿分布面积的93%以上。

芦洋埔砂矿区：分布于整个芦洋埔平原，东北起于长江口，西南达于海坛海峡，面积为30.23 km^2，占全县砂矿总面积的43.6%。砂矿分布范围广、矿层深、储量大，最深达30 m以上。其厚度：竹屿标准砂厂矿区在10 m左右，中楼砂矿区达12 m，长江澳内侧达35 m。据矿产部门测算，竹屿－长江澳型砂储量为29 928 $\times 10^4$t，竹屿砂区原砂储量为957 $\times 10^4$t，中楼砂区原砂储量为9 232 $\times 10^4$t。

流水－龙凤头砂矿区：分布于流水半岛至潭城镇龙凤头一带，面积为22.3625 km^2，占全县砂区总面积的27.16%。矿区由于延伸范围广，下伏地形及动力环境差别较大，因此厚度与粒度等差别也较大。流水半岛北岸，位于北－北北东主风向上，动力条件强，西段山门前澳两端岬角突出，湾澳较深，有一定的砂质沉积，加上风力作用，内侧风积砂矿的厚度也较大；东段大澳，为侵蚀性红土台地岸，侵蚀明显，沉积较少，砂矿分布断续且厚度小；龙凤头地区沙滩平缓宽阔，潮间带长，砂矿粒径较小，林带前沿分布着高度为1～2 m的砂堤。

七里埔－洋中澳砂矿区：位于海坛岛南部，面积为10.419 6 km^2，占全县砂矿总面积的12.66%。由于潮滩沉积明显，加上朝向东南，受东南风的作用，内侧风积砂矿堆积较快，七里埔淡水砂已延伸至三十六脚湖南岸。洋中澳南段为一连岛砂坝，北段有高度2 m以上的砂堤。

（3）经济与社会发展状况

2008全年生产总值为52.56亿元，增长10.4%；农业总产值为32.42亿元，增长2.4%；财政总收入为2.36亿元，增长21.5%；地方财政收入为1.75亿元，增长25.7%；出口总值完成150万美元，同比下降82.0%；实际利用外资为500万美元，增长11.1%；全社会固定资产投资15.79亿元，增长127.7%；城市居民人均可支配收入为1.3万元，增长22.3%；农民人均纯收入为4 871元，增长为11.3%；居民消费价格总指数为104.3%；人口自然增长率控制在8.0‰以内。

较之2008年，2011年平潭县的经济总量跃上新台阶，实现了“十二五”规划的良好开局。地区生产总值首次突破百亿元大关，达到114.80亿元，比上年同期增长18.3%，增长速度达到年初制定的预期目标，与上年同期比快3.3个百分点，其中：第一产业增加值增长4.0%，第二产业增加值增长60.2%，第三产业增加值增长9.7%，经济结构调整取得新进展，第二产业增长速度加快，增加值占国内生产总值的比例首次超过第一产业2.9个百分点，三次产业结构由上年的29.4∶20.4∶50.2调整到本期的26.2∶29.1∶44.7。财政收入继续保持两位数增长，总收入首次突破10亿元关口，达到10.07亿元，比增39.2%，完成年初目标的100%，一般预算收入完成7.77亿元，比增36.6%，完成年初目标的100%；人民生活水平进一步提高，城镇居民人均可支配收入为22 090元，比增15.0%，农民人均纯收入为7 672元，比增16.5%；居民消费价格指数为105.2%，人口自然增长率为7.6‰，总体经济运行质量进一步提高。

与此同时，平潭县充分利用各类招商平台开展招商活动，在赴港澳参加重大经贸活动中，签约3项总投资5亿美元；在“9·8”投资会上签约项目5项，总投资20.43亿美元；在参加文博会、外企、民企对接洽谈会上，共签约项目14项，总投资338.3亿元。全县累计批准外资21家，合同外资1.738亿美元，实际利用外资1.3亿美元，比上年增长19倍，在高新技术产业、机械制造业、旅游业、现代物流业等产业引资上取得新突破。

在平潭综合实验区开放开发的强力推动下，各项经济建设步伐加快，预计全年完成固定资产投资205亿元，比增322.4%，其中：城镇固投完成165.5亿元，比增411.0%；房地产完成投资38亿元，比增165.1%；农村固投完成1.5亿元，下降17.0%。

同时，平潭县的基础设施建设步伐加快。海峡高速滚装船、平潭海峡高速客运码头建成投入使用，三十六脚湖清淤扩容一期工程已完成，城乡配网一期工程建成投入使用，环岛公路安海澳至山门前段路基工程基本完成，海峡大桥复桥完成水下基础施工，东澳中心渔港主体工程已基本完成；金井作业区、坛西大道、福平大道、闽江调水工程、城乡配网二期工程等项目建设步伐加快，福平高铁、长平高速、一级客运站、10×10^4t自来水厂、竹屿220 kV和官树下110 kV变电站等项目前期工作取得实质性进展，金井湾大道、坛东大道项目年内开工建设。另外，平潭县继续推进城区路网及市政设施建设，万宝路、海坛中路、翠园北路、东环南路道路及市政管网改造建成投入使用，新建公交站台以及龙凤路沿街景观工程；启动了主干道沿街立面改造；实施县城应急调水工程，缓解用水紧张问题；加强环卫设施建设，极大改善了环境卫生状况；启动了森林公园和万宝山、莲花山、西航公园建设的前期工作。新农村建设继续推进，建成澳前农村饮水工程，完成韩厝水库二期除险加固。继续推进农村“家园清洁”行动，购置和建设了垃圾转运设备和垃圾收集系统，配备保洁员、转运工440多人，15个乡镇，183个村通过验收。启动乡镇绿化工程，实施绿化乡镇5个，绿化村40个；实施农村道路通自然村工程，农村广播“村村响”工程，完成中楼、澳前乡镇综合文化站建设，建成农民体育健身工程61个，启动29个“农家书屋”，完成农村电影放映2 400多场，新农村建设取得新的成就。

在建设与发展的同时，生态环境进一步加强。推进以森林为主体的生态建设，全县共完成造林绿化33 145亩，其中退耕租地造林9 232亩，植树1 012万株，平均成活率达到83%，为建设两岸共同家园奠定了更坚实的生态基础。加强环境治理，县污水处理厂二期扩建工程建成投入运行，垃圾焚烧发电厂动工建设，开展对8家规模化养猪场进行污染防治设施建设。着力进行矿山恢复治理，10家石英砂矿区和15家花岗岩矿区已完成生态恢复治理方案设计，两家石英砂矿区完成治理恢复任务，加强矿区综合整治，严禁泛采乱挖。加强水土保持治理，完成水土流失综合治理4处。

平潭县社会保障事业继续发展，社会保障体系更加健全人民生活水平进一步提高。全年新增城镇就业2 300人，下岗失业人员实现再就业170人，“4050”就业困难人员实现再就业49人。城镇登记失业率为2.35%。农村劳动力转移有序推进，对农村贫困劳动力实行免费培训，农村富余劳动力转移就业4 770人。全县参加基本养老保险、城镇基本医疗保险、城镇失业保险、工伤保险分别达到20 100人、54 747人、10 350人、10 000人，分别比上年同期增长1.2%、3.5%、1.5%、9.0%。城镇居民医疗保险得到加强，参保人数达29 899人，比上年增长19.6%。稳步推进新农保试点工作，全县参保人数达17.3万人，参保率达93%，60岁以上老年人100%享受到每人每月80元基础养老金。扎实做好社会救助救济工作，全年城乡居民纳入低保对象10 051户，20 610人，发放低保金2 239.19万元；城乡困难家庭医疗救助工作逐步完善，共有20 598人纳入城乡医疗救助对象，有679人获得医疗救助资金；筹措救灾救济款160万元，帮助3 441户，孤、老、残、幼等受灾群众9 764人度过生活困难。实施保障性住房建设，建设完成72套公租房，新开工196套廉租房、250套公租房的建设。为了适应实验区开发建设的需求，推进岚城、竹园、金井湾、澳前、流水、中原、敖东安置小区的建设，并取得实质性进展。

9.4.2 产业发展概述

（1）农业经济概述

2008年，平潭县加大农业结构调整力度，加快发展现代农业。全年农作物播种面积为1.35×10^4 hm^2，其中粮食播种面积为0.57×10^4 hm^2、产量为2.65×10^4t，与上年持平。重大动物疫病防控工作扎实有效，全县集中免疫率达100%。水产业继续稳步发展，捕养结构进一步优化，水产品总产量为30.86×10^4t，其中，海水养殖产量为16.2×10^4t、增长6.6%，海洋捕捞产量为18.3×10^4t、下降3.0%，捕养结构比例调整为53:47，新增深水抗风浪网箱4组，总数达43组。高优养殖品种不断发展，全县鲍鱼育苗场发展到70家，全年养殖鲍鱼7 100万粒。福建省坛紫菜原种场动工建设；水产品精加工企业发展到9家，全县水产品加工量达7.1×10^4t。完善农村基础设施，建成青峰二级渔港和澳前紫兰、南海北楼两座三级渔港。实施国债沿海防护林更新改造333.33 hm^2。创新生态公益林管护机制，全县森林绿化率达32.9%，投入巨资对三十六脚湖水源地进行治理，建成苏澳、中楼两个自来水扩建工程，完成初级供水工程27处、受益3.2万人。农村家园清洁行动全面推进，农村卫生院提升改造和乡镇综合文化站建设工作有序铺开。实施敖东、澳前、北厝、芦洋4个乡镇农业综合开发项目，完成投资近1 000万元、受益面积400 hm^2 的农田水利设施建设工程；派驻挂职帮扶76个行政村，筛选确定10个行政村作为重点帮扶的先行示范村。

2011年，平潭农业生产稳步发展，农业总产值完成53.18亿元，比增4.1%，完成年计划的113.1%。增速比年初预期目标快4个百分点。由于遭遇特大干旱自然灾害，农业生产受到一定影响，粮食播种面积为8.16万亩，总产量为2.44×10^4 t，下降2.0%；花生播种面积为6.71万亩，总产量为8 845 t，下降2.9%；畜牧业生产保持良好的发展势头，生猪存栏数为77 628头，增长7.0%，出栏数为84 748头，增长9.2%，家禽存栏数为65.2万羽，比上年增长18.7%；肉类总产量完成7 299 t，比增7.4%。渔业生产进一步发展，全县海水养殖面积保持在6万多亩，实施了仙女蛤放流增殖180万粒，全县鲍鱼年育苗量为2亿多粒，海区和工厂化鲍鱼养成达1亿多粒。加快海洋捕捞结构调整，发展近海轻型、节能作业，拓展远洋渔业，在印度尼西亚建立了3个渔业生产基地，全县拥有远洋渔船60多艘，产量超过3×10^4 t，预计全年可完成渔业产量38.1×10^4 t，比增5.6%。

（2）工业经济概述

2008年，平潭县工业总产值首次突破10亿元大关达10.17亿元，其中规模以上工业产值达6.33亿元，增长34.8%。金山工业区平潭园规模以上企业达7家，产值占全县规模以上工业产值的20.1%。规模以上船舶修造、风力发电、砂石加工、水产品加工等产业成为平潭县工业经济的重要支撑，产值占全县规模以上工业产值的57.2%。重点工业项目建设进展顺利，长江澳二期风电10 kW项目，投产（两个多月）发电量达$8\ 800 \times 10^4$ kW·h，实现产值为4 206万元；远大船厂开工建设；金坛康娱橡胶工程材料公司完成部分厂房建设，开始安装设备。

较之2008年，2012年平潭工业总产值完成35.17亿元，增长245.8%。工业建设项目步伐加快，远大、岚海混凝土搅拌站相继建成投产；协力科技、青峰风电项目开工建设，利亚三期、锦荣水产改扩建项目正加快推进；冠捷等一批高新技术产业项目落地，有效提升了平潭县工业发展后劲。工业生产稳步增长，修造船业、食品加工业、风力发电等特色产业呈现较高速度的增长，规模以上工业成为平潭县工业生产的支撑。

（3）第三产业经济概述

2008年，平潭县制定《“万村千乡”市场工程建设规划》和《物流发展规划》，社区小型超市布局逐步完善。房地产业全年商品房销售面积为 $24.19\times10^4 m^2$，增长25.7%。西航路建材一条街格局基本形成。旅游景区综合整治工作通过省建设厅验收，并获国家建设部免检资格；完成石牌洋景区7 000 m^2 停车场的土石方工程和旅游接线水泥路建设；全年来平潭游客超过20万人次，旅游业收入近1亿元。

较之2008年，2011年平潭的旅游基础设施进一步加强，建成龙凤山庄酒店，开工建设会议中心酒店、荣曜国际大酒店、喜来登国际大酒店。旅游业继续保持着强劲增长势头，新增各类旅行社8家，全县共有旅行社17家，全年共接待旅游总人数82万人次，比增55.5%。在旅游业发展的拉动下，社会消费市场健康发展，新增商务酒店20多家，新增床位2 000个，提高了接待能力。加强便民店、农改超以及“菜篮子”工程建设，继续推动家电下乡，全年共销售家电产品26 062件，销售额达6 223.7万元，财政补贴730.2万元，有力地促进市场消费，全年社会消费品零售额预计完成38.25亿元，比增21.5%。房地产业继续保持着稳定发展，商品房销售面积为 $37.78\times10^4 m^2$，比上年略有增长，房地产开发、管理、中介服务增加值仍保持稳定的增长，增加值增长3.6%，金融业、非营利性服务业增加值均呈现两位数的增长，分别增长45.0%、20.5%。

9.4.3 产业发展规划

（1）总体产业发展规划

一方面，结合与台湾的互动计划，依据三次产业划分，突出重点发展的原则；另一方面，积极开展两岸产业合作，引导台湾高新技术产业、现代服务业等高端产业向平潭延伸拓展，加强两岸在关键产业领域和核心技术方面的联合研发，将平潭建设成为综合竞争力强、辐射带动作用大的新兴产业基地，促进海峡西岸经济区及周边地区产业转型升级。规划要求建立平潭综合实验区，同时将产业划分为海洋产业、高新技术产业、服务业和旅游业，并进行了具体规划。具体进度规划如下。

1）开发起步阶段（2009—2012年）

实验区开发的初始阶段。重点加快平潭海峡一桥（含复桥）、渔（溪）平（潭）高速公路、平潭环岛公路、客货滚装码头、岛外（福清）应急调水工程等基础设施和城市污水处理、垃圾处理、度假酒店及旅游景点配套设施建设；加快前期工作步伐，争取早日动工建设平潭海峡二桥、长乐古槐至平潭的长（乐）平（潭）高速、合（肥）福（州）高铁延伸平潭上岛线即福（州）平（潭）高铁等重大基础设施工程。开发起步期内，基础设施显著改善，全方位开放开发的基础设施框架初步形成；两岸合作的特色产业开始起步，生态环境质量及公共服务明显改善。

2）全面开发阶段（2013—2020 年）

实验区开发建设的突破期。力争“十二五”末平潭连接长乐的平潭海峡二桥及长（乐）平（潭）高速、福（州）平（潭）高铁等交通通道、岛外调水工程基本建成，主岛海坛岛的供水、供电等配套基础设施更加完善。这一时期，与台湾经济融合进一步深化，探索两岸合作新模式的示范效应充分显现；以高新科技和现代服务业为主导，布局合理、协调发展、具有特色的两岸合作产业体系基本形成；商务文教、港口经贸、旅游休闲等功能区基本形成，公共服务水平显著提高，生态宜居的新兴海岛城市初具雏形。

3）发展完善阶段（2021—2030 年）

实验区的基本成熟期。经过近 20 年的努力，与台湾经济全面对接、文化深度交流、社会生活高度融合，主要经济社会发展指标达到我国沿海发达地区先进水平；商务文教、港口经贸、旅游休闲区功能更加完善，低碳科技区基本成型；交通便捷、配套设施先进、生态良好、生活舒适的两岸人民共同家园基本建成。

（2）形成海洋产业特色优势

发挥平潭传统产业和资源优势，引进台湾先进技术和理念，积极发展精致农业、海产品深加工、海洋生物科技等现代海洋产业，努力打造海峡西岸海洋经济示范基地。

1）精致农业

鼓励台湾农民特别是中南部农民到平潭投资兴业，发展设施农业、休闲观光农业和海洋渔业。建设平潭水仙花卉栽培园、海峡渔业科技交流园，推进两岸精致农业合作基地建设。

2）海产品加工

引进台湾先进加工技术，加强两岸海产品深加工、冷冻保鲜技术的合作研发，发展海产品精深加工及关联产业，建设成为辐射大陆市场的台湾海产品加工基地和中转集散中心。

3）海洋生物

加强海洋生物技术研发，积极发展海洋生物提取、海洋生物医药及海洋资源综合利用等新兴产业。

（3）加快高新技术产业建设

按照“突出重点，优势互补，高端发展”的要求，积极承接台湾及境外高新技术产业转移，重点发展电子信息、新材料、新能源等产业，建设海峡西岸高新技术产业基地。

1）电子信息产业

重点发展光电、新型显示器件、集成电路设计、汽车电子等产业，培育汽车电子产业基地，增强为福州及周边地区电子信息、汽车产业的整体配套能力。深化开源软件、数字内容等领域对台合作，积极发展软件和信息服务业。

2）新材料产业

重点发展电子信息、纳米技术、高分子新材料等产业，推动新材料产业集聚发展，打造海峡西岸新材料示范基地，促进福州、厦门、泉州等地相关产业结构调整和优化升级。

3）新能源产业

充分利用丰富的风能、潮汐能资源，大力发展海上风电，适度发展陆上风电；加强潮汐能发电研究，推动建立潮汐能发电试验基地；加强新能源领域对台合作，推动建立两岸新能源产业研发基地。

（4）促进现代服务业繁荣发展

以承接台湾现代服务业转移为基础，加快发展现代物流、商贸流通、金融、文化创意、会展等服务业，促进产业结构优化升级，建成依托海西、服务两岸的现代服务业集聚区。

1）现代物流业

积极发展保税物流、保税加工和转口贸易，支持发展低温保鲜物流和第三方物流。加快建设集疏运一体化港口配套设施，提升港口综合服务能力。

2）商贸流通业

吸引台湾企业和大型跨国企业在平潭设立营运总部，重点发展转口贸易、电子商务、商贸服务等，支持设立台湾特色农产品、电子信息产品专卖区及临港物流加工增值区，建设两岸商贸物流中转基地。

3）金融业

支持台湾银行、保险、证券等金融机构在平潭设立经营机构或参股平潭金融企业，鼓励设立两岸合作的中小企业信用担保机构和区域性再担保机构；推动发展对台离岸金融业务，办理新台币与人民币兑换业务，促进两岸资金互通。

4）文化创意产业

规划建设两岸文化产业园，打造两岸文化创意产业合作基地，对接台湾文化创意产业，充分利用两岸文化优势资源，大力发展现代传媒、动漫游戏、设计创意等产业，完善文化创意产业链，提升文化产品附加值。

5）会展业

突出区域性、独特性展览主题，积极引进台湾会展企业，举办多种形式的会议、展览、演出和节庆活动，培育大市场，打造两岸会展业合作示范区。

（5）加强旅游业的两岸合作交流

发挥平潭旅游资源优势，加强两岸旅游合作，推动旅游线路对接延伸，共同打造“海峡旅游”品牌，将平潭建设成为国际知名的海岛旅游休闲目的地。

1）滨海度假

加强规划引导，优化旅游发展布局，加快旅游景点及配套设施建设，重点发展以坛南湾、海坛湾为主的滨海旅游度假区，以石牌洋、仙人井为主的海蚀地貌观光区，以君山、南寨山为主的生态旅游观光区，以长江澳、山岐澳为主的海上运动旅游区，形成区域特色鲜明的滨海旅游格局。

2）文化旅游

保护和挖掘南太平洋岛语族、平潭传统民居等地域特色浓厚的文化遗产，开发具有人文特色的体验式文化旅游产品。加强两岸文化旅游合作，共同举办祭妈祖、海峡音乐节、海峡帆船（板）赛、台湾美食节等特色旅游节庆活动。

3）休闲养生

将健康旅游与养生文化相结合，开发多样化的医疗保健、健康护理、休闲养生等高端旅游产品。建设大型购物中心、游艇俱乐部、台湾精品购物街，打造具有特色的海峡两岸高端休闲养生度假区。

9.5 嵊泗县产业布局

9.5.1 基本概述

（1）嵊泗县总体简介

嵊泗县又称嵊泗列岛，位于杭州湾以东、长江口东南，是浙江省最东部，舟山群岛最北部的一个海岛县，全县海域面积为 8 738 km^2，陆域面积为 86 km^2，是一个典型的海洋大县，陆域小县。嵊泗共由 404 个岛屿组成，其中住人岛屿为 16 个，泗礁岛是最大的岛屿，也是县政府所在地。全县现辖 3 镇 4 乡，2011 年年末户籍人口为 79 034 人。

1）具有独特的区位优势

嵊泗区位处在我国 1.8×10^4 km 海岸线的中心，我国贸易及运输最繁忙的南北海运和长江水运“T”形枢纽点上，扼长江、钱塘江之咽喉，是长江黄金水道连通外海的必经之地和唯一通道，是上海和长三角地区大宗物资江出海、海进江的前沿阵地和桥头堡，是配套上海国际航运中心的核心港区，集“黄金海岸”和“黄金水道”的区位优势于一体。同时，嵊泗背靠沪、杭、甬等大中城市群和长三角辽阔腹地，距上海芦潮港 31 n mile、宁波 75 n mile 和舟山 74 n mile，随着东海大桥的建成，嵊泗已融入上海、杭州两小时经济圈，更有利于接受长三角周边经济发达地区的辐射，对长三角地区经济的发展影响更大，作用也更明显，成为长三角打造亚太地区重要国际门户的前端。

2）拥有极其丰富的海洋资源

港口资源方面。港口资源得港独优，嵊泗是宁波 - 舟山港的重要组合港，主要有洋山港区、泗礁港区和绿华山港区。目前建设开发了 5 大港口项目：上海国际航运中心洋山深水港、上海宝钢集团马迹山矿砂中转码头、绿华散货减载平台、上海液化天然气（LNG）接收站、洋山申港石油储运基地。2011 年全县港口货物吞吐量有 8 810. 1 $\times 10^4$t，比上年增长 9. 9%，占舟山港的 33. 8%。嵊泗港域航道畅通，港池宽阔，锚泊避风条件优越，国际航道横贯其中，上海港至外洋的国际航道均从嵊泗穿过。三大港区的进港航道直接与国际航道贯通，进港航道水深在 -20 m 以上，25 ~ 30 万吨级船舶可全天候进出港口。全县拥有港口码头泊位 51 个，其中生产性泊位有 48 个，万吨级以上的深水泊位有 9 个。港池受群岛环抱，水深浪小，不淤不冻，建港条件十分优越，是建设大宗散货中转港的理想港址，是发展江海联运，对接长江黄金水道的最佳平台。

海洋旅游资源方面。旅游资源得景独秀，嵊泗是全国唯一的国家级列岛风景名胜区，素有“海上仙山”的美誉，具有“碧海奇礁、金沙渔火”等原生态旅游特点，已被认定的风景点有 50 多处。人文景观众多，渔乡风情浓郁，境内有被誉为南方北戴河的基湖沙滩景区、远东第一灯塔——花鸟灯塔、明朝将领侯继高题书的“山海奇观”摩崖石刻、唐代高僧鉴真东渡遗址等众多自然和人文景点。整个风景区西起大小洋山，南至白节山，北达花鸟岛，东至我国领海基点的海礁，东西长达 106. 6 km，南北宽 26 km，总面积为 37. 35 km^2，划分为四个景区：以碧海金沙、礼佛朝圣为特色的泗礁景区、以远东第一大灯塔——花鸟灯塔和雾岛为特色的花绿景区、以渔港、海崖和民俗为特色的嵊山景区、以幻石灵礁和现代港桥为特色的洋山景区。共有景点 102 个，在 74 个自然景源和 28 个人文景源中，其中：特级景源 1 个、一级景源 9 个、二级景源 31 个、三级景源 61 个。嵊泗属于北亚热带海洋性季风气候，冬无严寒，夏无酷暑，日照充足，年均日照达 2 118. 2 h，东部海域常年蔚蓝浩淼，是国内外游客最理想的风景旅游、避暑疗养胜地。2011 年共接待国内外游客 223. 30 万人次，实现旅游收入 20. 0 亿元，分别比上年增长 18. 3% 和 24. 2%。

渔业资源方面。渔业资源得渔独丰，嵊泗是全国十大重点渔业县之一，地处著名的舟山渔场中心，水产品资源丰富，被称为“东海鱼仓”和“海上牧场”，盛产带鱼、大小黄鱼、墨鱼、鳗鱼、鳓鱼和蟹、虾、贝、藻等 500 多种海洋生物，拥有全省最大的贻贝产业化基地和深水网箱养殖基地，是宁波、上海及长三角地区鲜活水产品供应基地。2011 年水产品总产量为 28.31×10^4 t，比上年减少 6.0%，其中海洋捕捞产量为 23.49×10^4 t，比上年增长 6.1%。

岛礁资源方面。嵊泗岛礁资源丰富，8 738 km^2 海域内岛屿耸立，礁岩星罗棋布各岛系天台山主脉延伸入海而形成的岛屿，以东到西依次为海礁、浪岗山列岛、马鞍列岛、泗礁诸岛、大小戢山和滩浒诸岛。面积在 500 m^2 以上的岛屿 404 个，岛屿分布在西部洋山片 91 个、中部泗礁片 180 个、东部嵊山片 133 个，具有独特的旅游开发和海洋生态系统保护价值。

（2）嵊泗县地理概况简介

嵊泗县位于杭州湾以东，长江口东南，即 30°24′—31°04′N、121°30′—123°25′E 之间，是浙江省最东部、舟山群岛最北部的海岛县。县境西起滩浒黄盘山，与上海金山卫相望；东至童岛（海礁）的泰礁；北迄花鸟岛，连接佘山洋；南到浪岗的南北澎礁、马鞍山－白节山一线，与岱山县大衢岛隔水为邻。东西长 180 km，南北距 23～91 km，海陆总面积为 8 824 km^2，其中陆域面积为 86 km^2，海域面积为 8 738 km^2，分别占总面积的 0.97% 和 99.03%，故有“一分岛礁九九海”之说。

嵊泗居于东海北端，是沪、杭、甬的东大门和天然屏障，历来是军事要塞，又是国际海轮进出长江口的必经之道。嵊泗距上海市 146.31 km，与长江三角洲各地区特别是上海市有着密切的联系，特殊的区位优势是嵊泗经济和社会发展的重要条件。

（3）嵊泗县居民收入及消费情况简介

1）收入

2000—2012 年，人民生活水平逐步提高（表 9－9）。2011 年，城镇职工年均工资为 44 583 元，比 2000 年增长 2.8 倍；城镇居民人均可支配收入为 26 521 元，比 2000 年增长 1.87 倍；渔农村居民人均纯收入为 15 899 元，比 2000 年增长 1.9 倍；城乡居民储蓄余额为 25.21 亿元。城乡居民收入差距由上年的 1.75∶1 缩小为 1.67∶1。

2012 年全年嵊泗县城居民人均可支配收入为 30 185 元，比上年增长 13.8%，扣除价格因素，实际增长 9.2%。从县城居民收入构成来看，工薪收入、经营性净收入、财产性收入、转移性收入均呈增长态势，分别比上年增长 10.7%、7.8%、13.9% 和 19.1%。渔农村居民人均纯收入为 17 832 元，比上年增长 13.1%，扣除价格因素，实际增长 10.0%。

表 9－9　2000—2012 年嵊泗县城乡居民收支情况　　单位：元

年份	城镇居民		渔农村居民	
	人均可支配收入	人均消费支出	人均纯收入	人均消费支出
2000	9 221	5 798	5 310	4 056
2001	10 544	6 833	5 376	3 383
2002	10 910	7 253	5 404	4 530
2003	11 713	7 775	5 462	4 587
2004	13 075	8 982	6 372	4 977
2005	14 577	10 357	7 056	6 411
2006	16 442	11 065	8 152	6 849
2007	18 428	12 177	9 505	7 216
2008	19 344	13 438	11 045	7 552
2009	21 487	15 280	12 018	8 230
2010	23 628	16 066	13 486	9 200
2011	26 521	18 152	15 899	11 194
2012	30 185	20 144	17 832	11 940

数据来源：嵊泗县统计局。

2）消费

2011 年县城居民人均消费支出 18 152 元，比上年增长 13.0%；渔农村居民人均生活消费支出 11194 元，增长 15.7%。城乡居民家庭恩格尔系数分别为 37.9% 和 45.5%。县城居民人均住房使用面积为 28.49 m^2，保持上年水平；渔农村居民人均住房面积为 43 m^2，比上年增长 0.2%。

2012 年嵊泗县城居民人均消费支出 20 144 元，比上年增长 11.0%；渔农村居民人均生活消费支出 11 940 元，增长 6.7%。城乡居民恩格尔系数分别为 37.9% 和 47.0%。县城居民人均住房使用面积为 28.49 m^2，渔农村居民人均住房面积为 43.00 m^2，均与上年持平。

9.5.2　产业发展概述

(1) 经济总量

初步核算，全年全县实现地区生产总值 65.91 亿元，按可比价格计算，比上年增长 11.0%，2008—2012 年 5 年年均增长 3.9%（图 9－8）。其中，第一产业增加值为 16.09 亿元，第二产业增加值为 9.99 亿元，第三产业增加值为 39.84

亿元，分别比上年增长 8.0%、34.2% 和 7.0%。三次产业结构比例由上年的 25.2∶13.6∶61.2 调整为 24.4∶15.2∶60.4。按户籍人口计算，人均地区生产总值达到 83 608 元，按年末汇率折合 13 415 美元。全年海洋经济总产出为 119.97 亿元，海洋经济增加值为 52.26 亿元，分别比上年增长 16.9% 和 15.3%。海洋经济增加值占国内生产总值的比重达到 79.3%。

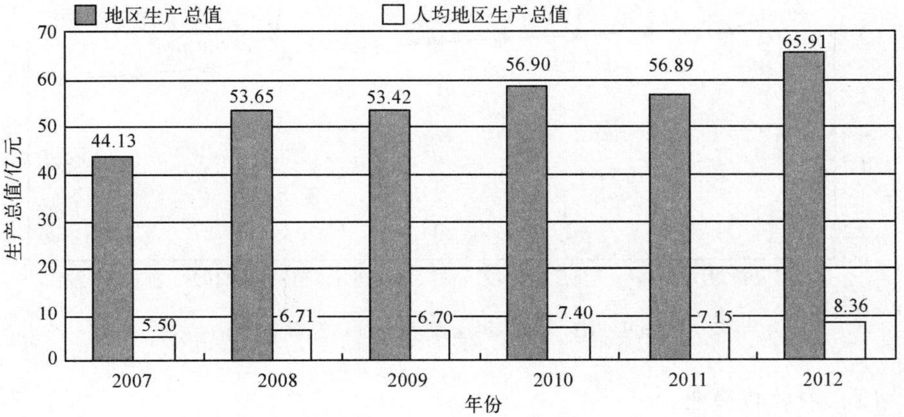

图 9－8　2007—2012 年地区生产总值及人均地区生产总值

全年实现一般预算财政总收入为 5.89 亿元，比上年增长 8.2%；公共财政预算收入为 4.86 亿元，比上年增长 11.2%（图 9－9）。主要税种二增二减：增值税为 0.13 亿元，增长 0.6%；营业税为 1.66 亿元，增长 16.9%；企业所得税为 0.32 亿元，减少 5.8%；个人所得税为 0.11 亿元，减少 4.9%。全年公共财政预算支出 14.27 亿元，比上年减少 12.8%，但与民生息息相关的教育、社会保障和就业、公共安全、科学技术和文化体育及传媒支出分别增长 43.3%、14.3%、10.9%、9.2% 和 9.1%。

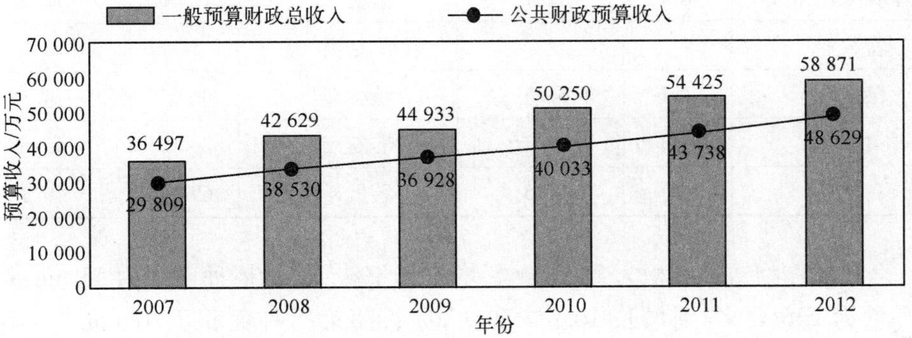

图 9－9　2007—2012 年一般预算财政收入和公共财政预算收入

居民消费价格指数比上年上涨2.8%，涨幅回落2.9个百分点（图9－10）。其中服务项目价格同比下降0.2%，消费品价格上涨3.8%，涨幅分别回落3.5个百分点和2.6个百分点。食品类仍是价格上涨的主力，比上年上涨5.1%，但涨幅回落6.6个百分点。

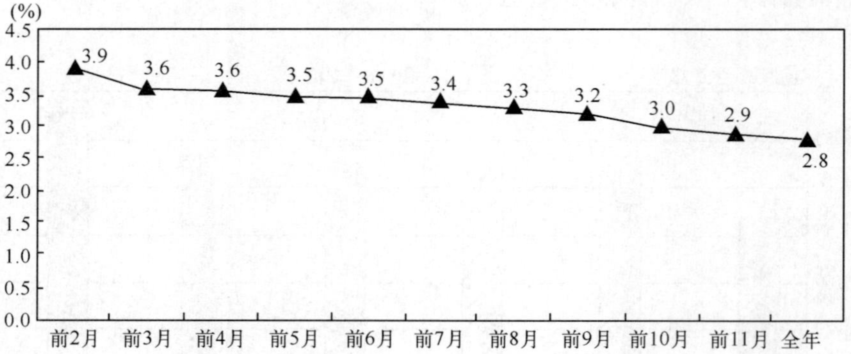

图9－10　2012年居民消费价格涨跌幅度

(2) 农林牧渔业

全年实现农林牧渔业总产值为26.66亿元，比上年增长12.0%。其中渔业总产值为26.35亿元，增长11.7%；种植业总产值为1 414万元，增长11.7%（表9－10）；林业总产值为55万元，增长22.2%；畜牧业总产值为1 408万元，增长64.9%。

表9－10　2012年农牧渔业主要产品产量

产品分类	产量	比上年（%）	产品分类	产量	比上年（%）
一、农产品			三、水产品		
粮食/t	246	9.3	捕捞产量/t	228 185	－2.9
蔬菜/t	2 980	2.8	虾类/t	20 174	7.9
水果及果用瓜/t	180	－47.1	蟹类/t	12 106	22.2
二、畜牧业			头足类/t	8 772	－15.4
猪肉/t	737	68.3	鱼类/t	186 618	－4.3
禽肉/t	50	66.7	养殖产量/t	70 125	45.6
禽蛋/t	29	11.5	贻贝/t	69 644	46.2

全年农作物播种面积为240 hm^2，增长0.8%。粮食播种面积为55 hm^2，粮食产量为246 t，分别增长10.0%和9.3%；蔬菜播种面积为184 hm^2，增长2.2%，蔬菜产量为2 980 t，增长2.8%；水果及果用瓜产量为180 t，减少47.1%。全年生猪出栏10 524头，增长68.1%。家禽出栏2.73万只，增长

80.8%。全年肉类产量为795 t，增长66.0%，其中猪肉产量为737 t，增长68.3%；禽肉产量为50 t，增长66.7%；禽蛋产量为29 t，增长11.5%。

全年水产品总产量为29.83 $\times 10^4$t，比上年增长5.4%，其中海洋捕捞产量为22.82 $\times 10^4$t，比上年减少2.9%；实现捕捞产值25.08亿元，比上年增长11.8%。分品种看，蟹类、虾类产量为1.21 $\times 10^4$t、2.02 $\times 10^4$t，分别增长22.2%和7.9%；而鱼类和头足类产量为18.66 $\times 10^4$t、0.88 $\times 10^4$t，分别下降4.3%和15.4%。年末共有远洋渔船4艘，全年远洋渔业产量为600 t，比上年减产52.0%；实现远洋渔业产值510万元，比上年减少68.8%。

2012年年末全县拥有养殖专业合作社30家，深水网箱养殖企业有3家。全县海水养殖面积为2.22万亩、海水养殖产量为7.01 $\times 10^4$t、海水养殖产值为1.27亿元。其中，贻贝养殖面积为1.62万亩，实现贻贝养殖产量为6.96 $\times 10^4$t，贻贝养殖产值为1.08亿元，分别比上年增长46.2%和13.7%。养殖品种实现多元化格局，积极引进鲍鱼、脉红螺、半滑舌鳎、美国鲥鱼、海湾扇贝等多品种进行试养，生长状况良好。继续开展渔业增殖放流，全年投入资金100万元放流黑鲷、等边浅蛤等各类苗种5 307万尾（只、粒）。积极出台《浙江嵊泗马鞍列岛海洋特别区岛礁资源管理暂行办法》及实施细则，严格执行《嵊泗县海钓管理暂行办法》，进一步加大海洋资源保护力度。

2012年年末拥有各种机动渔船2 548艘，其中，捕捞渔船为1 874艘，养殖渔船为435艘。渔船总吨位为13.49 $\times 10^4$t，总功率为23.55 $\times 10^4$ kW，分别比上年增长3.4%和1.8%。各类钢质渔船为1 051艘，比上年减少3.0%，功率在184 kW以上的有823艘，比上年增长13.2%。

(3) 工业和建筑业

全年全县实现工业总产值为21.27亿元，比上年增长6.3%。其中，规模以上工业实现总产值为6.21亿元，同比增长15.2%；规模以下工业实现总产值为15.06亿元，同比增长3.0%。分行业看，水产品加工、电力生产供应业、船舶工业、纺织服装四大行业实现工业总产值为11.36亿元、2.52亿元、0.19亿元和0.06亿元，同比分别增长10.7%、5.2%、100.8%和8.2%，而机械制造业和石材开采业实现工业总产值为0.66亿元和2.58亿元，与上年相比分别下降1.9%和1.8%。个私工业增长迅速，全年实现总产值为15.60亿元，增长6.2%。全县工业销售产值为18.78亿元，同比增长9.1%，全年产销率93.9%。

全县规模以上工业企业实现主营业务收入为6.35亿元，比2011年增长13.2%；实现利税总额为5 674万元，增长0.5%；利润总额为2 360万元，下降10.3%。列入市考核的十一项经济效益考核指标综合考评得分为242.12分，比2011年提高5.77分（图9－11）。

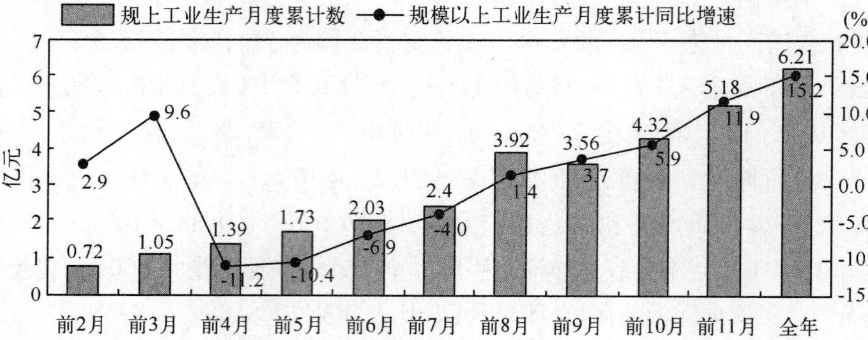

图 9－11　2012 年规模以上工业生产月度累计发展走势

2012 年年末全县具有资质等级的总承包和专业承包建筑业企业 6 家，期末从业人员为 2 590 人。全年建筑业实现总产值为 25 287 万元，上交税金 814 万元。建筑施工房屋面积为 $24.15\times10^4 m^2$，比上年下降 11.9%；房屋竣工面积为 $11.28\times10^4 m^2$，比 2011 年上升 1.3 倍，其中住宅竣工面积为 $6.36\times10^4 m^2$，同比上升 56.7%。

（4）固定资产投资和房地产业

全年全县完成固定资产投资额 35.04 亿元，比 2011 年增长 48.1%。其中，建筑安装工程投资额达 28.24 亿元，同比增长 67.2%，占全县投资总额的比重由上年的 71.4% 上升到 80.6%。

在全社会固定资产投资额中，第一产业完成投资 3.41 亿元，同比增长 15.3 倍；第二产业完成投资 3.07 亿元，同比增长 21.6%；以交通、港口建设为重点的第三产业完成投资 28.56 亿元，同比增长 36.5%。其中，交通运输邮政业投资额为 19.53 亿元，增长 19.0%，占全社会投资总额的比重为 55.7%（图 9－12）。

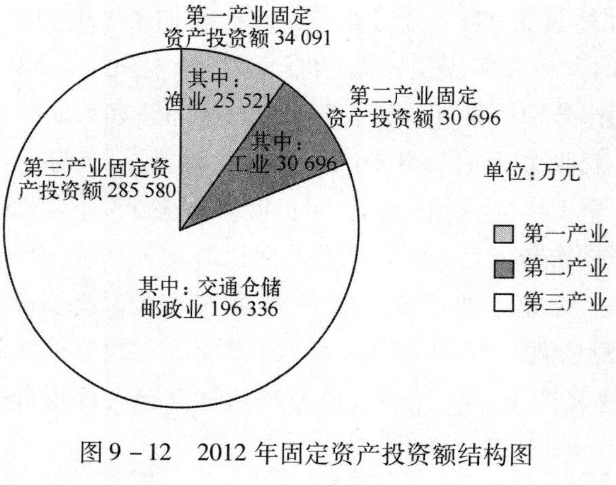

图 9－12　2012 年固定资产投资额结构图

全年房地产开发投资 8 239 万元，比 2011 年增长 28.6%。房屋施工面积 $5.41\times10^4 m^2$，下降 13.9%；商品房销售面积为 $2.65\times10^4 m^2$，上升 3.7 倍；商品房销售额为 12 453 万元，上升 2.0 倍；商品房待售面积为 $1.91\times10^4 m^2$，下降 38.3%，其中待售住宅面积为 $0.89\times10^4 m^2$，与去年持平。

（5）交通、港口和邮电业

全年交通运输、仓储和邮政业实现增加值为 13.24 亿元，按可比价计算，比 2011 年增长 7.7%。全县水、陆货运量为 $1\ 980.07\times10^4 t$，比 2011 年增长 13.2%；水、陆货物周转量为 110.67×10^8 t·km，比上年增长 16.1%；水、陆客运量为 472.60 万人，比上年增长 4.5%；水、陆旅客周转量为 1.23 亿人 km，比上年增长 8.7%。海运运力规模不断扩大，2012 年年末全县海运企业 23 家，拥有各种海运船只 142 艘，总吨位为 $29.29\times10^4 t$，净载重量为 $45.26\times10^4 t$，总功率为 10.93×10^4 kW，载客量为 5 342 客位，集装箱标准箱位为 1 242 TEU。年末全县机动车辆保有量为 6 030 辆，其中营运性车辆为 638 辆，非营运性车辆为 5 392 辆。

全年全县港口货物吞吐量为 $9\ 249.57\times10^4 t$，比 2011 年增长 5.0%，占舟山港货物吞吐量的 31.8%。其中马迹山港货物吞吐量为 $6\ 128.17\times10^4 t$，增长 0.2%；绿华港货物吞吐量为 $2\ 326.38\times10^4 t$，增长 21.5%；洋山申港货物吞吐量为 $361.68\times10^4 t$，增长 10.6%。2012 年年末，全县拥有港口泊位有 48 个，其中生产性泊位有 39 个，万吨级以上的深水泊位有 9 个。

全年邮电业务收入 9 854.72 万元，比上年增长 5.3%。年末本地电话用户为 3.26 万户，城乡移动电话用户为 9.66 万户，其中 3G 用户为 1.62 万户。年末全县宽带接入用户 1.85 万户，比上年增长 15.6%；移动互联网用户数（移动上网卡 + 手机上网）为 4.82 万户；完成国际、国内邮政特快专递 1.95 万件；全年订销报刊累计 205.42 万份，报刊流转额为 229.63 万元，分别比上年增长 2.7% 和 3.9%。

（6）消费、进出口和旅游

全年全社会消费品零售总额为 20.00 亿元，比上年增长 15.9%（图 9 – 13）。分行业看，批发和零售业零售额为 17.87 亿元，增长 16.0%；住宿和餐饮业零售额为 2.13 亿元，增长 15.4%。分城乡看，城镇实现社会消费品零售额为 14.45 亿元，比 2011 年增长 15.6%；乡村实现消费品零售额为 5.54 亿元，比 2011 年增长 16.8%。全年限额以上批发零售贸易业商品销售额为 14.26 亿元，比 2011 年减少 1.4%；其中石油及石油制品类销售额为 11.78 亿元，比上年减少 2.6%。

2012 年年末全县拥有各类商品交易市场 14 个，全年商品交易市场实现成交额为 42 857 万元，比上年增长 35.1%。成交品种丰富，其中粮食类成交额为 984 万元；油脂油料类成交量为 878 t，成交额为 784 万元；肉食禽蛋类成交量为

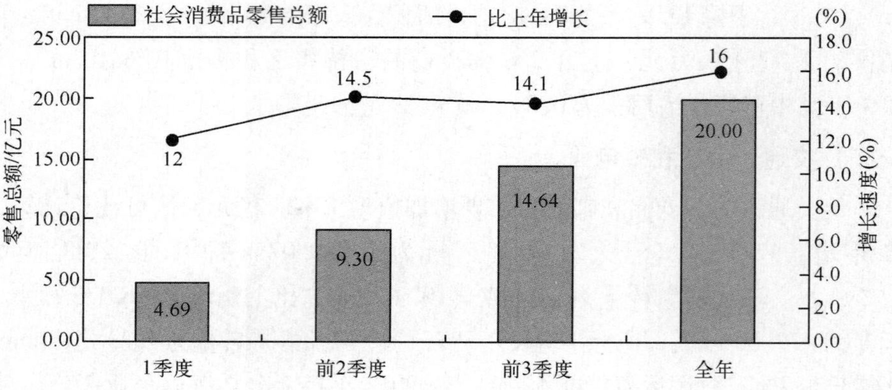

图 9－13　2012 年全社会消费品零售总额及其增长速度

3 385 t，成交额为 7 187 万元；水产品类成交量为 11 634 t，成交额为 24 240 万元；蔬菜类成交量为 11 082 t，成交额为 5 740 万元；干鲜果类成交量为 2 421 t，成交额为 1 553 万元。

全年完成外贸进出口总额为 14.48 亿美元，比上年减少 7.1%，其中进口总额为 11.66 亿美元，减少 6.0%；出口总额为 2.82 亿美元，减少 11.5%。全年油品类进口量和进口额为 160.19 $\times 10^4$t 和 11.7 亿美元，分别减少 5.2% 和 6.0%；油品类出口量和出口额为 28.69 $\times 10^4$t 和 2.74 亿美元，分别减少 12.3% 和 11.9%；水产品出口总额为 0.06 亿美元，增加 13.7%。

全年全县新引进项目 5 个（物流项目 1 个、旅游项目 1 个、工业项目 1 个、养殖项目 1 个、综合项目 1 个），增资项目 1 个，合同利用市外内资为 6.31 亿元，实际利用市外内资为 4.52 亿元。全年合同利用外资为 800 万美元，实际利用外资为 100 万美元。

2012 年年末全县拥有旅行社 17 家，限额以上的住宿餐饮业 5 家。限额以上的住宿餐饮业实现客房收入 10 362.10 万元，比上年增长 23.5%；限额以上的住宿业客房入住率为 34.2%。渔家乐、渔家宾馆蓬勃发展，2012 年年末全县共有渔家乐宾馆 440 家、房间 4 949 间，床位 9 878 张。全年共接待国内外游客 270.20 万人次，实现旅游收入 25.47 亿元，分别比上年增长 21.0% 和 27.8%，增速均为全市第一。

（7）金融和保险业

2012 年年末全县金融机构各项存款余额为 63.85 亿元，比上年末减少 6.6%，其中城乡居民储蓄存款余额为 29.02 亿元，增长 15.1%。各项贷款余额为 38.46 亿元，比上年末减少 1.9%，其中短期贷款为 24.22 亿元，增长 15.7%；

中长期贷款为14.19亿元，减少22.3%。

全年保险公司保费收入9 421.43万元，比上年减少3.6%，其中财产险保费收入3 646.14万元，减少1.8%；人身险保费收入5 775.29万元，减少4.6%。全年赔款支出1 754.54万元，比上年减少8.3%，其中财产险支出1 440.61万元，减少1.5%；人身险支出313.93万元，减少30.3%；给付支出1 483.82万元，增长1.1倍。

(8) 人口、人民生活与社会保障

全县现有3镇、4乡，8个居民委员会，38个村民委员会。2012年年末，全县总户数为30 428户，户籍总人口为78 630人，其中非农业人口为34 350人，占总人口的43.68%。在总人口中，男性为38 454人，占48.9%；女性为40 176人，占51.1%。全年出生人口为383人，出生率4.90‰；死亡人口为633人，死亡率8.05‰；人口继续负增长，自然增长率为-3.18‰（图9-14）。全县迁入人口509人，迁出人口663人，机械增长率为-1.96‰。继续稳定低生育水平，2012年全县计划生育率为99.55%。

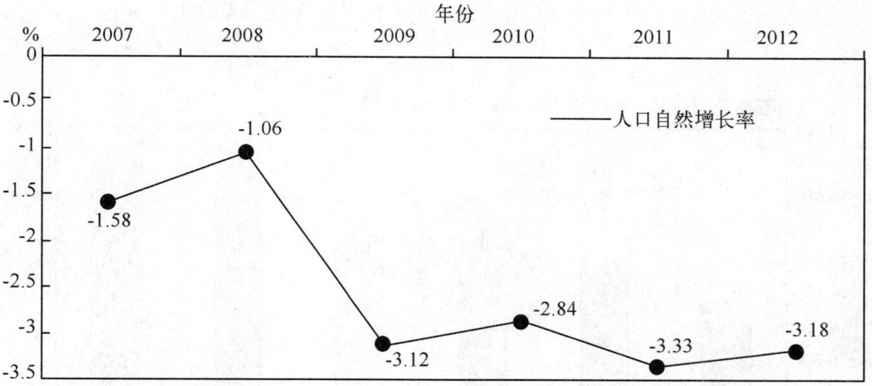

图9-14　2007—2012年全县人口自然增长率变化图

全年新增就业人数1 514人，帮助465名下岗失业人员实现再就业，其中解决就业困难人员281人，年末城镇登记失业率为2.96%。年内共有1 950名渔农民接受培训，新增渔农村劳动力转移就业656人。年末从事第一产业的渔农村从业人员为12 932人，比上年增加412人；从事第二、三产业的渔农村从业人员为14 127人，比上年减少332人，占全部渔农村从业人员的比重为52.2%。

全年县城居民人均可支配收入为30 185元，比上年增长13.8%（图9-15），扣除价格因素，实际增长9.2%。从县城居民收入构成来看，工薪收入、经营性净收入、财产性收入、转移性收入均呈增长态势，分别比上年增长10.7%、7.8%、13.9%和19.1%。渔农村居民人均纯收入为17 832元，比上年增长 13.1%，扣除价格因素，实际增长 10.0%。县城居民人均消费支出 20 144 元，比上年增长 11.0%；渔农村居民人均生活消费支出 11 940 元，增长 6.7%（图 9－16）。城乡居民恩格尔系数分别为 37.9% 和 47.0%。县城居民人均住房使用面积为 28.49 m^2，渔农村居民人均住房面积为 43.00 m^2，均与上年持平。

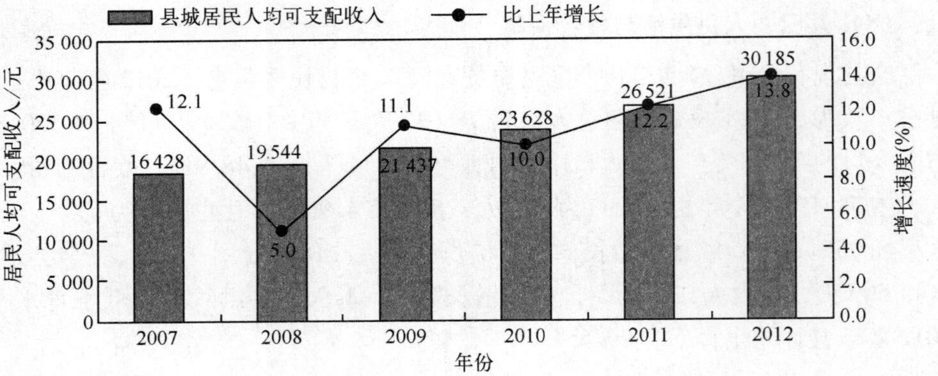

图 9－15　2007—2012 年县城居民人均可支配收入及其增长速度

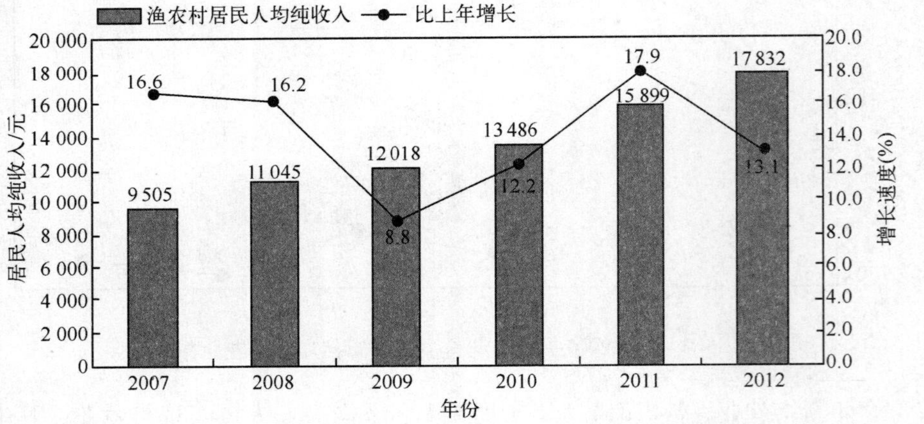

图 9－16　2007—2012 年渔农村居民人均可支配收入及其增长速度

年末全县共有低保户 725 户，低保对象为 1 252 人，其中城镇低保对象为 215 户、370 人，渔农村低保对象为 510 户、882 人。全县共有敬老院 5 所，社会福利院 1 所，光荣院 1 所，共有床位 264 张，收养 106 人。年末农村“五保”和城镇“三无”对象集中供养率分别达到 97.0% 和 100.0%。

9.5.3 产业发展规划

(1)“十一五”期间嵊泗县产业发展成果回顾

“十一五”时期是嵊泗发展史上极不平凡的5年，全县人民在县委、县政府的正确领导下，认真学习实践科学发展观，紧紧围绕“建设现代化港口旅游城市”总目标，深入实施“以港兴县、以旅活县、以渔稳县”总战略，努力推进海洋经济强县、海洋文化强县、海洋生态强县和“东海明珠、中国第一岛城”建设，圆满完成了“十一五”规划纲要确定的主要目标任务，为“十二五”经济和社会大开放、大开发、大发展奠定了坚实基础（表9-11）。

表9-11 嵊泗县“十一五”规划主要指标完成情况

指标属性	指标名称	单位	2005年基数	实际完成情况		“十一五”规划目标	
				2010年	年均增速（%）	目标值	年均增速（%）
预期性指标	地区生产总值	亿元	32.22	67.39	13.8	68	13
	人均地区生产总值	美元	4 887	12 789	19.1	10 000	—
	三次产业结构比例	%	21:43:36	17:47:36	—	13:37:50	—
	水产品总产量	$\times 10^4$ t	25.31	30.1	3.5	25	持平
	渔业总产值	亿元	12.33	19.48	10	12	持平
	工业总产值	亿元	24.13	63.04	21.2	59.7	20
	累计全社会固定资产投资	亿元	130.15	405.45	—	200	—
	社会消费品零售额	亿元	7.9	14.78	13.4	14.3	12
	地方外贸进出口总额	万美元	613	74 347	1.6倍	1 000	10
	其中：外贸进口	万美元	—	53 029	—	—	—
	外贸出口	万美元	613	21 318	1.0倍	1 000	10
	财政总收入	亿元	2.34	5.03	16.5	4.6	14.5
	地方财政收入	亿元	1.81	4	17.2	3.5	14
	旅游接待人数	万人次	89	188.3	16.1	178	15
	旅游总收入	亿元	5.2	12.38	18.8	10.4	15
	港口货物吞吐量	$\times 10^4$ t	3 442	8 018	18.4	—	—
	县城居民人均可支配收入	元	14 577	23 628	10.1	23 600	10
	农村居民人均纯收入	元	7 056	13 486	13.8	11 360	10
	城市化水平	%	—	69	—	55	—

续表

指标属性	指标名称	单位	2005 年基数	实际完成情况		"十一五"规划目标	
				2010 年	年均增速（%）	目标值	年均增速（%）
约束性指标	城镇登记失业率	%	4.2	3.29	—	4.5	—
	城镇新增就业人数	人	538	5 年 4 546	—	5 年 4 200	—
	新型农村合作医疗覆盖率	%	81.4	93.3	—	85	—
	万元地区生产总值能耗	吨标准煤/万元	0.7	0.55	-21	0.56	-20
	化学需氧量排放量	t	555	323	-41.8	444	-20
	二氧化硫排放量	t	628	394	-37.26	502	-20

数据来源：嵊泗县统计局。

"十一五"期间，南澳充分发挥"港、景、渔"特色资源优势，产业结构进一步调整优化，经济质量不断提升，城乡居民收入明显提高，综合实力显著增强。2010 年全县实现地区生产总值 67.39 亿元（包括 LNG 工业增加值），年均增长 13.8%，人均国内生产总值达到 84 698 元，折合 12 789 美元。投资对经济拉动作用明显，5 年累计完成全社会固定资产投资 405.45 亿元，比"十五"增长 2.1 倍。财政总收入达 5.03 亿元，其中地方财政收入 4.0 亿元，年均分别增长 16.5% 和 17.2%；县城居民人均可支配收入 23 628 元，渔农村居民人均纯收入 13 486 元，年均分别增长 10.1% 和 13.8%。产业结构进一步调整优化，港口物流、海洋旅游逐步成为主导产业，海洋渔业稳步发展，三次产业结构比例由"十五"末的 21∶43∶36 调整为 17∶47∶36。

2010 年全县实现海洋经济总产出 190.97 亿元，海洋经济增加值 56.17 亿元，占国内生产总值比重达 83.4%。积极发展港口物流，洋山国际深水港一、二、三期、马迹山矿石中转二期、上海液化气一期、洋山申港石油储运一、二期、绿华散货减载平台等重大港口项目相继建成并投入运行，实现货物吞吐量 $8\,018 \times 10^4$ t，年均增长 18.4%，占全市的 36.3%。海运业发展迅速，海运企业 16 家，运力达 29.87 万载重吨，比 2005 年净增 24.33 万载重吨。大力发展海洋旅游，一批旅游景点及配套设施相继投入运营，全县共接待国内外游客 188.30 万人次，实现旅游收入 12.38 亿元，年均分别增长 16.1% 和 18.8%。不断推进捕养结合，实现水产品总产量 30.1×10^4 t，产值 19.48 亿元，年均分别增长 3.5% 和 10%；养殖面积 2.68 万亩，产量 7.96×10^4 t。努力发展临港工业，实现工业总产值 63.04 亿元（包括 LNG 工业产值），年均增长 21.2%；实现外贸进出口 7.43 亿美元，其中进口 5.30 亿美元，出口 2.13 亿美元，取得历史性重大突破。消费品市场继续繁荣稳定，实现全社会消费品零售总额14.78亿元，年均增长13.4%。

（2）当前存在的问题及政策建议

1）*存在的问题*

在嵊泗县经济社会保持较快发展的同时，还面临着一系列问题，亟待在“十二五”时期有效解决。

经济发展后劲有待增强。经济发展对外来投资依赖性较强，内生增长能力较弱。随着宝钢马迹山、小洋山港区、上海液化气等外来投资项目完成，后续的重大项目储备不足，县域经济缺乏有效支撑。“十二五”初期，投资持续增长压力较大，经济可持续发展面临严重挑战。

海洋开发层次有待提升。港口物流、水产品精深加工、船舶修造等临港产业尚处于提升阶段，缺乏龙头企业和较完整产业链。渔业作业结构调整任务艰巨，转产转业空间小，渔民增收难度加大；传统工业缺乏活力，产业转型困难较多；旅游业发展尚处于初级阶段，缺乏不受季节影响的中高端旅游产品以及与周边海岛旅游差异性项目和品牌。

资源要素制约有待缓解。土地资源严重缺乏，人均水资源量远低于全省平均水平，供电能力较为脆弱；海洋科技人才、综合管理人才缺乏，创业创新意识相对薄弱；金融资本利用率较低，中小企业发展缓慢；交通“瓶颈”依然存在，与周边城市联系较为不便，受舟山跨海大桥辐射带动作用较小。

社会事业发展薄弱环节有待解决。城乡统筹公共服务体系建设任务艰巨，社会公共服务均等化程度尚不高；渔农村基础设施建设相对滞后，城乡就业压力依然较大；事关群众切身利益的教育卫生、社会保障、环境保护、安全生产、物价住房、社会救助等民生工作还存在不少薄弱环节，群体上访事件还时有发生，平安嵊泗建设仍需长期推进。

2）*政策建议*

“十二五”期间，全县经济社会发展应充分发挥嵊泗区域和资源优势，全面实施海洋、海岛综合开发，积极拓展海洋经济发展的领域和深度，着力增强经济内生力，把嵊泗县建设成为浙江海洋经济转型升级的示范区。

做强港口物流业。积极拓展港口物流配套服务业，积极寻求浙、沪两省市政府对小洋北侧围垦区、泗礁港区、绿华港区的支持，落实相关配套政策，着力推进集大宗商品交易平台、港口集疏运体系、金融和信息支撑系统“三位一体”的港航服务体系建设。有序推进港口泊位建设，大力发展海洋运输业。积极培育航运龙头企业，拓展一程运输市场，实现专业化、特色化、市场化经营。

做大临港工业。积极培育发展新型临港产业，提升水产品精深加工与贸易业，大力发展修造船及配套产业。加大对海上风能、潮汐能、冷能发电等新能源开发与规划布局研究，加大对海洋生物的科技研究，加快发展贻贝壳综合利用产业，继续发展海水淡化业，扶持发展临港制造业。

做优海洋旅游业。打造列岛型休闲度假旅游基地，建设高端旅游综合体，营造旅游业发展良好环境。进一步巩固和提升嵊泗“国家重点风景名胜区”整体名牌，依托各岛屿景区布局和自然生态风貌，实现嵊泗列岛海洋旅游一体化发展，打响嵊泗旅游品牌。加快旅游项目招商和开发建设，加强与长三角地区各旅游目的地的联动与合作，实现由观光旅游为主向以休闲度假为主的复合型旅游转型，把嵊泗建设成为长三角最具代表性的列岛型休闲度假旅游基地。

做实现代渔业。优化海洋捕捞和养殖业，构筑现代渔业转型升级发展平台。坚持渔业基础地位不动摇，全面贯彻落实市政府“十百千万工程”，大力推进县“五大专项行动计划”，进一步促进渔业结构调整，努力构建现代渔业产业体系。进一步完善渔业基础设施建设，全面改善现代渔业生产条件。不断创新渔业体制机制，大力发展形式多样的渔业经济组织，走规模化经营之路。积极开展渔民素质提升工程，不断加强渔民职业技能、转产转业培训，努力提高渔业社会化服务水平，进一步拓展渔民转产转业渠道。

统筹推进城乡一体化。着力提升城市化水平，深入推进新渔农村建设。以泗礁本岛为核心，进一步完善城市交通、文化娱乐、教育卫生、休闲购物、商贸服务、绿化生态等公共服务和基础设施配套，完善经济功能，提升产业集聚、人口集中和公共服务能力。按照“科学规划布局美，村容整洁环境美，创业增收生活美，乡风文明素质美，社会发展和谐美”的工作目标，全面落实城乡统筹。

积极提升基础设施现代化。按照“一中两翼”的空间布局和适度超前的原则，加快基础设施体系建设，全面提高要素供给能力，进一步拓展发展空间。为此需要构建便捷高效的交通网，完善稳固放心的水利网，构筑安全可靠的电力网，建设高速先进的信息网。

大力提升居民生活品质。加强以全面保障和改善民生为重点的社会建设，创新社会管理机制，提高基本公共服务均等化水平，促进社会公平正义，不断提升社会发展水平。

9.6　东山县产业布局

9.6.1　基本概述

东山岛由主岛和周边 67 个小岛组成，状如七星拱月，形如一只展翅的蝴蝶，故称蝶岛。它位于福建省南部沿海、台湾海峡西岸。地理坐标为 23°33′—23°47′N，117°17′—117°35′E。是全国第六、全省第二大海岛县，总面积 248.34 km^2。主岛面积 220.18 km^2，设有国家级经济技术开发区、旅游经济开发区、7 个镇级人民政府、61 个行政村和 16 个居委会，总人口 21.3 万人。先后荣获“国家可持续发展实验区”、“国家级生态示范县”、“优秀旅游县”、“全国双拥模范县”、“全国科技工作先进县”等称号。

（1）旅游资源丰富

滨海风光令人神往，岛上风光旖旎，“天蓝水碧海湾美，沙白林绿岛礁奇”，东南沿岸 7 个月牙形海湾首尾相连，绵延超过 30 km，主岛周边的小岛形态奇特，龙屿、狮屿、虎屿、象屿神形兼备；在六大类、74 种旅游资源中，具备六大类、48 种；国家 4A 级“风动石－塔屿”景区、马銮湾景区等一批风景名胜享誉海内外；东山具有深厚的历史文化底蕴，是理学家黄道周的出生地，是戚继光抗倭扎寨的练兵地，是郑成功、施琅收复台湾的出征地，是东山保卫战的发生地，是谷文昌精神的发祥地。东山是一座最适合旅游度假休闲的不可多得的海岛。

（2）海产资源富饶

东山岛位于东海与南海交汇处，闽南渔场的中心，由于上升洋流与下降洋流的搅动，海洋生物极为丰富，近海渔场 2.63×10^4 km^2，海洋生物量大质优，是国家级鲍鱼标准化养殖示范区；2007 年全县水产品加工企业 250 多家，年加工水产品超过 20×10^4 t，产值 25 亿元，全县水产品出口量近 8×10^4 t，出口值突破 1 亿美元大关，达 10 296 万美元，约占全省的 1/4，其加工总量、出口创汇值均列全省县级第一位。

（3）海岸线得天独厚

东山海岸线长 141 km，规划深水岸线 42 km，1991 年 12 月 1 日国务院同意东山港对外国籍船舶开放，东山港区设有城垵作业区、冬古作业区、龙屿作业区。东山为国家一类开放口岸、福建最大的对台小额贸易港口之一，设立了国家级经济技术开发区、国家级可持续发展实验区、海峡两岸（福建东山）水产品加工集散基地。目前已建有 5 000 t 多用途码头和硅砂专用码头各 1 个，3 000 吨级散杂货和石油专用码头各 1 个，500 t 台轮专用码头 1 个。城垵 2.5×10^4 t 码头、旗滨 3 000 吨级、5 000 吨级码头、福建能源 5 000 吨级石化码头、大东 3 000 吨级码头正在抓紧建设中。

（4）硅砂资源享誉海内外

东山的硅砂资源储量超过 2×10^8 t，含硅量高达 97% 以上，是全国最大的优质硅砂生产基地。1986 年、1987 年经全国矿产储量委员会批准，石英砂总储量为 2.7×10^8 t，其中玻璃用砂 $6\,956\times10^4$ t，含硅量 95% ~97% 的有 2.4×10^8 t，品位为：SiO_2：97.54% ~96.18%，Al_2O_3：1.26% ~1.44%，Fe_2O_3：0.13% ~

0.15%。其储量之多、品位之高、规模之大在亚洲首屈一指。

（5）侨台风情隽永悠长

东山距澎湖 98 n mile，距高雄 110 n mile，是祖国大陆距台湾南部最近的县份。东山关帝庙是台湾 470 多座关帝庙的香缘祖庙，已成功举办十八届关帝文化旅游节；东山台胞接待站是全国四大站之一，设有铜陵、冬古两个台轮停泊点。东山侨台胞众多，海外华侨华人 38 127 人，分布在美国、新加坡、巴西、新加坡、马来西亚、加拿大、阿根廷、日本、德国、香港等 29 个国家和地区。近年来，侨台胞返乡寻根谒祖、凝聚亲情活动络绎不绝，每年回乡探亲的侨台胞近 1 万人次，侨台胞与祖国的交流合作日益频繁。

（6）临港工业初具规模

目前，在临港经济区聚集了旗滨浮法玻璃、水产品加工集散基地等龙头项目。总投资 37.18 亿元的旗滨浮法玻璃项目，计划建设 1 条 900 t/d 优质浮法玻璃生产线、1 条 600 t/d 世界最先进的在线镀膜玻璃生产线以及 1 个 5 000 吨级、1 个 3 000 吨级专用泊位码头、1 个年产 50×10^4t 优质硅砂选矿厂和 1 个年加工原料油 100×10^4t 的燃料油改质等配套项目，同时建设研发中心、销售中心、集团办公总部等项目，达产后年产值 100 亿元，税收 6 亿元；总投资 45 亿元的华浮造船项目，建成投产后年造船能力 300 万～400 万载重吨，年产值 300 亿元，税收 15 亿元；总投资 15 亿元的海峡两岸（福建东山）水产品加工集散基地，建成后，可望成为闽、台、浙、粤沿海地区，乃至东南亚、南太平洋的水产品集散基地。

9.6.2 产业发展概述

（1）整体发展概况

在产业发展方面，全县渔业人口 3.77 万人，2008 年全县水产品总产量 28.05×10^4t，产值 23 亿元，占全县大农业产值 90% 以上。其中：海洋捕捞产量 14.55×10^4t，包括陆上工厂化养殖的海水养殖面积 9.1 万亩，养殖产量 12.76×10^4t，淡水养殖 0.69 万亩，养殖产量 0.75×10^4t。全县有水产加工企业 229 家，其中规模企业 44 家，占全市水产加工规模企业总数的 84.6%，“新福”和“海魁”两个商标获中国驰名商标，取得欧盟注册的企业有 4 家，获得 HACCP 认证的企业有 14 家，拥有水产冷库 78 座，年水产品加工能力 21.36×10^4t，2008 年水产品加工总量 1 4.96×10^4t，产值 15.69 亿元，水产加工品出口创汇 2.64 亿美元，位居全省第一。全县在册捕捞渔船 1 400 多艘，总功率超过 27×10^4 kW，其中 60 马力以上渔船 1 280 艘，钢质渔轮已发展至 456 艘，占 60 马力以上渔船总数的 1/3 以上。渔民人均纯收入 7 703 元。

在基础设施建设方面，渔业基础设施逐步完善，主要有国家中心渔港1个，在建一级渔港1个，二级渔港3个（其中宫前渔港已获农业部批准升级为一级渔港），三级渔港4个，全县包括已获批准的一级以上的渔港占全市总数一半以上。东山湾内沿岸主要建设有漳州旗滨玻璃有限公司等大型工业企业；建设有海峡两岸（福建东山）水产品集散基地，将辐射东南亚及国内大中城市的水产品贸易基地。

在港口航运资源方面，东山历史上就是大陆与台湾、东南亚通商的港口，东山港区是福建省与港、澳、台联络最便捷的港口，又是对外国籍船舶开放的一类口岸。现已投入使用的有5 000吨泊位的硅砂专用码头，一个配有吞吐量为9 000个标箱的5 000吨泊位的杂货码头，一个3 000吨泊位的石油专用管道码头，一个3 000吨泊位的液化气专用码头，还有8个数百吨泊位的小码头。东山港口航运资源发达，形成东山港口区、冬古港口区、澳角港口区和大产港口区四个港口区，东山湾航道区、冬古航道区和诏安湾航道区三大航道区及四个锚地区，是理想的港口区。

（2）经济综合发展情况

初步核算，2012年实现生产总值113.85亿元，比上年增长12.6%。其中，第一产业增加值27.03亿元，增长4.2%；第二产业增加值51.91亿元，增长21.0%；第三产业增加值34.90亿元，增长6.4%。人均地区生产总值53 238元，比上年增长10.6%。三次产业结构比重为23.74:45.60:30.66。

2012年居民消费价格总水平比上年上涨3.1%（表9－12，图9－17），其中消费品价格上涨4.5%，服务价格下降0.4%。

表9－12　2012年居民消费价格比上年涨跌幅度

指标	全县	指标	全县
居民消费价格	3.1	衣着	8.8
食品	8.3	家庭设备用品及维修服务	－0.7
其中：菜	31.0	医疗保健及个人用品	1.4
油脂	9.6	交通和通信	0.1
肉禽及其制品	7.3	娱乐教育文化用品及服务	－1.0
水产品	11.3	居住	－0.7
烟酒	0.3		

2012年城镇新增就业3 578人，城镇下岗失业有816人实现再就业。年末城镇登记失业率为1.35%，比上年末下降0.71个百分点。

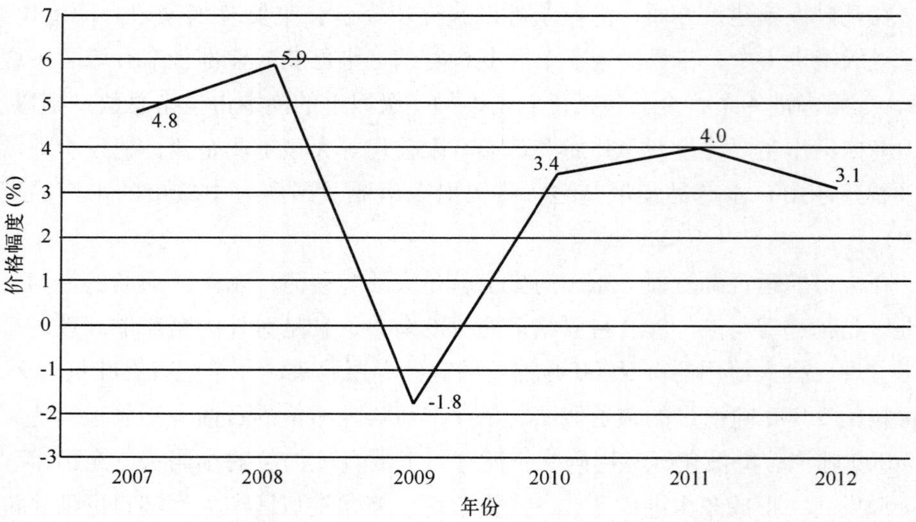

图 9－17　2007—2012 年居民消费价格涨跌幅度

2012 年年财政总收入 124 558 万元，比上年增收 29 159 万元，增长 30.6%。其中，上划中央收入 41 550 万元，增长 36.7%；地方级财政收入 83 008 万元，比上年增收 18 008 万元，增长 27.7%。国税完成收入 49 358 万元，增长 37.1%；地税完成收入 55 990 万元，增长 20.7%。财政支出 176 292 万元，增长 21.0%。其中：一般公共服务支出 13 435 万元，增长 17.3%；教育支出 19 324 万元，增长 16.5%，科学技术支出 1 573 万元，增长 85.9%，社会保障和就业支出 11 835 万元，增长 19.2%，医疗卫生支出 5 586 万元，增长 2.1%，农林水事务支出 64 119 万元，增长 14.7%（图 9－18，图 9－19）。

图 9－18　2007—2012 年财政总收入及其年增长速度

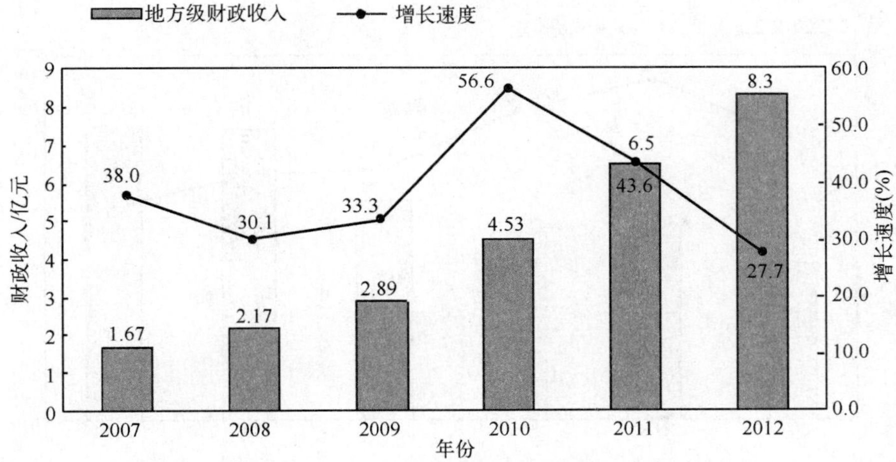

图9－19　2007—2012年地方级财政收入及其年增长速度

2012年年末人民币各项存款余额56.16亿元，比年初增加19.1%。其中储蓄存款余额36.74亿元，增加16.5%。各项贷款余额54.32亿元，比年初增加12.7%。其中：短期贷款25.78亿元，比年初增加3.27亿元；中长期贷款28.53亿元，比年初增加2.95亿元（图9－20）。

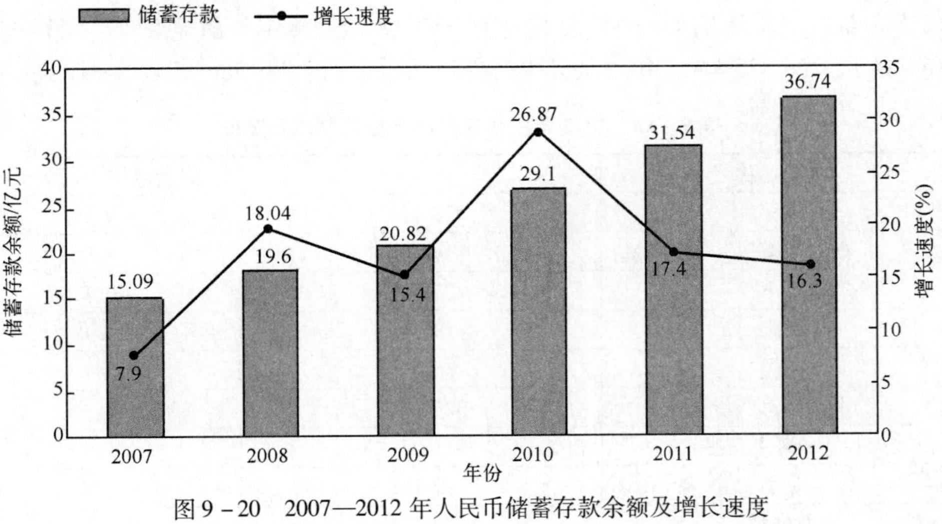

图9－20　2007—2012年人民币储蓄存款余额及增长速度

（3）农业

2012年全县农林牧渔业总产值完成48.47亿元，比上年增长4.1%。其中：农业产值3.46亿元，增长9.4%；林业产值0.1亿元，增长13.8%；牧业产值1.13亿元，增长25.5%；渔业产值41.83亿元，增长3.0%；农林牧渔服务业产值1.95亿元，增长7.0%（图9－21）。

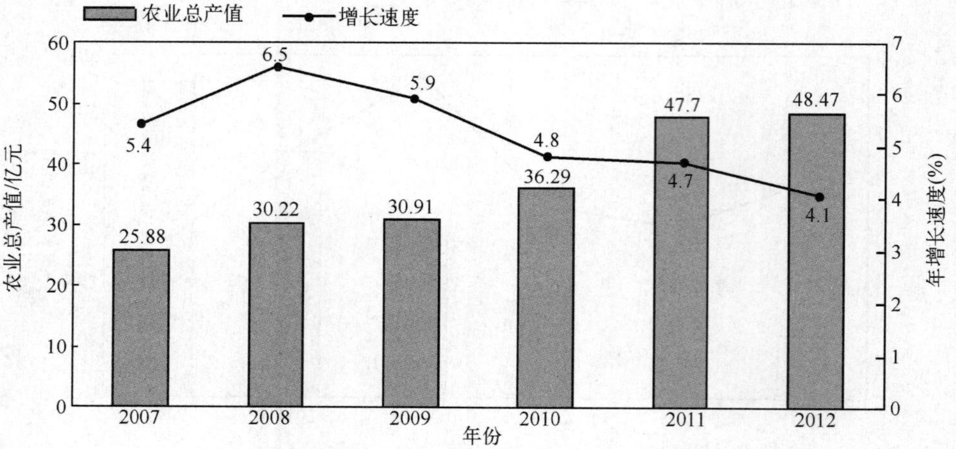

图 9－21　2007—2012 年农业总产值及其年增长速度

2012 年年末耕地面积 4.3 万亩，比上年增加 323 亩，全年总播种面积达到 9.29 万亩。粮食总产量 6 699 t，油料产量 3 137 t，水果产量 9 641 t，蔬菜产量 78 124 t（其中芦笋 14 635 t）。肉类总产量 5 077 t，猪年末存栏数达到 39 750 头。

全年水产品总产量达到 32.04×10^4t，增长 2.5%。其中：海洋捕捞 15.22×10^4t，增长 0.9%；海水养殖 15.88×10^4t，增长 3.9%；淡水养殖 0.94×10^4t，增长 6.8%。新增钢质渔船 60 艘，总数达到 888 艘，全县年末机动渔船 2 510 艘、116 444 t、298 525 kW。年末全县水产养殖面积达到 7 449 hm^2（表 9－13）。

表 9－13　2012 年主要农产品产量及其增长速度

产品名称	产量/t	比上年增长（%）
蔬菜	78 124	－9.1
芦笋	14 635	－11.0
萝卜	22 302	－0.1
水果	9 641	－4.1
肉类	5 077	12.1
水产品总产量	320 406	3.9
（一）海水产品	311 043	3.8
鱼类	112 188	0.6
虾蟹类	38 518	5.0
贝类	117 058	4.6
藻类	24 766	16.4
（二）淡水产品	9 363	6.4
鱼类	8 114	7.7
虾蟹类	369	－28.8

省级、市级农业产业化经营龙头企业15家企业，从业人员12 761人，全年实现产值64.27亿元。

(4) 工业和建筑业

2012年全部工业总产值172.19亿元、增加值46.44亿元，分别比上年增长20.3%、20.2%。其中，规模以上工业总产值153.77亿元、增加值42.32亿元，均增长21.3%；工业品产销率97.0%，外向依存度67.4%（图9－22，表9－14）。

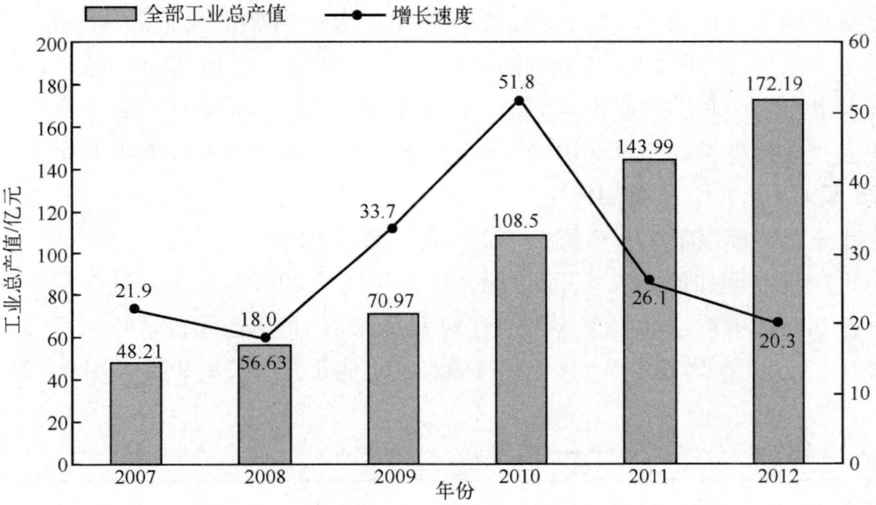

图9－22　2007—2012年全部工业总产值及其年增长速度

在规模以上工业企业中：国有工业产值5.28亿元，增长24.6%；三资工业产值28.78亿元，增长5.5%；其他类型工业产值119.71亿元，增长25.9%。

表9－14　2012年规模以上工业总产值、主要产品产量及其增长速度

指标	总产值（总产量）	比上年增长（%）
规模工业总产值/元	1 537 698	21.3
其中：轻工业/元	1 249 076	20.0
重工业/元	288 622	27.5
其中：国有企业/元	52 779	24.6
集体企业/元	3 140	－19.2
股份制企业/元	1 182 292	25.9
外商及港澳台商投资企业/元	287 751	26.2
其他经济类型企业/元	11 736	5.5
其中：国有控股企业/元	64 324	20.2
其中：大中型工业企业/元	1 073 092	27.0

续表

指标	总产值（总产量）	比上年增长（%）
主要产品产量		
冷冻水产品/$\times 10^4$t	24.8	25.0
罐头/$\times 10^4$t	3.26	18.1
平板玻璃/万重量箱	2 723	75.7
发电量/$\times 10^4$ kW·h	22 170	-9.4

全县规模工业涉及12个行业中类，其中：水产品加工业企业49家，产值121.27亿元，增长20.2%；玻璃建材工业企业10家，产值21.01亿元，增长32.1%；电力生产和供应业企业2家，产值5.90亿元，增长18.9%。全年规模以上工业企业用电量32 411$\times 10^4$ kW·h，增长43.9%。规模以上工业企业实现利润98 629万元，增长49.4%。

全年全县规模以下工业产值18.42亿元，增长12.5%。

全年建筑业增加值完成5.48亿元，比上年增长28.5%。全县具有资质等级的总承包和专业承包建筑业企业完成建筑业总产值15.0亿元，增长1.5倍；利润总额0.63亿元，增长2.5倍；税金总额0.74亿元，增长1.9倍（图9-23）。

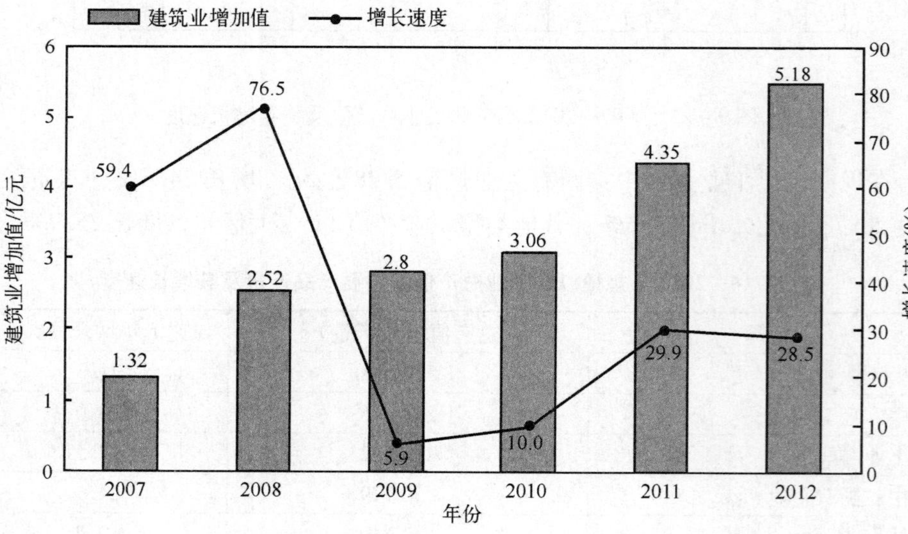

图9-23　2007—2012年建筑业增加值及其年增长速度

全年资质建筑业企业房屋建筑施工面积105.06$\times 10^4 m^2$，其中实行投标承包面积105.06$\times 10^4 m^2$，投标承包面积占全部施工面积的92.5%，新签合同价款16.0亿元。

（5）固定资产投资

全年全社会固定资产投资完成 89. 14 亿元，比上年增长 28. 4%。其中：固定资产投资（不含农户）86. 76 亿元，增长 29. 1%；农户投资 2. 38 亿元，增长 8. 0%（图 9 – 24）。

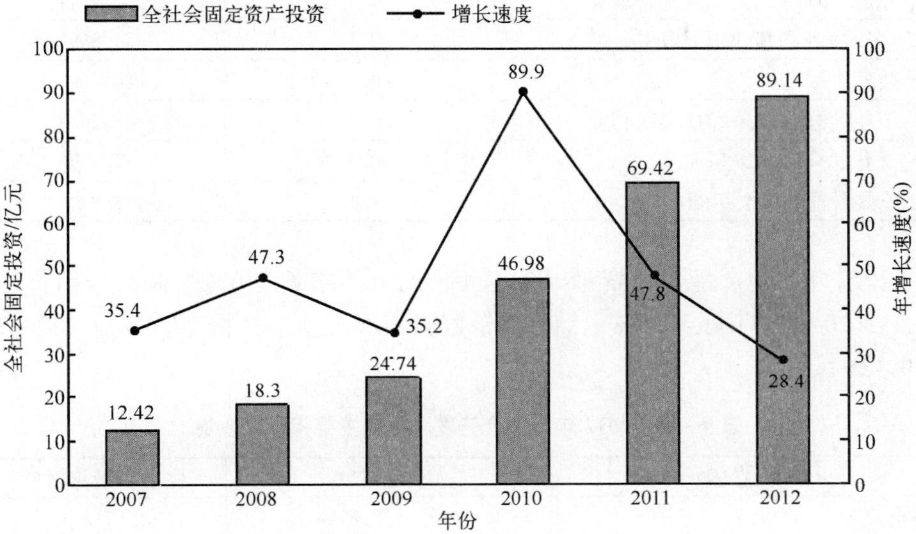

图 9 – 24　2007—2012 年全社会固定资产投资及其年增长速度

在固定资产投资（不含农户）中，第一产业完成投资 0. 8 亿元，增长 2. 9 倍；第二产业完成投资 41. 44 亿元，增长 1. 8%，其中工业投资增长 2. 1%；第三产业完成投资 44. 52 亿元，增长 69. 3%（表 9 – 15）。

表 9 – 15　2012 年分行业固定资产投资（不含农户）情况

行业	投资额/亿元	比上年增长
合计	86. 76	29. 1%
A. 农林牧渔业	0. 8	2. 9 倍
B. 采矿业	0	—
C. 制造业	39. 4	– 1. 1%
D. 电力、燃气及水的生产和供应	1. 8	2. 7 倍
E. 建筑业	0. 2	– 36. 9%
F. 交通运输、仓储和邮政业	9. 9	1. 3 倍
G. 信息传输、计算机服务和软件	0. 5	净增
H. 批发和零售业	1. 2	净增
I. 住宿和餐饮业	3. 5	5. 3 倍
J. 金融业	0. 003	– 92. 4%

续表

行业	投资额/亿元	比上年增长
K. 房地产业（含商品房投资）	19.1	5.7%
L. 租赁和商务服务业	0.04	净增
M. 科研、技术服务和地质勘查业	0	净减
N. 水利、环境和公共设施管理业	7.4	7.1 倍
O. 居民服务和其他服务业	0.1	-35.8%
P. 教育	0.7	-14.2%
Q. 卫生、社会保障和社会福利业	0.3	-45.2%
R. 文化、体育和娱乐业	0.3	7.3 倍
S. 公共管理和社会组织	1.5	1.8 倍

2012 年房地产开发投资 18.82 亿元，比上年增长 7.6%。商品房销售面积 $20.43\times10^4 m^2$，下降 35.8%。商品房销售额 8.86 亿元，下降 27.3%（表 9-16，图 9-25）。

表 9-16　2012 年房地产开发和销售主要指标完成情况

指标	绝对数	比上年增长（%）
投资完成额/亿元	18.8	7.6
其中：住宅/亿元	14.5	11.0
房屋施工面积/$\times10^4 m^2$	295.2	-1.3
其中：住宅/$\times10^4 m^2$	247.3	-2.4
房屋新开工面积/$\times10^4 m^2$	23.5	-89.5
其中：住宅/$\times10^4 m^2$	19.2	-89.9
房屋竣工面积/$\times10^4 m^2$	19.4	78.6
其中：住宅/$\times10^4 m^2$	15.9	61.8
房屋销售面积/$\times10^4 m^2$	20.4	-35.8
其中：住宅/$\times10^4 m^2$	18.9	-36.0
土地购置费/亿元	1.0	-83.0

重点项目 70 个，完成投资 89.6 亿元，完成年度计划的 125.3%。

（6）国内贸易与对外经济

2012 年社会消费品零售总额 29.84 亿元，比上年增长 16.5%。其中限额以上单位零售额 7.07 亿元（含市分解产业单位零售额 2.59 亿元），增长 29.3%；限额以下单位零售额 22.77 亿元，增长 13.0%（图 9-26）。

在全县 64 个限额以上贸易单位中，2012 年全年批发业销售额 20.72 亿元，下降 36.8%；零售业销售额 2.18 亿元，增长 34.1%；住宿业营业额 0.65 亿元，增长 40. 5%；餐饮业营业额 1. 26 亿元，增长 63. 9%。

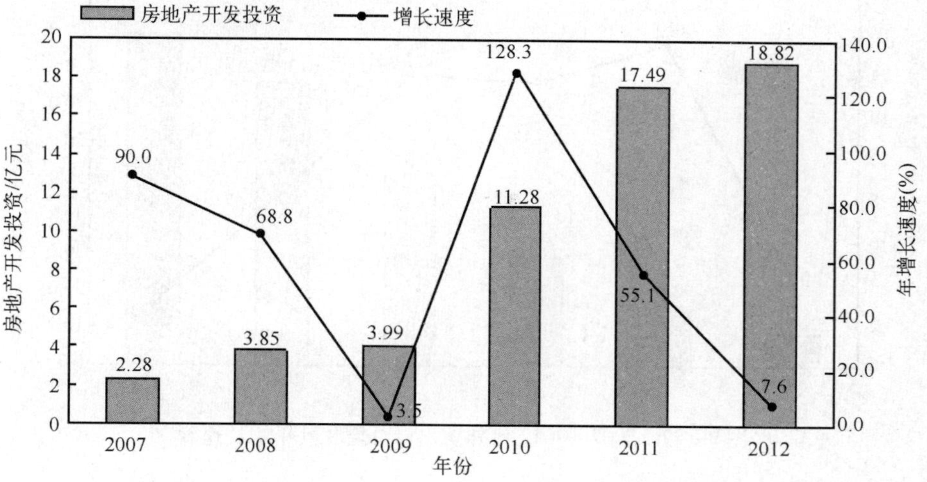

图 9 - 25　2007—2012 年房地产开发投资总额及年增长速度

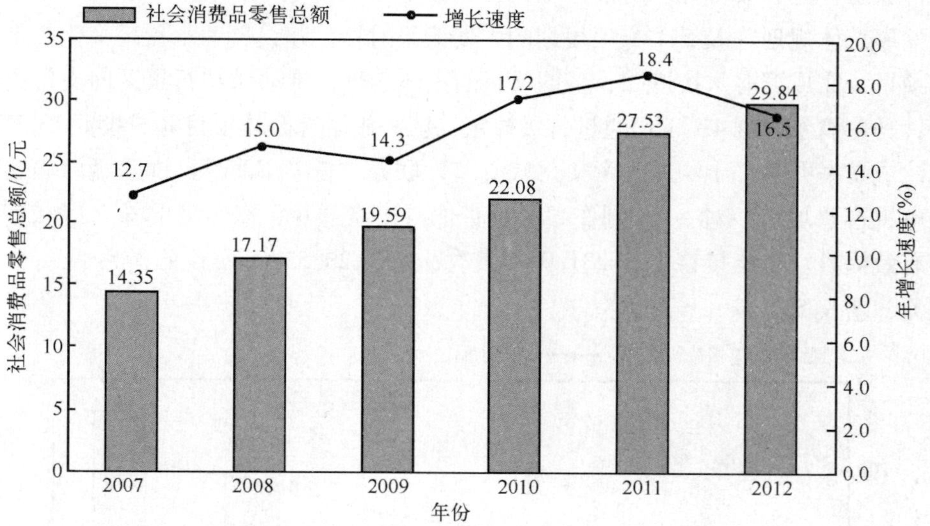

图 9 - 26　2007—2012 年社会消费品零售总额及其年增长速度

2012 年外贸进出口总额 16. 24 亿美元，比上年增长 16. 3%。其中：出口 15. 92 亿美元，增长 16. 6%；进口 0. 32 亿美元，增长 4. 0%。全县出口总值保持全市县级首位，其中水产品加工出口企业 55 家，出口业绩 15. 3 亿美元，占比 96. 2%。全年出口超千万美元企业 33 家，超亿美元企业 4 家，出口国家和地区突破 100 个（图 9 - 27）。

2012 年批外资项目 7 个，注册合同 2 157 万美元，实际利用外资完成 4 502 万美元，增长 12. 4%。

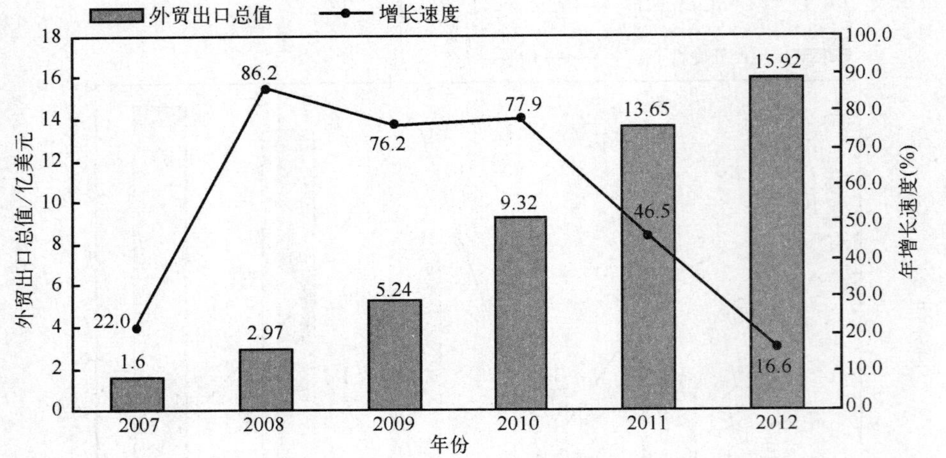

图 9-27　2007—2012 年外贸出口总值及其年增长速度

（7）旅游

旅游产业有效提升。出台“加快旅游产业发展的实施意见”，完成“旅游产业发展总体规划”及 5 个专项规划的中期成果对接。建设风动石景区文化艺术走廊项目，完成滨海木栈道二、三期项目的主体工程，推动风动石景区向南门湾拓展；马銮湾景区创 4A 工作通过省级评定。滨海旅游综合体项目完成投资 13.7 亿元。成功举办第二十一届关帝文化旅游节，联办“三岛论坛”，携手金门做客中央电视台“城市一对一”，制作“县长带你游”专题片，东山岛的知名度和美誉度有效提升。全年接待游客 231.9 万人次，增长 20.5%；实现旅游总收入 16.2 亿元，增长 59.6%。

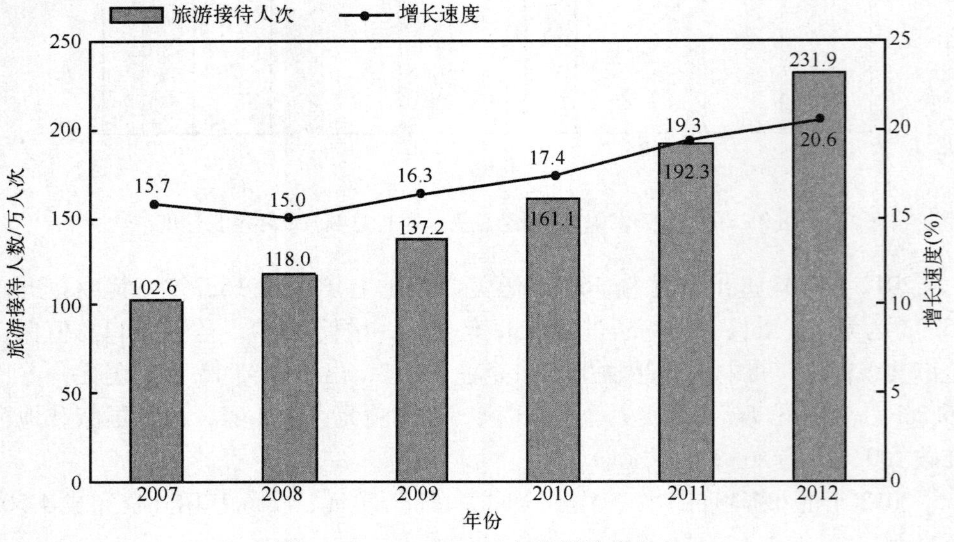

图 9-28　2007—2012 年旅游接待人次

（8）交通运输和邮电业

2012 年交通运输、仓储及邮电业完成增加值 5.43 亿元，比上年增长 10.7%。公路通车里程 330 km，民用汽车拥有量 8 279 辆。年末公交营运车辆 92 辆，公交日客运量 1.41 万人次。

全年港口吞吐量 263.32×10^4t，比上年增长 1.2%。其中：进口货物 125.6×10^4t，增长 40.5%；出口货物 137.72×10^4t，下降 19.3%。新开通东山至厦门外贸内支线集装箱航线，集装箱 11 170 标箱，货重 1.97×10^4t。

全年邮政业务总量 837.3 万元，邮政业务收入 1 000.7 万元，分别增长 10.5%、18.1%。年末全县固定电话用户 5.19 万户，移动电话用户 20.44 万户。全县互联网用户为 3.1 万户。

（9）教育和科学技术

全县现有普通中学 10 所，当年招生 3 407 人，在校生 10 602 人；小学 32 所，当年招生 2 042 人，在校生 12 298 人；幼儿园 116 家，在园幼儿 7 448 人；职业中专 1 所，在校生 3 104 人。全县教职工（公办）2 089 人。2012 年高考本一批上线 143 人，比上年增加 11 人，本科上线 612 人。

全年研究与试验发展（R&D）经费支出预计 8 410 万元，占全县生产总值的 0.74%。全年受理专利申请 28 件、批准授权专利 31 件，省级高新技术企业 1 家。组织申报国家科技部的项目有旗滨集团“11MW 金太阳用户侧示范”、“多种光伏系统户外测试技术研究与应用”和东亚公司的“海洋生物萃取（提取）技术”3 项。

“海魁”商标获得中国驰名商标行政认定，“东山芦笋”获得国家地理标志证明商标，“东山白芦笋”在欧盟成功注册地理标志保护。

（10）文化体育、广电和卫生

目前全县已公布县级文保单位 81 个，国家级非物质文化遗产名录 1 个。全年投入 100 万元完成 37 农家书屋建设，全县 61 个农家书屋建设全部完成。“一馆一广场四中心”市民文化广场、文化艺术走廊、闽台民俗馆等文化事业项目建设加快推进。举办“东山歌册《玉二妈传奇》首发式”，举办“潮州．东山歌册演唱会、唱研讨会”，东山歌册《擒敌记》编入《福建曲艺创作 60 年选》。

有线广播电视用户 6.03 万户，数字电视用户 2 万户。年末广播节目综合覆盖率为 100%；电视节目综合覆盖率为 100%。

年末全县共有医疗卫生机构 16 个，卫生技术人员 597 人，医师 275 人，卫生机构床位 480 张。“省级卫生应急综合示范县”通过验收，被授予“省级卫生县城”称号。

（11）人民生活和社会保障

2012 年末全县常住人口 21. 57 万人，人口出生率为 12. 6‰，人口死亡率为 6. 1‰，人口自然增长率为 6. 5‰，城镇化水平为 52. 2%。据公安部门统计，年末全县总户数 60 416 户，户籍总人口 209 013 人。

2012 年城镇居民人均可支配收入 19 534 元，比上年增加 2 757 元，增长 16. 4%；农民人均纯收入 11 587 元，比上年增加 1 434 元，增长 14. 1%。城镇居民人均消费性支出 13 293 元，增长 12. 8%，农民人均生活消费支出 7 880 元，增长 16. 6%。农村居民食品消费支出占消费总支出的比重为 48. 4%，城镇为 44. 7%。城镇单位在岗职工年平均工资 38 782 元，比上年增加 6 589 元，增长 20. 5%（图 9－29 至图 9－31）。

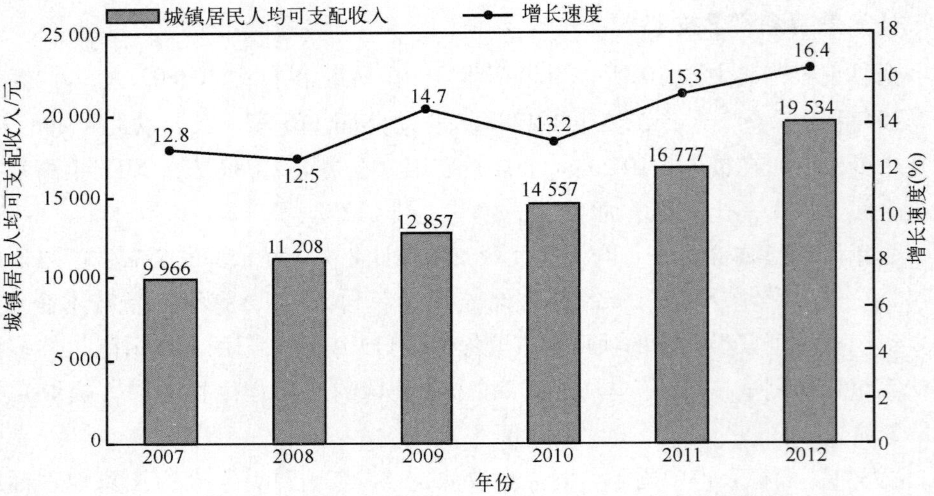

图 9－29　2007—2012 年城镇居民人均可支配收入及其年增长速度

2012 年末全县参加城镇基本养老保险 27 198 人，参加城镇基本医疗保险 105 767 人，参加失业保险 16 859 人。城镇居民最低生活保障人数 3 566 人，农村居民最低生活保障人数 4 760 人。全县社会福利收养性单位 4 个，床位 80 张。社会保障制度实现全覆盖，为 60 周岁以上的城乡居民发放基础养老金，企业退休人员连续 8 年提高养老金待遇；城乡居民医疗保险政府补助标准提高至人均 240 元。

（12）环境和安全生产

“国家生态县”和“国家级海洋生态文明示范区”创建通过国家部委考核评估。西埔等 4 个镇、岱南等 4 个村分别通过国家生态镇、村验收，铜兴等 28 个村通过省级生态村验收，全年共完成造林 6 636 亩。城镇建成区绿地率 37. 98%，乡镇绿化覆盖率 25. 6%。

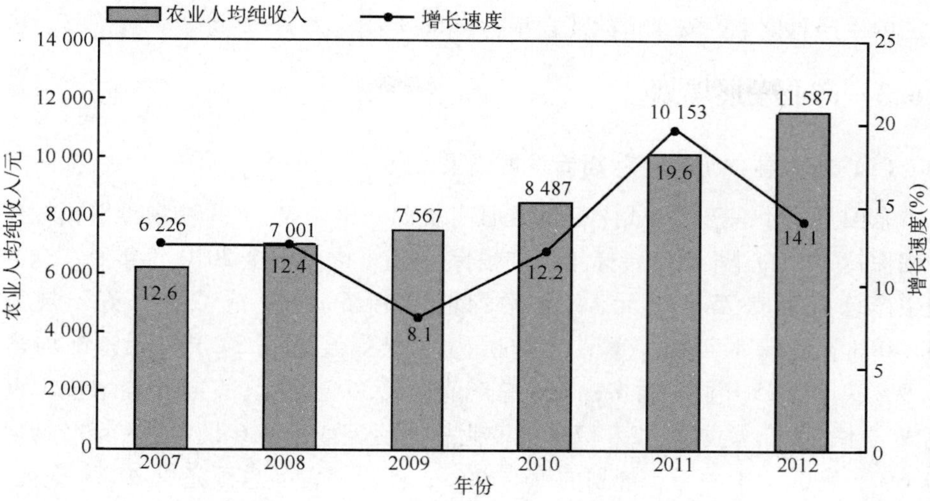

图 9－30　2007—2012 年农民人均纯收入及其年增长速度

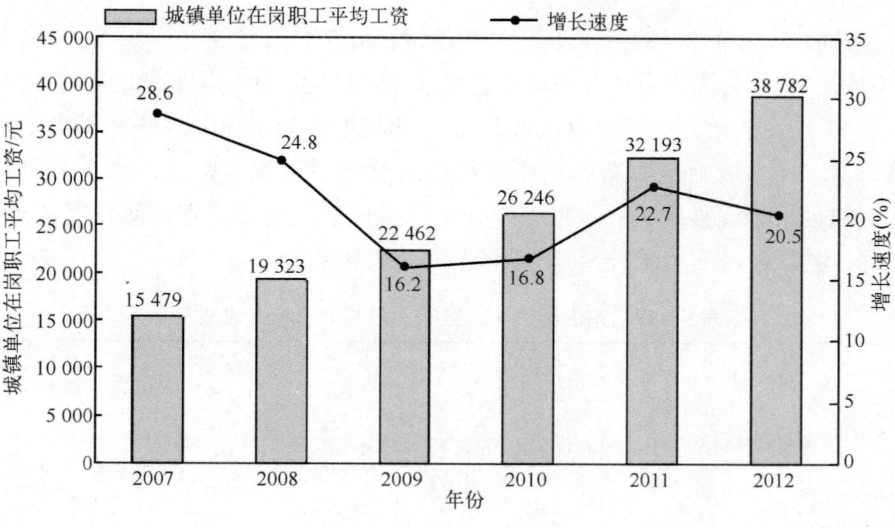

图 9－31　城镇单位在岗职工平均工资及其年增长速度

2012 年，县城环境空气质量二级以上天数 100%，空气污染指数（API）小于 50，空气质量优，属清洁型；生活饮用水源红旗水库符合集中式饮用水地表水源标准，水质达标率 100%；城市生活污水处理率 80.54%，城市生活垃圾无害化处理率 94.76%。全县 11 家企业新建污水处理设施，旗滨玻璃 1、2 线油改气项目和 3、4 线脱硫脱硝设施投入使用。

2012 年，全县发生各类生产安全事故 21 起，比上年减少 2 起，下降 8.7%；死亡人数 11 人，比上年减少 3 人，下降 21.4%；受伤 9 人，比上年减少 2 人，下降18.2%；直接经济损失1.7万元，比上年减少103.5万元，下降98.4%；亿元国内生产总值生产安全事故死亡率为9.66%。

9.6.3 产业发展规划

（1）东山县“十一五”期间发展成果回顾

东山县“十一五”规划各项主要任务提前一年完成。6个主要经济指标年均增幅保持30%以上，2个指标年均增幅保持50%以上。至2010年年底，全县国内生产总值完成75.8亿元，5年平均增长14.5%，完成“十一五”规划的142.48%，实现5年翻一番；人均国内生产总值达到34 167元，年均增长13.9%，比2005年翻一番多；农业总产值完成36.3亿元，5年平均增长5.5%，完成“十一五”规划的125.17%；工业总产值完成108.6亿元，5年平均增长30.6%，完成“十一五”规划的151.68%；社会消费品总额完成20.74亿元，5年平均增长14.2%，完成“十一五”规划的102.88%；外贸出口总值达9.32亿美元，年均增长54.9%，完成“十一五”规划的394.75%；城镇居民人均纯收入完成14 557元，5年平均增长12.3%，完成“十一五”规划的133.72%；农民人均纯收入完成8 487元，5年平均增长10.7%，完成“十一五”规划的130.03%；全社会固定资产5年投资总量达127亿元，年均增幅45.9%；财政总收入6.61亿元、地方级财政收入4.53亿，年均增幅分别为35.4%和37%。海洋经济总量、实力迈上一个新的层面，水产品总量居全省第5位，水产品出口总量、出口创汇全省县级第一。2010年东山以排位第三跻身全省经济发展“十佳”县行列，县域经济实力上升至全省第21位（表9－17）。

表9－17 东山县“十一五”主要规划目标完成情况

主要经济指标	单位	“十一五”规划安排		“十一五”实绩		
		规划数	年均增长（%）	实绩	年均增幅（%）	完成规划任务（%）
全县生产总值	亿元	53.2	10	75.8	14.5	142.48
工业总产值	亿元	71.6	18	108.6	30.6	151.68
农业总产值	亿元	29	5	36.3	5.5	125.17
全社会固定资产投资	亿元	5年50	14.9	5年127	45.9	254
外贸出口总值	亿美元	2.361	18	9.32	54.9	394.75
实际利用外资	万美元	5年13 000	15	5年11 234	10.1	86.42

续表

主要经济指标	单 位	"十一五"规划安排		"十一五"实绩		
		规划数	年均增长（%）	实绩	年均增幅（%）	完成规划任务（%）
社会消费品零售总额	亿元	20.16	10	20.74	14.2	102.88
财政总收入	亿元	3.39	18.9	6.61	35.4	195
地方级财政收入	亿元	2.17	18.9	4.53	37	208.76
城镇居民人均可支配收入	元	10 886	6	14 557	12.3	133.72
农民人均纯收入	元	6 527	5	8 487	10.7	130
三产结构		26.6∶41.5∶31.9		26.5∶41.6∶31.9		
其他规划目标						
水源地水质		达到二类		达到二类		
主要海域海水质量		达到二类		达到二类		
空气质量指数		达到一级		达到一级		
森林覆盖率	%	31.30		31.50		
城区绿化率	%	30		31.34		
人口自然增长率	‰	5.5		4.45		
高中阶段毛入学率	%	80.00		98.72		
计划生育合格村率	%	90.00		96.10		
每千人口执业医师数	人	1.3		1.5		
每千人口病床数	张	3		2.4		
每千人口卫技人员数	人	3.1		2.5		
计生政策符合率	%	94.60		93.30		
港口吞吐量	$\times 10^4$t	250		190		
用电量年均增长	%	17.50		12.81		
城镇化水平	%	50		48		

数据来源：东山县统计局。

（2）东山县当前产业结构分析及政策建议

1）产业结构分析

东山县产业结构如图 9－32 所示。

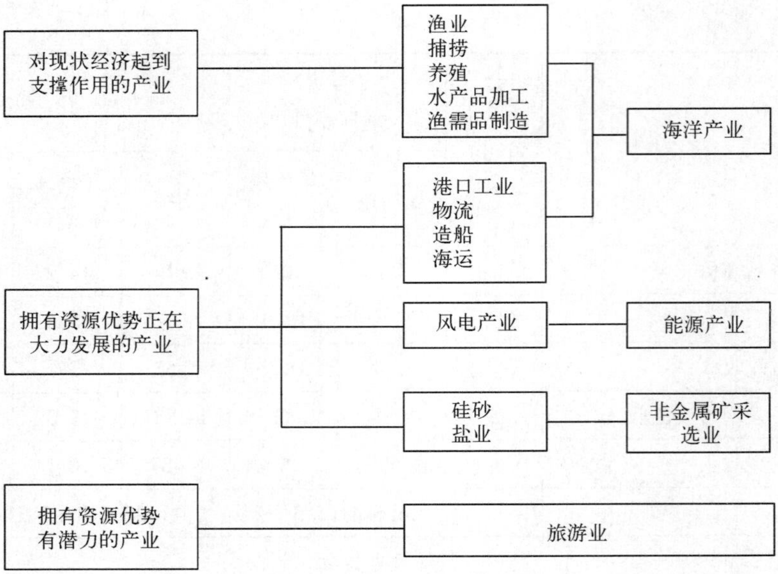

图 9－32　东山县产业结构图

总体来说，①东山应进行产业结构调整，从第一产业向第二产业和第三产业转移，以第三产业为重；②由于城市腹地不足，不宜发展污染较大的工业项目；③海洋产业对于现在的东山起到支撑作用；④应把旅游业作为当地国民经济发展中的一项重要经济产业去培育。通过技术、劳动、资本和自然资源等有机合理的优化配置，将多种资源组合优势转变为具有多种优势产业的有机结合，以海洋产业和旅游业等优势产业为支柱，推进东山岛经济的繁荣与腾飞。

渔业和经济农业有待进一步向农副产品加工产业链扩展，其上游为优质农产品、水产品生产，下游为农副产品深加工，实现传统农业向现代农业的转变；港口工业与洁净能源产业需注重与生态的关系，快速拉动经济，发展船舶制造产业链和清洁能源产业链；游艇产业可以带动的第二产业与第三产业总量巨大，生态负担较小，与旅游以及高端体育休闲产业关联性较好，同时，有效塑造了活力蝶岛的国际形象，应大力发展；非金属矿采选业建议保持现状规模不变，不再进行大规模开发，作为储备资源，发展以海盐为原料的盐化工，并以便利的交通为基础，在周边大陆地区发展多种基本有机化工原料的精深加工，以硅砂资源为核心的适量开采和深加工，带动玻璃、建筑等制造业发展，并借助港口和陆路交通进行对外运输；在注重生态发展的前提下整合旅游资源和旅游产品制造，人员培训，将东山建成一个国际旅游海岛。

2）政策建议

采取“打造品牌核心景区，大力开发旅游项目，完善旅游产业配套，强化旅游宣传营销，规范旅游行业管理”等措施，加快建设生态旅游岛，坚定不移地朝着国际旅游海岛目标迈进。即以良好的生态环境为基础，整合碧海银滩、神奇岛屿、地质奇观、山体绿地、生态湿地、田园渔村等自然资源类和祖地源、关帝源、陆桥源、语族源等文化源头类优势资源，以旅游要素国际化为主线，以休闲、度假、养生为导向，以高星级酒店群、旅游综合体、环岛旅游大道、海岛生态绿化工程等重大项目为引擎，以创建中国旅游强县为核心内容，打造全省旅游经济重要的新增长区域，加快建设生态旅游岛，坚定不移地朝着国际旅游海岛目标迈进。

加快转变发展方式，统筹发展新型生态工业。在建设国际旅游海岛进程中，要严格按照建设国际旅游海岛的目标定位，统筹推进工业发展；加快发展方式转变，调优提升产业结构，坚持项目要大，项目要好，要集中，项目不能有污染；项目要符合东山的资源优势和产业规划，突出发展光伏及玻璃新材料制造、水产品精深加工、海洋生物科技产业；严格落实工业用地总量控制。

加快现代农业发展，推进社会主义新农村建设。坚持把解决好“三农”问题作为全局工作的重中之重，统筹城乡发展，建立以工促农、以城带乡的长效机制，加大强农惠农力度，夯实农业农村发展基础，加快推进社会主义新农村建设。按照高产、优质、高效、生态、安全的要求，推进农业结构战略性调整，构建布局合理、结构优化的现代农业产业体系。以小城镇建设、社会主义新农村建设为载体，不断改善优化农村人居环境。确保财政对农业投入增长幅度高于经常性收入增长幅度，增加政府对农村基础设施建设的投入，提高政府土地出让收益、耕地占用税新增收入用于农业的比例。

积极推进城市化进程，建设东山人民幸福家园。充分发挥城市化作为解决“三农”问题、提高群众幸福指数、创造财富、实现又好又快发展的龙头载体作用，按照“农村城镇化、城镇城市化、城乡一体化”总体要求，以《东山岛发展战略规划》为统领，高标准建设、高标准管理，加快建设“规划先行、功能齐全、设施完善、生活便利、环境优美、保障一体”的宜居海岛城市综合体。

9.7 普陀区产业布局

9.7.1 基本概述

(1) 情况简介

普陀区位于浙江省东北部，群岛的东南部。因境内佛教圣地普陀山而得名，“普陀”取自佛教《华严经》中“一朵美丽的小白花”之意。由本岛东南端的勾山、沈家门、大展和螺门以及桃花、六横、虾峙、登步、朱家尖、普陀山、葫芦、蚂蚁和中街山列岛等455个大小岛屿组成。北为黄大洋，与岱山、嵊泗两县隔海相望，西连定海区，南靠大目洋，与象山半岛遥相对峙，东临公海。总面积6 730 km^2，其中陆地面积459 km^2、海域面积6 271 km^2。总人口37.88万人（2010年）。普陀区辖5个街道、5个镇、3个乡：沈家门街道、勾山街道、东港街道、朱家尖街道、展茅街道；六横镇、桃花镇、虾峙镇、东极镇、普陀山镇；白沙乡、登步乡、蚂蚁岛乡。

普陀区自然资源丰富，渔业发达，港口优良，风光秀丽，气候宜人，素有“东海明珠”之称。境内举世闻名的沈家门渔港是我国最大渔货集散地，与挪威卑尔根港、秘鲁卡亚俄港合称世界三大群众性渔港。区内拥有国家级风景名胜区普陀山（朱家尖）和国家4A级风景名胜区桃花岛等著名旅游景区。

（2）地理气候

普陀位于浙江省东北部，舟山群岛东南部。界于29°32′—30°28′N，121°56′—123°14′E。该区地处长江、钱塘江、甬江入海汇聚处，临近上海、杭州、宁波、温州等对外开放的大中城市。西北距上海165 km，西距宁波73 km、杭州210 km，西南距温州265 km，与台湾基隆港相距550 km，距日本长崎港852 km，离韩国仁川港897 km，区位优势十分明显。全区共有大小岛屿454.5个，其中有人居住的30.5个。海岸线总长831.43 km，总面积6 730 km^2，其中海域面积6 271 km^2，陆域面积459 km^2，是一个海洋大区，陆地小区。

普陀属北亚热带南缘季风海洋型气候，常年温和湿润，冬暖夏凉，光照充足。年平均气温16.1℃，最冷为1月份，平均温度5.5℃，8月份最热，月平均气温26.9℃，常年日照时数2 150.7 h，年太阳辐射总量474.9 kJ/cm^2，全年等于或高于10℃活动积温5 009.6℃，无霜期235天。年平均降雨量1 200 mm。年平均相对湿度80%，属湿润或半湿润地区。

（3）资源优势

海产资源。普陀海域辽阔，海水和海涂资源丰富，含舟山渔场内中街山、洋鞍两渔场，面积约3.4×10^4 km^2，自然条件优越，生物资源丰富，有海洋生物1 100余种，尤其渔业资源丰富，种类繁多，其中鱼类140种，以大黄鱼、小黄鱼、带鱼、乌贼、鳓鱼、鲳鱼、马鲛鱼、鳗、比目鱼为主，随着资源变化，作业调整，拓展渔场，马面鱼、鲐参鱼及鲷类已成为主捕鱼类。蟹虾类亦有40余种，以三疣梭子蟹、哈氏仿对虾、鹰抓虾为主。海水养殖面积2006年达5.67万亩，主要养殖紫菜、海带、蛤、蛏子、对虾、蟹和鱼类，其中大黄鱼的人工养殖成功，是海产养殖技术的一大突破，被国家科技部评为养殖金奖。由于普陀区境内岛屿周围多滩涂，涂坡平坦蓄水渗漏性小，适宜海盐生产。2005年在产盐田总产量4.31×10^4t。

深水良港。普陀区境内岛屿星罗棋布，海岛岸线弯曲，岙口、岬角环列，形成众多港口、港湾、水道，且岛屿环抱，口多腹大，水深浪小，少淤不冻，加之多泥质粉砂或粉砂质泥底，腹地可建港口设施，其避风性能、锚地良好。据探测，全区 12 ~20 m 水深岸线 44 km，区域内有各类船舶修造企业 54 家，分布在马峙、鲁家峙、朱家尖、桃花、虾峙、六横等岛，是建设深水泊位，泊航巨轮的理想港区。国际航道——虾峙门航道可供 15×10^4t 载轮自由进出，20×10^4t 载轮候船进出。

国内外著名的沈家门渔港则是舟山渔场的中心港口，也是全国最大的渔港。其长 11. 5 km，宽 0. 17 ~ 0. 19 km，为东西走向多口门的峡型天然良港，港域 $320 \times 10^4 m^2$，水域 $185 \times 10^4 m^2$，海底平坦，泥质粉砂，是理想的渔轮锚泊、避风港，也是全国最大的渔货集散地。渔汛旺季，国内沿海各省市的近万艘渔船云集，避风、修理和补给生产、生活资料。沿港岸设有船厂、柴油机厂、锚链厂及石油、渔网、渔机等为渔业生产服务的企业百余家。目前，沈家门港已是客货运输综合性港口。

旅游产业。普陀旅游资源十分丰富。其中自然景观以海、沙、山、石、洞、礁等为主，类型众多。沙滩资源得天独厚，沙滩面积占浙江省沙滩总面积的 1/4。各岛屿地质以花岗岩为主，经地壳运动和海水侵蚀，形成千姿百态的山石景观和海礁景观，以普陀山的西天景区、南天门景区、朱家尖的白山景区、桃花岛的安期峰景区以及东海前哨东极岛的东福山等最为著名。普陀的人文旅游资源也十分丰富，与自然景观融为一体，相得益影。普陀山为中国四大佛教名山之一，自唐代开创观音道场已逾千年之久，是国内外最大的观音菩萨供奉地，在我国沿海及东南亚一带久享盛名。朱家尖已打响“沙雕”品牌，被国际沙雕组织 WSSA 确认为世界上沙质和风景最好的沙滩之一。桃花岛据传是秦朝安期生隐居之地，更因武侠文学大师金庸先生名作《射雕英雄传》蜚声海内外，被蒙上“海上仙山”的神秘面纱。“十里渔港”沈家门与挪威卑尔根港、秘鲁的卡亚俄港，并称为世界三大渔港，也是全国最大的渔货集散地，近年来更以海鲜夜排档闻名遐迩。

9. 7. 2　产业发展概述

（1）工业盐业建筑业

2012 年全区实现工业总产值 502. 11 亿元，比上年增长 10. 3%。规模以上工业总产值 371. 52 亿元，比上年增长 14. 3%，其中重工业总产值 242. 52 亿元，增长 5. 4%，轻工业总产值 129. 00 亿元，增长 35. 8%。规模以上工业实现销售产值 363. 17 亿元，比上年增长 13. 5%。工业产销率 97. 8%，比上年下降 0. 7 个百分点。工业出口交货值 192. 79 亿元，下降 5. 0%。年末规模以上工业 147 家。

全年临港工业实现工业总产值445.30亿元，比上年增长10.7%，净增产值43.09亿元，拉动全部工业增幅9.5个百分点。其中，水产加工业实现工业产值156.48亿元，同比增长19.1%，净增产值25.13亿元，对全部工业增长贡献率达53.5%；船舶修造业实现工业产值236.56亿元，比上年下降0.3%。

全区规模以上工业经济效益考核综合得分237.83分，比上年下滑46.96分。规模以上工业企业实现主营业务收入300.85亿元，比上年增长7.1%；实现利税总额3.13亿元。

全区原盐总产量为0.61×10^4t，比上年下降64.1%；销售原盐1.76×10^4t，增加12.1%。

全年建筑业增加值23.22亿元，按可比价计算，比上年增长5.3%。年末全区具有资质等级的总承包和专业承包建筑业企业27家，实现总产值45.93亿元，比上年增长6.4%；建筑施工面积508.04×10^4m^2，增长22.5%；实现利润总额4 051万元，下降18.8%；总税金14 789万元，增长5.8%。

（2）农林牧副渔经济

2012年，全区实现农林牧渔业总产值68.18亿元，比上年增长9.6%。其中，渔业总产值63.68亿元，比上年增长9.4%；农业总产值3.20亿元，比上年增长13.0%；林业总产值0.14亿元，增长42.2%；牧业总产值1.02亿元，增长3.1%。

全年农作物总播种面积9.74万亩，比上年增长1.8%，其中粮食作物播种面积3.90万亩，与上年持平。粮食产量1.30×10^4t，与上年基本持平。蔬菜产量3.00×10^4t，增长0.4%。水果产量1.61×10^4t，比上年下降7.3%。

全年肉类总产量3 748 t，比上年下降0.8%，其中猪肉产量3 232 t，下降3.8%。禽蛋产量1 738 t，增长2.7%。全年生猪饲养量7.21万头，增长0.9%，其中出栏4.08万头，下降4.2%。

全年水产品总产量71.89×10^4t，比上年增长3.8%，其中，国内捕捞产量48.10×10^4t，与上年持平。年末有远洋生产渔船295艘，全年远洋渔业产量20.23×10^4t，比上年增长17.2%。全区海水养殖面积3.85万亩，海水养殖产量3.11×10^4t。

年末有机动渔船3 670艘，比上年末增加19艘，其中生产渔船3 061艘，增加18艘。渔船总吨位51.36×10^4t，比上年增长17.7%，其中生产渔船总吨位37.33×10^4t，增长19.6%。渔船总马力71.46×10^4 kW，比上年增长11.8%，其中生产渔船57.05×10^4 kW，增长11.7%。

（3）固定资产投资和房地产业

2012年，全区实现固定资产投资额155.22亿元，增长27.6%。其中第二产业投资46.46亿元，增长29.6%；第三产业投资108.73亿元，增长26.7%。从主要投资类别看，全年工业投资46.06亿元，增长31.3%；基础设施投资60.77亿元，增长61.8%；房地产开发投资55.34亿元，增长41.0%。

2012年全区共安排政府实事项目33项，完成投资94 037万元，完成预期目标的95.2%；安排重点建设项目43项，完成投资563 235万元，完成预期目标的60.6%。

全年房地产开发投资额55.34亿元，比上年增长41.0%，其中，住宅投资31.69亿元，比上年增长36.3%。商品房施工面积406.78×$10^4 m^2$，比上年增长17.9%，其中住宅244.84×$10^4 m^2$，增长16.3%；商品房竣工面积116.1×$10^4 m^2$，比上年增长2.7倍，其中住宅57.41×$10^4 m^2$，增长164.3%；商品房销售面积43.32×$10^4 m^2$，比上年下降44.7%，其中住宅26.59×$10^4 m^2$，下降56.2%；商品房待售面积14.2×$10^4 m^2$，比上年增长169.4%，其中住宅7.96×$10^4 m^2$，增长2.4倍。

（4）交通、港口和邮电业

2012年，全区交通运输、仓储和邮政业实现增加值23.02亿元，按可比价计算，比上年增长9.9%。全年水、陆货运量6 157×10^4t，比上年增长12.6%；货运周转量569.88×10^8 t·km，增长18.0%。其中，水路货运量5 141×10^4 t·km，货运周转量565.77×10^8 t·km。水、陆客运量6 883万人，比上年增长3.2%；客运周转量144 879万人·km，增长4.8%。其中，水路客运量2 310万人，客运周转量24 652万人·km。年末全区有货物运输船舶490艘，比上年末增加35艘，运力168.32万载重吨，比上年增长17.3%。

全年港口货物吞吐量5 998×10^4t，比上年增长6.0%。其中，进口货运量2 109×10^4t，增长11.6%；出口货运量3 889×10^4t，增长3.2%。

全年邮电业务收入5.34亿元，比上年增长4.1%。其中，电信业务收入量4.99亿元，比上年增长3.9%。年末全区固定电话用户17.81万户，比上年末下降1.6%；移动电话用户49.43万户，下降1.4%，其中，3G移动电话用户数为9.06万户，增长51.7%。互联网宽带接入用户数10.53万户，比上年增长15.4%。移动互联网用户数28.51万户。

（5）国内贸易

2012年，全区实现社会消费品零售总额104.41亿元，比上年增长18.2%。其中，批发和零售业实现零售额79.30亿元，增长19.9%，占全区社会消费品零售总额的75.9%；住宿餐饮业实现零售额25.12亿元，增长13.2%。从限额以上批发和零售业商品销售分类情况来看，零售额增幅前5位的分别是化妆品类、通信器材类、服装鞋帽针纺织品类、金银珠宝类、汽车类，分别比2011年增长

2.5 倍、2.4 倍、2.2 倍、81.9%、30.3%。

（6）对外经济和旅游业

全年实现外贸进出口总额 61.35 亿美元，同比增长 30.1%，其中出口总额 47.12 亿美元，增长 30.0%。其中，油品出口 17.80 亿美元，增长 58.5%；船舶出口 24.11 亿美元，增长 21.1%；水产加工品实现出口额 4.90 亿美元，增长 1.6%。从出口地区来看，对香港、利比里亚、新加坡和巴拿马的出口额为 27.58 亿美元，占出口总额的 58.5%。其中，对香港和新加坡出口额分别为 7.79 亿美元和 6.63 亿美元，分别增长 2 倍和 4.1 倍；对利比里亚和巴拿马的出口额略有下降，分别为 6.98 亿美元和 6.18 亿美元，分别下降 7.2% 和 2.6%。

全年协议利用外资 7 530 万美元，比上年增长 3.0 倍，实际利用外资 6 851 万美元，比上年增长 186.2%。

全年共接待国内外游客共 1 691.46 万人次，比上年增长 9.4%。其中接待海外游客 18.51 万人次，增长 8.6%。从主要景区看，普陀山景区接待游客 556.46 万人次，比上年增长 7.1%；朱家尖景区接待游客 388.61 万人次，增长 12.1%；桃花岛景区接待游客 170.59 万人次，增长 11.1%。全年实现旅游总收入 150.01 亿元，比 2011 年增长 12.8%。2011 年年末全区有旅行社 53 家；星级宾馆 27 家，其中三星以上 17 家。星级宾馆客房数 2 469 间，床位数 4 712 张；旅游咨询服务中心 9 个。

（7）金融和保险业

2012 年年末全区金融机构存款余额（本外币）285.95 亿元，比年初增加 18.76 亿元。其中单位存款余额 128.57 亿元，比年初减少 3.89 亿元；个人存款余额 150.19 亿元，比年初增加 21.71 亿元。金融机构贷款余额（本外币）319.42 亿元，比年初增加 37.04 亿元。其中，短期贷款余额 179.39 亿元，比年初增加 35.73 亿元；中长期贷款余额 139.59 亿元，比年初增加 1.13 亿元。

全年保险公司保费收入 6.16 亿元，比上年增长 4.4%。其中，财产保险费收入 2.27 亿元，增长 5.3%；人身险保费收入 3.89 亿元，增长 3.9%。保险公司赔款支出 1.42 亿元，比上年下降 6.3%；保险公司给付支出 2 691 万元，增长 10.6%。

（8）科学技术和教育

2012 年，全区财政投入科技经费 6 541 万元，比上年增长 16.8%。组织实施各类科技计划项目共 180 项，其中国家级 7 项，省级 58 项，市级 31 项。全年获市级政府奖励的科技成果 3 项。申请专利 615 件，授权 322 件。

年末全区共有中小学校 32 所。其中普通高中 3 所，全年招生 1 050 人，在校学生 3 196 人；职业高中 1 所，全年招生 739 人，在校学生 2 375 人；初中 12 所，全年招生 2 132 人，在校学生 6 208 人；小学 16 所，全年招生 2 438 人，在校学生 13 967 人。幼儿园 37 所，全年招生 2 212 人，在园幼儿 8 865 人。

全区 3—5 周岁幼儿入园率 99.6%；学前一年入园率、小学入学率、初中入学率均为 100%；全区初中升高中段比例为 99.5%；普通高中毕业率 99.8%；19 周岁人口高校毛入学率 69.2%。全年自学考试报名 547 人，毕业 15 人。小学专任教师大专以上学历比例 92.3%；初中专任教师本科以上学历比例 91.1%；高中专任教师本科以上学历比例 99.0%，其中研究生学历比重为 7.4%。

（9）文化、卫生和体育

2012 年年末，全区有区级文化馆 1 个，全年组织文艺活动 166 次，共有 4.98 万人次参加；利用流动舞台车演出 108 场，演出观众 2.16 万人次。区级图书馆 1 个，藏书达 17.33 万册，图书馆年流通 17.54 万人次。2012 年年末全区有线电视用户共 10.55 万户，其中城区 6.79 万户，全区电视人口综合覆盖率达到 100%。室外广播农户覆盖率达到 99%，通村率 100%。

2012 年年末全区共有各类医疗卫生机构 257 家，其中医院、卫生院 19 个。医疗床位 1 374 张。卫生技术人员 2 277 人，其中执业（助理）医师 1 113 人，注册护士 781 人。社区卫生服务站 54 家，村卫生室 89 家，城乡社区卫生服务人口覆盖率 100%。

2012 年创建省级小康体育村 42 个，新建（更换）渔农村全民健身路径 18 套，新建灯光篮球场 5 片。引进了女子国际自行车公路赛、全国帆船锦标赛、全国帆板冠军赛、首届舟山群岛“普陀山杯”全国大帆船邀请赛、国际大力士对抗赛等品牌赛事。举办 2012 年“普陀杯”浙江省传统武术锦标赛暨浙江省中国武术段位通段赛，承办“普陀杯”第四届全国沙滩足球赛。组队参加了国家、省、市级各类比赛，在舟山新区首届运动会青少年部田径比赛中获金牌 34 块，团体总分第一名，在省传统学校田径赛中获跳高第一名，在省田径锦标赛中获初中女子组 400 米第一名、800 米第二名，在省青少年短式网球、网球赛中获男子团体第三名。

（10）市政、能源与环境

2012 年年末建城区总面积 21.49 km^2，园林绿地总面积 639 hm^2，绿化覆盖率达到 33.6%，绿地率 28.5%。日供水能力 6.9×10^4t，全年供水总量 $2\ 517\times10^4$t，其中居民家庭用水 797×10^4t，工业用水 964×10^4t。全年供气总量 $838\times10^4 m^3$，其中家庭用气 $406\times10^4 m^3$。

全社会用电量 13.42×10^8 kW·h，比上年下降 0.6%。其中工业用电 7.37×10^8 kW·h，下降 10.4%；生活用电 2.62×10^8 kW·h，增长 11.3%。单位国内生产总值综合能耗降低率 6.1%，其中工业增加值综合能耗降低率13.5%。

2012年普陀城区各项空气污染物指标100%，符合国家二级标准。全年空气质量达标（API<100）天数为361天，其中空气质量为优的266天，占73.7%；为良的95天，占26.3%。共设地表水常规市级监测断面6个，其中水库3个，河流3条，地表水质达标率为83.3%。区域环境噪声平均等效声级54.8 dB，比上年上升2.1 dB。城区垃圾无害化处理率100%。

（11）人口、人民生活与社会保障

2012年年末全区家庭总户数111 611户，户籍人口322 340人，其中，非农业人口122 870人，占总人口的38.1%。按性别分，男性160 773人，女性161 567人，男女性别比为99.51:100。60周岁以上人口为64 105人，占总人口的19.9%。全年出生人数2 584人，死亡人数2 631人，人口自然增长率-0.15‰。迁入人口1 590人，迁出人口861人，人口机械增加729人，机械增长率2.26‰。

据抽样调查：2012年城镇居民人均可支配收入33 481元，比上年增长11.7%。城镇居民人均消费性支出18 287元，比上年增长5.1%。全年渔农村居民人均纯收入18 226元，比上年增长12.6%。其中，渔村居民人均纯收入20 184元，增长14.2%；农村居民人均纯收入17 334元，增长12.1%。渔农村居民人均生活消费支出14 305元，比上年增长14.0%。城镇居民恩格尔系数40.0%；渔农村居民恩格尔系数34.7%。

2012年，全区新增城镇就业岗位6 800人，其中引导帮助失业人员再就业1 215人。年末城镇登记失业人2 056人，城镇登记失业率为3.1%。全年各类渔农民培训6 440人次，新增渔农民转移就业2 263人。年末全区渔农村从业人员数12.23万人，比上年减少0.81万人。其中：从事第一产业的从业人员3.03万人，从事第二、第三产业的从业人员9.2万人，占全部渔农村劳动力的比重为75.2%。

2012年年末全区参加基本养老保险人数97 587人，比上年增长30.0%，全年支付养老保险费32 444万元，增长48.4%；基本医疗保险参保人数76 971人，增长10.6%；失业保险参保人数41 430人，增长7.9%；被征地农民保险人数39 092人，增长5.2%。

2012年年末全区有各种社会福利收养性单位18个，床位1 299张，年末在院人数707人。城镇“三无”对象集中供养率100%，渔农村“五保”老人集中供养率98.7%。得到国家抚恤补助366人；优待优抚对象603户，优待总金额412万元；临时救济户数1 205户。城乡居民得到政府最低生活保障人数4 059人，其中城镇低保对象835人，渔农村低保对象3 224人，全年支付低保资金1 334万元，城乡低保对象最低生活补助标准每人每月分别达到464元和372元。

全区有城镇便民、利民服务网点216个，社区服务志愿者组织455个。

9.7.3 发展规划

（1）2012国民经济和社会发展预期调控目标

随着新区建设的全面推进，普陀区海洋经济发展迎来前所未有的历史机遇。但宏观经济平稳运行面临复杂形势，制约普陀区经济发展的不确定因素较多。因此，要牢牢把握机遇，积极迎接挑战，增强信心，扎实做好工作。

综合考虑国内外经济形势以及各方面因素，结合普陀区实际，2012年国民经济和社会发展主要目标如下。

——地区生产总值279亿元，增长10.0%；

——工业总产值495亿元，增长10.0%；

——渔农业总产值67.5亿元，增长10.0%，其中，渔业总产值63.8亿元，增长11.0%；农业总产值3.7亿，基本持平；

——财政总收入34.1亿元，增长11.5%；

——地方财政收入21.6亿元，增长12.0%；

——全社会固定资产投资额151亿元，增长12.0%，其中，工业投资42亿元，增长5.0%；

——社会消费品零售总额104亿元，增长18.0%；

——地方自营进出口总额43亿美元，增长10%；

——旅游接待人数1 718万人次，增长10.0%；旅游总收入116.7亿元，增长13.0%；

——港口吞吐量5 700 $\times 10^4$t，增长10.0%；

——城镇居民人均可支配收入32 950元，增长10.0%；渔农村居民人均纯收入18 100元，增长11.0%。

（2）2012年国民经济和社会发展计划主要任务

做好2012年的经济工作，必须贯彻中央提出的“稳中求进”的工作总基调，坚持落实科学发展观，围绕舟山群岛新区建设目标，扎实做好“抓转型、推改革、促增长、惠民生”的各项工作任务，更加重视经济的转型升级，更加重视改革创新对经济发展的支撑，更加重视经济发展的协调性、稳定性和可持续性，更加重视改善民生和社会和谐稳定。按照区委确定的全区经济工作的指导思想，切实把区委部署落到实处，实现全区经济社会平稳协调较快发展。

1）积极主动向上对接，抓好相关规划工作

集聚各方智慧力量，增强凝聚力和战斗力，积极主动向上对接，形成推进普陀大开发大开放的良好发展环境。①研究吃透中央、省、市对于新区建设的有关精神，深入研究普陀发展的相关目标定位、体制机制，积极对接《舟山群岛新区发展规划》，突出重点和关键，争取更多的事项进入规划。同时，积极向上争取相关项目和政策，把争取上级支持的过程变为加快普陀先行先试的实际行动。②以新区规划为统领，围绕普陀区“十二五”规划，认真调研，把握全局，编制完成事关全区未来发展的一批重要规划，明确空间开发时序。③积极争取建立与国内外规划编制机构的战略合作关系，进一步提升规划编制水平。

2）强化政府服务职能，切实保障经济持续发展

不断强化政府公共管理和服务职能。继续开展干部蹲点服务，深入了解企业面临困境，分析原因，制定行之有效的办法，帮助企业解决生产经营中遇到的问题。减轻企业负担，对涉企收费项目进行集中清理整治。进一步加大对船舶修造、水产、海运、远洋渔业等重点支柱产业的政策扶持力度。加大金融保障力度，化解企业运营难题。落实《关于加强和改善金融服务，支持中小企业发展的若干意见》，鼓励金融部门加大对中小企业的信贷资金倾斜，确保小微企业贷款增速高于贷款平均增速，不抽贷、不压贷。规范做大规模外融资业务，有效弥补规模内贷款不足，保证全区金融市场和谐稳定。

3）着力推进现代产业体系建设，确保提高经济发展质量

着眼于大平台、大产业、大项目、大企业建设，推动产业转型升级，加强招商引资工作，努力引进重大产业项目，在“加快”上下工夫、在“转变”上求实效，加快构筑现代产业体系。①加快工业转型升级。继续大力支持船舶修造业和水产品精深加工业等基础传统工业产业发展，延伸产业链。②积极发展港口物流业，打造国际物流岛。充分释放舟山武港矿沙中转码头、浙能舟山六横煤炭中转码头等港航项目的产能，部署建设重大港口物流项目，加大物流基础设施投入，积极吸引国内外著名物流企业入驻普陀。③大力促进现代服务业发展，着力推进服务业多层次发展。加快“朱家尖自在岛”、“鲁家峙创意岛”建设，积极推进国际邮轮码头、朱家尖西岙游艇基地和鲁家峙阿鲁亚、东港希尔顿高星级酒店等重大项目建设。④继续推进远洋渔业发展。加大对远洋渔业的政策支持，支持远洋渔船更新改造，积极培育远洋龙头企业。⑤大力发展战略性新兴产业。抓紧实施《舟山市普陀区海洋战略性新兴产业发展规划》，争取在海洋装备制造业、临港石化、清洁能源产业等战略性新兴产业上有所突破，加快推进新基海洋工程装备制造项目。扶持一批龙头骨干企业，建设一批重大示范项目，如六横生物燃料乙醇加工项目等。⑥加快构筑人才战略高地，提升发展的核心竞争力。探索完善符合普陀区实际情况的高层次创新型人才扶持政策，建立人才引进“绿色通道”和高层次人才信息库。新增人才公寓、公共租赁房等人才保障住房 5 000 m^2 以上。⑦推动重大项目进程。扎实开展“围绕重大决策，推进重大项目”专项行动，集中力量和时间，突出抓好重点项目推进和规划实施，扎实开展

项目调研、项目服务、专项对接、项目督查活动。加大对未开工的重点项目或重大工程的督查力度，查找原因，提出对策措施，倒排开工计划，加快项目建设和产能释放。

4）进一步完善城市建设，着力提升城市服务管理水平

着眼于完善城市功能，提高服务和管理水平，集中力量逐步解决城市发展中的突出矛盾和问题，不断增强城市服务生活、承载发展的能力和水平。①继续做好城市建设专业规划、区域控制性详细规划修编，有序推进城市开发建设。②抓好基础设施建设。以交通与景观相融合为理念，加强本岛和主要大岛公路建设。积极推进六横至穿山疏港公路建设，加快推进小干大桥、北向疏港公路、滨港路西段沿海高架一期工程、海天大道（普陀段）改造工程、兴建路一期改造工程等交通基础设施项目，做好朱家尖－鲁家峙－半升洞桥隧工程前期工作。以疏堵保畅为目标，加快发展公共交通，出台城市交通单行方案，推进沈家门滨港公园及停车库工程等项目建设，缓解交通压力。③推进市政配套设施建设。以东港商务中心启用为契机，加快实施东港二期市政道路、管线、水系景观、亮化、绿化工程，强化海洋海岛特色。④促进城市管理效能整体提升。加大城市管理信息化建设投入，强化科技支撑，促进城市管理数字化。有效实施普陀老城区交通组织，提升交通管理科技水平，安装电子警察系统，完善交通标牌、信号灯、道路标线。继续推进普陀无线智慧城市项目。⑤推进“美丽海岛”建设，完成10个美丽海岛精品社区、特色社区建设。继续实施“千村示范万村整治”工程，完成整治10个村（经济合作社），改造建设渔农村住房1 700户，新启动中心村建设2个，建立完善村庄整治长效管理机制。⑥采取有力措施，严肃查处城市建设中的各种违法行为。落实具体方案，尽快开展集中“清违”工作，创造更加美好、更加和谐的城市环境。

5）努力促进经济社会协调发展，各项社会事业全面进步

突出以人为本的思想，采取有效措施，大力发展各项社会事业，努力促进地方经济与社会协调发展。继续推进科技强区建设，加快科技创新载体和创新服务平台建设。大力推进素质教育，创建品牌特色学校。提高学前教育普及质量，推动优质学前教育向渔农村延伸。实施中高职人才一体化培养，提升职成教育水平。大力发展文化体育事业，不断完善公共文化服务体系。加快推进普陀大剧院建设，积极打造鲁家峙文化创意园区，启动普陀全民健身中心项目。加大财政投入，着力构建惠及全民、统筹城乡、保障有力的社会保障体系。进一步深化“网格化管理、组团式服务”工作，确保全区社会秩序稳定。重视就业工作，落实好就业、再就业扶持政策，做好外来务工人员管理工作。加强“平安普陀”建设，确保群众安居乐业。

6）不断深化改革开放，加快先行先试步伐

紧紧抓住浙江舟山群岛新区建设加快推进的有利契机，大胆先行先试，加快体制机制创新，争取最大程度的政策倾斜，推进经济、社会、全民素质三大转型。①学习贯彻六中全会精神，不断深化文化体制改革。加快社会主义核心价值体系构建，推动文化事业全面繁荣、文化产业健康发展。②贯彻落实全省加强政府自身建设电视电话会议精神，加强行政体制改革和机关行政作风建设。锐意强化政府自身建设，推进行政体制改革。③大力推进金融创新。积极探索金融体制改革思路，鼓励金融机构创新金融产品，重点引导战略性新兴产业发展。实行各种奖励措施，积极鼓励企业上市和发行债券。④扎实推进医改工作。全面完成医改阶段性目标任务，继续推进基层医疗资源统筹配置改革。

9.8 定海区产业布局

9.8.1 基本概述

（1）情况简介

地处中国海岸线中心的定海，属南北海运和远东国际航线之要冲，是中国内陆与世界主要港口通航最便捷的起航点之一，被国务院列入长江三角洲及沿海地区先行规划、先行发展的地区之一。

处于中国最大渔场——舟山渔场的定海历史悠久，1975 年在白泉十字路出土的文物，其特征与河姆渡第二层文化相似。1977 年马岙唐家墩出土的文物，具有良渚文化的特征。可见，定海的文化是大陆史前文化的一部分。春秋称甬东，属越国，秦隶会稽、隋属句章，唐开元二十六年（738 年）置翁山县。宋熙宁六年（1073 年）置昌国县，清康熙二十三年，称舟山镇，二十六年五月，康熙帝以“山名为舟，则动而不静”，御书“定海山”三字颁赐，诏改舟山为定海山，设原定海县为镇海县，康熙二十七年置定海县隶宁波府，1953 年改舟山专区，定海县为定海、普陀、岱山三县。

1987 年 1 月，撤舟山地区，设舟山市（地区级），3 月 14 日，定海县改称定海区（县级），隶舟山市。2008 年年末，定海区辖解放、昌国、环南、城东、盐仓、临城 6 个街道，白泉、小沙、岑港、双桥、金塘、干石览、马岙 7 个镇和北蝉、册子、长白 3 个乡，有社区居委会 41 个，村民委员会 113 个，新型社区 82 个，村民小组 2 192 个。2004 年 9 月，临城街道由区政府委托舟山市新城管委会管理；2008 年 5 月金塘镇建立舟山市金塘开发建设管理委员会，由市人民政府授权，在所辖区域内行使相关的市级经济管理权限和县级社会行政管理职能。

2011 年，全区总户数 144 315 户，总人口 378 246 人，比上年增加 2 305 人，增长率为 6.13‰。

（2）地理位置

定海居我国东海，位于长江口与杭州湾的交汇处，北靠富庶发达的长江三角洲，与沿海发达城市上海、南京、杭州、宁波抵背相依，又与最具潜力的上海浦东开发区和宁波北仑开发区一衣带水，毗邻国家级风景名胜区普陀山、国家级生态公园朱家尖岛，海岛风光秀美，气候宜人，是中国千岛城市——舟山市的县级区，是舟山市政治、经济、文化中心。全区共有大小岛屿 128 个，总面积 1 444 km^2，其中，陆地面积 568.8 km^2，海域 875.2 km^2，拥有海岸线逾 400 km；在定海和上海、宁波之间联起了“蓝色通道”，舟山普陀山机场与全国各地架起了空中通途。

定海地处浙江省东北、上海市东南、杭州湾外缘的东海海域中，地理位置介于 29°55′—30°15′N，121°38′—122°15′E 之间。定海面临浩瀚的太平洋，背靠上海、杭州、宁波大中城市和长江三角等辽阔腹地，属我国南北海运和远东国际航线之要冲，是长江流域对外开放的海上门户和通道。

（3）气候特点

定海属北亚热带南缘海洋性季风气候，冬暖夏凉，温和湿润，光照充足。年平均气温 15.6 ~ 16.6℃，最热为 8 月，平均气温在 25.8 ~ 28.0℃；最冷为 1 月，平均气温 5.2 ~ 5.9℃。年平均降水量 927 ~ 1 620 mm，常年主导风为夏季东南风，冬季西风。年平均日照 2 101 ~ 2 302 h，年平均风速 3.3 ~ 7.2 m/s，无霜期 251 ~ 303 天，适宜各种生物群落繁衍生长。由于地处大海之中，空气自然净化能力强，清晰爽然，长天碧空，白云飘飘，海岛风光秀美，气候宜人。每年 7—9 月出现的热带风暴和台风，是最主要的灾害性天气。

（4）地形地貌

定海是天台山山脉向东北延伸入海的露头部分，属海岛丘陵地貌，总面积 1 444 km^2，其中岛屿面积 568.8 km^2，占 39%，陆地面积 531.06 km^2，滩涂面积 37.74 km^2，最高峰为黄杨尖山，海拔 503.6 m，为境内唯一一座低山。全境岛屿众多，有大小岛屿 127 个，其中住人岛 27 个；海岸线曲折，总长 428.07 km，其中水深 10 m 以上深水岸线 68.7 km，水深 20 m 以上深水岸线 43.10 km。全境分列 4 个海域：西北部为灰鳖洋，西部为横水洋、杭州湾，东南部为峙头洋，北部为大猫洋；有优良港湾 5 个：定海港、老塘山港、岑港、西码头港和沥港。境内土壤以红壤为主，矿藏较少。

9.8.2 产业发展概述

2012 年上半年全区实现地区生产总值 152.19 亿元，按可比价计算同比增长

9.2%。其中第一产业实现增加值3.63亿元，下降7.4%；第二产业实现增加值69.78亿元，增长14.0%；第三产业实现增加值78.78亿元，增长6.0%。三次产业的结构比例为2.4∶45.8∶51.8。

（1）农渔业经济

2012年，定海区坚持以科学发展观为指导，创新思路整合农业资源，以农民增收为核心，加快推行农渔业产业化建设，推进城乡一体化进程。上半年，定海区实现农渔业总产值6.4亿元，同比下降2.5%，按可比价计算下降8%。其中种植业实现产值2.4亿元，增长4.5%；牧业实现产值1.3亿元，增长12.6%，渔业实现产值2.5亿元，下降13.6%。总体来说，农牧业生产总体平稳，渔业生产下降明显。

1）种植业生产基本稳定

2012年定海区着力发展高效生态农业，巩固发展基础产业。春、夏两季共完成农作物播种面积7 998 hm^2，比2011年同期下降3.2%。其中春季播种面积3 764 hm^2，同比减少3.3%，夏季播种面积4 234 hm^2，同比减少3.2%。春季实现粮食总产量4 829 t，同比增长5.6%，除小麦亩产同比下降6.7%外，蚕（豌）豆、马铃薯、油菜籽亩产分别增长1.3%、2.8%、4.5%。

粮食播种面积基本持平。2012年上半年，定海区春、夏两季粮食作物播种面积为3 147 hm^2，与2011年同期持平；其中春季1 471 hm^2，同比增长1.9%，夏季1 676 hm^2，同比减少2.8%。分品种看，谷物播种面积693 hm^2，同比增长2.2%；豆类播种面积1 218 hm^2，同比下降3.7%；薯类播种面积1 236 hm^2，与2011年基本持平。

经济作物播种面积略减。2012年上半年，定海区经济作物播种面积4 851 hm^2，同比下降4.9%。其中油料作物面积752 hm^2，同比下降2.6%；蔬菜播种面积2 847 hm^2，同比下降2.3%；果用瓜播种面积856 hm^2，同比下降7.4%。

2）畜禽生产总体较好

截至2012年上半年，定海区肉类产量6 989 t，同比增长10.8%，其中猪肉产量5 633 t，同比增长10.8%，禽肉产量1 198 t，同比增长10.3%，禽蛋产量1 572 t，同比下降11.5%；牛奶产量222 t，同比下降1.8%。

生猪生产发展趋势放缓。由于生猪价格持续走低，养殖利润空间变窄及个别养殖场搬迁等原因使全区生猪补栏不足，存栏下降，出栏略增。二季度末全区生猪存栏8.16万头，同比下降8.1%，其中能繁殖母猪1.02万头，同比下降4.7%，出栏7.13万头，同比增长1.9%。

家禽生产发展势头较好。2012年上半年，由于部分肉禽养殖户养殖模式的改变、养殖周期的缩短，拉动了家禽存栏出栏双双增长。定海区家禽存栏达到50.16万羽，同比增长5.9%，出栏达到50.53万羽，同比增长20.7%。

3）渔业生产明显减缓

由于渔业资源衰退鱼发不佳、油价高涨及远洋单船产量下降、产品价格下跌等原因，使渔民出海作业积极性下降。2012年上半年，国内捕捞实际作业船只159艘，船只出海率仅有三成，比2011年年同期206艘减少22.8%；全区拥有远洋渔船55艘，1—6月份投入远洋生产渔船只有14艘。

捕捞产量降幅较大。2012年上半年，定海区渔业总产量20 394 t，同比下降19.2%。其中国内捕捞实现产量10 049 t，同比下降24.57%，实现远洋捕捞产量7 420 t，同比下降19.70%。

养殖生产形势良好。2012年上半年，该区以旭旺养殖场为代表的养殖户，坚持走科技兴养路子，在养殖面积逐步减少的情况下，采取“精、高、混”养殖方法，实现养殖产量2 269 t，同比增长9.57%。

（2）工业经济

2012年上半年，全区实现工业总产值269.38亿元，增长8.2%，总量继续保持全市第一，但工业增长速度放缓，增速低于全市平均水平，企业利润下滑较快。

1）规模工业增长缓慢，影响整体工业增速

2012年1—6月，全区规模以上工业企业累计实现产值215.29亿元，同比仅增长4.6%，而其占全部工业的比重达到80%，因而规模工业增长过慢直接影响了定海区上半年整个工业的发展。

2）企业效益大幅度下滑，规模以上企业亏损逾四成

2012年1—5月，全区规模工业实现利税3.07亿元，同比下降76.3%；其中，利润总额为亏损1.43亿元，2011年同期则为盈利4.61亿元。128家规模以上企业中，有52家企业出现亏损，亏损面达40.6%，同比扩大10.9个百分点；亏损企业亏损额达3.61亿元，同比增长47.2%。

3）规模以上工业能耗略有下降

2012年1—5月，定海区128家规模以上工业企业等价能源消费量为28.38×10^4t，同比上升3.5%，但单位增加值能耗同比下降3.8%。全区2012年上半年全社会用电量8.50×10^8 kW·h，同比增长0.6%，其中工业用电量4.54×10^8kW·h，同比下降3.9%。

（3）第三产业

定海区服务业总体稳健向好，商贸业面临较大压力。2012年1—5月，全区594家限额以上服务业企业经营规模不断扩大，资产总计1 255.1亿元，同比增

长18.3%；实现营业收入203.1亿元，同比增长36.2%；实现营业利润2.4亿元，同比增长43.7%；实现利润总额3.8亿元，同比增长33.2%。

1）交通运输仓储业发展迅猛

随着定海区金塘大浦口码头生产能力不断提高和大宗货物运输增加，2012年1—6月，该区交通运输业发展良好。全区港口货物吞吐量为6 229 $\times 10^4$t，同比增长15.9%，完成集装箱吞吐量21.87万标箱，同比增长2.7倍。截至2012年6月底，全区海运总运力达212万载重吨，同比增长26.9%，集装箱车辆达到1 630辆，同比增长16.4%。

全区储罐能力不断增强，企业收入大幅度提高。2012年以来，投资14.5亿元、总储油量达到104 $\times 10^4 m^3$ 的天禄油品储运项目（中建仓储）二期正式投产，大大增强了定海区的储罐能力。前5个月，全区21家仓储业企业实现固定资产原价65.4亿元，同比增长11.2%；实现营业收入5.3亿元，同比增长34.2%。

2）商贸行业消费拉动遇挑战

2012年上半年，该区实现社会消费品零售总额58.4亿元，同比增长11.7%，增速比上年同期回落6.6个百分点。其中，限上社会消费品零售总额实现23.5亿元，同比增长5.5%，增速较慢，主要是由于周边地区的商贸竞争力不断增强以及网购之风渐盛，使得该区传统商贸业的发展受到了极大的挑战。

3）品牌效应助旅游业稳步增长

旅游业方面，尽管2012年上半年阴雨天较多，影响了游人出行，但是南洞戏剧谷、茶人谷等一批已初具品牌效应的旅游项目有力地助推了该区旅游业的发展。全区2012年上半年共接待游客225.44万人次，同比增长11.8%，其中国内旅游人次223.21万人，同比增长12.1%，国际旅游人次2.86万人，同比增长7.8%；实现旅游总收入21.83亿元，同比增长10.8%。

（4）固定资产投资

固定资产投资增长较快，投资额保持全市第一。2012年以来，定海区固定资产投资保持了较好势头，上半年累计完成固定资产投资110.39亿元，同比增长30.1%。投资额占全市总量的四成左右，为拉动全市固定资产增长作出了重大贡献。

1）工业投资稳步增长，技改投入保持领先

2012年1—6月，该区累计完成工业投资31.82亿元，同比增长7.4%。其中，船舶工业和机械制造业占较大份额，分别完成投资20.36亿元和5.43亿元，同比增长38.4%和97.7%。工业技改投入继续领跑全市，前6个月累计完成投资11.88亿元，超其他各县区之和，占全市技改投资的58.1%。

2）服务业投资趋向多元，仓储业成投资热门

2012年前6个月定海区累计完成服务业投资78.52亿元，同比增长42.2%。

从结构来看，服务业投资更趋向多元化，2012 年上半年传统的水陆运输业依然保持较大投入，前 6 个月累计完成投资 7.28 亿元，同比增长 14.1%。仓储业投资表现突出，前 6 个月累计完成投资 11.98 亿元，同比增长 1.02 倍，其中册子岛油库、光汇外钓岛储运、中际化工、万向油库等项目累计完成投资 7.47 亿元。此外，新兴服务业也初显活跃，总投资 2.18 亿元的外钓岛 – 马目输油管道工程开工，填补了该区管道运输业空白，前 6 个月完成投资 2 376 万元；“智慧舟山”等信息技术业项目也加大投入，2012 年上半年已完成 5 966 万元，同比增长 3.29 倍。

3）房地产投资先缓后快，商业用房成销售热点

因受到国家调控政策影响，定海区 2012 年开年后房地产投资出现了明显回落，第一季度，该区房地产投资同比下降 7.8%，投资增幅近三年来首次出现下降，与 2011 年同期 1.7 倍的高增幅形成了巨大落差。但二季度以来，该区的房地产投资又逐渐趋旺，增幅不断上涨。上半年该区累计完成房地产投资 39.20 亿元，增幅从一季度的负增长上跳 42.8 个百分点，同比增长 35.0%。目前在供地、融资困难及宏观调控的背景下，开发商主打办公楼和商业营业用房的销售，这两类房产前 6 月销售面积同比增长 12.6 倍和 2.6 倍，销售额同比增长 9.0 倍和 5.3 倍。

（5）金融业

金融业发展平稳，存贷款余额持续增长。2012 年以来，国家继续实行稳健的货币政策，金融业发展较为平稳，加之物价下落，房价趋稳，居民存款意愿上升，使得定海区的存贷款余额继续增长。截至 6 月底，定海区金融机构存款余额为 290.52 亿元，环比增长 1.64 亿元，同比增长 26.80 亿元，其中，城乡居民储蓄存款余额为 136.94 亿元，环比增长 8.90 亿元，同比增长 9.90 亿元。金融机构贷款余额为 302.00 亿元，环比增长 1.25 亿元，同比增长 12.96 亿元，其中，向工业企业贷款余额为 52.78 亿元，环比增长 0.12 亿元，同比增长 1.57 亿元。

定海“十一五”规划主要经济社会指标完成情况见表 9 – 18。

表 9 – 18　定海“十一五”规划主要经济社会指标完成情况

序号	主要指标	单位	2009 年实绩	2010 年增速（%）	2010 年实绩	“十一五”规划目标值	完成情况
1	地区生产总值	亿元	210	12.6	250.6	确保 200，力争 220	超额完成
2	人均地区生产总值	元	55 864	12.5	66 708	确保 53 000，力争 58 000	超额完成
3	工业总产值	亿元	332.5	17.9	391.9（440）	320 以上	超额完成

续表

序号	主要指标	单位	2009 年实绩	2010 年增速（%）	2010 年实绩	“十一五”规划目标值	完成情况
4	农渔业总产值	亿元	13.5	13.7	15.4	13 左右	超额完成
5	全社会固定资产投资	亿元	132.8	20.7	160	累计 140 左右	超额完成
6	工业性投入	亿元	47.1	17	55.1（累计 203）	累计 90 以上	超额完成
7	自营出总额	亿美元	11	53	16.6	3 以上	超额完成
8	预算内财政总收入	亿元	10.78	28.1	13.8	7.05 以上	超额完成
9	地方财政一般收入	亿元	6.20	30.7%	8.1	4.42 以上	超额完成
10	社会消费品零售总额	亿元	77.3	18.5	90.4	50 以上	超额完成
11	城镇居民人均可支配收入	元	26 751	9	29 161	27 000 以上	超额完成
12	农渔民人均纯收入	元	12 657	13.3	14 341	11 600 以上	超额完成
13	非农从业人员比重	%	86	—	86.5	82 以上	超额完成
14	城镇化水平	%	—	—	70	70 以上	完成
15	人口自然增长率	%	0.17	—	0.3	2 以内	完成
16	万元生产总值能耗下降率	%	4.1	—	累计 20	累计 20	完成
17	化学需氧量排放量下降率	%	3.4	—	累计 17.9	累计 15.1	完成
18	二氧化硫排放量下降率	%	3.3	—	累计 18.2	累计 15	完成

注：1. 指标 16—18 已做调整，属国家约束性指标；

2. 第 3 项指标带（）数含临港开发区双桥、盐仓区块产值；

3. 第 10 项指标中的 2010 年增速因统计口径变化进行了调整。

9.8.3 发展规划

（1）指导思想与发展战略

深入贯彻落实科学发展观，围绕建设浙江舟山群岛新区这一主导，认真贯彻落实《定海区国民经济和社会发展第十二个五年规划纲要》，突出生态优先、效益优先、增进农渔民利益的工作理念，以建设一批“科学规划布局美、村容整洁环境美、增效增收生活美、乡风文明素质美、社会发展和谐美”的美丽海岛为目标，深入实施城乡统筹七大行动为抓手，着力推进农渔村生态经济、农渔村生态环境、农渔村生态文化和农渔村生态文明建设体制机制四大体系建设，全面建设富裕、文明、和谐、秀美、充满海岛风情的农渔村。

优质增长战略。坚持把“做大总量，优化增量”作为推进经济结构战略性调整的主要策略，把“建设大平台、大产业、大项目、大企业”作为主要抓手，实现发展速度、质量、效益相统一，推动经济社会全面转型升级和跨越式发展。

创新驱动战略。不断深化经济、政治、文化、社会等领域的改革，不断强化观念、方法、体制、机制等环节的创新，大力培育全社会的创新精神和文化，进一步扩大对外开放，加强区域合作交流，再创科学发展体制机制新优势。

全域统筹战略。围绕“城乡一体化、全域城镇化”目标，坚持规划共谋、产业共兴、设施共联、资源共享，建立完善以工促农、以城带乡的长效机制，建设城乡协调、特色鲜明、相得益彰的现代海岛城市。

幸福导向战略。坚持改革发展与惠泽民生相统一，在抓好经济建设、提升综合实力的同时，促进居民收入增长与经济发展同步，全力解决民生突出问题，全力打造生态宜居环境，不断提高人民群众的富裕程度、文明程度和幸福感。

持续发展战略。加快建设资源节约型、环境友好型社会，坚持以规划引领集约发展，科学有序推进资源的开发和保护，大力推进生态文明建设，积极发展循环经济，切实增强发展的全面性、协调性、可持续性。

（2）经济社会发展主要目标

海洋经济发展再上新台阶。海洋经济综合实力进一步增强，质量和效益明显提高，竞争力提升。到“十二五”末，地区生产总值和人均生产总值确保年均增长12%，力争年均增长14%，争取比“十一五”末翻一番；海洋经济增加值达到270亿元以上，占地区生产总值的比重超过55%；工业总产值达到1 000亿元以上，年均增长20%；全社会固定资产投资额累计达到1 200亿元，年均增长15%；财政总收入达到67.8亿元，年均增长15%，其中区本级27.8亿元；地方财政收入达到39亿元，年均增长15%，其中区本级16.3亿元；港口货物吞吐量1.8×10^8 t，年均增长12.5%，其中集装箱吞吐量达到150万标箱。

产业转型升级取得新突破。经济结构战略性调整取得突破，传统产业竞争优势持续增强，现代服务业快速发展，临港先进制造业不断壮大，农渔业生产水平明显提高，产业集聚区建设和现代产业集群培育取得成效，自主创新能力、开放型经济水平有效提升，基本建成现代海洋经济体系。到“十二五”末，三次产业比例调整为2∶44∶54；社会消费品零售总额年均增长16%；非农从业人员比重达到90%；研究与试验发展经费（R&D）投入占地区生产总值的比重达到2%，高新技术产业增加值占工业增加值比重达到38%。

城乡一体发展展现新格局。新型城市化发展框架基本形成，区域空间结构更趋合理，城区改造建设、美丽乡村建设取得重大进展，主城区功能地位更加突出、集聚辐射进一步增强，城乡基础设施明显改善，基本形成“城乡一体化、全域城镇化”发展新格局。到“十二五”末，全区城镇化水平达到73%。

生态文明建设达到新水平。万元生产总值综合能耗和主要污染物排放量完成工作目标任务，循环经济加快发展，土地、岸线等资源集约化利用水平持续提高，城乡人均绿地明显增加，宜居宜业的生态环境优势和可持续发展水平明显提升。到“十二五”末，万元生产总值综合能耗、二氧化硫排放量、化学需氧量排放量、氨氮排放量、氮氧化物排放量降幅确保完成省、市下达指标；集中饮用水源水质达标率达到100%，城镇生活污水处理率达到85%；区域绿化率达到55%以上；环境空气质量年均浓度值保持优良。

民生幸福建设取得新成就。基本实现充分就业和人人享有社会保障，城乡居民收入水平和生活质量普遍提高，特殊群体的基本生活需求得到有效保障，教育、卫生、文化等社会事业加快发展，基本公共服务均等化水平有较大提高，群众幸福指数提升。到“十二五”末，城镇居民可支配收入达到44 800元，农渔村居民人均纯收入达到24 100元，城乡居民收入比控制在2∶1以内；城乡居民社会养老保险参保率达到90%，新型农村合作医疗覆盖率达到95%以上；城镇失业登记率控制在4%以内，农渔村转移就业人数五年累计达到7 500人。

社会文明和谐彰显新气象。民主法制更加健全，公民道德水准、文化素质和法律意识进一步提升，政府公信力和行政效率进一步提高，公共安全防控体系更加健全，社会管理制度更趋完善，社会保持和谐稳定。

定海“十二五”规划指标见表9－19。

表9－19　定海“十二五”规划指标

分类	序号	指标名称	单位	2010年成绩	2015年规划值	年均增长（%）	指标属性
综合实力	1	地区生产总值	亿元	250.6	确保460，争取500	确保12，争取14	预期性
	2	人均生产总值	元	66 708	确保121 000，力争131 000	确保12，争取14	预期性
	3	工业总产值	亿元	440	1 000以上	20	预期性
	4	海洋经济增加值	亿元	130	270以上	16	预期性
	5	财政总收入	亿元	13.8（33.7）	27.8（67.8）	15	预期性

续表

分类	序号	指标名称	单位	2010 年成绩	2015 年规划值	年均增长（%）	指标属性
综合实力	6	地方财政收入	亿元	8.1（19.4）	16.3（39）	15	预期性
	7	全社会固定资产投资	亿元	160	累计 1 200	12.5	预期性
	8	港口货物吞吐量	$\times10^8$ t	1.01	1.8		预期性
	9	集装箱吞吐量	万标箱	5	150		预期性
结构优化	10	第三产业增加值占 GDP 比重	%	53.8	54		预期性
	11	社会消费品零售总额	亿元	90.4	190	16	预期性
	12	高新技术产业增加值占工业增加值比重	%	36.9	38		预期性
	13	非农从业人员比重	%	86.5	90		预期性
	14	R&D 经费占 GDP 比重	%	1.5	2		预期性
民生幸福	15	城镇化水平	%	70	73		预期性
	16	城镇居民人均可支配收入	元	29 161	44 800	9	预期性
	17	农渔村居民人均纯收入	元	14 341	24 100	11	预期性
	18	人口自然增长率	%	0.3	2 以内		约束性
	19	每千人医生数	人	3.06	3.32		约束性
	20	15 岁以上人口平均受教育年限	年	11	12		预期性
	21	人均公共文化体育设施面积	m^2	2.15	2.5	3	约束性
	22	社会保障支出占财政支出比重	%	12.5	15		约束性
	23	农村合作医疗覆盖率	%	98.6	95		约束性
	24	城乡居民社会养老保险参保率	%	79.4	90		约束性
生态建设	25	万元生产总值综合能耗降幅	%	3.3	完成上级指标		约束性
	26	区域绿化率	%	53.4	55 以上		预期性
	27	集中饮用水源水质达标率	%	100	100		约束性
	28	城镇生活污水处理率	%	74	85		约束性

续表

分类	序号	指标名称	单位	2010 年成绩	2015 年规划值	年均增长（%）	指标属性
生态建设	29	化学需氧量排放量降幅	%	5.7	完成上级指标		约束性
	30	二氧化硫排放量降幅	%	5.4	完成上级指标		约束性
	31	氨氮排放量降幅	%		完成上级指标		约束性
	32	氮氧化物排放量降幅	%		完成上级指标		约束性
	33	环境空气质量年均浓度值		优良	优良		约束性

注：第5、6 两项带（）的为共享区域口径数。

（3）优化发展格局

在“南生活、中生态、北生产”的空间发展基本构架基础上，充分考虑舟山海洋综合开发试验区建设、舟山跨海大桥贯通等重大利好因素，突出本岛一体化理念，以定海工业园区为总平台，着力构建“一体两翼、一市八镇”的城镇发展格局、“一核、三带、六基地、十岛屿”的产业发展格局和“一区、二廊、多片”的生态景观格局，打造定海“十二五”时期海洋产业发展、城乡一体化建设与生态文明建设大平台。

1）城镇发展布局

一体两翼：指以定海主城区为主体，盐仓、白泉为主要拓展空间的城市发展格局。其中，定海主城区中心地位更加突出，功能进一步提升；盐仓新区基本建成，发展成为衔接主城、对接大桥的综合服务板块；白泉副中心建设全面启动，打造成为定海城市功能拓展区、舟山北部经济开发区生产生活配套区和定海综合改革试验示范区。

一市八镇：指以金塘小城市建设和小沙、干石览、岑港、马岙、双桥、北蝉、长白、册子 8 个特色乡镇建设协同推进的发展格局。其中，金塘镇依托国际集装箱物流岛建设，力争建成省级试点小城市，打造成为具有鲜明特色的舟山海港新城；其他 8 个乡镇，坚持自主发展、错位发展原则，立足自身禀赋，完善城镇配套设施和服务功能，实现产业发展与城镇发展的良性互动，打造成为人口、产业集聚的风情各异的现代小镇。

同时，进一步完善临城新区城市功能，加快推动北蝉区块临港产业发展，积极配合中国（舟山）海洋科学城建设。

2）产业发展布局

产业发展总体布局如下。

一核：指定海城区（含盐仓新区），重点发展以现代服务业为核心的城市经济，成为区域综合服务中心。

三带：南部服务经济发展带。以南部大桥通道为轴，由金塘－册子－岑港－双桥－盐仓板块组成，充分利用大桥通道特质，打造现代服务业集聚带，重点发展港航物流、海洋旅游、商贸流通等。中部生态经济发展带。以中部东西走向山脉为轴，由岑港－双桥－马岙－干石览－白泉一线区域组成，充分利用生态山地资源，重点发展生态休闲旅游和生态特色农业。北部临港产业发展带。以西北部海岸线为轴，由定海工业园区西北部区块－长白－马岙－干石览－西码头等组成，充分利用港口岸线资源，建设舟山海洋产业集聚区，重点发展临港工业和港口物流业。

特色产业发展布局如下。

定海北部临港重装基地：以定海工业园区核心区块为重点，建设一批大型临港重装备项目，辐射一批中小型配套企业，加快形成以海洋工程、船舶修造、船舶拆解、船配生产等为主的临港重装备产业集群。

定海西部油品储运销售基地：以岑港烟墩、外钓区块为核心区，以大型企业为支撑，以油品储运销售为重点，打造国家战略油品储运基地和商品油储运销售基地。

老塘山粮油加工储运基地：积极利用老塘山港口资源和区位优势，打造集大宗粮油加工配送、中转物流、保税仓储、交易等多种服务功能于一体的大型化、国际化粮油加工储运基地。

马岙海洋石化产业基地：以马岙北部区块为核心，择优发展海洋石化产业，重点开发中高端产品，打造安全、环保、节能的海洋石化产业基地。

金塘北部先进机械装备制造基地：依托金塘机械制造产业集聚优势，将金塘北部围垦区域打造成富有产业集群特色的先进机械装备制造基地。

西码头现代远洋渔业基地：以西码头渔港经济区为核心区域，依托鱿鱼集散中心建设，拓展远洋水产品集散贸易，建成以电子信息交易平台为支撑，集远洋运输渔船停泊装卸、水产品展示、大库容冷藏、保税物流、远洋大宗水产品交易等多功能于一体的现代远洋渔业基地。

特色岛屿主体功能定位如下。

——港口物流类

金塘岛：重点发展集装箱物流，兼顾发展大宗散货物流和现代临港工业，打造综合性港口物流岛。

大猫岛：重点发展油品储运贸易，培育发展有色金属等大宗物资中转贸易。

——临港工业类

长白岛：重点发展海洋工程装备业，兼顾发展船舶工业，培育发展海洋新能源产业，打造成为省内一流的创业创新示范岛。

册子岛：重点发展船舶工业，积极发展海洋工程和海洋旅游业。

盘峙岛：重点发展船舶工业，建设成为现代化船舶工业基地。

——海洋旅游类

凤凰岛：重点发展游艇俱乐部项目，带动岛屿周边区块的整体连片开发，率先发展成为南部诸岛的旅游休闲区。

东岠岛：重点发展以养生为主的休闲旅游业，建设集养生、观光、休闲、度假等功能于一体的综合型中高端养生基地。

大鹏岛：重点发展古民居观光、海岛生态休闲旅游，打造高品位生态休闲度假区。

——海洋科教类

摘箬山岛：重点建设“海上浙江”示范基地和海洋技术海上公共试验场，打造具有国际影响力的科技示范岛。

——海洋生态类

五峙山岛：重点建设集鸟类保护、科普教育于一体的省级自然鸟岛。

（4）构建现代海洋产业体系

紧紧抓住海洋经济加快发展、长三角区域加速融合等战略机遇，牢牢把握现代海洋产业发展方向，以服务经济引领、临港工业支撑，推动产业集群化发展，加快构建现代海洋产业体系。

1）推动服务经济引领发展

充分发挥定海作为全市经济文化中心的传统优势、舟山跨海大桥“桥头堡”的区位优势，立足临港工业基础，全力推动服务业高水平、多层次发展，使服务业成为“十二五”时期引领全区发展方式转变、经济转型、产业优化的主要动力，巩固提升全市服务中心地位。

港航物流业。围绕“建设大港口、培育大物流、发展大航运”的发展目标，突出金塘国际物流岛建设核心，建立完善“三位一体”港航服务体系，全面发展综合性港航物流。突破发展集装箱物流业。大力推进大浦口港区集装箱码头二期和穆岙港区集装箱码头建设，力争到“十二五”末集装箱年吞吐量达到150万标箱。加快推进大浦口物流园区建设，适时启动穆岙物流园区建设，形成与集装箱港口相配套、与集装箱吞吐规模相适应的物流服务和大宗物资加工功能。加快完善港口集疏运体系，构筑对外交通网络，培育公共物流信息平台，增强港口综合物流功能。加快发展与之相关的上下游产业，发挥集装箱物流对区域港航经济的拉动作用。构筑物流发展大平台。加快老塘山、马岙等港区的物流园区建设，加快构建现代港口物流的主体运作平台，推进油品、粮食、水产品等一批实体或虚拟专业市场建设，积极发展大宗物资加工贸易，拉长产业链，提升定海区整体物流量和物流增值水平。提升发展传统海陆运输业。鼓励航运企业发展大型化船舶和特种船舶，稳步扩大集装箱运输和大宗散货运输规模，加快发展沿海、江海联运和国际航运三大运力。引导和支持航运企业通过兼并、联合、重组等方式实现规模化发展，培育和引进一批龙头型航运企业，提升航运服务本地化率。探索发展第三方、第四方物流模式，鼓励开展海陆联运，积极扶持陆运企业发展。培育现代港航服务业。完善港航物流和大宗商品交易的配套服务，大力发展金融保险、信息服务、中介咨询、教育培训等涉港服务业，依托主城区港务大楼和盐仓新区海运大厦，利用总部经济模式，吸引国内外航运、物流、仓储、船舶交易企业总部和管理部门入驻，争取建成集航运交易、海事会展、海事法律、航运咨询、船员培训等于一体的涉港商务服务区。

现代商贸业。依托新型城市化进程，结合旧城改造、新区建设和新市镇培育，大力发展现代商贸业，放大城市经济综合拉动效应。建设城市商业综合体。着力在定海主城区、城东拓展区和盐仓新区，开展针对国内外大集团、大企业的定向招商，加快引进高端商贸业态，培育建设以商业为核心，集购物、餐饮、文化、娱乐等于一体的城市商业综合体。打造特色商业街区。推动城区现有历史街区、传统商业区块特色化提升，加快城区、城郊工业厂房商业化改造，突出精品项目支撑，引导同类商贸业态集聚，形成各类特色商业街区。发展大型专业市场。整合提升主城区各类小、散市场，加快在盐仓、白泉、双桥等区域布局大型专业市场，大力引进国际国内知名商业企业入驻。构建城乡商贸流通网络。以城乡社区为基本单元，形成与之相配套的社区商业用地布局和功能配置，全面推进与居民生活密切相关的商业配套设施建设。进一步深入开展“千镇连锁超市和万村放心店”工程，提高乡镇超市和村级便利店配送率。

海洋旅游业。围绕“海天佛国”特色旅游品牌，加快重点项目建设，优化旅游综合服务功能，促进定海旅游业发展。发展个性化休闲旅游。依托“海洋、岛屿、古城、大桥”等特色旅游资源，着力推进中国戏剧谷、鸦片战争古战场、西堠门大桥风景旅游区、海岛第一村、茶人谷生态旅游区等景区建设，重点打造海岛生态休闲度假游、古城历史文化游、跨海大桥风光游等特色旅游品牌。整合定海庙宇资源，挖掘佛教文化内涵，培育发展佛教文化游。发展高端化商务会展业。结合旧城改造和新区建设，着力在城区滨海区块等区域构筑滨海休闲商务带，形成城区高端商务休闲集聚区。着力在南部诸岛选择合适岛群，合理布局游艇会所、高尔夫会所、会议中心等设施，形成海上特色休闲旅游集聚区。积极承办高档次、区域性的大型会议和展览展销活动，争取成为有关商务会议、学术会议、国内外论坛等的常设会址。构建旅游综合服务体系。加快建成启用旅游集散中心，完善区域旅游集散服务功能。合理布局建设星级度假酒店、经济型酒店、商务会所，着重培育特色鲜明的农家乐、汽车旅馆、青年旅社等，培育发展旅游综合体，提高旅游综合服务能力。

文化创意业。深入做好文化创意产业发展谋划，鼓励盘活老厂房、农居等存量房产资源，兴办创意类企业，促进文化创意产业集聚发展。高起点规划和引进科技创意产业项目，引导和鼓励社会力量投资创意领域，重点做好文化创意类园区的招商工作，积极吸引国内外知名创意企业和分支机构入驻。扶持和壮大本区重点创意企业，发展一批设计标准、制作规范、规模经营、效益显著且具有地方特色的创意企业。“十二五”时期，重点建设摘箬山科技示范岛、“2·5”产业园。

金融业。不断深化金融改革，推动金融业创新发展，提升金融业竞争力，建设区域性金融集中区。建立现代金融服务体系，完善中小企业金融服务和农村金融服务，扩大信贷市场，建设多层次资本市场，积极发展保险市场。加强金融企业培育，积极引进和创建中小股份制银行、城市商业银行、村镇银行、信托公司、担保公司、金融租赁公司、小额贷款公司等各类金融机构，加快金融企业集聚。

房地产业。进一步优化房地产产业结构和空间布局，促进城乡房地产业稳步、多元化发展。构建多层次的商品房供给体系。以提高居民居住水平为根本出发点，以满足不同层次住房需求为目标，大力开发不同面积（户型）的商品房，鼓励 90 ㎡以下商品房建设。完善城乡住房保障体系。继续按照“5+1”模式实施农渔村住房改造建设工程，推进各级乡村居住小区、城区农民公寓式住房建设以及偏僻村落搬迁，切实改善农渔民住房条件和农渔村居住环境。稳步开展工业园区、重点乡镇、重点企业的职工公寓房建设，改善优化全区投资环境和职工居住条件。优化完善廉租房制度，扩大廉租房保障范围和标准，加快推进公共租赁房建设。着力推动海洋旅游休闲特色房产开发。开发利用城区滨海区块优质资源，建设高档特色小区和精品楼盘，提升城市品位。选择大桥沿线海岛及南部诸岛核心区块，发展海景别墅等高品质的休闲度假房产。适度开发利用低丘缓坡，发展沿山别墅群。稳步推进商业地产开发。结合旧城改造和新区建设，依托城市商业综合体规划布局，做好商业地产储备和开发，重点发展商业街，适度开发大型会务中心和高档写字楼。提升发展建筑业。促进建筑行业整合和建筑企业资质等级提升，鼓励企业开拓市场。完善工程监理机制，加强对建筑质量、安全方面的规范化管理。到“十二五”末，建筑业产值力争达到80亿元。

2）推动临港工业转型升级

发展壮大临港主导优势产业，改造提升特色传统产业，培育战略性新兴产业。加大对中小企业扶持力度，加快建设产业公共服务平台，推动临港工业转型升级，促进区域块状经济向现代产业集群提升。到“十二五”末，力争培育形成3个年产值超100亿元、3个年产值超50亿元、3个年产值超30亿元的工业强镇和2家年产值超100亿元、2家年产值超50亿元、10家以上年产值超10亿元的企业。

一是推动临港优势产业壮大提升。

船舶工业。突出造船、修船、绿色拆船、船配生产及二手船交易等产业一体化发展方向，主攻特种船舶修造和船配行业。加快产品结构调整，开展高水平嫁接改造，提高船舶制造生产线装备水平，增强特种船舶和大型船舶的制造和修理改装能力。鼓励支持大型船舶企业通过兼并、重组方式，整合产业资源，提高产业集中度。加快发展船配产业，大力扶持螺旋桨、舱口盖、涂料、装饰板及各类铸件产品提档升级，鼓励发展新型船用甲板机械、舱室设备、船用通信导航及自动化装置、集控操纵系统等产品，全面提升配套水平。培育发展研发设计、信息咨询、人才培训等船舶相关配套服务业。到“十二五”末，船舶修造业总产值力争达到350亿元以上，船配产品本土装船率大幅度提高，努力建设成为国内重要的船舶修（拆）造基地。

海洋石化产业。突出以生产为主，生产、储运、销售并重的发展方向，选择性发展石化产业。支持重点生产企业发展高端化工产品，鼓励企业积极转向生产可替代进口、附加值和技术含量高的产品。适度发展符合国家产业政策和环保要求、能带动产业融合的项目和企业，延伸产业链。大力发展配套产业，适时建立集交易、信息、融资等多功能于一体的石化产业综合服务平台。到“十二五”末，石化加工产值力争达到200亿元以上，努力建设成为我国沿海重要的石油加工储运基地。

二是推动传统主导产业转型升级。

机械制造业。推动塑机螺杆特色优势产业发展提升，做大做强产业规模。鼓励和支持企业加大技术改造，积极购置关键核心设备，提高装备水平。鼓励引进消化吸收再创新，增强行业研发能力和新产品开发力度。鼓励螺杆制造企业向整机研发生产拓展，积极引进整机生产企业。到“十二五”末，塑机螺杆产值力争达到70亿元以上，“中国塑机螺杆之都”知名度和影响力进一步提升，并初步形成特色化、规模化、国际化的塑机螺杆产业集群。依托港口优势，承接产业转移，大力发展临港型机械重装备制造业，重点发展大型船舶核心配件生产，努力培育风力发电设备、海水淡化设备等涉海设备研发制造产业。加快其他机械行业整合提升。鼓励龙头优势企业通过兼并重组加快战略性资源整合，积极培育大企业、大集团，全面提升产业竞争力。到“十二五”末，机械行业总产值力争达到100亿元以上，建设成为浙江省特色机械加工基地。

水产加工业。突出产业化、品牌化及高附加值的发展方向，提升水产品精深加工效益。进一步优化产业结构，大力发展精深加工，培育自主品牌，不断提高产品的科技含量和附加值。鼓励精深加工多元化发展，支持企业通过引进或自主研发方式，开发新一代海洋食品，积极拓展海洋生物、海洋医药等新领域。支持企业通过强强联合、兼并重组、互相持股等方式进行战略重组，培育形成龙头企业。加快区域水产品交易市场建设，完善原材料供应体系，拓展延伸水产加工产业链。到“十二五”末，水产加工业总产值力争达到60亿元以上，初步建成国内外知名的水产品精深加工基地。

三是加快培育发展临港新兴产业。

海洋工程装备业。抓住全球海洋大开发契机，依托定海区现有产业基础和港口岸线资源优势，狠抓定向招商引资，深化与国际大企业、大集团的战略合作，重点发展海洋钻井平台，积极拓展海上大型装卸装置、海洋工程船舶等新兴领域。推动陆海统筹，促进陆上大型装备制造企业与造船及海洋工程装备企业的战略合作，形成陆海联动的产业格局。“十二五”期间，确保长白太平洋海洋工程项目的产能释放，促成册子岛北部、金塘岛、定海工业园区等重点区块海洋工程装备项目的落户投产。到“十二五”末，海洋工程装备业产值力争达到200亿元以上，发展成为全区临港工业新兴主导产业。

海洋新能源产业。充分利用海岛地区丰富的风能、潮汐能等资源优势，科学培育发展风力发电、潮汐能发电、光伏能源等海洋新能源产业。加快推进摘箬山科技示范岛和长白新能源产业岛建设，促成一批风电场项目投产达产，加快产能释放。鼓励有条件的企业发展应用光伏能源，探索潮流能、潮汐能规模化开发。到“十二五”末，力争建设成为全省重要的海洋新能源综合应用示范基地。

3）推动现代农渔业高效发展

立足海岛农渔业发展实际，以提高农渔业效益和促进农渔民增收为中心，放大定海区农渔业资源和主导产业优势，促进现代化农渔业经济高效发展，巩固农渔业基础地位。

一是加快建设现代农业体系。

按照“生态化、特色化、高效化”发展方向，转变发展战略，优化空间布局，调整产业结构，拓展产业功能，进一步强化海岛农业特色。加快北部现代农业综合区建设。加大农业资金投入，提升农业科技水平，着力推进马岙瓜果主导产业示范区、小沙蔬菜主导产业示范区、小沙晚稻杨梅主导产业示范区、小沙水产养殖主导产业示范区4个主导产业示范区和马岙草莓精品园、浙东白鹅精品园和定海芦花鸡精品园3个现代农业精品园建设。继续加快无公害蔬菜基地和生态化、现代化畜牧业养殖基地建设，切实提升“菜篮子”功能。做精特色农业品牌。进一步优化产业布局和品种结构，加快土地流转，发展壮大优质蔬菜、特色水果等主导产业，重点发展晚稻杨梅、金塘李等优质品种，提升“中国晚稻杨梅之乡”品牌效应，培育农业龙头企业，实施农产品品牌化战略，促进地方优特农产品产业化。大力发展生态观光农业。推动农业战略转型，有效拓展农业生态生活功能，注重发展生态农业、景观农业，高标准建设生态林、防护林。通过经营机制创新，重点推动双桥生态农业园建设，打造较高层次的集农业生产、休闲观光、湿地涵养于一体的大桥沿线生态农业园。

二是致力推动渔业转型升级。

以产业提升为核心，以建设现代渔业为目标，认真实施渔业“十百千万”工程，积极推进干石览镇综合型渔业强镇、长白乡养殖型渔业强镇建设，加快渔业生产要素向渔业强镇集聚。大力扶持渔船更新改造，着力打造一支设施精良、安全高效的国内捕捞船队。积极发展远洋渔业，高标准建设远洋渔业船队，稳步拓展远洋捕捞品种，推动国内捕捞向远洋渔业转型。积极应对海水养殖空间缩小的挑战，通过示范带动、完善设施，走出一条精养高产的海水养殖新路子。着力拉长渔业产业链，推动捕捞与水产品加工、贸易及渔家乐的衔接发展，促进产业融合，完善现代渔业产业体系，实现渔业增效、渔民增收。加快推进渔港经济区建设，依托西码头鱿鱼集散中心建设，建立完善现代渔业公共服务体系，打造现代远洋渔业基地；依托金塘北部围垦，培育发展沥港渔港经济区。

9.9 岱山县产业布局

9.9.1 基本概述

岱山又叫东海蓬莱，位于舟山群岛中部，岛海相依，孤悬海中，为舟山第二大岛，全县406个大小岛屿犹如一串闪亮的宝石镶在东海碧波之中，岛海相依，水天相连，构成了一幅天然画卷。海水、沙滩、礁石、海鲜、渔火是岱山旅游的特色。岛内还有新石器时代的大舜庙后遗墩遗址以及早在4 000多年前，先民们就在岛上留下的“渔猎煮海”的足迹，“渔盐之利，甲于一方”，岱山贡盐，闻名遐迩。还有五代（907—960年）年间古刹超果寺、宋（960—1279年）岱山书院等名胜古迹。

2004年年末全县户籍总人口197 253人；2005年年末全县户籍总人口195 019人；2010年年末全县户籍总人口191 061人（男性94 748人，女性96 313人），总户数为81 094户。

（1）情况简介

自唐代（618—907年）以来，岱山就有东海蓬莱的美名。它翠岛星布，仙雾袅绕，风景如画。全县有高亭、秀山、巨山、长涂四大景区。主要景点有：浦门晓日、石壁残照、燕窝石笋、双龙戏珠、观音驾雾、竹屿怒涛、白峰积雪、鱼山蜃楼、鹿栏晴沙、九子沙滩“蓬莱十景”。磨星山景区仙茶满坡，山顶新建的

“华藏世界”堪称中国人文景观一绝。近年来，日本专家曾三次组团来岱山考察，向日本人民介绍东海上这个蓬莱仙岛。

2008 年，岱山县辖 6 个镇、乡：高亭镇、衢山镇、东沙镇、岱西镇、长涂镇、岱东镇、秀山乡。2011 年 6 月 30 日，国务院正式批准设立浙江舟山群岛新区，舟山成为中国继上海浦东、天津滨海和重庆两江后又一个国家级新区，也是首个以海洋经济为主题的国家级新区。浙江舟山群岛新区是国家一项做深做强海洋经济的战略决策。作为中国首个群岛新区，2011 年 3 月 14 日，舟山群岛新区正式写入全国“十二五”规划，规划瞄准新加坡、香港世界一流港口城市，要拉动整个长江流域的经济。

（2）地理位置

岱山县位于浙江省东北部的舟山市境内，舟山群岛中部，30°07′—30°38′N、121°31′—123°17′E（30°14′N，122°11′E）。北与嵊泗列岛（舟山市嵊泗县）接界，东临公海，南与舟山本岛相望。全县有 406 个大小岛屿组成。总面积 5 242 km^2，其中陆地面积 326.5 km^2、海域面积 4 916 km^2。

岱山地处大陆海岸线和长江“黄金水道”、“T”形交汇的咽喉要冲，是长三角对外开放的海上门户，上海国际航运中心洋山深水港航道穿越县境。全县海域广阔，可利用深水岸线丰富，是华东地区最好的两个深水港资源和最丰富的风力资源拥有地，得天独厚的资源为发展临港产业和新能源产业提供了理想选址，岱山由此成为了浙江省重要的船舶修造基地和海洋能源基地。岱山还是全国十大重点渔业县之一，境内有岱衢洋、黄大洋、黄泽洋、灰鳖洋四大渔场，盛产各类鱼虾蟹贝，年产水产品 33×10^4t 左右。传统的渔业孕育了独特的海洋文化，与瑰丽多姿的山海奇景自然融为一体，使岱山正成为名副其实的休闲度假旅游胜地。

（3）气候特征

岱山气候宜人，景色旖旎，海岸、洞、山、沙滩、奇礁、怪石、古迹遍及全岛，旅游资源十分丰富。岱山省级风景名胜区是集观光旅游、休闲度假、娱乐运动于一体海岛旅游基地。

9.9.2　产业发展概述

（1）工业、盐业和建筑业

2012 年全年实现工业总产值 342.02 亿元，比上年增长 2.1%。其中 500 万元以上工业总产值 287.72 亿元，比上年增长 4.9%，工业销售产值 284.96 亿元，比上年增长 4.3%，产销率 99.0%。500 万元以上工业企业六大主导行业实现总产值 274.70 亿元，比上年增长 5.1%，所占比重为 95.5%。

全年 500 万元以上工业中临港工业完成总产值 266.85 亿元，比上年增长

4.8%，对全县500万元以上工业总产值的贡献率为90.9%，占500万元以上工业总产值的比重为92.7%，比上年提高0.3个百分点。其中，轻工业产值16.42亿元，下降0.6%，重工业产值271.30亿元，增长5.3%，轻重工业比例由上年的1∶14.27变为1∶16.52。

全县盐田生产面积2.14万亩，比上年下降1.7%。原盐产量5.99×10^4 t，下降33.9%；原盐销售8.34×10^4t，增长12.3%；氯化钠平均含量91.48%，平均白度61.23度，平均粒度88.42%，一级品率38.2%；年末库存原盐4.42×10^4t，下降36.2%。

2012年全年社会建筑业增加值13.53亿元，按可比价计算，比上年下降6.7%。2012年年末全县具有三级以上资质的建筑企业9家，完成施工产值16.59亿元，下降7.5%；实现利润556万元，下降65.1%；上缴税金4 712万元，下降7.6%；房屋建筑施工面积$279.59\times10^4m^2$，增长10.2%；房屋竣工面积$63.45\times10^4m^2$，下降30.8%。

(2) 渔业经济

2012年全年实现渔业总产值47.69亿元，比上年增长9.6%；水产品总产量35.10×10^4t，比上年增长3.9%。

全年实际水产养殖面积2.32万亩，比上年下降4.7%，产量1.09×10^4t，比上年增长5.1%，其中海水养殖面积1.99万亩，下降5.6%，产量1.0×10^4t，增长4.9%。

2012年年末拥有机动渔船2 405艘，比上年增加3艘；总吨位33.20×10^4t，比上年增长5.2%；总功率50.11×10^4 kW，比上年增长3.4%。其中捕捞渔船2 186艘，比上年增加25艘；总吨位30.0×10^4t，比上年增长5.2%；总功率3.49×10^4 kW，比上年增长3.2%。

(3) 农林牧业经济

2012年全年实现农林牧业总产值2.78亿元，比上年增长1.0%。其中农业总产值1.83亿元，增长1.5%；林业总产值0.10亿元，增长2.4%；牧业总产值0.84亿元，与上年持平。

其中粮食作物播种面积2 057 hm^2，粮食产量1.01×10^4t，分别增长2.3%和1.2%；水果播种面积475 hm^2，产量1.24×10^4t，分别增长4.6%和1.3%；蔬菜播种面积1 603 hm^2，产量2.86×10^4t，分别下降0.2%和16.5%；油料播种面积421 hm^2，下降1.6%，产量0.12×10^4t，与上年持平；茶叶播种面积100 hm^2，增长12.4%，产量37 t，下降2.6%。

全年生猪饲养量5.83万头，比上年增长0.1%。家禽饲养量26.82万只，同比下降19.2%。肉类产量3 047 t，同比增长6.3%，其中猪肉产量2 600 t，增长

2.7%。禽蛋产量655 t，同比下降4.2%。2012年年末生猪存栏2.31万头，比上年下降0.5%。

（4）固定资产投资

2012年全年完成固定资产投资80.02亿元，比上年增长4.6%。其中，建筑安装工程投资57.21亿元，下降1.1%；基础设施投资22.89亿元，增长6.4%，占固定资产投资的比重为28.6%；民间投资54.95亿元，下降3.9%，占固定资产投资的比重为68.7%。

2012年，全县重点建设项目54个，其中续建项目13个，在建项目41个。全年重点项目共完成投资51.4亿元。

（5）经济贸易

2012年全年社会消费品零售总额44.72亿元，比上年增长16.3%；其中城镇消费品零售额25.86亿元，增长15.2%；农村消费品零售额18.86亿元，增长17.9%。分行业看，批发和零售业零售额40.96亿元，增长15.8%；住宿和餐饮业零售额3.75亿元，增长22.2%。全年批发和零售业商品销售额64.55亿元，增长23.9%；住宿和餐饮业营业额6.12亿元，增长21.1%。

2012年全年外贸进出口总额21.32亿美元，比上年下降14.7%。出口额17.48亿美元，下降4.4%，其中船舶16.88亿美元，下降4.3%；水产品0.4亿美元，下降3.9%；汽配、微电机0.11亿美元，下降29.9%；玩具0.03亿美元，增长10.9%。进口额3.84亿美元，下降42.8%。出口大于进口13.64亿美元。2012年年末有自营进出口权的企业108家，其中自营进出口额超200万美元的企业14家。全年出口商品供货额218.85亿元，比上年增长6.4%。

（6）交通、物流和邮电业

2012年全年交通运输、仓储和邮政业增加值12.02亿元，比上年增长3.9%。年末有集装箱运输企业62家，比上年末增加5家；车辆数1 280辆，比上年下降0.3%，总吨位3.86×10^4t，与上年持平。年末全县民用汽车拥有量9 137辆，比上年末增长17.5%；其中，私人汽车拥有量5 412辆，比上年末增长27.9%。

2012年年末有海运企业32家，在册营运客货船舶293艘，运力达到73.78万载重吨，比上年末净增3.65万载重吨。拥有万吨级船舶和油船等特种船舶52艘，运力49.08万载重吨，分别比上年末增长13.0%和13.8%，运力比重由上年的61.48%提高到66.52%。全年港口货物吞吐量$2\,354\times10^4$t，比上年增长73.1%。其中矿物材料吞吐量$1\,933.66\times10^4$t，增长87.3%；水泥56.93×10^4t，下降90.5%；钢铁63.05×10^4t，下降15.8%；煤炭1.34×10^4t，下降43.0%；石油27.56×10^4t，下降11.6%。全年旅客吞吐量552.81万人，比上年下降2.7%。年末全县有生产性泊位52个，其中$\times10^4$t级以上深水泊位两个。

2012年全年邮政电信业务总量2.19亿元，比上年增长6.3%。其中邮政业务收入0.21亿元，下降20.2%；电信业务收入1.98亿元，增长5.0%。年末全县固定电话（含小灵通）用户8.11万户，比上年下降1.3%；年末移动电话用户22.3万户，下降2.7%；年末互联网络用户4.4万户，增长17.6%。

（7）金融和保险业

2012年年末金融机构各项存款余额142.43亿元，比上年末增加8.92亿元；其中单位存款余额66.47亿元，减少2.17亿元；城乡居民储蓄存款余款70.15亿元，增加9.78亿元。各项贷款余额111.26亿元，比上年末增加10.51亿元；其中短期贷款余额67.71亿元，增加12.29亿元；中长期贷款余额43.37亿元，增加1.59亿元。

2012年全年保险机构实现保费收入2.30亿元，比上年增长6.0%。其中财产险保费收入0.93亿元，增长6.1%；人寿险保费收入1.37亿元，增长5.9%。全年赔款支出5 965万元，比上年增长19.6%。

（8）科技项目

2012年全年组织实施各级各类科技计划项目85项，其中国家级项目2项，省级项目10项，市级项目13项，县级项目60项。“食盐生产基地制盐新工艺开发与产业化”、“自热海鲜营养套餐精深加工关键技术研究与开发”被列入2012年国家星火项目；“耐高温保密封陶瓷材料制备关键技术研究与开发”被列入省级重大科技专项点工业目；“水产品热泵－热风联合干燥技术研究与示范”被列入省级重大工业项目。岱山县有6家高新技术企业、11家农业科技企业、4家农业科技企业研发中心、22家科技型中小企业。2012年全年共申请专利251件，授权专利118件。

9.9.3 发展规划

“十二五”时期，岱山县区域发展将由过去的浙江边缘化地区转变为海洋经济发展核心区域，发展方式将由偏重经济总量增长转变为扩量提质并重，城市建设将由海岛小县转变为综合服务功能完善的海岛花园城市。我们必须抢抓机遇，全面推进经济社会协调发展，力争在全省和全市海洋综合开发、全面小康社会建设中走在前列。

（1）指导思想与发展战略

以大力发展海洋经济为核心，以转变经济发展方式为主线，以深化改革开放为动力，以富民强县、社会和谐为根本目的，以“发展速度争领先、海洋开发打头阵”为两大总体要求，确立“长三角重要的海上开放门户、浙江海洋经济产业带的重要组成部分、全国独具魅力的生态宜居海岛”三大定位，打响“船舶修造强县、港航物流大县、休闲度假名县、海岛花园城市”四大品牌，提升建设4个岱山。

（2）构筑海洋产业体系

坚持优势产业提升与新兴产业培育相结合，着力推进产业结构优化调整，做大做强临港先进制造业，加快发展海洋服务业，优化发展现代海岛渔农业，构筑具有岱山县特色的海洋产业体系。

1）做大做强临港先进制造业

以推动省级经济开发区整合提升为重点，以做大做强船舶修造业、延长船舶产业链为首要任务，加快培育大宗物资加工、船汽配制造、海洋工程装备等临港工业。到2015年，力争全县工业总产值突破650亿元，5年累计完成工业性投入150亿元以上，工业对全县国内生产总值增长贡献率达到60%以上，培育一批年销售收入超10亿元的骨干企业。

一是重点打造三大标志性临港先进制造基地。

船舶修造基地。发展重心从规模扩张转向产能释放、结构调整和产业链延伸，坚持以技术改造升级为核心，以提高本地设备装船率为目标，促进形成造、修、配、拆协调发展局面，提升岱山县船舶工业集群竞争力。重点布局长涂、秀山、岱西三大区块，并以本岛仇家门北部围垦区为主要拓展空间。鼓励企业整合兼并，逐步淘汰“低小散”落后产能。着重提高集装箱船（含多用途船）、油船（含成品油船）、散货船三大主力船型的生产能力，逐步发展高附加值特种船舶造、修业务，积极拓展船舶设计、船代中介、金融服务、检验检测等生产性服务业。到“十二五”末，全县船舶修造产值达到380亿元，年造船能力达到1 000万载重吨以上，具备15×10^4t级以上船舶及液化天然气船舶、远洋渔船、豪华游艇等高附加值特种船舶设计制造技术和能力。修船业重点提升发展$6\times10^4\sim20\times10^4$t级大中型修船坞，适时发展$30\times10^4$t级超大型修船坞，到“十二五”末，修船坞总容量达到100万载重吨以上，具有坞修30×10^4t级船舶及海洋装备能力。突出环境保护，加强政策引导，强化规范管理，控制、择优发展拆船产业。

船汽配制造基地。以省级经济开发区岱西区块、东沙区块为布局重点。船配业积极推进与造船企业本地协作，重点提高产品质量、档次和水平，延伸扩大产品门类，提高产品附加值。大力扶持铸件、锚链、船用家具等已具备一定发展基础的产品，积极发展船舶电气、五金、防火门、船用卫生单元等船舶舾装件制造，加快形成船用柴油机、船舶甲板机械、集控操纵台、发电机等主机和关键部件生产能力。汽配业依托龙头企业，以提升产品品质为重点，积极扩大企业规模，引进、拓展、丰富产品品种，主动加强与国内外汽车制造企业联姻，加快纳入大型汽车集团公司的配套供应网络。争取到“十二五”末，船配工业产值达到60亿元以上，本地船配率达到15%以上，汽配工业产值达到30亿元以上。

大宗物资加工基地。以衢山为布局重点，积极发展木材、矿砂初加工为主的大宗物资加工产业。①规划建设5 000亩左右的衢山国际木材加工基地，重点发展木材干燥、熏蒸、制材等加工项目；②推进衢山柘中木材中转基地建设，形成年加工$200\times10^4 m^3$以上产业规模，力争打造成为长三角地区规模较大的木材中转、初加工、交易基地。③加快推进鼠浪湖矿砂中转及加工基地建设，引入培育矿砂初加工业态。力争到“十二五”末，大宗物资加工年产值突破50亿元。

二是努力发展四类海洋战略性新兴产业。

海洋工程装备。对接国家海洋工程、海洋能源产业发展导向，以海上油气钻采、海洋能源装备、海上施工装备为突破口，积极打造大型海洋装备制造基地。油气钻采装备。以秀山北、衢山南、北岸段为布局重点，加强产业化项目引进，重点发展海上钻井平台、油气作业船舶、工程作业等产品和服务。海洋能源装备。结合岱山县海上风力发电、龟山航道潮流能发电等项目的布局实施，积极引入风力发电机组、叶片、零部件等装备制造产业。海上施工装备。积极引进建造施工构件、海底布缆、水下工程等装备制造产业，重点推进小衢山柘中大型构件项目建设，努力建成PHC管桩制造基地，形成200×10^4 m年产能（折合成ϕ800管桩）。

临港石化产业。结合大长涂能源加工储运物流区建设，重点布局于大长涂南、樱连门、大西寨岛三个作业区块。大长涂南作业区西起东山咀东至木洋头，利用围涂形成陆域腹地，建设能源、化工品储运区和加工基地；樱连门作业区南起大劈山礁北至红山，围涂形成陆域，建设大宗散货物流园区；大西寨岛作业区东起西鼓柱礁西至西山鸭头，利用自然山体和围涂形成的陆域建设原油等能源储备基地。“十二五”期间，重点推进水、电管网等基础设施建设，从建立石化产品的大型储运基地入手，争取启动石化产业项目前期建设。

海洋清洁能源。围绕海洋能源区建设，以海上风电为重点，综合比较资源开发保护效益，稳妥实施各岛和近海区域风电场工程，推进潮流能产业开发步伐，鼓励海洋新能源开发试验和产业化项目落户。

海水综合利用。扩大衢山、长涂海水淡化生产规模，重点建设大长涂岛5×10^4t/d和衢山1.3×10^4t/d海水淡化工程，力争到“十二五”末，全县海水淡化设计总规模达6×10^4t/d以上。

2）加快发展海洋服务业

依托港口、岛屿、岸线、腹地等特色和稀缺资源，重点发展港口物流、航运服务、海洋旅游三大海洋服务业，提升发展文化创意、商务商贸、房产开发、中介服务、社区服务五类服务业，突出建设十大服务经济综合体，促进服务业由发展亮点到经济新增长点转变。到“十二五”末，力争全县服务业增加值达到78亿元以上，年均增长14.5%。

一是重点发展三大海洋服务业。

港口物流。对接浙江“三位一体”港航物流体系和舟山海洋综合开发试验区建设，坚持港口岸线高水平开发利用导向，争取共享上海国际航运中心试点扶持政策，加快向产业、贸易、中转、储运、加工一体的综合性港口转变。以衢山港区为重点，加强与周边区域、企业合作，发挥水水中转优势，建设鼠浪湖矿砂、衢山木材等大宗商品交易中心及交割（收）仓库，大力拓展木材、铁矿石、油品、液体化工品等大宗商品仓储加工、分拨配送、现货交易、期货交割、供应链服务等物流增值服务，着力构筑石油、天然气、矿砂等国家战略物资储运基地。主动衔接我国沿海港区、长江内河港区，积极发展港港联动、江海联运。引进培育大宗物资进出口贸易商、运营商，积极争取将衢山、大长涂等有条件港区设立为一类开放口岸，设立海关特殊监管区域，发展保税物流。加强集疏运网络建设，着力推进黄泽山油品、鼠浪湖矿砂等码头泊位及蛇移门、樱连门等进港航道建设，加快实施岱山－舟山疏港公路工程，推进岱山港与区域物流信息网络的对接融通。着力提高港口综合管理服务能力，逐步完善通关、检验检疫等口岸服务。到“十二五”末，全县港口货物吞吐量达到$5\,000 \times 10^4$t，力争$6\,000 \times 10^4$t。

航运服务。以运力结构优化为重点，大力发展大吨位特种船舶、大型散货船、沿海集装箱等适宜船型，加大龙头航运企业培育与引进力度，实现航运业务国际化、航运船只大型化、航运企业规模化、航运市场多元化。鼓励组建航运集团，扶持培育能参与国际航运市场竞争的运输船队，着力推进货物本地化运输；鼓励、支持有实力的航运企业参与港口项目投资，与货主形成战略联盟。争取到“十二五”末，全县海运总运力达到100×10^4t以上。规划建设竹屿新区国际港航商务区、衢山海事运营服务区，集聚发展中高端航运服务业。其中，国际港航商务区重点培育港航企业总部、离岸增值服务等高端延伸服务业态，完善研发、金融、营销等服务功能，逐步形成特色港航总部基地；衢山海事运营服务区依托国际航线和锚地资源，发展引航、安全信息等港航信息服务，培育联检、过驳、补给以及船员上岸等配套服务功能。

海洋旅游。彰显“蓬莱仙岛”区域旅游品牌，打造长三角著名的海上休闲度假基地。大力发展海岛度假旅游，积极培育海洋文化旅游，提升发展海岛康体旅游，系统拓展海洋运动，升级改造渔农业休闲旅游。围绕“一岛一镇一山一沙一中心”旅游网络，重点完善交通、住宿、餐饮、购物、娱乐五类配套服务，加快建成海中洲宝盛大酒店、丽都国际大酒店、日达大酒店等高星级酒店，提升岱山县旅游业发展档次。以长三角为主要客源市场，多手段、多形式进行旅游促销。到“十二五”末，旅游接待人数达到370万人次，旅游收入达到23亿元。

二是提升发展其他五类服务业。

文化创意。办好“祭海谢洋大典”、“我为泥狂”等海洋文化节庆活动，在岱东祭海台的基础上，规划建设综合性岱东祭海文化中心。深化建设“海岛物质和非物质文化遗产地”，保护、传承、弘扬渔民画等海洋民间艺术，加强文化旅游产品开发，积极拓展市场。大力发展创意设计产业，围绕船舶制造、水产品加工、玩具等产业的提升发展，鼓励有实力的企业分离研发设计服务机构，拓展船舶设计、旅游工艺品设计、玩具设计等创意设计产业，谋划建设海岛特色文化创意产业集聚区。

商务商贸。围绕临港先进制造业、海洋服务业加快发展，积极培育发展总部经济和楼宇经济，鼓励发展办公、会议、会展等商务经济。提升发展“农加超”经营模式，积极引入上规模、带动力强的大中型商贸企业，重点推进新区大型商业中心、日达休闲购物广场、安澜路品牌购物休闲步行街、人民路延伸休闲街等特色商业街区建设。加快浪激渚华爱建材市场等专业市场建设，兴建船舶船配市场、旅游用品市场。巩固推进“千镇连锁超市”工程，新建衢山中心菜场，实施高亭、衢山农贸市场和衢山瀛洲商城等改造工程，完善以乡镇为骨干、村级为基础的渔农村消费品零售网络。加快发展电子商务，有效降低本地企业经营消费成本，拓展发展空间。到“十二五”末，基本建成业态先进、布局合理、结构优化、管理规范的现代商贸流通体系，新增市场面积超过$1\times10^4 m^2$，社会消费品零售总额达到66亿元。

房产开发。优化住房供给结构，进一步完善以市场为主导，多渠道、多层次的住房供应体系，重点发展中低价格、中小套型的商品住宅。培育健康活跃的房地产二级市场，鼓励居民改善住房条件。适度控制海景房产开发强度，重点建设秀山岛区块休闲海景房产项目。“十二五”期间，住房开发总量达到$75\times10^4 m^2$以上。

中介服务。加强金融生态环境建设，争取大型金融机构在岱山县设立分支结构，积极、规范发展民营银行，壮大本地金融机构，推出针对岱山县产业发展需求的新型金融产品，鼓励发展保险、证券、信托、租赁及各类基金投资组织。加强行业自律和行业管理，发展法律、会计、咨询、评估、认证、知识产权、人力资源等各类中介服务，注重引进高级人才和加强从业人员素质培训，提升中介咨询行业整体素质和服务水平。

社区服务。推进公共服务基层网点建设，培育和引进一批骨干服务组织和企业。加快健全社区商业服务，积极推进便利消费进社区、便民服务进家庭，完善菜场、便利店、家政、废品回收等业态，并在有条件的大型居住区建设社区商业中心。建立社区流动人口服务机构，提供办证验证、房屋租赁、就业信息、法律援助等服务，为岱山新居民解决基本生活问题。加强政策引导，积极开展社区志愿服务。争取在“十二五”期内，基本建成设施健全、城乡覆盖、服务优质、管理规范的社区服务体系。

三是建设十大服务经济综合体。

开发建设岱山本岛竹屿新区商贸商务服务综合体、东沙古镇旅游文化服务综合体、衢东综合物流服务综合体等十大服务经济综合体。大力推进服务业重大项目建设，加快形成特色优势明显、带动能力强劲的服务业发展新局面。

3）优化发展现代海岛渔农业

加快渔业、农业经济结构优化调整，大力发展生态高效渔业，提升发展海岛生态农业，提高岱山县渔农业发展水平。

一是大力发展生态高效渔业。

建设高亭、衢山、长涂三大渔港经济区，提高渔业基础设施与渔港管理服务水平，完善停靠补给、渔业贸易、休闲观光等功能，力争建成“结构合理、功能齐全、设施配套、环境优美”的现代化渔港经济区。加快渔业生产经营体制机制创新，规范完善经营秩序，强化安全生产监管，大力发展渔业捕捞专业合作社，探索建立渔船、企业、市场一体化经营模式，力争新培育4家以上省级示范性渔业专业合作社。加快渔业作业结构调整，深入实施“十百千万”工程，推进渔船更新换代，积极稳妥发展远洋渔业；加快“三位一体”技术推广，推进长涂钉嘴门浅海大黄鱼和拷门、大峧山、东沙的围塘梭子蟹、南美白对虾等养殖基地建设，重点培育3家省级渔业特色精品园区。提升岱山水产品中心批发市场建设水平，完善配套服务体系，强化本地渔船投售及水产品加工企业采购服务，努力开拓外地市场。积极发展休闲渔业，加快衢山田涂海钓基地、秀山海钓公园、钉嘴门海洋牧场建设，打响“岱山海钓”区域品牌。到“十二五”末，全县渔业总产值达到36亿元。

二是打响海岛生态农业品牌。

以规模化、标准化、生态化为导向，着力提升海岛农业产业经营、科技支撑、核心竞争和可持续发展能力。加强以农田水利为重点的农业基础设施建设，稳定粮食生产，进一步调整农业种植结构，发展节水农业、设施农业。深入实施“菜篮子”工程，加快重点蔬菜生产基地建设，蔬菜播种面积达到2.6万亩，总产量达到3.2×10^4t。推进海岛特色高效农业发展，突出打造葡萄、橘子、花生、茶叶等海岛特色农产品品牌。加强海岛生态林建设，完成全县林木种质资源园区等林业种苗基地建设工程，全县重点生态公益林优质林分达到14万亩，森林覆盖率达到46%以上。积极发展海岛特色畜牧业，大力发展节粮型畜禽，建设金头赤足蜈蚣、野生獐等特种养殖基地。到“十二五”末，实现农林牧总产值4亿元。努力推进盐业体制改革，稳定重点骨干盐场，开发生产多种盐产品，构建岱山盐业流通平台。到“十二五”末，原盐产量稳定在6.5×10^4t。

第 10 章　南海海域的海岛县（区）产业布局

10.1　基本概述

10.1.1　南澳县自然地理概述及历史沿革

美丽的海上绿洲南澳岛位于广东省东部，是广东省唯一的海岛县。它位于23°11′—23°32′N，116°53′—117°19′E。它坐落在闽、粤、台三省交界海面，距广东省汕头经济特区仅 11.8 n mile，东距台湾高雄 160 n mile，北距厦门97 n mile，西南距香港 180 n mile，处在这三大港口城市的中心点，距太平洋国际主航线仅有 7 n mile，素有“潮汕屏障、闽粤咽喉”之称，地理位置十分优越。自古以来，南澳是东南沿海一带通商的必经泊点和中转站，早在明朝就有“海上互市”的称号。

南澳县由主岛南澳岛和附近 23 个岛屿组成，呈葫芦状，东西两部为山丘，中部为冲积平原，总体属低山剥蚀丘陵——剥蚀地貌。全县陆地面积 111.53 km^2，海域面积 4 600 km^2，海岸线长 99.2 km。现有常住人口超过 7.2 万人。北回归线从主岛南澳岛中间穿过，属亚热带海洋性气候，夏无酷暑、冬无严寒。全岛森林覆盖率达到 72.8%，被评为“全国绿化百佳县”。据测定，全岛空气富含负离子，洁净无污染，堪称一个“天然氧吧”。

南澳历来是海防重镇，兵家必争之地。公元 1575 年（明万历三年），诏设“协守漳潮等处驻南澳付总兵”，公元 1685 年（康熙二十四年）升设南澳总兵，管辖闽南、台湾、粤东海域军事。清以前行政区域分属福建省诏安县和广东省饶平县，1915 年全岛划归广东省管辖，1950 年南澳解放，成立南澳县人民政府，属潮汕专区，1983 年汕头地市合并以后，直属汕头市管辖。2002 年，南澳县辖 4 个镇（后宅、深澳、云澳、隆东），41 个村委会、5 个居委会。2004 年，隆东镇并入后宅镇。截至 2005 年 12 月 31 日，南澳县辖 3 个镇（后宅、深澳、云澳）及 1 个管委（青澳管委）。

南澳岛有悠久的人文历史，8 000 多年前的新石器时代初期，就有人类在岛活动。3 500 多年前已有人类在岛上定居。全县已发现和修复的古迹 50 多处，寺庙 30 多座，与海岛自然风光构成了一幅秀丽的立体画卷。2004 年被国家旅游局评为“国家4A级旅游区”，也是中国首个4A级海岛旅游区。2005年被国家地理杂志评为“广东省最美丽的岛屿”。

10.1.2 经济概况

1992年以来，南澳县由于其独特的区位和资源优势而得到各级领导及各界人士的重视和关注。广东省把南澳列为20世纪90年代广东对外开放的重点区域，并批准设立南澳海岛开发试验区。国务院批准南澳港为国家一类口岸、赋予了加快南澳海岛开发建设和对外开放的一系列优惠政策。南澳紧紧抓住这一历史机遇，加快发展步伐，努力发挥南澳县的特色和资源优势，积极推进经济体制和经济增长方式两个根本性转变。实现了经济稳中有进，有效增长和社会的全面发展，为建设“生态岛”和率先基本实现现代化打下了坚实基础。2001年全县；国内生产总值为5.73亿元，人均国内生产总值7 849元。分别比1995年增长了51.6%、49.93%。工农业迅速发展，渔业跻身全国水产百强县，农业跨入“吨粮县”行列。人民生活水平进一步提高，2003年城镇职工平均货币工资6 500元，农村人均纯收入3 060元，分别比1995年增长11%、30%。城市化水平达54.9%，高于全市平均水平。在巩固发展渔、农、盐三大基础产业基础上，初步形成了以旅游、商贸、海水养殖为主的综合性外向型经济体系。

南澳按照“对外推介、对内配套”的总体思路，立足海洋、海岛特色，大力发展旅游业。由于独特的资源优势和优越的生态自然环境，南澳旅游业的发展已成为海内外客商的投资热点，共签订投资合同50份，总投资额达36亿元。目前，全县有宾馆、酒楼50多家，接待床位3 000多个。其中，星级、准星级宾馆13家，具备了一定的接待能力。形成以青澳湾省级旅游度假区为重点区域的景区、景点。围绕发展“生态旅游”这一主题，加快了黄花山海岛国家森林公园、乌屿省级候鸟保护区的开发、利用和保护。开发、配套了“大尖揽胜”、“农家乐”、“南澳天然水族馆”、“风电场游览区”、“自驾车环岛游”等项目，增设了水上摩托车、香蕉船、牵引伞等海上运动项目。突出南澳的特色，加大旅游产品的设计和包装，策划推出了“南澳一日游”精品线路。按照“巩固粤东，拓展珠三角，争取港澳台”的思路，不断开拓客源市场，同时，注重策划专题，搞旺旅游，提高南澳游的知名度。2000年南澳岛被广东省旅游局评为“全省休闲度假好去处”和全省8条旅游热线之一。2003年进岛人数50.1万人次，旅游综合收入1.57亿元，经济效益日益显现，以旅游业为先导的第三产业呈现出良好发展势头。

大力发展海水养殖业，加快产业化进程。1999年被批准为全国科技兴海示范基地后，南澳抓住机遇，发展种苗产业，建设以培育太平洋牡蛎、东风螺等贝类和以真鲷鱼、美国红鱼等鱼类为主的海水育苗生产基地，建成育苗水体

1 280 m^3，太平洋牡蛎年育苗能力达 2 000 亩以上。海旺水产培苗中心成为国家定点的太平洋牡蛎三倍体两个中试基地之一。围绕“四年增加一万亩”的发展目标，在政策、资金上采取了一系列扶持措施，调动群众的生产积极性，推动养殖生产的发展。

全县养殖面积达 2.52 万亩，比 2003 年新增 3 965 亩，年产值超过 7 000 万元。下工夫抓好海水产品的加工和流通，努力发展产、加、销一体化产业体系。积极实施“科技兴海”战略，抓好海养新技术、新品种的引进、试验、推广、应用。加强与高等院校和科研院所的联系和合作，借用外脑，解决生产中碰到的技术难题，不断探索和推广海水养殖业的新技术、新品种、新方法。

特色工业在调整中壮大。坚持特色工业的发展思路，建设以风电业为龙头，以加工业为基础，以高新技术、高附加值、可持续发展产业为目标，以市场为导向，以效益为中心，各种经济成分共同发展的特色工业体系，把经济发展提高到新的水平。县委、县政府提出了“六个一”的措施，积极创造良好的特色工业投资软环境。继续巩固和发展风力发电、生物制药、海产品加工、旅游产品加工、海洋化工等产业，鼓励大力兴办工业实业，扎扎实实打好产业基础。风力发电先后分 11 期共装机 135 台，总装机容量 5.4×10^4 kW，年可发电 1.29×10^8 kW·h。投产以来累计发电 2×10^8 kW·h，创值 1 亿多元。同时，南澳千方百计加快风机国产化的研制并安装运行成功，被国家科委新能源局确认为填补风机国产化空白。工业在结构调整中不断得到发展壮大，在全县国民经济中的地位和作用逐步显现。2003 年，南澳县工业总产值达 5.77 亿元，比增 7.9%，工业增加值 1.87 亿元，比增 8.8%，整体工业特别是特色工业的质量和效益有了新的提高。

10.2 产业发展概述

10.2.1 综合

2011 年全年完成国内生产总值 11.25 亿元，同比增长 12.8%；工业总产值 9.42 亿元，同比增长 8.9%；农业总产值 12.5 亿元，同比增长 4.9%；财政一般预算收入首次突破亿元大关，达到 1.25 亿元，同比增长 102.8%；社会消费品零售总额 14.46 亿元，同比增长 18.7%；全社会固定资产投资总额 10.08 亿元，同比增长 31.7%；外贸出口总额 88 万美元，同比增长 37.5%。其中，财政一般预算收入综合增长率居全省第一，社会固定资产投资和外贸出口总额增幅较大，居全市前列。

2011 年重点基础设施建设顺利推进，南澳大桥累计投资 11 亿元，完成土建总工程量的 80%。南澳岛供水工程投资 2 亿元，完成总投资量的 52.8%。抗旱应急引水工程建成投入使用，有效缓解了旱情。云澳国家中心渔港累计投资4 000万元，完成基建工程量的80%。县人民医院改扩建、保障性住房、南中学生宿舍楼和多功能礼堂等工程顺利推进。县城地下停车场、钱阁路、西竹路等工程完成前期工作。公路安保、县法院审判综合楼等项目建成投入使用。填海造地、南澳幸福新城、现代物流中心等项目前期工作按计划有序推进，发展竞争力不断增强。

特色产业质量效益有效提升。加大旅游设施投入力度，"南澳游"知名度不断提高，全年进岛游客74万人次，同比增长6.9%，综合收入2.6亿元，同比增长11.6%。生态种养取得较好效益，全年粮食播种8 258亩，总产量4 662 t；水产品总量15.9×10^4 t，总产值10.3亿元，其中，养殖产量8.7×10^4t，同比增长6%。南澳牡蛎被国家质监总局批准为"国家地理标志保护产品"。集体林权制度改革工作在省的验收考核中得到高度好评。南澎列岛保护区升格为国家级自然保护区。风电工业发展步伐加快，南亚风电改造项目完成总投资的48.4%；风力发电量3.71×10^8 kW·h，同比增长38.1%。

全年上岛洽谈项目的客户120多批次，新开办公司40家，注册资金4.15亿元。经济项目完成投资总额5.3亿元。中环碧海蓝天、恒通观海阁公寓、蓝海豪景等项目加快推进。全县房产建筑施工面积36×10^4 m^2，竣工面积3.4×10^4 m^2，有效拉动经济持续增长。

城市规划建设步伐加快。加大规划力度，引进一批国内外知名机构参与南澳规划工作，编制完成"南澳县总体规划"等16项规划，龙门湾填海造地等9项规划正在加紧编制。"三旧"改造和资源盘活取得新进展，苦桃井片区改造项目开始拆迁和规划建设。全年共清理闲置土地12宗307亩；收回闲置土地使用权4宗94.8亩。节能减排完成"十一五"目标任务。积极探索城市"网格化"管理，市容市貌逐步改观。

2011年南澳县各行业产值及增长率见表10－1，图10－1。

表10－1　2011年南澳县各行业产值及增长率

	总产值/万元	比2010年增长（%）
农业	8 144 472	3.98
工业	32 800	12.39
固定资产投资	18 238	1.3
交通运输和邮电业	5 259	16
消费品零售	53 500	11.7
外贸进出口	23.6	137.39
实际利用外资	80	6.67

2011 年农村人均纯收入 6 017 元，同比增长 20.8%，首次实现两位数增长。全年实现农村劳动力转移就业 1 007 人，城镇新增就业 1 060 人次，城镇登记失业率控制在 2.9% 以内。各项社会保险金按时足额发放。扶贫“双到”工作较好完成省下达的任务。最低生活保障制度全面落实，建立了低收入群众临时价格补贴与物价上涨联动机制。投入 17.5 万元，完成低保帮建房 7 户。发放种粮补贴 29.24 万元，渔民柴油补贴 8 248.77 万元。

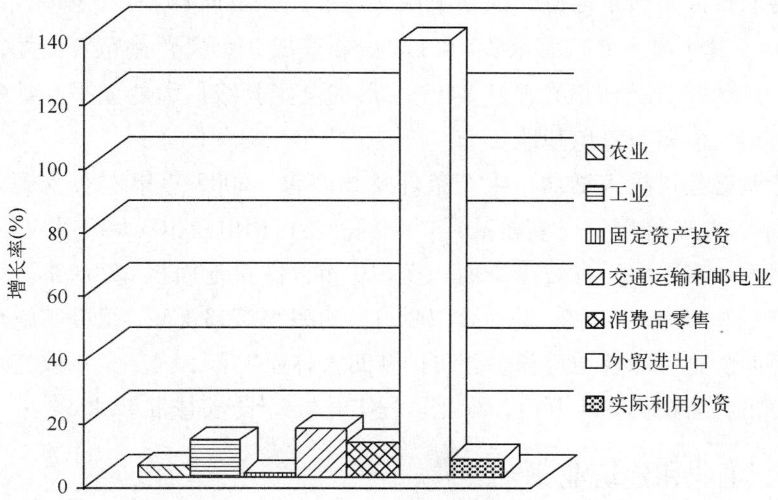

图 10－1　2011 年南澳县各行业产值增长率

2012 年，全年完成地区生产总值 12.08 亿元，同比增长 4.8%。规模以上工业产值 2.5 亿元，同比增长 4.4%。农业总产值 13.7 亿元，同比增长 4.2%。公共财政预算收入 1.3 亿元，同比增长 3.8%。社会消费品零售总额 15.1 亿元，同比增长 12.9%。全社会固定资产投资总额 10.1 亿元，同比增长 0.04%。外贸出口总额 106 万美元，同比增长 20.5%。售电量 7 161 $\times 10^4$ kW · h，同比增长 15.2%。2012 年 12 月末金融机构存款余额 23 亿元，同比增长 17.6%。

旅游业发展加快，南澳岛在 2012 年被“华南旅游风云榜”评选为“优质滨海旅游名片”。举办了中国旅游日 2012 年汕头滨海欢乐游暨“相约南澳、欢乐健康”主题活动。规划建成了一批环岛景观带、乡村绿道、“生态园”、“农家乐”、“渔家乐”等旅游项目。全年进岛游客 81.7 万人次，比增 10%，综合收入 2.9 亿元，比增 12.6%。生态种养业持续发展，水产品总量 16.4 $\times 10^4$t，总产值 11.4 亿元，其中，海洋捕捞产量 7.1 $\times 10^4$t，养殖产量 9.3 $\times 10^4$t。风电工业巩固提升，全年风力发电量 3.36 $\times 10^8$kW · h。南亚风电技术改造完成投资 2.7 亿元，占总投资的 88%。

10.2.2 农业

截至2011年，南澳生态种养得到较大发展，渔农业产品结构进一步调整优化。全年实现农业增加值20 553万元，增长4.00%。农业总产值81 444万元，比上年增长3.98%，其中：种植业产值4 652万元，同比增长2.65%，渔业产值68 168万元，同比增长4.01%。

粮食年亩产1 275 kg，其中稻谷年亩产989 kg。后宅镇蔬菜、云澳金薯等8个无公害农产品生产基地得到国家级认证。水产养殖面积2 752 hm^2，比上年增长2.72%；其中海水养殖面积2 701 hm^2，新建成3个民营鲍鱼育苗场，陆域养殖企业产户数（含个体户）已达24个。形成全国县级最大的太平洋牡蛎养殖基地和全省最大的藻类养殖基地。

农业基础建设投入增加，生产条件继续改善。2005年年末农业机械总动力78 329 kW，化肥施用量（实物量）1 140 t，农村用电量103×10^4 kW·h，新增节水灌溉500亩，农田有效灌溉面积5 610亩，占耕地面积85.14%。全县投入渔业生产的机动船762艘，吨位21 086 t，功率59 713 kW。积极实施水源涵养林、沿海防护林、绿色通道和生态防护林四大林业生态工程。全年改造水源涵养林0.2万亩，防护林2.4万亩，绿化里程168 km，防火林带12 km。

10.2.3 工业和建筑业

努力加快风电开发，积极扶持民营工业，特色工业后劲增强，渔农产品加工有所发展。2011年全年实现工业增加值9 160万元，比上年增长11.00%，占本地生产总值18.62%，比上年提高0.78个百分点。工业总产值32 800万元，增长12.39%。其中：规模以上工业总产值15 000万元，增长8.70%；在规模以上工业总产值中，国有企业增长11.67%，私营企业增长0.72%。

全县工业销售产值（现行价）32 137万元，工业产品销售率99.5%，比上年提高0.1个百分点。

工业经济效益有所提高。全县规模以上工业企业11家，盈利企业盈利总额1 653万元，亏损企业亏损总额693万元，企业亏损面达63.64%，盈亏相抵后净盈利960万元。利税总额1 841万元，工业综合经济效益指数118.13%。工业企业增加值全员劳动生产率57 551元/人，资本保值增值率69.31%，资产负债率74.80%，总资产贡献率3.18%，产品销售率97.98%，成本费用利润率8.55%，流动资金周转次数0.65次。

全县建筑施工产值10 198万元，房屋建筑施工面积$3.4 \times 10^4 m^2$，房屋竣工面积$3.3 \times 10^4 m^2$。

10.2.4 固定资产投资

2011 年全社会完成固定资产投资额 18 238 万元，比上年增长 1.3%，其中：城镇集体以上完成投资额 15 567 万元，增长 0.2%；城乡以下完成投资额 2 671 万元，增长 8.3%；在全社会固定资产投资中，基本建设投资 10 203 万元，下降 18.1%；更新改造投资 495 万元，下降 58.1%；其他建设投资 4 869 万元，增长 154.7%。交通、能源和邮电通信基础设施建设完成投资 8 255 万元。新增固定资产 16 576 万元，增长 101.8%。

检察院办案楼、第一小学、第三中学、中铁、前江战备码头等一批项目建成交付使用，历建 15 年之久的云澳渔港也建成交付使用。南澳中学续建工程、华能二期工程、疾病控制中心等新项目正在全面铺开建设。

10.2.5 市政建设和环境保护

2011 年城镇化进程稳步推进，市政公共设施有新进展，县城建成区面积达到 4.2 km^2。投入市政建设维护资金 50 万元。县城区日供水能力 2.8×10^4 t，年供水总量 327.60×10^4 t。全县年供电量 $3\,778 \times 10^4$ kW · h。年末客运车辆 88 辆，海上客运量（不含车辆渡）9.6 万人次。

切实加强人口、资源和环境管理，大力推进“全国生态示范区”的建设。加大人工鱼礁和自然保护区建设力度，抓好造林绿化，创建优美的生态环境。环境空气和地表水质量分别保持在国家一级和Ⅱ类标准。

10.2.6 交通运输和邮电业

2011 年，交通运输邮电业完成增加值 5 259 万元，同比增长 16.0%。

全年邮电业务收入 2 909 万元，比上年增长 9.0%。电话交换机总量达 2.57 万门，新增城乡电话用户 1 120 户。年末全县每百人拥有电话 29 部、移动电话（固定用户）12 部。全县通车里程 206 km，公路密度居全省之冠，达 1.86 km/km^2。

10.2.7 国内贸易和市场物价

城乡贸易市场购销顺畅。2011 年，全县商品销售总额 67 177 万元，商品库存总额 177 万元，消费品零售总额 53 500 万元，比上年增长 11.7%，剔除物价因素，实际增长 9.4%。

在消费品零售总额中，国有经济零售额 6 889 万元，比上年增长 31.7%；集体经济零售额 720 万元，比上年增长 2.4%；其他经济零售额 45 891 万元，比上年增长 9.3%；2005 年批发零售贸易业 49 936 万元，比上年增长 11.6%，餐饮业零售额 3 564 万元，比上年增长 12.3%，城乡集市贸易成交额 18 697 万元，比上年增长3.7%。市场物价稳定，社会商品零售价格指数102.1%，居民消费价格指数102.5%，分别上升2.1个百分点和2.5个百分点。

10.2.8 对外经济和旅游业

全县外贸进出口总额23.6万美元，比2010年增长137.39%；2011年，实际利用外资80万美元，比2010年增长6.67%。

旅游业持续发展，创建4A级旅游区的成果进一步巩固，2011年新投入旅游项目资金500万元。至2011年年底，全县共有宾馆（酒店）52家，床位2 574张，其中：涉外宾馆（酒店）4家，床位664张。全县6家主要宾馆全年接待国内外游客7人次，营业收入1 100万元，其中涉外宾馆接待国内外游客5万人次。旅游进岛人数54.8万人次，旅游综合收入1.71亿元。

10.2.9 金融及保险业

金融运行平稳。2011年，全县金融机构各项存款余额55 148万元，比年初增长16.38%；其中：城乡居民储蓄存款余额41 067万元，比增12.33%。各种贷款余额20 448万元，增长15.23%；其中：短期贷款19 816万元，增加2 705万元，增长15.81%，中长期贷款632万元，减少2万元，下降0.32%，资金收支相抵净投放2 621万元。

2011年，岱山县进一步扩大城乡居民最低生活保障覆盖面。全县领取城乡居民最低生活保障463户，1 320人，发放保障金68万元，其中城乡低保对象基本医疗救助金24万元。

10.2.10 科技、教育、文化、卫生

科技成果得到较好的推广应用。2011年全县实施市级以上科技成果转化项目11项，现有高新技术产品目录产品4个，有一项科技成果获市农业技术推广奖。

教育体制改革顺利推进，教学质量不断提高。全县共有高中及普通中学5所，在校学生6 639人，比上年增长2.5%。全县共有小学17所，在校学生7 278人，下降11.0%。去年初中毕业生升学率达到60.59%，高考录取率89.30%。

文化事业建设有所进展。全县有潮剧团1个，电影放映单位2个，各类文化艺术场馆4座，广播电台3座，各种群众文化活动丰富活跃。

卫生事业稳定发展。全县共有各类医疗卫生机构5个，病床位114张，专业卫生技术人员211人，其中医生95人，护理人员58人，药剂检验人员43人。

10.2.11 人口和人民生活

2011年年末，全县户籍总人口72 600人，其中男性人口36 701人，女性人口35 899人。

城乡居民收入略有增加。据农村住户抽样调查，2011年农村人均纯收入3 310元，比上年增长2.00%。

全县在岗职工工资总额7 020万元，比上年增长6.65%。在岗职工年平均工资12 272元，比上年增长9.25%。

城乡居住条件继续改善。全年城镇竣工住宅面积11 000 m^2，农村竣工住宅面积10 470 m^2。

10.3 产业发展规划

10.3.1 加快基础设施建设，提升海岛发展竞争力

重大基础设施建设，对南澳实现跨越发展至关重要。必须继续落实工作责任制和倒逼机制，集中资源、集中力量攻坚克难，推进重大项目建设，形成有力的投资拉动。

力争2012年年底完成南澳大桥、南澳岛供水工程、云澳国家中心渔港的主体工程。大桥公司要着力解决资金、技术等关键问题，围绕大桥主体合龙的目标，推进主桥配套工程、综合服务区建设；引韩办要着力攻克澄海侧征地的难题，加快制水厂和澄海侧管线建设，确保抗旱应急引水工程的安全运行；海洋渔业局要牵头加快云澳国家中心渔港建设，抓紧规划建设水产品贸易、水产品精深加工、渔业后勤保障、休闲渔业服务、滨海旅游服务五大功能区，带动现代渔港经济发展。围绕国家重点支持领域和重点振兴产业，继续谋划落实海洋开发、对台经贸、产业发展和基础建设等大项目，增强发展后劲。

10.3.2 推进旅游综合开发项目，提升产业发展水平

加快海岛旅游综合开发，是加快转型升级，实现产业增效、群众增收的重要途径。必须以建设广东省海洋综合开发试验县和创建省滨海旅游产业园区为契机，大力实施海洋旅游综合开发，提升特色产业发展水平。

应尽快对旅游资源进行规划、整合、升级，加快完善旅游基础设施建设，创建滨海旅游产业园区。全力推动南澳旅游向高端化发展，规划建设休闲度假区、会议商务区、体育活动区、风情商业区为一体的高端滨海休闲旅游度假岛。规范"农家乐"、"渔家乐"等乡村旅游项目，促进休闲渔业、观光生态农业、宗教旅

游发展；精心打造青澳湾、烟墩湾、黄花山、深澳古镇四大旅游景区和环岛景观带，争创“国家5A级旅游区”。营造优良的旅游服务环境，规范旅游市场经营秩序。努力发展与旅游相关的现代服务业，延长旅游产业链。创新旅游发展经营模式，旅游局要牵头相关单位，加快做好实施旅游“一票制”的各项准备工作，力争在大桥通车前准备就绪，尽快提高旅游业发展对财政增收和改善民生的贡献率。

加快传统产业转型升级。继续巩固和发展现代效益渔农业，实现产业增效、群众增收。县海洋与渔业局要牵头加大扶持力度，优化生产布局，改造生产设备，提高养殖、捕捞科技水平，发展水产品加工业，提高渔业经济效益。县农业局要牵头推广种苗培育，发展优质茶果种植，提高无公害农产品基地建设水平，做强特色农产品品牌；加快农村综合改革，激发农村发展活力，建设若干名镇名村。经信局要牵头抓好原盐质量，鼓励盐村盐民开拓新的生产发展途径。

10.3.3 引进一批大型战略合作伙伴，提升对外开放水平

引进大企业、大项目是加快南澳大发展的重要途径。必须利用特区扩围和大桥建设的效应，大力引进大型战略合作伙伴，加快招商引资和投资拉动，借力发展南澳。

加快重点经济项目建设。政府部门要加强招商项目的跟踪管理和服务，力促各重点建设项目有实质性进展，拉动经济有效增长。加快南亚 3.3×10^4 kW 技术改造等风电项目建设，推进南方电网投资11亿元的风能大电流输电项目建设。

加快招商引资。县政府各部门要在抓好现有经济项目的基础上，着力引进一批有眼光、有实力、有诚意的大型战略合作伙伴，力争实业型大项目有新突破。加强与大企业的洽谈合作，对南澳的城市形象、产业发展、环境保护、项目开发、经营管理和宣传推介等进行全方位的规划和策划，提升海岛发展层次。旅游、招商等部门要突出南澳滨海特色，大力引进建设集休闲、商务、会展、观光、度假为一体的高端社区，策划发展一批大型的特色项目，推动旅游业转型升级。

提高对外开放水平。县政府要充分发挥对台优势，加快金东海对台综合服务基地建设，争取优惠政策，吸引台资上岛，拓宽对台经贸合作领域；积极提高对台服务水平，扩大对台交流合作。经济部门要落实支持引导民间投资的政策措施，促进民营企业规模化、品牌化发展；积极培育出口创汇型渔业龙头企业。

10.3.4 规划建设与环境保护相结合，提升生态海岛发展层次

实现经济快速发展，必须坚持可持续的发展观，必须立足经济建设和环境保护两手抓，坚持放眼未来、合理规划。

坚持“世界眼光、国际水准、海岛特色”的规划理念，继续加强与国内外高端规划设计机构的合作，高起点、高标准、高水平规划好、策划好，努力发挥海岛功能作用，实现资源效益的最大化。加强生态环境保护工作，要把规划控制与生态环保紧密结合起来，提升开发建设的层次。县环保局要牵头有关部门大力推进生态环保建设，做好项目上马前的生态认证和风险评估，加强节能减排、水源保护和项目迹地的复绿工作，促进经济与生态和谐发展。国土局要加强沙土石和岸线管理，依法处置乱挖、乱采、乱占国土资源的行为。农业局要加快发展生态林业，推进环岛景观林带项目建设。水务局要加强对建设项目水土保持工作的管理，有效防止水土流失。城管局、后宅镇要大力实行环卫绿化市场化运作，美化城乡环境。海洋、渔政、环保等部门要加强海洋生态环境监控和保护，加强海洋自然保护区建设和资源整合，提升海洋资源保护与开发的水平。

努力盘活公共资源。县国土、财政、法制、住建、规划等部门要在科学规划的指导下，依法加大对国有、集体土地和闲置土地的清理，盘活和收储力度，尽快盘活土地及政府其他公共资源，切实把资源管理好、经营好。积极推进“三旧”改造，加快国信苦桃井项目建设，促进土地集约利用。

✻ 附录

附录1　中国12个海岛县（区）基础数据

海岛	所属区划	所属海域	地理位置		岛陆面积/km^2	海域面积/km^2	海岸线长/km	人口/万人
			北纬	东经				
长海	辽宁省大连市	黄海	38°55′—39°35′	122°17′—123°13′	120.00	10 324.00	359.00	7.30
长岛	山东省烟台市	渤海、黄海交汇处	7°55′	120°44′	56.00	8 700.00	146.00	4.30
崇明	上海市	东海	31°27′—31°51′	121°09′—121°54′	1 267.00	9 000.00	98.00	85.00
洞头	浙江省温州市	东海	27°41′—28°01′	120°59′—121°15′	100.30	791.70	333.50	12.74
玉环	浙江省台州市	东海	121°	28°	378.00	1 901.00	329.14	42.55
平潭	福建省福州市	东海	25°15′—25°45′	119°32′—120°10′	371.91	6 000.00	399.82	39.20
嵊泗	浙江省舟山市	东海	30°24′—31°04′	121°30′—123°25′	67.83	8 756.00	470.00	7.86
东山	福建省	东海与南海交汇	23°33′—23°47′	117°17′—117°35′	248.34	1 800.00	141.00	21.57
普陀	舟山普陀区	东海	29°32′—30°28′	121°56′—123°14′	459.00	6 271.00	831.43	32.23
定海	舟山定海区	东海	29°55′—30°15′	121°38′—122°15′	568.80	875.20	428.07	37.82
岱山	舟山岱山区	东海	30°07′—30°38′	121°31′—123°17′	326.50	4 916.00	717.00	18.96
南澳	广东省汕头市	东海与南海交汇	23°11′—23°32′	116°53′—117°19′	111.53	4 600.00	99.20	7.20

数据来源：海岛县（区）国民经济与社会发展公报。

注：人口依据2012年的公报数据整理。

附录2　2003—2012年长岛县产业布局主要统计数据

单位：万元

年份	国民生产总值	第一产业产值	捕捞业产值	养殖业产值	第二产业产值	临港工业产值	第三产业产值	旅游业产值
2003	138 405	70 637	101 414	102 033	12 705	8 345	55 063	13 500
2004	166 276	89 785	98 300	127 700	17 307	12 049	59 184	18 900
2005	208 583	113 260	94 000	155 000	23 943	18 862	71 380	2 500
2006	242 082	133 979	107 357	153 631	29 272	23 928	78 832	2 820
2007	290 373	160 813	96 227	199 012	33 461	28 013	96 099	3 200
2008	331 717	196 209	90 130	211 800	40 954	31 719	94 554	4 340
2009	392 726	240 005	100 430	233 203	44 317	34 013	108 440	5 150
2010	500 160	298 868	119 835	250 748	50 725	36 942	150 567	5 825
2011	554 572	330 694	108 019	282 326	49 165	35 383	174 713	5 327
2012	615 599	364 797	122 925	264 822	54 000	37 742	196 802	7 000

数据来源：2003—2012年长岛县国民经济与社会发展公报。

附录3　2003—2011年长海县产业布局主要统计数据

单位：万元

年份	国内生产总值	第一产业产值	捕捞业产值	养殖业产值	第二产业产值	临港工业产值	第三产业产值	旅游业产值
2003	318 653	108 751	93 949	86 149	11 667	25 995	39 449	15 668
2004	369 000	128 000	95 359	121 040	14 000	32 000	43 000	16 890
2005	219 000	158 000	100 800	160 100	14 000	52 212	47 000	17 500
2006	263 000	171 401	119 448	105 974	17 153	87 023	16 524	26 700
2007	314 574	249 415	104 995	240 030	31 106	101 776	108 507	29 009
2008	346 346	275 105	104 050	265 000	35 927	132 716	112 631	36 000
2009	420 823	286 500	159 380	273 400	51 775	95 757	82 548	42 879
2010	534 482	329 195	176 280	365 400	63 851	121 173	141 436	46 570
2011	648 235	409 364	204 183	398 753	74 019	126 091	164 852	57 820

数据来源：2003—2011年长海县国民经济与社会发展公报。

附录 4　2003—2012 年崇明县产业布局主要统计数据

单位：万元

年份	国内生产总值	第一产业产值	渔业产值	种植业产值	第二产业产值	临港工业产值	第三产业产值	旅游业产值
2003	649 439	511 567	135 000	161 000	195 458	799 000	237 824	11 000
2004	728 439	662 567	138 000	192 000	199 681	920 000	261 131	15 000
2005	817 309	675 156	148 000	217 000	233 627	1 168 000	358 533	19 000
2006	924 376	694 060	15 000	222 000	273 811	1 313 000	492 266	21 000
2007	1 048 242	706 553	144 000	233 000	320 633	1 477 000	558 721	25 000
2008	1 175 079	741 880	139 680	244 650	362 315	1 633 000	635 266	27 000
2009	1 391 293	751 524	133 534	268 136	457 966	2 935 000	715 945	33 000
2010	1 584 682	794 361	121 649	274 035	460 714	3 764 000	717 377	45 000
2011	2 268 000	718 897	155 116. 8	289 891. 2	538 575	4 578 000	819 245	54 000
2012	2 363 000	213 000	8 924	304 380. 3	1 261 000	4 148 000	889 000	61 000

数据来源：2003—2012 年崇明县国民经济与社会发展公报。

附录 5　2003—2012 年洞头县产业布局主要统计数据

单位：万元

年份	国内生产总值	第一产业产值	捕捞业产值	养殖业产值	第二产业产值	临港工业产值	第三产业产值	旅游业产值
2003	133 300	29 500	—	—	38 100	100 092	67 500	12 400
2004	159 000	33 800	48 500	23 000	49 000	142 600	76 200	13 400
2005	193 400	31 200	49 600	16 100	56 100	200 200	106 100	14 000
2006	225 000	32 000	51 300	16 200	70 000	255 000	123 000	54 000
2007	264 200	32 500	55 300	15 000	86 700	—	145 100	58 000
2008	304 100	33 400	59 300	13 700	102 900	305 300	167 800	64 100
2009	333 000	34 000	59 100	16 000	112 000	349 500	187 000	70 700
2010	343 500	33 400	61 000	16 400	130 300	—	179 800	91 600
2011	393 200	37 800	62 700	16 700	157 800	414 398	197 600	111 300
2012	440 900	37 600	64 600	18 200	186 800	440 712	216 500	132 000

数据来源：2003—2012 年洞头县国民经济与社会发展公报。

附录6　2003—2012年玉环县产业布局主要统计数据

年份	国内生产总值/万元	第一产业产值/万元	捕捞业产量/×10^4 t	养殖业产量/×10^4 t	第二产业产值/万元	第三产业产值/万元	旅游业产值/万元
2003	1 162 900	125 900	17.69	10.42	687 000	350 000	52 700
2004	1 369 200	124 700	16.01	9.82	827 100	417 400	91 600
2005	1 485 300	121 900	16.05	9.64	919 600	443 800	136 800
2006	1 801 900	133 500	16.78	9.27	1 148 200	520 200	146 000
2007	2 217 300	140 400	17.41	8.93	1 464 200	612 700	164 100
2008	2 530 000	—	—	—	—	—	—
2009	2 433 200	—	—	—	—	—	—
2010	3 082 100	197 900	17.1	9.02	1 967 300	916 900	239 600
2011	3 615 200	242 500	16.87	9.07	2 293 200	1 079 500	289 400
2012	3 748 900	253 100	16.12	8.81	2 253 800	1 242 000	367 900

数据来源：2003—2007年，2010—2012年玉环县国民经济与社会发展公报。

附录7　2003—2012年嵊泗县产业布局主要统计数据

单位：万元

年份	国内生产总值	第一产业产值	捕捞业产值	养殖业产值	第二产业产值	第三产业产值	旅游业产值
2003	222 700	54 000	95 857	6 892	84 400	84 300	30 084
2004	270 000	62 000	109 124	9 590	110 000	98 000	37 901
2005	335 100	64 400	112 999	10 292	153 500	117 200	52 232
2006	397 000	69 600	121 500	11 400	187 100	140 300	62 000
2007	473 200	75 000	130 500	11 800	238 500	159 700	70 600
2008	558 600	86 200	132 400	12 800	280 900	191 500	88 200
2009	573 900	86 200	147 300	13 200	286 500	201 200	104 200
2010	673 900	113 200	179 900	12 600	316 300	244 400	123 800
2011	561 300	143 800	224 300	11 600	80 400	337 100	200 000
2012	659 100	160 900	250 800	12 700	99 900	398 400	254 700

数据来源：2003—2012年嵊泗县国民经济与社会发展公报。

附录8　2003—2012年东山县产业布局主要统计数据

年份	国内生产总值/万元	第一产业产值/万元	捕捞业产量/×10^4t	养殖业产量/×10^4t	第二产业产值/万元	第三产业产值/万元	旅游业产值/万元
2003	363 600	104 800	15.87	12.78	115 500	143 300	34 900
2004	403 600	116 300	16.44	9.88	127 200	160 100	45 600
2005	326 100	125 100	16.7	14.11	94 000	107 100	28 700
2006	374 000	135 000	17.4	14.55	129 000	110 000	33 000
2007	442 900	157 200	17.82	15.13	154 300	131 400	37 600
2008	511 000	169 200	14.55	12.75	193 600	148 100	42 700
2009	569 500	171 000	14.8	13.19	233 100	165 400	49 400
2010	758 000	201 200	14.93	14.05	315 100	241 300	62 600
2011	1 011 800	26 500	15.07	14.89	450 100	296 700	100 000
2012	1 138 500	270 300	15.22	15.88	519 100	349 000	162 000

数据来源：2003—2012年东山县国民经济与社会发展公报。

附录9　2003—2012年普陀区产业布局主要统计数据

年份	国内生产总值/万元	第一产业产值/万元	捕捞业产量/×10^4t	养殖业产量/×10^4t	第二产业产值/万元	临港工业产值/万元	第三产业产值/万元	旅游业产值/万元
2003	—	—	—	—	—	—	—	—
2004	—	—	—	—	—	—	—	—
2005	839 500	149 100	—	3.85	322 400	—	368 000	264 200
2006	1 032 100	159 900	38.33	3.86	400 200	1 194 000	452 000	306 500
2007	1 274 300	174 800	36.66	3.61	554 200	1 740 400	545 300	366 500
2008	1 523 000	194 000	38.76	38.76	709 800	2 780 800	619 200	676 500
2009	1 623 600	204 800	43.07	3.72	696 500	3 055 700	696 400	738 100
2010	1 992 300	250 500	45.56	3.58	871 700	3 452 200	870 100	894 700
2011	2 462 000	302 600	48.09	3.56	1 081 600	4 551 100	1 077 800	1 329 500
2012	2 739 800	—	—	—	—	4 453 000	—	—

数据来源：2005—2011年普陀区国民经济与社会发展公报。

附录 10　2003—2012 年定海区产业布局主要统计数据

单位：万元

年份	国内生产总值	第一产业产值	第二产业产值	第三产业产值
2003	759 618	51 965	296 532	411 121
2004	939 900	56 000	380 500	503 400
2005	1 156 895	60 600	481 478	614 817
2006	1 394 594	60 762	590 265	743 567
2007	1 716 338	66 573	730 582	919 183
2008	2 075 371	72 144	917 942	1 085 285
2009	2 095 908	74 365	862 605	1 158 938
2010	2 541 062	85 161	1 100 329	1 355 572
2011	3 154 751	98 569	1 439 551	1 616 631
2012	3 472 800	102 600	1 610 400	1 759 800

数据来源：2003—2012 年定海区国民经济与社会发展公报。

附录 11　2003—2012 年岱山县产业布局主要统计数据

年份	国内生产总值/万元	第一产业产值/万元	养殖业产量/$\times 10^4$t	第二产业产值/万元	第三产业产值/万元
2003	308 600	—	—	—	—
2004	370 600	—	—	—	—
2005	439 000	115 900	1.48	141 100	182 000
2006	541 000	123 600	1.45	199 300	218 100
2007	656 700	129 900	1.27	265 300	261 500
2008	841 900	143 600	1.02	395 500	302 800
2009	1 023 600	148 800	1.01	545 200	329 500
2010	1 243 100	177 000	1.02	710 600	355 500
2011	1 525 900	216 000	1.00	868 600	441 300
2012	1 647 000	235 200	1.09	937 900	473 900

数据来源：2005—2012 年岱山县国民经济与社会发展公报。

附录 12　2012 年长岛县国民经济主要统计数据

	2012 年累计	较同期 ± %		2012 年累计	较同期 ± %		2012 年累计	较同期 ± %
一、综合			三、工业			六、投资、交通、旅游		
地区生产总值/万元	615 599	6.7	工业总产值/万元	37 742	7	固定资产投资总额（规模以上）/万元	44 516	19.8
第一产业/万元	364 797	5.4	工业销售收入/万元	31 893	−11.1	其中：城镇投资额/万元	40 610	14.4
第二产业/万元	54 000	0.5	工业利税总额/万元	3 427	−37.6	房地产开发投资/万元	5 481	299.2
其中：工业/万元	35 383	0.5	工业利润总额/万元	1 841	−46	客运周转量/万人·km	7 395.6	54.5
第三产业/万元	196 802	9.5	工业销售产值/万元	36 235	3.6	货运量/$\times 10^4$ t	517.5	29.3
乡村经济总收入/万元	408 504	10.8	工业增加值/万元	8 114	6.6	货运周转量/$\times 10^4$ t·km	117 261.8	150.5
消费品价格指数（%）	104.2	1.9	高新技术产业产值/万元	6 230	−9.4	旅游年接待人数/万人次	242	30
全县总人口/人	43 040	0	全县用电量/$\times 10^4$ kW·h	9 400	15.1	旅游门票收入/万元	7 000	30
人均国内生产总值/元	143 493	7.1	四、商业外贸			七、劳动工资		
二、农业			消费品零售额/万元	116 493	13.3	年末从业人员数/人	5 269	−0.7
农业总产值/万元	566 041	10.8	出口创汇总额/万美元	3 164	42	单位职工工资总额/万元	21 517	11.2
渔业总产值/万元	564 197	10.9	实际利用外资/万美元	198	0	职工年平均工资/元	38 530	11.1
水产品总产量/$\times 10^4$t	38.8	−0.7	五、财政金融			八、人口和人民生活		
养殖产量/$\times 10^4$t	26.5	−6.2	地方财政收入/万元	8 058	−33.5	职工年平均工资/元	38 530	11.1
捕捞产量/$\times 10^4$t	12.3	13.8	公共财政预算支出/万元	47 414	11.4	农民人均纯收入/元	13 666	11.2
耕地面积/hm^2	295	0	年末金融机构各项存款余额/万元	299 428	10	在岗职工人均工资/元	34 075	17.5

数据来源：2012 年长岛县国民经济与社会发展公报。

附录 13　2011 年长海县国民经济主要统计数据

	2011 年累计	较同期±%		2011 年累计	较同期±%		2011 年累计	较同期±%
一、人口与就业			三、工业及建筑业			出口总额/万美元	9 207	2.9
年末总人口/万人	7.3	0	（一）规模以上工业企业			当年实际使用外企金额/万美元	11 000	10
乡村人口/万人	6.3	-1.5	工业企业数/个	6	-60	六、固定资产投资		
年末总户数/户	26 255	-0.1	工业总产值（现价）/万元	126 091	4.1	城镇固定资产投资完成额/万元	235 175	24.1
乡村户数/户	21 618	-0.1	内资企业/万元	120 505	3.2	城镇新增固定资产/万元	154 332	57.3
年末单位从业人员数/人	9 574	18.1	港、澳、台商投资企业/万元	5 586	26.7	城镇固定资产投资项目数/个	79	0
第二产业/人	413	19	外资投资企业/万元	0	0	房地产开发投资完成额/万元	7 613	-46.9
第三产业/人	4 290	9	从业人员年平均数	1 030	-34	住宅/万元	7 117	-47.4
二、综合经济			固定资产净值/万元	11 875	-26	七、文教、卫生		
（一）地区生产总值	648 235	21.2	主营业务收入/万元	113 462	0	普通中学数/所	7	0
第一产业增加值/万元	409 364	24.3	（二）建筑业			小学数/所	12	0
第二产业增加值/万元	74 019	15.9	建筑业企业个数/个	9	0	普通中学在校学生数/人	3 722	-8.7
第三产业增加值/万元	164 852	16.5	期末从业人员数/个	1 307	0	小学在校学生数/人	4 040	-8.3
（二）财政、金融			四、交通运输、邮电通信			医院、卫生院数/所	8	0
财政总收入/万元	93 661	69.5	境内公路里程/km	283	3.7	医院、卫生院床位数/床	278	2.6
地方财政一般预算收入/万元	33 001	31.9	境内铁路营业里程/km	0	0	执业（助理）医生/人	114	-14.9
地方财政一般预算支出/万元	57 496	16.1	本地电话年末用户/户	24 500	-3.2	八、人民生活		
金融机构各项存款余额/万元	387 418	33.7	乡村电话用户/户	18 800	4.4	城镇在岗职工年平均人数/人	7 709	1.6
城乡居民储蓄存款余额/万元	293 178	30.8	五、贸易、外经			城镇在岗职工工资总额/万元	33 269	-4.9
金融机构各项贷款余额/万元	167 353	69.7	限额以上批零销售总额/万元	18 354	-41	农村居民人均纯收入/元	22 192	10.4

数据来源：2011 年长海县国民经济与社会发展公报。

附录14　2012年崇明县国民经济主要统计数据

	2012年累计	较同期±%		2012年累计	较同期±%		2012年累计	较同期±%
一、综合			三、工业			年末各项银行存款余额/亿元	624.6	5.4
地区生产总值/亿元	236.3	5.5	工业总产值/亿元	414.8	-9.4	其中：城乡居民储蓄存款/亿元	389.2	14.2
第一产业/亿元	21.3	2.3	规模以上工业产值/亿元	381.1	-7.5	年末各项贷款余额/亿元	313.6	-1.6
第二产业/亿元	126.1	-0.4	六大主导行业工业总产值/亿元	324.5	-9.4	六、内外贸易		
其中：工业/亿元	96.9	-4.3	海洋装备产业总产值/亿元	266	-10.1	全年社会消费品零售总额/亿元	64.7	18.3
第三产业/亿元	88.9	15.8	亏损企业亏损额/亿元	2.6	135.6	批发业零售总额/亿元	2.9	20.2
第一产业完成投资/亿元	2.8	48.9	建筑业总产值/亿元	247	1.5	住宿业零售总额/亿元	2.5	23.9
第二产业完成投资/亿元	43.1	225.6	四、固定资产投资和基础设施建设	6 230	-9.4	餐饮业零售总额/亿元	3.7	18.5
第三产业完成投资/亿元	86	25.6	全县固定资产投资/亿元	131.9	0.9	全年集市贸易成交额/亿元	13.5	33.9
房地产业完成投资/亿元	38.2	28.9	基本建设投资/亿元	82.1	39.5	全县累计引进注册型企业/户	5 290	23.1
二、农业			更新改造投资/亿元	6.1	26.9	七、旅游		
农业总产值/亿元	58.2	5.1	房地产投资/亿元	38.2	40.5	全县共接待游客/万人次	370.0	9.5
渔业总产值/亿元	15.9	2.6	农村集体投资/亿元	5.5	85.6	营业收入/亿元	6.1	12.9
种植业产值/亿元	29.9	3.1	五、财政金融			八、人口和人民生活		
林业产值/亿元	1	168.6	地方财政收入/亿元	37	6.1	城镇居民家庭人均可支配收入/元	29 235	11.8
畜牧业产值/亿元	9.8	7.7	公共财政预算支出/亿元	89.6	18.8	农村居民家庭人均可支配收入/元	12 150	11.9

数据来源：2012年崇明县国民经济与社会发展公报。

附录 15　2012 年洞头县国民经济主要统计数据

	2012 年累计	较同期 ± %		2012 年累计	较同期 ± %		2012 年累计	较同期 ± %
一、综合			工业总产值/亿元	58.02		规模以上固定资产投资总额/亿元	49.67	52.5
地区生产总值/亿元	44.09	9.9	工业利税总额/亿元	4.5	-10.6	客运量/万人	1 181	2.6
第一产业/亿元	3.76	-2.3	工业利润总额/亿元	0.59	-31.0	客运周转量/万人 · km	17 136	5.5
第二产业/亿元	18.68	15.2	工业销售产值/亿元	48.85	6.0	货运量/ $\times 10^4$t	1 267	7.6
其中：工业/亿元	11.53	8.1	全县用电量/ $\times 10^4$ kW · h	19 918	13.5	货运周转量/ $\times 10^4$ t · km	116.9	10.5
第三产业/亿元	21.65	8.0	四、商业外贸			旅游年接待人数/万人次	291.5	18.3
全县总人口/人	130 600		消费品零售额/亿元	14.44	14.0	旅游门票收入/亿元	13.2	18.5
二、农业			出口创汇总额/万美元	5 462	8.4	七、主要人均指标		
农业总产值/万元	1 650	4.5	实际利用外资/万美元	210	-45.6	人均国内生产总值/元	33 936	8.9
渔业总产值/万元	82 800	4.3	五、财政金融			农民人均纯收入/元	11 858	13.0
水产品总产量/万元	21 319	2.7	地方财政收入/亿元	3.39	10.5			
养殖产量/ $\times 10^4$t	1.52	-2.6	地方财政支出/亿元	13.26	17.6			
捕捞产量/ $\times 10^4$t	13.5	0.4	全社会贷款余额/亿元	35.38	8.9			
耕地面积/hm^2	1 270		全社会存款余额/亿元	45.78	7.7			
三、工业			六、投资、交通、旅游					

数据来源：2012 年洞头县国民经济与社会发展公报。

附录 16　2012 年玉环县国民经济主要统计数据

	2012 年累计	较同期 ±%		2012 年累计	较同期 ±%		2012 年累计	较同期 ±%
一、综合			水果产量/ $\times 10^4$ t	9. 51	−2. 2	城乡居民储蓄/亿元	202. 97	18. 2
地区生产总值/亿元	374. 89	6. 50	三、工业			六、投资、交通、旅游		
第一产业/亿元	25. 31	0. 80	工业总产值/亿元	1 275. 17	5. 8	规模以上固定资产投资总额/亿元	91. 42	27. 0
第二产业/亿元	225. 38	5. 10	工业增加值/亿元	214. 5	5. 1	客运量/万人	8 382	0. 5
第三产业/亿元	124. 2	10. 30	全县用电量/ $\times 10^4$ kW · h	327 400	−0. 5	客运周转量/万人 · km	141 104	0. 8
全县总人口/万人	42. 55		四、商业外贸			货运量/ $\times 10^4$ t	2 145	4. 3
二、农业			消费品零售额/亿元	106. 08	17. 3	货运周转量/ $\times 10^4$ t · km	1 661 461	16. 0
农业总产值/亿元	6. 46	0. 30	出口创汇总额/亿元	202. 4	−0. 7	旅游年接待人数/万人次	403. 51	15. 0
渔业总产值/亿元	46. 64	0. 80	实际利用外资/亿美元	2. 6	126. 8	旅游门票收入/亿元	36. 79	27. 1
水产品总产量/ $\times 10^4$ t	24. 96	−3. 8	五、财政金融			七、劳动工资		
养殖产量/ $\times 10^4$ t	8. 81	−2. 5	地方财政收入/亿元	25. 11	15. 8	年末从业人员数/人	7 569	
捕捞产量/ $\times 10^4$ t	16. 12	3. 80	地方财政支出/亿元	29. 67	13. 4	八、主要人均指标		
耕地面积/ hm^2	10 609	− 0. 3	全社会贷款余额/亿元	334. 38	9. 7	人均国内生产总值/元	88 421	5. 7
粮食产量/ $\times 10^4$ t	2. 41	0. 50	全社会存款余额/亿元	375. 95	15. 2	农民人均纯收入/元	18 257	11. 0

数据来源：2012 年玉环县国民经济与社会发展公报。

附录 17　2012 年嵊泗县国民经济主要统计数据

	2012 年累计	较同期 ± %		2012 年累计	较同期 ± %		2012 年累计	较同期 ± %
一、综合			三、工业			六、投资、交通、旅游		
地区生产总值/亿元	65.91	11.00	工业总产值/亿元	21.27	6.30	规模以上固定资产投资总额/亿元	35.04	48.10
第一产业/亿元	16.09	8.00	工业销售收入/亿元	6.35	13.20	客运量/万人	472.6	4.50
第二产业/亿元	9.99	34.20	工业利税总额/万元	5 674	0.50	客运周转量/亿人·km	1.23	8.70
其中：工业/亿元	21.27	6.30	工业利润总额/万元	2 360	10.30	货运量/ $\times 10^4$ t	1 980.07	13.20
第三产业/亿元	39.84	7.00	工业销售产值/亿元	18.78	9.10	货运周转量/ $\times 10^8$ t·km	110.67	16.10
消费品价格指数（%）		2.80	四、商业外贸			旅游年接待人数/万人次	270.2	21.00
全县总人口/人	78 630		消费品零售额/亿元	20	15.90	旅游收入/亿元	25.47	27.80
二、农业			出口创汇总额/亿美元	2.82	−11.50	七、主要人均指标		
农业总产值/万元	1 414	12.00	实际利用外资/万美元	100		人均国内生产总值/元	83 608	
渔业总产值/亿元	26.35	11.70	五、财政金融			人均财政收入/元	30 185	13.80
水产品总产量/ $\times 10^4$ t	29.83	5.40	地方财政收入/亿元	5.89	8.20	农民人均纯收入/元	17 832	13.10
养殖产量/ $\times 10^4$ t	7.01	45.60	地方财政支出/亿元	14.27	−12.80			
捕捞产量/ $\times 10^4$ t	22.82	−2.90	全社会贷款余额/亿元	38.46	−1.90			
粮食产量/t	246	9.30	全社会存款余额/亿元	63.85	−6.60			
水果产量/t	180	−47.10	城乡居民储蓄/亿元	29.02	15.10			

数据来源：2012 年嵊泗县国民经济与社会发展公报。

附录 18　2012 年东山县国民经济主要统计数据

	2012 年累计	较同期 ± %		2012 年累计	较同期 ± %		2012 年累计	较同期 ± %
一、综合			耕地面积/万亩	4.30	0.75	全社会贷款余额/亿元	54.32	12.70
地区生产总值/亿元	113.85	12.60	粮食产量/t	6 699.00		全社会存款余额/亿元	36.74	16.50
第一产业/亿元	27.03	4.20	水果产量/t	9 641.00		六、投资、交通、旅游		
第二产业/亿元	51.91	21.00	三、工业			规模以上固定资产投资总额/亿元	86.76	29.10
第三产业/亿元	34.9	6.40	工业总产值/亿元	172.19	20.30	旅游年接待人数/万人次	231.9	20.50
消费品价格指数（%）		3.10	四、商业外贸			旅游收入/亿元	16.2	59.60
二、农业			消费品零售额/亿元	29.84	16.50	七、主要人均指标		
农业总产值/亿元	3.46	9.40	出口创汇总额/亿元	15.92	16.40	人均国内生产总值/元	53 238	10.60
渔业总产值/亿元	41.83	3.00	实际利用外资/万美元	4 502.00	12.40	人均财政收入/元	19 534	16.40
水产品总产量/$\times 10^4$t	32.04	3.90	五、财政金融			农民人均纯收入/元	11 587	14.10
养殖产量/$\times 10^4$t	16.82	3.90	地方财政收入/亿元	8.30	27.70	在岗职工人均工资/元	38 782	20.50
捕捞产量/$\times 10^4$t	15.22	0.90	地方财政支出/亿元	17.63	21.00			

数据来源：2012 年东山县县国民经济与社会发展公报。

附录 19　2012 年普陀区国民经济主要统计数据

	2012 年累计	较同期 ± %		2012 年累计	较同期 ± %		2012 年累计	较同期 ± %
一、综合			粮食产量/ $\times10^4$t	1. 3	−0. 3	全社会贷款余额/亿元	319. 42	13. 13
地区生产总值/亿元	273. 98	11. 2	水果产量/ $\times10^4$t	1. 61	−7. 3	全社会存款余额/亿元	285. 95	7. 02
第一产业/亿元	33. 17	6. 2	三、工业			城乡居民储蓄/元	33 481	11. 7
第二产业/亿元	117. 65	10. 5	工业总产值/亿元	502. 11	10. 3	六、投资、交通、旅游		
第三产业/亿元	123. 16	13. 1	工业销售收入/亿元	300. 85	7. 1	固定资产投资总额/万元	155. 22	27. 6
消费品价格指数（%）		2. 8	工业利税总额/亿元	3. 13		客运量/万人	6 883	3. 2
全县总人口/人	322 340		工业销售产值/亿元	363. 17	13. 5	客运周转量/万人 · km	144 879	4. 8
二、农业			四、商业外贸			货运量/ $\times10^4$t	6 157	12. 6
农业总产值/亿元	4. 5	9. 6	消费品零售额/亿元	104. 41	18. 2	货运周转量/ $\times10^8$ t · km	569. 88	18
渔业总产值/亿元	63. 68	9. 4	出口创汇总额/亿美元	47. 12	30	旅游年接待人数/万人次	1 691. 46	9. 4
水产品总产量/ $\times10^4$t	71. 89	3. 8	实际利用外资/万美元	6 851	186. 2	旅游总收入/万元	150. 01	12. 8
养殖产量/ $\times10^4$t	3. 11		五、财政金融			七、主要人均指标		
捕捞产量/ $\times10^4$t	48. 1	持平	地方财政收入/亿元	32. 06	4. 7	人均国内生产总值/元	85 052	11. 2
耕地面积/万亩	9. 74	1. 8	地方财政支出/亿元	36. 39	−4. 5	农民人均纯收入/元	18 226	12. 6

数据来源：2012 年普陀区国民经济与社会发展公报。

附录 20　2012 年定海区国民经济主要统计数据

	2012 年累计	较同期 ± %		2012 年累计	较同期 ± %		2012 年累计	较同期 ± %
一、综合			养殖产量/ $\times 10^4$ t	1.002 8	-30.62	五、投资、交通、旅游		
地区生产总值/亿元	347.28	11.10	捕捞产量/ $\times 10^4$ t	9.628 1	27.57	固定资产投资总额/亿元	265.3	21.50
第一产业/亿元	10.26	0.70	耕地面积/万亩	5 915	-4.89	旅游年接待人数/万人次	458.5	20.28
第二产业/亿元	161.04	13.80	粮食产量/ $\times 10^4$ t	2.731 3	-4.26	旅游总收入/万元	44.89	71.60
第三产业/亿元	175.98	9.40	水果产量/ $\times 10^4$ t	4.87	3.02	六、劳动工资		
消费品价格指数（%）		2.80	三、工业			年末从业人员数/万人	27.16	
全县总人口/人	378 246		工业总产值/亿元	628.6	13.20	其中：在岗职工/万人	8.7	3.69
二、农业			四、商业外贸			七、主要人均指标		
农业总产值/万元	49 722	6.35	消费品零售额/亿元	121.4	12.70	人均国内生产总值/元	83 660	
渔业总产值/亿元	92 472	21.08	出口创汇总额/万美元	164 098	-5.25	人均财政收入/元	54 257	
水产品总产量/ $\times 10^4$ t	10.630 9	18.22	实际利用外资/万美元	2 686.27	265.98	农民人均纯收入/元	18 616	12.90

数据来源：2012 年定海区国民经济与社会发展公报。

附录21　2012年岱山县国民经济主要统计数据

	2012年累计	较同期±%		2012年累计	较同期±%		2012年累计	较同期±%
一、综合			粮食产量/$\times 10^4$t	1.01	1.20	城乡居民储蓄/元	70.15	16.20
地区生产总值/亿元	164.7	8.00	水果产量/$\times 10^4$t	1.24	1.30	六、投资、交通、旅游		
第一产业/亿元	23.52	5.00	三、工业			固定资产投资总额/亿元	80.02	4.60
第二产业/亿元	93.79	9.60	工业总产值/亿元	342.02	2.10	客运量/万人	1720	-4.40
其中：工业/亿元	80.26	12.50	工业销售产值/亿元	284.96	4.30	客运周转量/万人·km	25 459	-0.70
第三产业/亿元	47.39	6.00	四、商业外贸			货运量/$\times 10^4$t	3 482	12.40
消费品价格指数（%）	101.7	3.88	消费品零售额/亿元	44.72	16.30	货运周转量/$\times 10^8$t·km	292	16.00
二、农业			出口创汇总额/万美元	17.48	-4.40	旅游年接待人数/万人次	264	14.20
农业总产值/万元	1.83	1.50	五、财政金融			旅游总收入/亿元	25.52	16.50
渔业总产值/亿元	47.69	9.60	地方财政收入/亿元	17.58	7.50	七、主要人均指标		
水产品总产量/$\times 10^4$t	35.1	3.90	地方财政支出/亿元	25.1	2.20	人均国内生产总值/元	86 664	8.50
养殖产量/$\times 10^4$t	1.09	5.10	全社会贷款余额/亿元	111.26	10.43	人均储蓄/元	36 994	16.90
耕地面积/hm^2	4 431	1.20	全社会存款余额/亿元	142.43	6.68	农民人均纯收入/元	18 774	13.30

数据来源：2012年岱山县国民经济与社会发展公报。

参考文献

2012 年普陀区国民经济和社会发展统计公报 [N/OL].
本报记者. 2006 - 12 - 12. 发展特色产业繁荣海岛经济 [N]. 烟台日报，(001).
陈国生，叶向东. 2009. 加快发展福建海岛经济问题研究 [J]. 网络财富，(11)：240 - 241.
陈娟，姜萍，张莹. 2009. 中国海岛旅游研究现状及发展趋势 [J]. 生态经济：学术版，(02)：230 - 234.
陈志奎，岑况. 2011. 舟山海岛文化旅游产业开发的思考 [J]. 全国商情（理论研究），(10)：78 - 80.
程仁山，丁瑞武. 2006 - 06 - 22. 平潭：特色产业成就魅力海岛 [N]. 福州日报，(001).
岱山县 2002—2012 年国民经济和社会发展统计公报 [N/OL].
丁瑞武. 2008 - 08 - 24. 平潭经济发展渐入佳境 [N]. 福州日报，(001).
扶建邦. 2012 - 01 - 12. 三大千亿产业：助推北海大跨越发展涠洲岛旅游区：世界海岛旅游新地标 [N]. 北海日报，(001).
福建统计局，福建统计年鉴 - 2012 [M]. 北京：中国统计出版社.
付昌辉. 2006. 加快海岛产业结构调整促进临港经济发展 [J]. 中国港口，(08)：39 - 43.
傅佩君，徐波. 2009. 海岛图书馆信息服务与文化产业之相关性思考 [J]. 图书馆研究与工作，(04)：23 - 25.
高虹. 2006 - 09 - 28. 渔家乐拉长海岛产业链 [N]. 海南日报，(002).
关晓吉，王广成. 2008. 海岛县产业结构演进模式及优化对策 [J]. 山东工商学院学报，(04)：38 - 42.
广东省社会科学院产业经济研究所所长、研究员向晓梅. 2013 - 09 - 09. 实施海上产业转移战略，推动海洋区域协调发展 [N]. 南方日报，(F02).
广东统计局，广东统计年鉴 - 2012 [M]. 北京：中国统计出版社.
广西统计局，广西统计年鉴 - 2012 [M]. 北京：中国统计出版社.
郭丹，李波，梁臻. 2010 - 12 - 29. 东海岛工业发展再添新军 [N]. 湛江日报，(A01).
海·莫里斯，钟鸿钧，等. 2001. 产业经济学与组织 [M]. 北京：经济科学出版社.
韩仲斯，曾宇怀，陈松庆. 2010. 湛江市东海岛区位与产业 SWOT 分析 [J]. 韶关学院学报，(07)：72 - 75.
黄忠悫，王辉. 1991. 嵊泗海岛应以旅游业为主导产业 [J]. 浙江学刊，(01)：41 - 42.
简银蕉. 2010 - 12 - 08. 东山支行助推海岛县捕捞产业升级 [N]. 中国城乡金融报，(A02).
江苏统计局，江苏统计年鉴 - 2012 [M]. 北京：中国统计出版社.
金龙喜，陈菊青，毕广敏. 2009. 临海市发展山区海岛生态畜牧业的建议与对策 [J]. 浙江农业科学，(03)：592 - 595.
靳慧霞，李悦铮. 2009. 辽宁海岛休闲产业 SWOT 分析和发展对策研究 [J]. 海洋开发与管理，(01)：81 - 85.
孔令丞. 2008. 产业经济学 [M]. 北京：中国人民大学出版社.

李丽琼. 2010. 全国海岛县经济发展比较分析 [J]. 统计科学与实践, (09): 7 - 8.
李晓冬. 2013. 我国无居民海岛产业准入政策探析 [J]. 海洋开发与管理, (02): 6 - 9.
李玉刚, 韩凯. 2005. 产业结构调整在海岛 [J]. 农业机械化与电气化, (06): 46.
李竹竹. 2010. 基于节能减排角度下海岛区域的产业选择——以舟山为例 [J]. 现代商业, (33): 47.
李竹竹. 2011. 基于节能减排的浙江海岛产业选择的研究 [D]. 浙江理工大学.
梁钰. 2010. 基于循环经济的海岛生态产业园与生态产业链构建 [J]. 中外企业家, (12): 17 - 18.
辽宁统计局, 辽宁统计年鉴 - 2012 [M]. 北京: 中国统计出版社.
林冬梅, 游海林. 2009. 基于曲线参数估计模型对全国海岛县第三产业的应用研究 [J]. 海洋开发与管理, (06): 124 - 126.
刘伟. 产业经济. 2002. 供应链管理 [M]. 成都: 四川人民出版社.
刘志军, 刘金, 崔伦辉. 2009. 无居民海岛旅游开发发展对策研究 [J]. 海洋开发与管理, (10): 29 - 32.
楼东, 谷树忠, 朱兵见, 等. 2005. 海岛地区产业演替及资源基础分析——以舟山群岛为例 [J]. 经济地理, (04): 483 - 487.
马丁, Martin S, 史东辉. 2003. 高级产业经济学 [M]. 上海: 上海财经大学出版社.
彭超. 2006. 我国海岛可持续发展初探 [D]. 中国海洋大学.
钱玉亭. 2006. 发展舟山海岛蔬菜产业的对策与研究 [J]. 中国果菜, (04): 50 - 52.
任淑华, 蔡克勤. 2009. 舟山海岛旅游产业可持续发展研究 [J]. 海洋开发与管理, (06): 42 - 45.
山东统计局, 山东统计年鉴 - 2012 [M]. 北京: 中国统计出版社.
上海统计局, 上海统计年鉴 - 2012 [M]. 北京: 中国统计出版社.
宋乐, 刘毅飞, 蔡廷禄, 等. 2010. 2010 年海岛可持续发展论坛论文集 [C]. 102 - 108.
苏雄锋. 2013 - 03 - 10. 重点推动海洋产业转型升级大力推进国际旅游海岛建设 [N]. 闽南日报, (001).
孙秀燕. 2011. 立足海岛资源优势发展生态旅游产业——关于发展长岛黑山乡旅游产业的调查与思考 [J]. 经营管理者, (21): 22.
孙怡, 包特力根白乙. 2009. 长海县海岛渔业发展问题及其对策 [J]. 现代渔业信息, (09): 5 - 8.
孙兆明. 2012. 海岛县域旅游产业融合发展的制约、路径与策略 [J]. 北京第二外国语学院学报, (07): 18 - 23.
孙兆明. 2013. 海岛县域旅游产业融合发展的路径与策略 [J]. 海洋开发与管理, (05): 88 - 93.
孙兆明, 马波. 2010. 中国海岛县 (区) 产业结构演进研究 [J]. 地域研究与开发, (03): 6 - 10.
孙兆明, 马波, 张学忠. 2010. 我国海岛可持续发展研究 [J]. 山东社会科学, (01): 110 - 114.

台州市玉环县 1995—2012 年国民经济和社会发展统计公报［N/OL］.
王海壮. 2003. 浅析我国的海岛文化产业［J］. 海洋开发与管理，(05)：44 - 47.
王辉，宋丽，郭玲玲. 2010. 低碳旅游在海岛旅游发展中的应用与探讨——以大连市海岛旅游为例［66］. 海洋开发与管理，(05)：75 - 79.
王明舜. 2009. 我国海岛经济发展的基本模式与选择策略［J］. 中国海洋大学学报：社会科学版，(04)：43 - 48.
王明舜. 2009. 中国海岛经济发展模式及其实现途径研究［D］. 中国海洋大学.
王娜. 2008. 旅游与海岛发展互动关系研究［D］. 中国海洋大学.
王奇，夏溶矫. 2012. 我国海岛地区可持续发展与产业选择研究［J］. 中国渔业经济，(01)：107 - 111.
王淑燕，苗承舟. 2004. 适应农业产业结构调整发展海岛农业机械化［J］. 浙江农村机电，(04)：24 - 25.
王英杰. 2009 - 12 - 05. 山东长岛县财政贴息扶持海岛特色产业［N］. 中国财经报，(003)
温州市洞头县 2002—2011 年国民经济和社会发展统计公报［N/OL］.
谢其恩. 2006. 论农村信用合作社支持农村经济发展的困境与对策［D］. 对外经济贸易大学.
邢战坤，陆绍奎. 大连统计年鉴［A］.［M］. 北京：中国统计出版社，2012：34.
徐丽雯，柯丽娜. 2013. 海岛可持续发展评价指标体系的建立与探讨［J］. 河南科技，(15)：192 - 193.
烟台市长岛县 2008—2012 年国民经济和社会发展统计公报［N/OL］.
杨公仆，夏大慰. 2002. 产业经济学教程（第二版）［J］. 上海：上海财经大学出版社.
杨治. 1985. 产业经济学导论［M］. 北京：中国人民大学出版社.
叶云飞. 2005. 试论海岛海洋文化产业的发展策略——以舟山群岛海洋文化产业发展为例［J］. 浙江海洋学院学报：人文科学版，(04)：14 - 18.
于旭华. 2006 - 08 - 06. 做大三项产业建设美丽海岛［N］. 烟台日报，(001).
俞金国，王丽华. 2010. 海岛县产业结构及转型对策研究——以长海县为例［J］. 资源与产业，(03)：87 - 92.
张广海，刘真真. 2012. 海岛以旅游业为主导产业的选择与评价——以浙江舟山普陀区为例［J］. 浙江海洋学院学报：人文科学版，(02)：18 - 26.
张广海，刘真真. 2013. 中国海岛县（区）产业结构演变与经济空间格局［J］. 改革与战略，(01)：69 - 75.
张婧，沈玉芳，殷为华. 2010. 海岛产业发展定位及布局研究——以长岛县为例［J］. 国土与自然资源研究，(05)：4 - 6.
张婧，殷为华. 2010. 海岛产业发展及布局的国际案例及借鉴——以长岛县为例［J］. 国土与自然资源研究，(04)：45 - 47.
张韶. 2012. 青岛海岛休闲产业 SWOT 分析与对策研究［J］. 青岛职业技术学院学报，(03)：11 - 13.
张同宽，吴满彩. 2007. 适应海岛旅游的体育产业开发研究［J］. 体育世界：学术版，(01)：6 - 8.

张耀光. 2011. 中国海岛县产业结构新演进与发展模式［J］. 海洋经济，(05)：1 -7.
张耀光，陶文东. 2003. 中国海岛县产业结构演进特点研究［J］. 经济地理，(01)：47 -50.
张耀光，王国力，肇博，等. 2005. 中国海岛县际经济差异与今后产业布局分析［J］. 自然源学报，(02)：222 -230.
张自芳. 2012 -06 -28. 福建平潭：人才特区打造海岛产业特色［N］. 中国经济导报，(B07).
漳州市东山县 2003—2011 年国民经济和社会发展统计公报［N/OL］.
赵锐，杨娜. 2011. 中国海岛县域经济发展特征及优势产业分析［J］. 海洋经济，(05)：8 -15.
浙江统计局，浙江统计年鉴 -2012［M］. 北京：中国统计出版社.
钟啸. 2011 -06 -10. 浙江"百岛开发"规划露头　海洋大省广东暂落后一着［N］. 南方日报，(A16).
舟山市定海区 2003—2012 年国民经济和社会发展统计公报［N/OL］.
舟山市普陀区 2005—2012 年国民经济和社会发展统计公报［N/OL］.
舟山市嵊泗县 2003—2011 年国民经济和社会发展统计公报［N/OL］.
周金荣. 2009. 海岛地区产业结构优化调整的政策研究［D］. 上海交通大学.
庄孔造. 2010. 海岛城镇经济与环境协调发展研究［D］. 国家海洋局第三海洋研究所.
庄孔造，林河山. 2013. 福建省边远海岛存在问题及发展对策研究［J］. 海洋开发与管理，(09)：18 -21.
庄启旻. 2013 -04 -19. 舟山要加快建设海洋文化名城［N］. 中国海洋报，(001).
庄启旻. 2013 -10 -15. 构建海洋产业集聚地打造生态宜居海岛城［N］. 舟山日报，(001).
Adams J E. 1970. Conch fishing industry of Union Island, Grenadines, West Indies [M].
Belle N, Bramwell B. 2005. Climate change and small island tourism: Policy maker and industry perspectives in Barbados [J]. Journal of travel research, 44 (1): 32 -41.
Campling L, Havice E, Ram -Bidesi V, et al. 2007. Pacific island countries, the global tuna industry and the international trade regime: a guidebook [C]. Forum Fisheries Agency.
Conlin M V, Baum T. 1995. Island tourism: management principles andpractice [M]. John Wiley & Sons.
Gute D M, Fulton J P. 1985. Agreement of occupation and industry data on Rhode Island death certificates with two alternative sources of information [J]. Public Health Reports, 100 (1): 65.
Hill J, Nelson E, Tilman D, et al. 2006. Environmental, economic, and energetic costs and benefits of biodiesel and ethanol biofuels [J]. Proceedings of the National Academy of Sciences, 103 (30): 11206 -11210.
Hindell M A, Burton H R. 1988. The history of the elephant seal industry at Macquarie Island and an estimate of the pre -sealing numbers [C] //Papers and Proceedings of the Royal Society of Tasmania. 122 (1): 159 -176.
Lewis -Michl E L, Melius J M, Kallenbach L R, et al. 1996. Breast cancer risk and residence near industry or traffic in Nassau and Suffolk Counties, Long Island, New York [J]. Archives of En-

vironmental Health: An International Journal, 51 (4): 255 - 265.

Mansfeld Y, Kliot N. 1996. The tourism industry in the partitioned island of Cyprus [J]. Tourism, crime and international security issues, : 187 - 202.

Mathews J A. 1999. A Silicon Island of the East: Creating a semiconductor industry in Singapore [J]. California Management Review, 41 (2): 55 - 78.

Ram - Bidesi V, Tsamenyi M. 2004. Implications of the tuna management regime for domestic industry development in the Pacific Island States [J]. Marine Policy, 28 (5): 383 - 392.

Shakeela A, Cooper C. 2009. Human resource issues in a small island setting the case of the Maldivian tourism industry [J]. Tourism Recreation Research, 34 (1): 67 - 78.

Tindale N B. 1937. Relationship of the Extinct Kangaroo Island Culture with Cultures of Australia Tasmania and Malaya [M]. South Australian Museum.

Tsai C H, Chen C W. 2010. An earthquake disaster management mechanism based on risk assessment information for the tourism industry - A case study from the island of Taiwan [J]. Tourism Management, 31 (4): 470 - 481.

Wilkins C, Sweetsur P. 2010. Differences in harm from legal BZP/TFMPP party pills between North Island and South Island users in New Zealand: A case of effective industry self - regulation? [J]. International Journal of Drug Policy, 21 (1): 86 - 90.

ZHANG J, YIN W. 2010. Reference of International cases of Island industry development and industrial distribution: takingChangdao country as an example [J]. Territory & Natural Resources Study, 4: 017.

http: //www. changdao. gov. cn/cn/content/gov/tjxx/index. jsp

http: //www. dinghai. gov. cn/art/2013/03/29/art_ chnl2428_ 216880. html

http: //www. dongshanisland. gov. cn/web/viewnews. asp? ID = 2571

http: //www. etmoc. com/gedi/itemlist. asp? id = 541

http: //www. etmoc. com/gedi/itemlist. asp? id = 586

http: //www. ptq. sh. gov. cn/gb/shpt/node4343/node4351/node5203/u1ai94382. html

http: //www. ptq. sh. gov. cn/gb/shpt/node4343/node4351/node5203/u1ai94382. html

http: //xxgk. daishan. gov. cn/xxgk/jcms _ files/jcms1/web28/site/art/2013/4/28/art _ 1344 _ 4681. html

http: //xxgk. yuhuan. gov. cn/yh026/04/04/201303/t20130319_ 57005. htm